맥을 잡아주는 세계사 05

중국사 下

图说天下 中国通史 下卷
编者：《图说天下 国学书院系列》委员会

맥을 잡아주는
세계사
05

중국사 ^下

맥세계사편찬위원회 지음
김기덕 교수(건국대 문화콘텐츠학과) 감수
강치원 교수(강원대 사학과) 추천

느낌있는책

일러두기

1. 인명, 지명 등은 국립국어원의 외래어 표기 용례를 따르되, 네이버 두산백과, 위키백과를 참고하였다.
2. 중국 인명의 경우 과거인과 현대인을 구분하여 과거인은 한자음대로, 현대인들은 중국어 표기법에 따라 표기하되, 필요한 경우 한자를 함께 썼다.
3. 지명의 경우에는 현재 쓰이지 않는 것은 한자음대로, 현재 지명과 동일한 것은 중국어 표기법에 따르되, 필요한 경우 한자를 함께 썼다. 또 지명 가운데 우리 한자음으로 읽는 관용이 있는 경우에는 그대로 우리 한자음으로 썼다.
4. 외래어 표기는 국립국어원의 표기법을 기준으로 하되, 원어 발음에 가깝게 표기하였다.
5. 중국 문화권 내의 기타 언어로 표현된 인명, 지명은 해당 언어에 맞게 표기하되, 해당 자료 및 검색이 불가능한 경우 우리 한자음으로 표기했다.
6. 역사적 사실이나 사건 등은 네이버 두산백과, 위키백과, 다음백과를 순차적으로 참고하였다.

어둡고 희미한 칼의 빛과 그림자,
머나먼 과거의 북과 나팔이 일제히 울어 대고
먼지로 뒤덮인 죽간과 단청,
신비한 왕릉의 지하 궁전.
여기, 살아 있는 역사의 장이 펼쳐진다.

5000년 인류 역사를 담은 장쾌한 대하드라마

역사는 장대한 대하드라마이다. 그것도 아주 잘 짜인. 사건이 일어나게 된, 일어날 수밖에 없는 명확한 이유가 있고, 그로 인해 전개될 이야기는 전후 관계가 딱딱 들어맞는다. 각각의 시대를 살아 낸 사람들의 이야기는 너 나 할 것 없이 드라마보다 더 드라마틱하다. 그야말로 파란만장하다.

역사란 드라마틱한 시대를 살아 온 사람들의 파란만장한 삶에 관한 이야기이다. 그 속에 생존을 위한 몸부림이 있고, 종족과 전쟁이 있으며, 문화와 예술이 있고 국가와 민족이 있다. 권력을 향한 암투와 뜨거운 인류애가 함께 숨 쉬는가 하면, 이념과 창조, 파괴, 희망이 춤춘다.

인류의 역사는 희망적인가. 우리가 역사를 통해 배우고 이를 삶에 적용하는 한 인류의 역사는 희망적이다. 이것이 우리가 역사를 알아야 하고 이 시대의 문제에 대한 해답을 역사에서 찾아야 하는 이유이다.

역사는 읽는 것이 아니라 보는 것이라 했던가. '맥을 잡아주는 세계사'는 마치 대하드라마를 보는 듯 한 권, 한 권이 잘 짜인 책이다. 인과 관계가 명확하니 행간과 맥락이 머릿속에 쏙쏙 들어온다. 600여 개의 에피소드는 드라마를 흥미진진하게 이끌고 가는 매개체이며, 2,000여 장에 이르는 시각 자료는 세트, 정지 컷, 의상, 소품 구실을 한다. 에피소드는 어느 한 곳에 치우치지 않도록 다양한 시각을 담은, 다양한 사료를 바탕으로 꾸몄다.

각 권은 50여 개의 장으로 이루어진다. 각 장이 시작될 때마다 해당 시기와 등장인물이 어김없이 소개된다. 또한 그때 다른 곳에서는 어떤 일들이 벌어지고 있었는가를 별도의 연표로 제시한다. 그렇다. 드라마이므로 배경이 되는 시기가 있어야 하고, 주인공이 있어야 하며, 전후좌우의 맥락을 살피기 위해서는 주인공을 둘러싼 시대의 흐름도 아울러야 한다. 이러한 플롯으로 그리스와 로마, 이집트 역사를 통해 고대 문명의 원형을 찾아보고, 중·근세 유럽의 강국 영국, 프랑스, 독일을 거쳐 근세 일본과 중국, 미국, 러시아까지, 한 편, 한 편 완성도 높은 드라마로 빚어내어 역사의 거대한 흐름 속으로 독자들을 끌어들이려 한다.

　과거에 대한 올바른 인식 없이, 올바른 현재적 삶도 없다. '맥을 잡아주는 세계사'는 독자들에게 한 걸음 더 가까이 다가가 말을 건네는 책이다. 우리 삶을 더 인간답게 가꾸어 가기 위해 우리는 무엇을 고민해야 하고, 어떻게 해야 할지를 묻는다. 물론 그에 대한 답은 독자 스스로 찾아야 한다. 이 책 안에서 펄펄 살아 움직이는 역사를 통해.

　자, 이제 모든 준비가 끝났다. 독자들이여! 5000년 인류 역사의 거대한 물줄기! 그 장쾌한 대하드라마 속으로 함께 빠져들어 보자. 그것도 아주 열렬히.

－ 맥세계사편찬위원회

역사 속에서 거침없이 튀어나온
인물들과의 조우

역사는 과거와 현재와 미래의 대화라고 합니다. 현재의 가치가 과거의 사실을 만납니다. 현재는 과거와 미래에게 자신의 삶에 대해 묻습니다. 어디서 왔는지, 제대로 살고 있는지, 어떻게 살아야 하는지……. 현재가 치열하게 고민한 것일수록 과거가 들려주는 답은 명확합니다. 과거의 이야기는 여기에서 머물지 않습니다. 미래까지 적나라하게 제시합니다. 고대 로마의 정치·사회사에서 한국의 현재를 읽어 내는 일이 가능할까요? 물론입니다. 어디 현재뿐이겠습니까? 미래를 예측할 수도 있습니다. 왜냐하면 미래는 실천과 의지의 소산이기 때문입니다. 그것은 바로 과거를 아는 자들의 몫입니다. 이것이 바로 역사를 알아야 하는 이유입니다. 그래서 역사는 과거의 사실과 현재의 가치와 미래의 의지의 대화입니다.

이런 점에서 볼 때 최근 일어난 교학사의 한국사 교과서 역사 왜곡 논란은 참으로 안타까운 일이 아닐 수 없습니다. 편향된 시각으로 집필된 역사 교과서가 자라나는 세대들에게 우리 역사를 바로 알고 현실을 직시하며 미래를 준비하는 토대를 제공할 수 있을까요? 역사를 잊은 민족에게 미래란 없다고 했습니다. 이념 논쟁을 떠나 역사 교육에 대한 사회적 합의가 절실합니다.

느낌이 있는 책에서 의욕적으로 출간한 '맥을 잡아주는 세계사' 시리즈를 보고 세 번 놀랐습니다. 가장 먼저 본문 구성이 매우 독특하다는 데 놀랐습니다. 마치 독자들이 날개를 달고 그 지역 상공을 날면서 여행을 하듯 쓰인 서술 방식은 그간의 역사서에서는 찾아보기 어려운 점입니다. 시간의 흐름에 따라 역사적 사건의 현장이 펼쳐지면서 그 시기에 가장 중요했던 인물이 등장하여 종횡무진 맹활약을 합니다. 이러하니 마치 다큐멘터리나 한 편의 영화를 보는 듯 지면이 살아 움직입니다. 두 번째로 놀란 것은 시간의 흐름에 따른 종적 편성 외에 신화, 축제, 교육, 건축, 예술, 여성 등 다양한 테마를 다룬 횡적 편성을 통해 생활사까지 아울렀다는 점입니다. 정치·사회사 중심의 역사서에서 놓치기 쉬운 생활사를 단원 말미에서 종합적으로 서술함으로써 두 마리 토끼를 모두 잡는 데 성공하였습니다. 마지막으로 놀란 것은 꼼꼼한 구성입니다. 각 단원이 시작될 때마다 시기와 주요 인물 혹은 사건이 제시되고 그 아래 총체적인 세계사의 흐름을 알 수 있는 비교 연표를 제시하여 독자들의 머릿속을 깔끔하게 정리해 주고 있다는 점입니다. 필요한 자리에 적절하게 들어간 사진 자료들은 한눈에 보아도 귀한 자료임을 알 수 있습니다.

이 책은 중국 최고의 인재들로 구성된 중국사회과학원과 베이징대학 등 중국 유수 대학 사학과 교수진이 기획과 집필을 담당하였습니다. 우리로서는 그간에 주로 접해 왔던 서양이나 일본 학자들의 시각에서 벗어나 중국 역사가들의 새롭고 참신한 사관을 접할 수 있다는 점에서 흥미로운 일이 아닐 수 없습니다. 고대 그리스에서 시작되는 여행은 전 세계 곳곳의 상공을 날며 생생한 역사의 현장을 돌아봅니다. 그 현장에서 만나는 주인공들은 더 이상 박물관에 놓인 초상화 혹은 조형물이 아닌, 따스한 피를 가진 한 인간입니다. 그들과의 만남, 생각만으로 벌써 가슴이 뜁니다.

– 강치원. 강원대 사학과 교수. 경기도율곡교육연수원장

잠들어 있던 용이
깨어난다

정식 명칭 '중화인민공화국', 아시아 대륙의 25%나 되는 국토 면적, 무엇보다 약 14억의 인구가 가장 무서운 잠재력인 나라, 중국. 세계 문명 발상지 중 하나인 황허를 중심으로 중국의 역사는 시작되었다. 기름진 황토 평원은 중국 민족에게 풍요와 시련을 함께 주었다. 일찍부터 자리 잡은 농경 문화는 우주와 인간에 대한 철학의 바탕이 되었고, 그것은 서양과는 달리 강력한 중앙 집권 체제로 이어졌다. 또한 이러한 권력의 배치는 주변 국가들에 영향을 주었다.

주(周) 왕조 이후 중국의 역사는 분열과 통일을 반복하며 영토를 확장해 나갔다. 혼란의 시대를 마무리한 진(秦)과 한(漢)은 중국 민족에게는 뿌리와 같은 왕조이다. 한국인들마저 좋아하는 삼국 영웅들의 시대에 이어지는 남북조 시대에 도교와 불교 문화는 정점에 이른다. 수(隋) 왕조는 국가가 필요로 하는 인재를 효과적으로 뽑을 수 있는 과거제를 만들었고, 이 제도는 당(唐)의 3성 6부제와 더불어 이후 '동아시아문화권'의 큰 틀을 이루었다. 송(宋) 왕조를 뒤흔든 요(遼), 금(金), 서하(西夏) 등 북방 유목 민족의 정복 왕조도 결국 역대 중국 왕조를 거쳐 완성된 제도와 문화에 동화될 수밖에 없었다. 세계 역사상 최대 영토의 제국을 건설한 몽골 제국, 원(元) 왕조는 그러한 잠재력을 억눌렀고, 결국 그 힘이 폭발하여 명(明) 왕조로의 교체로 이어졌다. 이후 청(靑) 왕조는 그런 실수를 범하지 않으려 당근과 채

찍을 모두 이용해 중국 대륙과 민족을 차지했다.

이 책은 바로 5000년이 넘게 쌓아 온 중국의 무한한 잠재력을 객관적으로 서술한 책이다. 중국의 역사, 문화뿐만 아니라 인물, 유물, 유적에 대한 정보가 훌륭한 도판과 함께 실려 있다. 책의 시작은 무려 800만 년으로 거슬러 올라간다. 아프리카에서만이 아니라 중국에서도 원인(猿人)의 화석이 발견되었다. 인류의 발상지가 아프리카에만 국한된다는 것은 이미 옛날이야기가 된 지 오래지만, 상당히 많은 사람들은 여전히 이 사실을 모르고 있다. 그저 중국에서 나온 고인류 화석은 베이징 원인(原人)뿐이라고 생각하는 이들에게 이 책의 앞부분은 충격으로 다가올지도 모른다. 중국에서 발견된 고인류 화석과 그 출토 유적을 꼼꼼히 소개하고 있는 1장은 다소 지루할 수도 있다. 그러나 이러한 전개는 유물과 유적, 기록에 의거해 냉정하게 '객관적'으로 서술하려는 선택이다.

이제는 너무 진부한 이야기이지만 역사는 '사실로서의 역사'와 '기록으로서의 역사'로 나뉜다. '사실로서의 역사'는 냉정하고 객관적으로 있는 그대로의 역사를 밝히려는 것이고, '기록으로서의 역사'는 시대 구분과 사료 취합에서부터 역사가의 주관적인 관점이 개입된다. 이 책은 발굴한 유적과 유물, 남겨진 옛 기록에 근거해 가능하면 객관적이고 냉정하게, 시간에 흐름에 따라 중국의 역사를 정리한 책이다. 마치 중국 역사 실록이라고 불러도 좋을 만큼 사실이 나열되어 있다.

분열의 시대에는 각국의 사건과 인물이 어떻게 연결되는지 알 수 있도록 양쪽 모두 서술해 주었다. 기나긴 중국 역사에 등장하는 인물들 또한 많다. 이 책에서는 그들 간의 관계와 활동을 이해하기 쉽도록, 하나의 왕조에만 머물지 않고 동시대 왕조 모두의 서술에 그 인물들을 함께 등장시켜 주었다. 각 시대를 대표하는 핵심 인물들은 좀 더 심도 있게 다루어 중국 역사에서 그들의 무게를 느낄 수 있다. 내용과 함께 놓인 사진 자료는 그 동안 국내에서 거의 소개되지 않은 것이 많다. 사진 자료만으로도 이 책의 소장 가치는 충분하다. 또한 이 자료들은 중국 역사 연구의 내공을 느낄 수 있는 부분이기도 하다.

한국인의 시각으로 보기에는 다소 불편한 관점의 서술 또한 있다. 대부분은 객관적이고 냉정한 서술이나 몇몇 부분에서는 중국 민족의 중화사상이 그대로 드러난다. 한국인을 불편하게 하는 동북변강역사여현상계열연구공정, 즉 동북공정의 시각을 보이는 몇몇 구절이 있다. 그러나 춘추·전국 시대 제자백가 중 손자[손무, 孫武]가 말하지 않았는가? "지피지기백전불태(知彼知己百戰不殆)"라고 말이다. 적을 알고 나를 알아야 백 번 싸워도 위태롭지 않다. 중국을 알고 우리를 알아야 동북공정을 제대로 대할 수 있지 않을까? 무엇보다 다가오는 미래에 중국이 가진 힘을 무시할 수 없다는 사실을 인지해야 한다. 세계 최대의 인구와 풍부한 지하자원을 품고 있는 대륙의 용이 '죽의 장막'을 걷고 깨어나고 있다. 이번 기회에 이 책을 통해 중국이 가진 무한한 잠재력의 바탕이 된 중국 역사와 문화를 보는 눈을 키워 두면 어떨까?

– 김기덕, 건국대 문화콘텐츠학과 교수

CONTENTS

4 한족을 다시 일으켜 세운 명

5 청의 건국과 제국주의의 물결

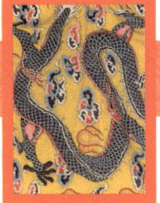

History of China

맥을 잡아주는 세계사

The flow of The World History

1 5대 10국

시기 : 907년~960년
인물 : 주전충, 왕건, 석경당, 서지고, 유지원, 곽위, 시영

말로는 다 할 수 없는 불안함

당 왕조 말기에 당나라의 선무절도사宣武節度使 주전충이 후량後梁을 세우면서 중국의 오대 십국五代十國 시대가 시작되었다. 907년에서 960년까지 황허 강 유역에 후량, 후당後唐, 후진後晉, 후한後漢, 후주後周의 다섯 왕조가 연이어 등장했고, 역사에서는 이를 '오대五代'라고 칭한다. 이와 동시에 남쪽에서도 전촉前蜀, 오吳, 민閩, 오월吳越, 초楚, 남당南唐 등 아홉 군데에서 군벌 호족이 할거하여 수립한 정권이 등장했으며, 여기에 산서 지역에 세워진 북한北漢을 합쳐서 역사에서는 '십국十國'이라고 칭한다. 오대 십국 시대에 북쪽 지역은 전쟁과 난리가 빈번하고 정국이 혼란스러운 한편, 남쪽 지역은 상대적으로 안정되어서 중국 전체의 경제 중심이 황허 유역에서 장강 유역으로 옮겨졌다. 당시 농업, 수공업, 상업 등이 비교적 발달했고 해상 무역도 상당히 번영했다. 이 시기에는 당나라 시대에 시작된 사가 크게 발전했고, 서법과 회화 영역에서도 역사에 한 획을 그을 정도의 성취를 거두어 후대에 깊은 영향을 미쳤다.

한눈에 보는 세계사

918년 왕건, 고려 건국   911년 노르망디 공국 성립
926년 발해 멸망   916년 거란 건국
936년 고려, 후삼국 통일

주전충이 후량을 세우다

907년

개평開平 원년(907년) 4월에 양왕 주전충이 즉위하여 국호를 대량大梁(역사에서는 후량이라고 부름.), 연호는 개평이라 했다. 그가 양나라 태조이다. 이로써 오대 십국의 혼전이 시작되었다. 주전충, 즉 주온은 본래 황소의 부장으로 훗날 기의군의 전세가 기울자 병사를 이끌고 당나라에 투항했다. 당나라 조정에서는 주온을 동화절도사, 우금오대장군, 하중행영초토부사에 임명하고 전충이라는 이름을 내렸으며, 나중에 양왕으로 봉했다. 주전충은 자신의 막강한 군사력을 동원해 당나라의 정권을 빼앗을 계획을 꾸몄다. 그는 소종을 죽이고 어린 군주를 황제로 세운 후 여러 제후와 조정 대신들도 죽여 자신의 지위를 강화했다. 이극용, 이무정, 왕건, 양악楊渥, 전류錢鏐, 유인공劉仁恭 등 여러 절도사의 세력은 그에게 상대도 되지 못했다. 당시 당나라 황제인 애제는 낙양에 갇힌 상태로 주전충이 정권을 장악했다.

당나라 천우天祐 4년(907년) 정월, 애제가 강요에 못 이겨 2월에 주전충에게 선양한다는 조서를 내렸다. 3월에 애제가 정식으로 황위에서 내려와 양왕 주전충에게 선양했다. 이어서 4월에 양왕 주전충이 주황朱晃으로 개명하고, 곤복과 면류관을 갖춰 입고서 황제의 자리에 올랐다. 역사에서는 그를 후량 태조라고 부른다. 그는 변주汴州를 개봉부開封府로 바꾸어 동쪽 도읍東都으로 삼았다. 당나라의 동쪽 도읍이던 낙양은 서쪽 도읍西都으로 삼고, 당나라의 서쪽 도읍이던 장안은 대안부大安府로 낮추고 우국군佑國軍을 설치했다. 그리고 애제를 제음왕濟陰王으로 봉해 조주曹州로 이동시키고 군사를 보내 지키게 하다가, 이듬해에 아예 그를 죽여 버렸다. 또 추밀원樞密院(군사와 국방에 관한 업무를 맡아보던 관청)을 없애고 숭정원崇政院을 설치하고, 수보首輔(재

백자합(白瓷盒)

상직에 맞먹는 벼슬) 경상敬翔을 숭정원의 으뜸인 사使(벼슬명)로 임명했다. 이로써 무덕武德 이래 21명의 황제를 거치며 289년 동안 이어진 이씨의 당 왕조가 양왕 주전충의 손에 목숨을 다해 중국은 다시금 분열과 할거의 상태로 접어들었다.

왕건이 황제가 되어 촉나라를 세우다
907년

전촉前蜀 천복天復 7년(907년) 9월, 왕건은 주온이 당나라 애제를 폐하고 스스로 황제가 되어 대량을 세웠다는 소식을 듣고 대량의 신하가 되는 것을 거부했다. 그리고 자신도 성도에서 스스로 황제를 칭하고 국호를 대촉大蜀 (훗날 한 차례 한漢으로 개명해서 역사에서는 전촉이라고 부른다.)이라 했다. 아울러 황태자와 여러 왕을 책봉한 후 문무백관을 임명했다.

왕건은 본적이 허주許州 무양舞陽으로, 어릴 때에는 빈들거리며 소와 말을 도축하고, 도둑질을 하고, 소금을 팔며 살았다. 그는 '적왕팔賊王八'이라 불렸는데, 이는 항렬상 왕씨 집안의 여덟 번째인 그가 어린 시절 나쁜 짓만 골라 해서 붙여진 이름이었다. 훗날 당나라 말기에 농민 봉기가 일어났을 때 그도 병사를 일으켜 천촉川蜀을 점거하고 이후 농업 생산 발전과 백성의 생활 안정을 도모하는 정책을 펼쳤다. 이에 당시 조정의 여러 관리와 명문세족이 난을 피해 촉으로 왔고, 왕건은 이들을 후하게 대우했다. 이를 바탕으로 촉은 경제, 문화적으로 발전하여 번화하고 안정되었으며, 양천兩川, 산남서도山南西道 46주 땅을 통치하고 무신武信, 영평永平, 보녕保寧 등 10여 곳에 절도사를 두었다. 하지만 왕건은 말년에 환관을 신임하면서 나날이 우매해졌다. 전촉 광천光天 원년(918년) 6월에 왕건은 향년 일흔두 살을 일기로 병사했고, 이어서 그의 아들 왕연王衍이 즉위했다.

낙양 병변

912년

건화乾化 2년(912년) 6월, 양나라 태조 주온의 아들 주우규朱友珪가 아버지를 죽이고 황제가 되었다. 주온은 말년에 음탕함에 빠져 인간의 도리를 벗어난 행동을 일삼았다. 심지어 여러 며느리와 근친상간을 저질렀으며, 특히 둘째 양아들인 우문友文의 아내 왕씨를 총애했다. 맏아들 우유友裕가 일찍 죽자 우문은 안하무인이 되었고, 둘째 아들인 우규와 셋째 아들인 우정友貞은 이를 시기하며 양나라 태조를 미워했다.

건화 2년(912년) 6월, 주온은 자신의 병이 위급해지자 우문을 황태자로 삼으려 했다. 이 사실을 안 우규의 부인 장씨가 우규에게 알렸고, 우규는 재빨리 음모를 꾸며 정변을 일으켰다. 6월 2일, 그는 병사를 이끌고 입궁해 곧장 황제의 침전으로 들어가서 주온을 죽였다. 그리고 부고를 전하지 않은 채 자신이 꾸민 황제의 조서를 내려 우정이 우문을 죽이게 했다. 그런 후에 비로소 선제의 부고를 알리고 자신이 황위에 올랐다.

건화 3년(913년) 정월, 주우규는 낙양에서 하늘에 제사를 지내고 연호를 바꾸어 민심을 얻고자 했다. 그러나 조정 안팎에서 모두 아버지를 죽이고

포대화상의 죽음

맥을 잡아 주는 중국사 중요 키워드

포대화상布袋和尙은 오대 시대에 명주 봉화에 있던 악림사의 승려로 이름은 계차契此이다. 항상 바랑을 메고 다니며 구걸하여 포대화상이라는 이름이 붙었다. 포대화상은 뚱뚱하고 배불뚝이에 늘 온 얼굴에 웃음이 가득했으며, 사방천지를 구름처럼 떠돌아서 머무는 곳이 일정하지 않았다. 그는 피곤하면 자면서 머무는 곳을 가리지 않았지만 몸은 언제나 깨끗했다. 또 그는 사람들에게 길흉화복의 징조를 말해 주었는데, 모두 영험하게 들어맞았다. 그래서 사람들은 그를 미륵의 현신으로 여겨 '미륵전세彌勒轉世'라고 불렀다. 포대화상 사후 북송의 황제 휘종은 뒤늦게 그를 정응대사定應大師로 추존했다. 오늘날 절에 가면 포화대상을 묘사한 웃는 얼굴의 미륵 형상을 쉽게 찾아볼 수 있다.

항저우 보숙탑(保俶塔)

보숙탑은 항저우 시의 시후
호(西湖) 북쪽 기슭에 자리한
다. 이 탑의 원래 이름은 응
상탑(應上塔)으로 북송(北宋)
개보(開寶) 연간(968년~975
년)에 처음 지어졌다. 전하
는 바에 따르면 조광윤(趙匡
胤)이 북송을 세우고 나서 오
월왕 전숙(錢俶)을 도읍 개봉
으로 불러들였는데, 이때 오
월왕의 외삼촌인 오연상(吳
延爽)이 그의 무사 귀환을 기
원하며 특별히 이 탑을 지어
보숙탑이라 이름 지어졌다
고 한다.

황제의 자리를 차지한 우규를 인정하지
않아 정국은 불안했다. 이 기회를 놓칠세
라 균왕均王 주우정이 막강한 군대를 보
유한 양사후楊師厚와 함께 병사를 일으켜
금군을 공격하면서 정세가 급변했다. 건
화 3년(913년) 2월, 우정의 군대가 낙양에
이르자 금군 수천 명이 창을 반대쪽으로
돌려 궁궐로 진격했다. 전세가 이미 기운
것을 본 우규는 아내 장씨와 함께 스스
로 목숨을 끊었다. 이윽고 주우정은 개봉
으로 돌아와 황제의 자리에 올랐고, 연호
를 건화 3년으로 되돌리고 주우규를 평
민으로 강등시켰다. 이렇게 해서 주우정은 오대에 병변을 일으켜 황위에
오르는 선례를 남겼다. 10년 후 개봉이 후당 대군에 함락되어 후량의 마지
막 황제 주우정이 스스로 생을 마감하면서 양나라도 함께 멸망했다.

후량이 오월의 국왕을 책봉하다
923년

후량 용덕龍德 3년(923년) 2월, 양나라가 병부시랑 최협崔協 등을 사절로 보
내 전류를 오월의 국왕으로 책봉했다. 오월은 항주杭州를 도성으로 삼았
다. 오월 국왕 전류는 항주 임안臨安의 가난하고 비천한 집안 출신이었다.
그는 젊은 시절에 소금 밀매로 생계를 꾸리다가 입대해서 차츰 군권을 장
악했다. 그리고 절동과 절서 양절兩浙의 땅을 점거해 당나라 말에 월왕越王
으로 봉해졌다가 나중에 오왕吳王으로 바꾸어 봉해졌다. 후량이 세워졌을
때 전류는 자신의 지위를 높이고 국력을 강화하기 위해 오와 촉에 반대하

는 방법으로 후량에 잘 보여 오월왕 겸 회남절도사로 봉해졌다. 후량에 의해 봉해지긴 했으나, 오월왕이 절도사로서 후량의 신하를 자칭하고 통치받는 것이 아니라 오월 국왕으로 칭해졌다.

이윽고 908년에 오월 국왕이 연호를 천보天寶로 바꾸니, 오월국은 표면적으로는 후량에 신하로 예속되는 신속臣屬 관계인 듯하나 실제로는 독립적인 정권이었다. 땅은 십국 중에서 비교적 협소했지만 항주, 월주越州, 호주湖州, 소주 등 13주를 아울렀다. 오월은 나라가 작고 힘이 약한 데다 홀로 동남쪽에 치우쳐 있었다. 그래서 줄곧 북쪽 지역에 있는 조정에 잘 보이기 위해 조공을 바치고 긴밀히 연락하며 주변 정권에 맞서는 것을 국가의 기본 정책으로 삼았다. 내부적으로는 수리 공사에 힘쓰고 상업 및 해상 교통을 발전시켰지만, 부역이 지나치게 무거워 백성의 고통이 이루 말할 수 없을 정도였다.

후당의 건립
923년

주온이 후량을 세운 이후, 북쪽 지역에서 유일하게 후량에 맞설 수 있는 나라는 진晉이었다. 908년에 진왕晉王 이존욱李存勖이 노주성潞州城 아래에서 후량의 군대를 섬멸해 명망을 얻고 패업을 달성하기 위한 기초를 다졌다. 915년에는 위주魏州를 점령하고 이를 근거지로 삼아 빠르게 하북의 대부분 지역을 점령했다. 후량 용덕 3년(923년) 4월에는 진왕 이존욱이 위주에서 정식으로 황제를 칭하고(후당 장종莊宗) 연호를 동광同光으로 하여 정식으로 후당 왕조가 세워졌다.

그해 10월, 후당은 후량을 멸망시켜 영토 확장의 기반을 다지고, 이후 내정을 살피는 데 온힘을 기울였다. 스스로 당 왕조의 직계라

월요의 청자연화잔탁(靑瓷蓮花盞托)

전체 높이는 13cm, 입구의 둘레는 13.5cm이다. 전체적으로 청색 유약을 입혀 유색이 영롱하고 옥처럼 빛난다. 오대 시대 오월국 전씨 왕조의 비색자(秘色瓷, '비색'이라는 용어는 만당 시기에 처음 사용되기 시작한 이후 그 개념에 대한 명확한 설명이 없어 그 의미에 대해 여러 가지 논쟁이 존재하지만 여러 근거를 종합해 '비색'은 '벽색'을 의미하는 것으로 보고 있다. 즉 '비색자'는 '벽색의 청자'라 볼 수 있다.) 계통의 가마에서 구워진 것으로, 쑤저우 후추[虎丘, 쑤저우 시 북서쪽의 구릉으로 이루어진 경승지. 하이융 산(海湧山)이라고도 한다.] 운암사탑(雲岩寺塔)에 공양되었다. 전체적으로 큰 연꽃잎 무늬가 장식되어 있고, 무늬와 그릇의 모양이 완벽하게 통일을 이룬다.

고 여겨 국호를 '대당'이라 하고, 모든 법률은 당나라의 옛 제도를 따랐다. 그리고 12월에는 당나라의 도읍이었던 낙양으로 천도했다. 이듬해에 촉나라를 멸망시키면서 세력은 더욱 강화되었다. 그런데 그 후 이존욱은 권력에 취한 나머지 궁궐을 크게 짓고, 후궁을 늘려 가무와 여색에 빠져 지내며, 노장을 멀리하고, 중상모략을 그대로 믿었다. 이러한 그의 변화는 조정 대신과 번진藩鎭(당, 오대, 송나라 초기에 절도사를 최고 권력자로 한 지방 지배 체제)의 강한 불만을 샀다. 이로써 후당의 조정은 격렬한 내부 갈등에 빠졌고, 결국 926년 서부 원정을 하던 도중에 이존욱이 병사에게 목숨을 잃고 말았다. 이후 세 황제가 그의 뒤를 이었는데 모두 내우외환이 겹쳐 단명했다. 그리하여 후당은 나라를 세운 지 14년 만에 후진에 멸망당했다.

석경당이 후진을 세우다
936년

후당의 하동절도사 석경당石敬瑭은 후당 명종明宗의 사위로, 싸움에 능하기로 유명했다. 훗날 마지막 황제를 탄핵했다는 이유로 관작을 말소당하자 그는 936년 5월에 모반을 꾀했다. 그는 스스로 거란의 신하를 칭하고 거란 황제 야율광덕耶律德光을 '아버지 황제'라 부르며, 자신이 황제가 되면 유주幽州, 계주薊州 등 16주를 거란에 바치고 매년 공물을 바치겠다는 조건으로 거란의 도움을 받았다. 후당 청태淸泰 3년(936년) 11월, 석경당이 거란의 비호 아래 황제로 즉위하여 후진을 세웠다. 그리고 또 한 번 거란의 힘을 빌려 후당을 멸망시켰다. 후진 천복天福 7년(942년), 석경당이 병으로 숨을 거두었다. 그 뒤를 이어 조카 석중귀石重貴가 즉위하니 그가 바로 후진의 출제出帝이다. 944년에 거란이 대군을 이끌고 후진을 공격해 왔고, 946년에 대량(지금의 카이펑)까지 진격하여 출제를 포로로 사로잡았다. 이로써 외부 세력의 힘을 빌려 세워진 후진은 고작 11년을 끝으로 멸망하고 말았다.

서지고가 황제가 되어 남당을 세우다

937년

937년 8월에 오나라 왕이 선양하여 그해 10월 서지고徐知誥가 황제로 즉위
했다. 그는 국호를 제濟라고 하였다가 나중에 당唐으로 바꾸었고, 역사에

〈한희재야연도(韓熙載夜宴圖)〉

한희재韓熙載는 북쪽 지역의 호족 가문에서 태어나 남당 조정에서 대신을 지냈다. 남당의 후주 이욱이 북부 지방 사람을 시기하고 의심했는데, 한희재는 이에 일부러 음악과 주색에 빠져 지내 화를 피할 수 있었다. 한번은 이욱이 화가 고굉중顧閎中을 한희재의 집에 보내 염탐하게 했다. 고굉중은 돌아와서 한희재의 집에서 깊은 밤까지 이어진 연회夜宴의 정황을 '자신이 보고 기억하는' 그대로 묘사한 그림을 바쳤다.

그 그림은 '청악聽樂', '관무觀舞', '휴식', '청취淸吹', '산연散宴'의 다섯 토막으로 구성되며, 각 토막의 그림이 교묘하게 병풍으로 구분되면서 매우 자연스럽게 이어진다. 선이 매우 정교하고 색은 화려하고 청아하며 또한 침착하여 높은 예술 수준을 보인다. 가무 향연 장면에서 체격이 건장하고 높은 갓을 쓰고 긴 얼굴에 아름다운 수염을 기른 것으로 묘사된 한희재는 음악과 주색에 빠져 있으면서도 침울함과 그다지 기쁘지 않은 심리적 갈등을 드러내고 있다. 그가 춤추는 사람을 위해 북을 쳐 주는 모습은 그의 복잡한 내면세계를 여실히 드러내는 듯하다.

〈한희재야연도〉(일부)

서는 이를 남당南唐이라고 부른다. 즉위 전, 서지고는 양부인 서온徐溫이 죽자 반대파를 모두 제거하고 국정을 장악하여 일찍부터 오나라를 삼킬 뜻을 드러냈다.

오나라 천조天祚 원년(935년) 10월에 오나라 왕이 서지고를 상보尙父, 태사, 대승상, 천하병마대원수天下兵馬大元帥로 임명했다. 아울러 제왕濟王으로 봉하고 승升과 윤潤 등 10개 주의 땅을 하사했는데, 이는 사실상 오나라 땅의 절반에 해당했다. 그 이듬해 정월에 서지고는 마침내 나라를 세우고 관직을 설치했다. 11월에 오나라가 다시 조서를 내려 백관을 설치하고, 금릉金陵(지금의 장쑤 성 난징 시)을 서쪽 도읍으로 삼았다.

천조 3년(937년) 정월에 서지고는 제나라를 건국해 종묘, 사직을 세우고, 금릉부를 강녕부江寧府로 바꾸고, 아성牙城을 궁성이라 부르며, 청당廳堂을 전殿이라 불렀다. 또 백관은 천자 체제에서처럼 많았고 기병 8군, 보병 9군을 조직하여 나라 속의 나라처럼 되었다. 2월에 오나라는 정식으로 서지고를 제나라의 왕으로 책봉했다. 3월에 서지고는 서고徐誥로 개명하여 양부 서온의 여러 아들과 차별성을 두었다. 오나라 정권을 빼앗으려는 그의 계략이 곳곳에서 현실이 되면서 정식으로 선양받을 날이 가까워졌다. 8월, 드디어 오나라 왕 양부楊溥가 조서를 내려 서고에게 양위했다. 그해 10월, 서고가 즉위하여 황제를 칭하고(남당 열조烈祖) 연호를 승원昇元으로 바꾸었다. 그리고 나중에 자신의 본래 성인 이씨를 되찾아 이름을 변昪이라 했다. 궁궐, 가마, 복식, 종묘, 책력, 휘장, 복식의 색은 모두 위나라의 것과 같았다. 남당의 영토는 오나라를 계승한 데서 좀 더 확장되었다. 남당은 오나라를 계승한 후 영토를 더욱 확장했으나, 건국 이래 이변, 이경李璟, 이욱李煜의 3대를 거쳐 북송 개보 8년(975년)에 북송에 멸망당하면서 38년 만에 끝이 나고 말았다.

유지원이 황제가 되어 한나라를 세우다
947년

요遼나라 대동大同 원년(947년) 2월, 거란족이 세운 요나라가 후진을 멸망시켰다. 그러자 원래 후진의 하동절도사였던 유지원劉知遠은 중원에 주인이 없다는 이유로 태원에서 스스로 황제의 자리에 올랐다. 그러나 진나라의 국호를 바꾸지 않고 여전히 그해를 천복 12년이라 했다. 그해 6월, 유지원은 국호를 한漢으로 바꾸고 후한後漢의 고조高祖가 되었다.

유지원(895년~948년)은 사타부沙陀部 사람이며, 즉위하고 나서 유호劉暠라고 개명했다. 후당 명종 시기에 그는 하동절도사 석경당의 부하로 압아押衙직에 있었고, 석경당이 하동에서 몰래 자신이 황제가 되려는 계획을 세울 때 계책을 내 놓기도 했다. 그러나 석경당이 거란의 '아들'을 칭하고 신하를 칭하며 그들에게 땅을 내주고 재물을 바치는 데에는 동의하지 않았다. 그래서 다른 방법을 내놓았지만 그의 의견은 받아들여지지 않았다. 거란이 진나라를 멸망시키자 유지원은 특사를 보내 축하했다. 겉으로는 그렇게 거짓으로 대응하면서 한편으로는 진양晉陽(지금의 산시 성山西省 타이위안 시)을 굳게 지키며 군사력을 강화했다.

유지원이 황제를 칭한 후로 요나라의 지배에 대한 중원 백성의 반항이 날로 심해지자 요나라 태종 야율덕광은 북쪽으로 돌아갔다. 유지원은 이 기회를 놓치지 않고 군대를 이끌고 대량(지금의 허난 성 카이펑 시)으로 진격했다. 그리고 변주를 동쪽 도읍으로 삼고 국호를 대한大漢으로 바꾸니, 역사에서는 이를 후한이라고 한다. 아울러 위국부인魏國夫人 이씨를 황후로 삼고, 문무백관을 적절히 배치했다. 후한의 영토 범위는 후진 시대와 비슷했고, 유지원과 유승

옥곰

우劉承祐(후한 은제隱帝) 두 황제가 겨우 4년 동안 다스린 후 종말을 맞아 오대
십국 가운데 가장 단명한 왕조로 기록되었다.

곽위가 황제가 되어 주나라를 세우다
951년

건우乾祐 3년(950년) 11월, 요나라 군대가 공격해 왔다. 그러자 후한 은제가
곽위郭威를 천웅절도사天雄節度使로 임명해 적을 막게 하는 동시에 한편으로
사자를 보내 곽위를 죽이라 명했다. 이를 알게 된 곽위가 군대를 이끌고 변
주로 쳐들어왔고, 은제는 결국 신하에게 목숨을 잃었다. 그의 후사에 대해
곽위는 유윤劉贇을 황제로 삼자고 의견을 냈다. 그 후 곽위가 요나라 군대
를 막기 위해 다시 대군을 이끌고 전주澶州에 다다랐을 때, 수천 명의 장수
와 병사가 북소리를 울리고 누런 깃발을 곽위의 몸에 둘러 그를 황제로 옹
립했다. 그리고 그에게 만세를 외치는 함성이 하늘과 땅 사방을 울렸다. 이
에 곽위가 다시 전군을 이끌고 도읍 변주로 돌아오자 후한의 백관이 모두
성을 나와 영접하고, 그를 황제로 추대했다. 곽위는 유윤을 상음공湘陰公에
봉하고 나라를 굳건히 했다.

　이듬해(951년) 정월, 후한의 태후가 강요에 못 이겨 곽위에게 황제의 왕부
玉符를 전하도록 조서를 내렸다. 이로써 곽위가 즉위(즉 후주後周 태조)하여
국호를 주周로, 연호를 광순廣順으로 바꾸면서 후한은 멸망했다. 주나라 태
조는 매우 검소했으며, 재위 기간에 불합리한 세금 징수 제도와 형법 제도
를 여러 차례 개혁했다. 주나라 태조의 재위 기간은 3년 남짓밖에 되지 않
지만, 이처럼 오랜 폐단을 뿌리 뽑고 백성을 편하게 하는 '휴양생식'의 정책
을 취해 후주가 오대 국가 가운데 비교적 강한 나라가 될 수 있는 기반을
다졌다. 그는 후주를 이끌면서 대외적으로 요나라, 고려, 회흘, 남한南漢,
그리고 여러 제후국이 모두 후주에 신하를 자청하며 조공을 바치게 했다.

아울러 북한北漢, 요나라, 남당의 백성이 잇달아 후주의 국경을 넘어오면서 초보적으로 통일 중국의 기반을 닦았다. 옛 역사가들은 그가 황위를 찬탈한 것으로 의심하여 비판하기도 했으나, 그의 정치적 업적만 놓고 본다면 영명한 군주임이 틀림없다.

시영이 후주의 황제로 즉위하다
954년

현덕顯德 원년(954년) 정월, 후주의 태조 곽위가 병으로 죽고 양자 시영柴榮이 즉위했다. 시영은 곽위의 황후인 성목聖穆 황후의 조카로, 곽위의 양자가 되어 광순 3년(953년)에 진왕晉王에 봉해졌다. 곽위가 생전에 공적만 믿고서 오만방자한 대신들을 파직하고 일부 새로운 관리들을 임명한 후 시영에게 조정을 맡기면서 권력이 자연스럽게 그의 손으로 옮겨갔다. 즉위한 시영이 바로 주나라 세종世宗이다. 시영은 곽위가 농사를 중시하고 백성을 가엾게 여겨 펼친 정책과 중국 통일을 이루고자 한 큰 뜻을 이어받아 왕박王朴 등 뛰어난 신하를 등용하고 수로를 정비해 곡식을 운송하게 하며 문화와 교육을 발전시키는 데 힘썼다. 그리하여 비록 짧은 6년 동안 재위하고 서른아홉의 젊은 나이에 병으로 죽었지만 많은 업적을 남긴 황제로 기록된다. 시영에게 중용된 왕박은 '평변책平邊策'을 제안했다. 먼저 남당을 공격하여 장강 북쪽 지역을 손에 넣고 장강 남쪽의 여러 나라를 통제하며, 그다음에 후촉과 유주를 취하고, 마지막으로 요나라와 맞닿은 변방 지역에서의 다툼을 해결하겠다는 전략이었다. 또 민심을 얻는 데 힘쓰고, 적을 공격할 때 방비가 견고한 곳은 피하고 방비가 허술한 곳을 치는 계책 등을 건의했다. 시영은 그가 올린 건의 대부분을 채택해 통일 합병 전쟁을 시도하여 성공을 거두었다.

후주가 현덕 2년(955년), 현덕 3년(956년), 현덕 4년(957년) 세 차례에 걸친

황전의 〈사생진금도(寫生珍禽圖)〉

황전(?년~965년)은 오대 후촉의 화가로, 자는 요숙(要叔)이고 성도(지금의 쓰촨 성에 속함.) 사람이다. 그의 작품은 궁정의 여러 특이한 풀과 진귀한 새를 그린 것이며, 스케치가 정교하고 세밀하며 필적이 거의 보이지 않을 정도이고 가벼운 색으로 물을 들여 이른바 '사생(寫生)'이라고 불린다. 〈사생진금도〉는 세상에 전해지는 황전의 유일한 작품으로 새, 곤충, 거북이 등 20여 종에 이르는 동물과 곤충이 그려져 있다. 그 형상이 매우 정확하고 생동감이 넘치며, 기교가 뛰어나고, 색조가 부드럽고 조화로워 사생 솜씨가 매우 뛰어난 것을 알 수 있다.

남당 정벌에 모두 승리하자 남당 황제는 스스로 황제의 칭호를 버리고 땅을 떼어 주며 강화를 요청했다. 이로써 후주는 장강 북쪽 지역을 평정하고 14개 주, 60개 현을 얻었다. 후주는 또 촉나라를 공격하여 현덕 2년(955년)에 후촉을 크게 물리치고 진주秦州, 성주成州, 계주階州, 봉주鳳州 등 4개 주를 얻었다. 현덕 6년(959년)에 시영은 요나라를 정벌하기로 하고, 여러 차례 요나라 대군을 격파한 끝에 칼날에 피 한 방울 묻히지 않은 채 연남燕南을 얻었다. 그러나 이곳에서 병에 걸린 시영은 군대를 철수하고 나서 바로 병사하는 바람에 통일의 대업을 이루지 못했다.

시영은 6년 동안 재위하면서 백성을 위하는 어진 정치를 펼쳤다. 그는 백성을 괴롭히는 가혹한 정책을 없앴을 뿐만 아니라 대군이 지나간 후 회남 지역에 대기근이 일어나자 회남 지역의 굶주린 백성에게 쌀을 빌려 주도록 했다. 그의 가장 큰 공로는 무엇보다 통일의 대업을 도모했다는 점이다. 시영이 이루지 못한 꿈은 그가 죽은 이후 훗날 북송을 세운 조광윤趙匡胤이 이어서 완성해 나갔다.

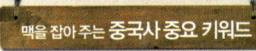

오대의 회화

오대 십국 중 서촉, 남당, 오월은 작은 땅에 만족했고, 미술 분야에서 당나라의 전통을 계승했다. 서촉은 사원의 규모가 엄청나고, 도석인물화道釋人物畵(도교와 불교에 관계되는 초자연적인 인물상을 표현한 인물화)와 석굴 채색화가 계속해서 이어졌다. 황전黃筌의 화조화는 당 왕조의 부귀한 분위기를 그려 냈고, 남당의 화가 서희徐熙의 거친 운치와 함께 한 시대를 풍미했다. 자연 산천과 산림을 즐겨 그린 형호荊浩, 관동關仝, 동원董源, 거연巨然 등 4대 산수화가는 북송과 원나라 시대에 산수화가 성행한 데 발단이 되었다.

오대 서촉 화조화의 탄생에 직접적으로 영향을 받은 화가는 등창우滕昌祐와 조광윤刁光胤이다. 당나라 시대에 아름다움에 대한 산수화의 독특한 가치가 정립되었고, 오대의 형호, 관동, 동원, 거연 4인이 그 기초를 토대로 남과 북의 다른 산수풍경을 나타내는 데 적합한 준법皴法(동양화에서 산과 암석, 폭포, 나무 등의 입체감을 표현하기 위해 주름을 그리는 화법)과 스타일을 창조했다.

2 북송

시기 : 960년~1127년
인물 : 조광윤, 태종, 조보, 진종, 왕유일, 범중엄, 필승, 포증, 영종, 왕안석, 심괄, 증공, 사마광, 휘종, 채경, 송강, 이강

문을 숭상하고 무를 억압하는 시대

960년에 조광윤이 황제가 되어 북송을 세웠다. 북송 태조 조광윤은 즉위하고 나서 '먼저 문신을 등용하여 무신의 권력을 빼앗는' 문文을 중시하고 무武를 경시하는 정책을 펼쳤다. 아울러 일련의 조치로 군권, 정권, 경제권과 사법권을 최대한 자신에게 집중시켰다. 이로써 북송은 농업, 수공업, 방직, 야금, 석탄과 도자 공예가 빠르게 발전하며 사회, 경제도 뚜렷한 발전을 이룩했다. 또한 이학理學이 유학을 철학으로 발전시키고 사학史學에서도 큰 성과를 거두며 문화의 전성기를 맞았다. 송나라의 사, 이른바 송사宋詞는 독특한 스타일이 있어 으뜸이라는 뜻의 일절一絶이라고 불렸다. 고문古文, 통속 문학, 희극, 설창 등 예술 장르도 빠르게 발전했다. 인쇄술, 화약, 나침반의 3대 발명품 또한 북송 시대 과학 기술의 비약적인 발전을 상징한다. 그러나 중앙 집권 체제를 강화하기 위해 시행한 각종 조치가 오히려 역효과를 내면서 국력은 약해지고 백성은 가난에 시달리게 되었다. 그리하여 북송은 1127년에 황제들이 금나라로 끌려가는 '정강의 치욕靖康之恥'을 겪으며 멸망의 길로 들어섰다.

한눈에 보는 세계사

962년 오토 1세의 대관식
1019년 귀주대첩
1077년 카노사의 굴욕

1096년 제1차 십자군 전쟁
1107년 윤관의 여진 정벌
1126년 이자겸의 난

진교의 병변

960년

북송 건륭建隆 원년(960년) 정월, 조광윤은 진교역陳橋驛(지금의 허난 성 평추封丘 동남쪽 천차오 진陳橋鎭)에서 일어난 쿠데타로 후주의 정권을 빼앗아 북송을 세웠다. 후주의 세종 시영이 병사한 후 황제의 자리에 오른 공제恭帝는 겨우 일곱 살이어서 직접 정사를 돌보지 못했기 때문에 나라가 뒤숭숭했다. 당시 전전도점검殿前都點檢, 귀덕군절도사歸德軍節度使이던 조광윤은 금군의 고위 장수인 석수신石守信, 왕심기王審琦 등과 일찍이 의형제를 맺은 사이로 군대에서 실권을 장악하고 있었다.

960년 1월 1일, 요나라와 10국 가운데 하나인 북한의 군대가 남하한다는 소문이 들려오자 후주의 재상 범질范質 등이 황급히 조광윤에게 여러 군대를 이끌고 북쪽으로 진격해서 이를 저지하도록 했다. 후주의 대군이 진교역에 이르렀을 때, 조광윤의 아우 조광의趙匡義(북송 태종太宗 조경趙炅. 趙光義라고도 함.)와 귀덕군 장서기掌書記 조보趙普가 조광윤을 황제로 옹립했다. 정월 초 4일, 조광윤이 군대를 이끌고 개봉으로 돌아와 공제에게 선양을 강요했다. 이렇게 해서 조광윤은 손쉽게 후주의 정권을 손에 넣고 국호를 '송'으로 바꾸어 조씨 왕조의 송나라를 건국했다.

조광윤이 한 잔 술로 병권을 빼앗다

961년

건륭 2년(961년) 7월, 북송 태조 조광윤이 금군의 노장老將들을 초대해 연회를 열고 마찰 없이 그들의 병권을 거두어들였다. 연회에 참석한 사람으로는 고위 장수인 석수신, 고회덕高懷德, 왕심기, 장령탁張令鐸, 조언휘趙彦徽 등이 있었다. 연회에서 태조는 "내가 황제가

용 모양의 손잡이가 달린 황옥경화배(黃玉經火杯)

옥은 조각하기 전에 불에 한 번 굽는 '경화(經火)'과정을 거친다. 이 잔도 경화하여 만들어진 작품이다. 잔의 모양은 꽃잎 일곱 개의 형태를 띠며, 바깥에는 그릇을 감싸는 듯한 모습의 용 한 마리가 부조되어 있다. 손잡이는 용머리로 조각되었는데, 용이 입에 여의주를 물고서 앞발톱으로 잔의 주둥이를 붙들고 있다. 정교한 디자인과 세밀한 조각은 북송 시대 용 조형의 특징을 드러낸다.

북송 시대에는 금군의 숫자가 급격히 증가해 초기의 19만 3,000명에서 후기에 이르러서는 82만 6,000명에 이르렀다. 이 방대한 규모의 군대를 유지하기 위해 해마다 전국에서 거두어들인 재정 수입의 절반 이상이 소모되었다.

된 것은 신들에게 의지한 바가 크오. 그런데 황제의 자리에 오른 후 밤마다 불안하여 잠을 이룰 수가 없구려."라고 말했다. 석수신 등이 그 이유를 묻자 태조가 답했다. "물론 그대들에게는 그런 뜻이 없을지라도 만일 어느 날 그대들의 부하가 부귀와 권세를 탐내어 그대들을 황제로 옹립한다면 그때는 그대들도 어쩔 수 없겠지."

이에 석수신 등이 황급히 무릎을 꿇고 자신들이 어찌하면 좋을지를 물었다. 그러자 태조가 완곡한 말로 그들 스스로 병권을 내놓도록 유도했다. "좋은 전답을 사서 대대로 부귀를 누리며 사는 것은 어떻겠소? 가희와 무희를 여럿 거느리고 매일 술을 마시고 즐기며 천수를 누려도 될 것이오. 그러면 군주와 신하 간에 의심이 사라지니 좋지 않겠소?" 석수신 등은 그 말을 듣고 모두 황제의 마음을 알아차렸다. 그래서 다음날 바로 병을 핑계 대며 사직을 청해 병권을 내 놓았다. 태조는 기꺼이 그들의 사직 주청을 받아들였다. 역사에서는 이를 '한 잔 술로 병권을 거두어들였다.'고 말한다. 얼마 후 태조는 같은 방식으로 여러 지방 절도사의 직책도 거둬들였다. 이로써 금군과 번진의 병권이 모두 조광윤의 손에 집중되었다.

북송이 남쪽 지역을 평정하다

936년~974년

북송의 건국 초기에 남쪽 지역에는 남당, 후촉, 오월, 남한 및 호남湖南, 형남荊南, 장천漳泉 등이 할거하여 각기 나라를 이루었고, 북쪽 지역에는 장성의 남북 지역에 걸쳐 연운燕雲 지역을 차지한 요 왕조와 요 왕조의 비호를 받던 북한이 있었다. 북송의 태조 조광윤은 천하를 통일하기 위해 먼저 남쪽을 공격하고 이후 북쪽을 공격하는 '선남후북先南後北'의 통일 전략을 세웠다.

건륭 4년(963년) 정월, 북송 태조는 모용연조慕容延釗, 이처운李處耘에게 병사를 이끌고 호남으로 출정하게 했다. 그해 3월에 북송 군대는 호남을 평정하고 일거에 형호 땅을 점령해 군사적으로 후촉, 남당, 남한의 연계를 끊어 버렸다. 북송 건덕乾德 2년(964년) 11월, 태조가 5만 병력을 파견해 촉을 토벌하게 하니 후촉의 맹창孟昶이 투항했다. 북송 개보 3년(970년) 9월, 태조가 반미潘美, 윤숭가尹崇珂 등에게 군대를 주어 영남 지역에서 할거한 남한 정권을 토벌하게 해 이듬해 2월에 남한을 평정했다.

이렇게 해서 영남을 평정하자 남쪽 지역에는 3개의 할거 세력만이 남았다. 그중 양절 지역의 오월국 왕 전숙과 장주, 천주 지역의 평해군절도사平海軍節度使 진홍陳洪은 이미 북송의 명령을 따르고 있었다. 개보 7년(974년) 11월, 조빈曹彬이 군대를 이끌고 금릉(지금의 장쑤 성 난징 시)을 공격하자 남당 후주가 투항했다. 이로써 북송은 남쪽 지역을 대략 평정하게 되었다.

과거 제도의 개선
975년

개보 8년(975년)에 중국의 과거 제도에 해시解試, 성시省試, 전시殿試 등 일련의 과정이 생겨났다. 과거 제도는 중국 봉건 사회에서 오랜 세월 동안 관리를 선발한 제도로, 수·당 시대에 시작되어 북송 초기에 그 기본적인 틀을 완벽히 갖추었다. 북송 태조 조광윤은 특주명特奏名을 시행하여 처음으로 전시 제도를 만들었다. 특주명은 해시에 합격했으나 성시 또는 전시에서 수차례 낙제하고 제한 연령을 넘긴 거인擧人(과거에 응시한 사람)을 위한 제도이다. 이들은 이 제도를 통해 성시를 거치지 않고 예부禮部의 특별 상주를 통해 직접 전시에 참여해 등급을 나누고, 출신 또는 관직을 하사받았다. 다시 말하면 황제의 특별 추천이므로 은과恩科라고 부르기도 했다.

개보 6년(973년) 3월, 조광윤은 문권文權을 장악하기 위해 서

어조(魚藻, 물고기와 수중 식물을 한데 이르는 말) 무늬 자기 대접

높이 13.2cm에 주둥이가 오므라든 염구(斂口) 형태로 북처럼 나온 배는 아래로 처져 있고, 바닥은 둥글다. 백색 유약을 배 아랫부분까지 바르고 검은색으로 물고기 무늬와 수초 무늬를 그렸다. 또 흰색 유약으로 물고기의 입과 눈, 비늘, 지느러미를 그렸는데 그 붓놀림이 힘차다. 단정한 조형과 유약과 무늬가 모두 뛰어난 이 작품은 자주요(磁州窯)에서 생산된 것이다.

생들이 황제의 은혜에 감격하게 하
고자 강무전講武殿에서 직접 거인들
의 2차 시험을 치렀다. 이로부터 황
제가 직접 2차 시험을 치르는 전시
가 과거 제도의 기본 틀에 포함되었
다. 개보 8년(975년)에 이르러서는 과
거 시험에 성시와 전시의 구분이 생
겼다. 특주명과 전시의 실행은 북송
초기에 이미 기본적으로 과거 제도
가 틀을 갖추었다는 것을 의미한다.

태조의 죽음
976년

개보 9년(976년) 10월 20일, 북송 태
조가 쉰 살을 일기로 재위 17년 만
에 세상을 떠났다. 태조의 뒤를 이
은 사람은 그의 아우 조광의로, 즉
위하고 나서 경으로 개명했다. 당시
태조의 아들 조덕소趙德昭는 스물여
섯, 덕방德芳은 열여덟으로 제위를

북송 시대에 과거를 치르는
모습을 그린 〈송인과거고시
도(宋人科擧考試圖)〉

과거 시험은 북송이 인재
를 선발하는 핵심 방식이
었다. 북송은 문인을 중시
하여 대부분 대신이 진사
출신이었다.

잇기에 충분한 나이였는데, 왜 아들이 아닌 형제가 황위를 계승했을까?
전하는 바에 따르면, 태조의 병이 위중하던 당시 조광의가 입궁해 병문안
을 하면서 환관과 궁녀들을 모두 멀리 물렸다고 한다. 태조를 가까이에서
따르는 신하들도 모두 멀리서 바라볼 수밖에 없었다. 촛불 그림자가 드리
워진 뒤 광의가 갑자기 자리를 떴는데 마치 무언가를 거듭 사양하는 모습

또는 숨기는 듯한 모습이었다. 잠시 후 태조가 주부柱斧(기둥에 걸어 놓은 도끼)로 바닥을 내리치며 광의에게 큰소리로 외쳤다. "잘해!" 그날 밤, 태조는 만세전萬歲殿에서 숨을 거두었다.

조광의가 황위를 계승한 데는 합법적인 근거인 '금궤의 맹세金匱之盟'가 있었다고 한다. 전하는 바에 따르면 건륭 2년(961년)에 두杜 태후가 자신의 병이 위급하자 급히 태조와 조보를 불러들여 유명遺命을 받게 했다고 한다. 두 태후는 주나라 세종이 어린 군주를 앉혔다가 천하를 망하게 한 데서 교훈을 얻어 태조가 죽으면 황위를 셋째 동생 광의에게 넘겨주도록 했고, 광의는 광미光美에게, 광미는 다시 덕소(조광윤의 아들)에게 넘겨주도록 했다. 두 태후는 조보에게 당장 서약서를 쓰게 하고 태조에게 그것을 직접 금궤에 넣도록 했다. 이 '금궤의 맹세'는 태조가 죽은 지 6년이 지나서야 조보가 금궤에서 유지를 꺼내 보여 줌으로써 알려졌다. 이를 통해 조보는 태종太宗의 총애를 받게 되어 다시 재상이 될 수 있었다.

북송 태종의 즉위
976년

개보 9년(976년) 10월, 북송 태조 조광윤이 죽고 그의 아우 조광의가 즉위했다. 그가 북송 태종이다. 태종은 원래 이름이 조광의였는데, 태조의 재위 시기에 '바를 광匡' 자를 '빛 광光'으로 바꾸었고, 황제가 되고 나서 경으로 개명했다. 북송 태종은 즉위하고 나서 오월 왕 전숙과 장주와 천주에서 할거한 진홍을 정치적으로 압박해 태평흥국太平興國 3년(978년)에 그들이 땅을 내놓고 귀순하게 했다.

송 왕조의 문관 복장

송 왕조의 백관은 평소 등청하여, 즉 관청에 나아가 업무를 볼 때 모두 공복(公服)을 입었다. 그리고 제사를 지내고 성대한 조회가 열릴 때에는 제복(祭服) 또는 조복(朝服)을 입었다. 공복을 입을 때에는 보통 양쪽으로 각이 길게 펼쳐진 딱딱한 모자를 썼으며, 평상복을 입을 때에는 두건을 썼다.

북송의 와시와 구란의 유행

와시瓦市는 북송의 대도시에서 유흥을 즐기는 곳이 집중된 지역으로 와자瓦子, 와사瓦舍, 와사瓦肆라고도 한다. 구란勾欄은 송, 원나라 시대에 도시에서 희곡戲曲 및 기타 예술이 공연되던 주요 장소로 노천극장이 라고 할 수 있다. 구란勾闌이라고도 쓴다.

와시와 구란의 등장은 중국 문예 발전사에 중요한 의미가 있으며, 희극과 신흥 문예에 고정적인 공연 장소를 제공했다. 북송 시대의 와시는 내부에 술집이 있고, 기루와 맞물려 몰려 있었다. 변경(지금의 카이 펑 시)의 와시에서는 잡극과 강사講史, 제궁조諸宮調, 괴뢰극傀儡劇, 영희影戲 및 잡기雜技 등 각종 예술 장 르의 공연이 펼쳐졌고 관중 수천만 명을 수용할 수 있었다. 구란 내부에는 무대와 관중석이 있었다. 매일 아침이면 사람들이 '와자'에 모여 여러 가지 공연을 보고 황혼녘이 되어서야 하나둘 흩어졌다. '와자'는 '모 일 때는 기와가 합쳐지듯 와합瓦合하고 흩어질 때는 기와가 무너지듯 와산瓦散한다.'는 말에서 따온 이름 으로, 쉽게 모이고 쉽게 흩어진다는 뜻이다. 와시와 구란은 희극과 기타 예술을 한데 모아 희극의 형성과 발전을 촉진하고 희극의 성숙을 상징하는 중요한 지점이다.

이듬해에 태종 조광의는 직접 태원 원정에 나서 북한을 멸망시키고, 오 대 십국의 분열과 할거 상황을 끝냈다. 그 후 중앙 집권을 한층 더 강화하 기 위해 절도사가 지방을 다스리는 제도를 폐지하고 여러 절도사를 개봉 으로 소환해 그들의 병권을 거두어들였다. 이렇게 해서 북송 시대에 절도 사는 허울뿐인 관직이 되었다. 태종은 두 차례에 걸쳐 요나라를 공격해 연 운 16주를 수복하고자 했으나 모두 실패했고, 이로부터 요나라에 방어 태 세를 취하기 시작했다.

양업의 안문관 대첩
980년

태평흥국 5년(980년) 3월, 요나라는 설만성雪滿城에서의 치욕을 갚기 위해 서경西京 대동부절도사大同府節度使, 부마駙馬이자 시중인 소돌리蕭咄李에게

10만 대군을 이끌고 안문관雁門關으로 가서 또 한 번 북송을 공격하도록 했다. 이에 북송에서는 지대주知代州 겸 삼교주박병마부서三交駐泊兵馬部署 양업楊業이 정예 기병 수백 명을 이끌고 맞섰다. 북송 군대는 요나라 군대를 둘러가 적의 뒤에서 우회하여 적의 예상을 깨고 안문관 북쪽에서 남쪽으로 요나라 군대를 습격했다. 요충지를 공격당한 요나라 군대는 '뒤뜰에 불이 일어나자' 순간 대오가 무너지며 큰 혼란에 빠졌다. 게다가 안문관 수비군이 기세를 틈타 관문을 열고 앞쪽에서 급습하니 요나라 군대는 진퇴양난에 빠져 크게 패하고 뿔뿔이 흩어져 도망가고 말았다. 이로써 요나라 군대는 큰 피해를 입었다. 안문관 대첩을 지휘한 양업은 본명이 유계업劉繼業이며, 북한의 용장으로 '양무적楊無敵'이라 불렸다.

태평흥국 4년(979년) 5월, 북송이 북한을 토벌하자 유계원楊業元은 성을 바치고 투항했지만 유계업은 계속 성을 지키며 고군분투했다. 이에 북송 태종은 충성스러움과 용맹함을 모두 갖춘 그를 높이 사 유계업을 얻고자 유계원에게 그를 투항시키도록 했다. 유계업은 성 안의 백성을 지키기 위해 성문을 열고 북송 군대를 맞으며 마침내 투항했다. 북송 태종은 그를 우령군위대장군右領軍衛大將軍의 직책에 임명하고, 양씨 성을 내리고 이름을 업으로 짓게 했다. 그리고 나중에는 양업을 정주방어사鄭州防禦使로 임명했다. 또 그해 11월에 북송 태종은 양업을 지대주 겸 삼교주박병마무서의 요직에 임명했다.

황거채(黃居寀)의 〈산자극작도(山鷓棘雀圖)〉

이 그림은 북송 화원 화가 황거채의 작품이다. 이 그림은 야산의 가파른 바위, 대나무와 풀 및 대추나무 가지, 그리고 다양한 모습의 참새를 그렸다. 참새들 앞으로 일부러 가까이 그린 산자고(山鷓鴣), 평과의 새는 세밀하고 생동감 넘치게 그려져 있다.

도화원의 설립

984년

북송 태평흥국 9년(984년)에 한림도화원翰林圖畵院이 설립되었다. 북송 왕조의 도화원은 궁정에서 황제를 위해 일한 기관이며, 황제의 자문 역할을 한 한림원과 달리 내시처內侍處에 속하여 환관이 관리했다. 이와 유사한 기관이 어서원御書院, 기원棋院, 의관원醫官院 등이다. 화원의 화가들에게는 대조待詔, 예학藝學, 지후祗候, 화학생畵學生 등의 직책이 부여되었다.

북송 초기에는 남당과 서촉 등이 멸망하면서 화원의 화가들이 모두 북송 화원으로 모여들었다. 왕도진王道眞, 고익高益, 연문귀燕文貴, 최백崔白, 곽희郭熙 등이 당시 화단에서 최고로 손꼽힌 대표 작가이다. 화원의 화가들은 공예가들과 달리 비교적 좋은 대우를 받았다. 화원에서는 심사 제도를 마련하고 시험 기준을 확립하여 작가가 자신의 의도를 간결하고 조화롭게 표현하고, 옛 화가들의 작품을 모방하지 않고 창의력을 키우도록 하는 데 힘썼다. 북송 시기에 화원 화가들의 창작은 주로 황제와 궁정을 위해 이루어졌다. 그들은 대부분 고위 관청의 병풍과 담장 등에 그림을 그리는 일을 포함해 궁궐의 벽화와 '어진 신하'를 표창할 때 쓰인 공신의 초상화를 그리고, 또 명화를 찾고 감별하고, 황제를 위해 대필하고, 어화를 그리는 등의 일을 했다.

재상 조보가 죽다

992년

순화淳化 3년(992년) 7월, 북송 왕조의 재상 조보가 향년 일흔한 살을 일기로 세상을 떠났다. 조보(922년~992년)는 자가 즉평則平이고 유주 계현薊縣(지금의 베이징 시 다싱大興) 사람이다. 그는 후주 조정에서 귀덕군절도歸德軍節度 장서기掌書記였던 조광윤(북송 태조)의 심복으로, 적극적으로 진교병변(陳橋

兵變(또는 '진교의 변陳橋之變'이라고도 함.)을 계획하고 조씨 왕조를 옹립하여 후주를 대체하게 했다. 조보는 태조를 옹립하는 데 큰 역할을 한 공으로 건덕 2년(964년)에 재상으로 임명되어 10여 년 동안 재상직에 있었다. 그는 오대 번진이 할거하고 신하가 황제보다 강한 권력을 갖게 되자 태조에게 신하의 병권을 약화시킬 것을 건의했다. 그리고 이를 위해 오랜 세월 공을 쌓아 명성이 높은 대장군 휘하 금군 요직에 있는 인물들을 파면하여 북송 왕조의 중앙 집권을 강화하는 데 큰 공헌을 했다. 여러 제후국을 통일하는 전쟁에서는 '남쪽을 먼저 통일하고 북쪽을 물리친다.'는 '선남후북先南後北' 전략을 세우는 데 참여했다.

개보 6년(973년)에 조보는 권력을 독점하고 사리사욕을 채운다는 이유로 재상직에서 파면되고 직위가 낮아졌다. 그러나 태평흥국 6년(981년)에 과거 두 태후가 '금궤의 맹세'를 만들어 조광의가 황위를 잇도록 명령했다고 말해 태종이 황제로 등극하는 데 일조했고, 그 공으로 재상으로 복귀했다. 그 후 조보는 진왕秦王 정미廷美를 박해하기도 했다. 순화 3년(992년)에 병으로 죽은 조보는 충헌忠獻이라는 시호를 받고, 진정왕眞定王으로 봉해졌다.

〈설야방보도(雪夜訪普圖)〉

이 그림은 북송 태조 조광윤이 눈 내리는 밤에 공신 조보를 찾아가 군신이 함께 통일 대계를 논의하는 이야기를 그린 작품이다.

잔도

사천은 산으로 둘러싸여 있고 교통이 불편해서 예부터 "촉 땅의 길은 하늘에 오르는 것보다 어렵다."라는 말이 있었다. 잔도는 과거에 그러한 사천과 외부 지역을 연결하는 통로였다. 이 잔도는 깎아지른 듯한 절벽에 구멍을 뚫고 나무 등을 사용하여 다리를 이은 것으로 무척 구불구불하다.

왕소파와 이순의 기의
993년

사천 일대는 만당 시기부터 물산이 풍부하고 인구가 많았다. 북송 시대에 들어서면서 조정이 이 지역에 세금을 매기고, 여상旅商(행상)들이 자유롭게 비단을 거래하는 것을 금지하는 '박매무博買務'라는 관직을 설치했다. 그러자 일부 세력이 이 기회를 틈타 관부와 한통속이 되어 물건을 싸게 사들이고 비싸게 팔아 부당한 이익을 얻었다. 면적은 작고 인구는 많은데 세금을 내고 나면 남는 것이 많지 않아 사천 백성의 고통은 이루 말할 수 없을 정도였다.

순화 4년(993년) 2월, 왕소파王小波, 이순李順 등이 지방 관청의 착취를 견디지 못하고 청성현青城縣(지금의 쓰촨 성 두장옌 시都江堰市 남쪽)에서 군중을 모아 반란을 일으켰다. 빈부 격차 해소를 기치로 내걸어 빈민들의 뜨거운 지지를 받은 기의군은 금세 수만 명으로 불어났다. 그해 12월, 기의군은 강원현江原縣(지금의 쓰촨 성 충칭 현崇慶縣 동남쪽 장위안 진江原鎭)에서 관군과 격전을 벌였는데 이때 왕소파가 중상을 입고 전사했다. 이후 기의군은 왕소파의 처남 이순의 지휘를 따르며 투쟁을 계속했다. 기의군은 기율이 엄격한 데다 이순이 인재를 중용하여 그 세력이 수십만 명까지 확대되었다.

순화 5년(994년) 정월에 기의군은 성도를 점령하고 대촉 정권을 세웠으며, 이순이 대촉왕이 되어 연호를 응운應運이라 했다. 이에 북송 태종은 급히 환관 왕계은에게 명하여 대촉의 허점을 노려 검문관을 점령하고 잔도를 통해 신속하게 사천으로 진격하도록 했다. 5월, 왕계은이 성도를 함락하며 기의군 3만 명을 죽였고 이 전투 중에 이순도 희생되었다. 그리고 11월에는 이순의 남은 부대들도 패하여 기의군은 결국 진압되었다.

북송 진종의 즉위
997년

북송 지도至道 3년(997년)에 북송 태종이 죽자 태자 조항趙恒이 뒤를 이어 즉위했다. 그가 북송 진종眞宗이다. 지도 3년(997년) 2월에 환관 왕계은이 태자가 영명해 훗날 자신이 권력을 장악하지 못할 것을 두려워하여 태종의 임종 직전에 참지정사 이창령李昌齡, 지제고知制誥 호단胡旦 등과 함께 초왕 원좌元佐로 하여금 황위를 잇게 하려는 음모를 꾸몄다. 그러나 그들은 곧 재상 여단呂端에게 발각되었다.

3월에 태종이 붕어하자 여단은 명령을 받들어 일단 왕계은을 감금했다. 그리고 신속하게 입궁하여 어찌할 바를 모르던 이씨 황후를 도리로써 설득해 태자 조항이 즉위하게 했다. 황제 즉위식에서 진종 조항이 황제의 자리 앞에 발을 치고 대신들을 접견했다. 이에 대신들이 모두 무릎을 꿇고 엎드려 황제에게 예를 갖추는데, 여단은 무릎을 꿇지 않았다. 그는 시중들에게 발을 거두게 하고 앞으로 나아가 황제의 얼굴을 자세히 들여다보고 나서야 비로소 마음을 놓고 물러나 대신들과 함께 엎드려 조아리며 황제에게 만세를 세 번 외쳤다. 이 이야기에서 여단의 지략과 담력, 냉정함을 알 수 있다.

팔괘릉화경(八卦菱花鏡)

여덟 쪽의 마름꽃 형태이며, 손잡이는 둥글고 받침대는 꽃잎 모양이다. 여덟 쪽의 마름꽃 안에는 팔괘 부호가 하나씩 있다.

시박사를 설치하다
999년

함평咸平 2년(999년) 9월, 북송 진종이 조서를 내려 항주(지금의 저장 성 항저우 시)와 명주明州(지금의 저장 성 닝보 시寧波市)에 시박

혜광탑(慧光塔) 탑기 도금 사리병 은감(銀龕, 불상을 모셔 두는 방이나 집인 불감(佛龕)의 다른 이름]

이 은감은 1966년에 저장 성 루이안 시(瑞安市)의 혜광탑 탑기에서 출토되었다. 은감의 중앙에는 사리병이 하나 모셔져 있는데, 병의 배 부위 정면에 '충한사병, 도청사금(衝漢舍瓶, 道淸舍金)'이라는 여덟 글자가 새겨져 있다. 은감의 외벽에는 화초가 가득하고, 꼭대기 부분에는 활짝 핀 모란꽃이 있다. 은감은 작고 정교하게 조형되었으며, 전체적으로 도금하여 화려해 보인다.

사市舶司를 설치하여 외부에서 오는 여상들이 편리하게 장사할 수 있게 했다. 북송 왕조는 나라의 안정을 유지하여 봉건 경제가 발전했고, 다양한 상품의 교환이 활발하게 이루어지며 더불어 대외 무역도 발달했다.

함평 2년(999년) 9월, 북송 조정에서는 대외 무역의 관리를 강화하기 위해 항주와 명주의 연해 항구에 시박사를 설치했다. 시박사는 시박사사市舶使司, 제거시박사提擧市舶司라고도 한다. 시박사에 소속된 관리로는 시박사市舶使, 시박판관市舶判官 등이 있었고, 초기에는 지주나 각 노전운사路轉運使(관직명의 하나)가 겸임하다가 훗날 사무가 점점 많아지자 전문 직책이 되었다. 시박사는 외국 선박을 통해 들어오는 화물을 사들여 독점 판매를 하거나 조정에 상납하고, 각국의 조공 사절을 접대하고, 외국 상인을 유치하는 업무를 주로 담당했다. 그리고 외국 상인의 상업 활동을 관리 감독하고, 본국의 상선들을 관리하고, 해외 무역에 대해 세금을 징수하는 일 등을 했다. 훗날 해외 무역이 꾸준히 발전하면서 북송 조정이 계속해서 연해 항구에 새로운 시박사를 설치해 북송 말년에는 6개까지 늘어났다.

요나라가 대군을 일으켜 북송을 공격하다
1004년

경덕景德 원년(1004년) 윤 9월, 요나라 성종聖宗과 소蕭 태후가 북송을 공격하기 위해 20만 대군을 이끌고 남하하면서 통군사統軍使 소달름蕭撻凜, 계육부 대왕 소관음노蕭觀音奴를 선봉에 세웠다. 22일에 소달름과 성종, 소 태후가 군대를 합쳐 북송의 정주定州(지금의 허베이 성 딩저우 시定州市)를 공격했다. 북쪽 지역의 주와 현에서 앞 다투어 긴박한 상황을 보고하자 재상 구준寇準이 진종에게 직접 전주(지금의 허난 성 푸양 시 부근)로 원정할 것을 청했다. 진종이 주저하자 조정 대신들이 모여 이 일을 의논했다. 참지정사 왕흠약王

차가 생활의 필수품이 되다

송나라 시대에는 조정에서 널리 차나무를 심게 했고, 사대부 사이에 차의 맛과 향 등을 평가하고 비교하는 투차鬪茶 풍조가 있었다. 당시 차는 생산량이 많을 뿐만 아니라 품종도 다양하고, 생산 품질도 좋았다. 당시 차는 이미 백성의 생활필수품으로 자리 잡았다. 차 재배와 채집은 북송 시대에 눈부신 발전을 보였다. 당시에 차 생산지는 대부분 회하 남쪽의 넓은 지역에 집중되어 있었다.

북송 시대에는 복건 지역의 차가 으뜸으로 여겨져 조정에서는 건안建安(지금의 푸젠 성 젠어우 시建甌市) 북쪽 동산에 국가 소유의 다원茶園을 만들었다. 이후 건안 일대에는 국가 및 개인 소유의 다원이 밀집되어 차를 재배하는 곳이 무려 1,336곳에 달했다. 회남로淮南路, 호북로湖北路도 북송 시대의 중요한 차 생산 지역이다. 찻잎은 북송 왕조의 주요 전매專賣 금지 상품이었다. 북송 초기에 조정에서는 해마다 2,306만 근에 달하는 차를 전매했는데, 북송 진종 대중大中 상부祥符 8년(1015년)에는 연 전매량이 2,906만 근으로 증가했다.

〈노공이 차를 끓이는 그림〉

북송 시대에 사람들은 차를 마시는 데에서 당나라 시대의 규칙을 따라 엄격하면서도 고아하게 즐겼다. 북송의 사대부들은 너도나도 다품[茶品(차의 등급)]과 화후[火候(불의 세기)], 자법[煮法(차를 끓이는 법)] 및 음효(飮效) 등을 따졌다. 이것이 사대부 사이에서 높이 받들어지면서 차츰 일반 백성에게도 널리 퍼져 이후 민간에서도 음차(飮茶)가 발전했다. 이 그림은 북송의 전선(錢選)이 그린 〈노공이 차를 끓이는 그림〉이다.

欽若은 진종에게 비밀리에 남하해 금릉(지금의 장쑤 성 난징 시)으로 몸을 피할 것을 청했고, 첨추밀원사簽樞密院事 진요수陳堯叟는 성도로 갈 것을 건의했으며, 구준은 변함없이 즉시 직접 원정길에 나설 것을 청했다. 진종은 결국 재상 필사안畢士安의 건의를 받아들여 음력 동짓날까지 기다렸다가 원정에 나서기

로 했다.

10월에 요나라 군대가 보주保州(지금의 허베이 성 바오딩 시) 등지를 공격했다가 패하고, 방향을 틀어 영주瀛州(지금의 허베이 성 허젠 시河間市)를 공격했다. 그러나 이 전투에서 요나라 군사 3만여 명이 목숨을 잃는 바람에 결국 공격을 멈추고 퇴각할 수밖에 없었다. 소달름이 병사를 이끌어 기주祁州(지금의 허베이 성 안궈 시安國市)를 공격했다. 11월에는 요나라 장군 야율과리耶律課里가 명주洺州(지금의 허베이 성 융녠 현永年縣 동쪽)에서 북송 군대에 패했고, 소관음노 등은 덕청군德淸軍(지금의 허난 성 칭펑 현淸豊縣)을 공격했다. 북송 진종이 재상 구준 등의 재촉에 결국 직접 원정에 나서 위남 현衛南縣(지금의 허난 성 창위안 현長垣縣 북쪽)에 도달했다. 요나라 장수가 그 소식을 듣고 전주로 와서 삼면을 포위하고 성을 공격했다. 북송 측에서는 이에 맞서 이계륭李繼隆 등이 궁수 부대를 이끌고 요충지를 미리 장악해 잠복했다. 이때 요나라 장수 소달름이 자신의 용맹함만 믿고 경기병을 이끌고 나섰다가 북송 군사가 쏜 활에 맞아 죽으면서 요나라 군대는 사기가 크게 꺾였다.

전연의 맹약
1004년

경덕 원년(1004년), 북송과 요나라 양측의 군대가 교전하며 서로 승패를 주고받았다. 10월에 북송 진종이 전연澶淵(전주의 다른 이름) 성에 나타나자 북송 군사들은 사기가 하늘을 찌를 듯 드높아졌다. 이로써 요나라 군대는 많은 군사를 잃었고, 이미 적진 깊이 들어와 지원군의 도움을 받을 수 없는 형편이었다. 그런 한편 북송 조정은 요나라 군대가 얼른 철군하기만을 바라며 감히 먼저 결전을 벌이지는 못했다. 양측은 결국 서로 사절을 보내 강화를 맺고자 했다.

경덕 원년(1004년) 12월, 송과 요는 몇 차례 교섭을 거쳐 형제의 연을 맺

북송 시대에 경덕진요(景德鎭窯)에서 만들어진 영청(影靑, 흰 바탕에 연한 푸른빛의 유약을 바른 도자기 또는 그 빛) 관음좌상

관음보살이 머리에 화불관(化佛冠)을 쓰고 가슴에는 구슬을 꿰어 만든 장식품인 영락(瓔珞)을 걸고 있다. 곁에는 양쪽 어깨를 덮은 통견(通肩)을 두르고 두 손은 참선할 때의 손 모양인 정인(定印)을 하고 있다. 얼굴은 통통하며 표정은 차분하다. 겉옷과 좌대에는 영청 유약을 발랐고, 갈라진 얼음 무늬가 있다. 조형과 유색, 재질 모두 경덕진요에서 생산된 것 가운데 상등품 수준이다.

고 이에 따라 요나라 황제는 진종을 형이라 부르고 북송 군주는 소 태후를 숙모라 부르기로 했다. 그리고 북송이 매년 요나라에 말 20만 필, 은 10만 냥을 공물로 보내고, 양측은 각각 현재의 국경을 지키며 서로 침범하지 않고, 서로의 국경을 넘은 사람을 받아들이거나 숨겨 주지 않는다는 내용의 맹약을 했다. 서로 서약서를 교환한 후 요나라 군대는 철군했고, 북송 진종도 도읍으로 돌아갔다. 이 맹약이 전연성에서 체결되었기에 역사에서는 이를 '전연의 맹약'이라고 부른다. 전연의 맹약이 체결된 후로 북송과 요나라 사이에는 117년 동안 더 이상 대규모 전쟁이 일어나지 않았다.

요적탑(料敵塔)

요적탑은 허베이 성 딩저우 시에 있다. 북송 진종 함평 4년(1001년)에 황제의 명령으로 건설되기 시작해 인종(仁宗) 지화(至和) 2년(1055년)에 완성되었다. 딩저우 시는 과거 북송 시대에 요나라와의 접경에 자리한 요충지였으므로 이 탑은 적의 정세를 감시하는 용도로도 사용되었다.

북송과 요나라의 변경 지역에 각장이 다시 열리다
1005년

북송과 요나라는 전연의 맹약을 맺은 이후 우호적인 관계를 유지했다. 두 나라의 변경 지역에는 원래 국가 간에 통상 무역을 하는 호시시장互市市場(즉 각장榷場)이 설치되어 있었다. 각장에는 전문적으로 무역과 세금 징수를 감독하는 관리를 두었고, 이곳에서 무역을 하는 상인은 나라에 상업세와 수수료를 내야 했다. 북송과 요나라 변경 지역에서 두 나라 사이에 군사적 충돌이 격렬했던 시기에는 각장 무역이 중단되었다.

경덕 2년, 요나라 통화統和 23년(1005년) 2월, 요나라가 진무군振武軍(지금의 네이멍구 자치구 허린거얼 현 북쪽)에 각장을 다시 열고 양과 모피로 북송의 비단을 바꾸어 서로 이익을 나눠가졌다. 아울러 북송은 웅주雄州(지금의 허베이 성 슝 현雄縣), 패주覇州(지금의 허베이 성 바저우 시覇州市), 안숙군安肅軍(지금의 허베이 성 쉬수이 현徐水縣)에 각장을 열었다. 그리고 양측은 각자 각장을 관리하며 우호 관계를 유지했다. 이 밖에도 북송은 개봉부 추관推官(죄인을 심문하는 벼슬아치), 태자 중윤中允, 직집현원直集賢院 손근孫僅을 요나라 황후의 탄신일 축하 사절로 요나라에 보냈고, 이들은 요나라에서 극진한 대

자주요의 발전

자주요磁州窯는 북송 시대 북부 지역에 있던 민간 도자 가마로, 유약을 바르기 전에 채색 그림을 그린 것으로 유명하다. 북부 지방에는 널리 퍼졌고 남부 지방의 일부 도자기 가마터에도 많은 영향을 미쳐 자주요를 대표로 하는 자주요 계열을 형성했다. 북송 시대에 자주요가 북부 지방 민간 도자기 가마터의 대표가 될 수 있었던 것은 우선 유약을 바르기 전에 민간의 삶을 묘사하는 채색 그림을 그려 구워 냈기 때문이다. 이것이 자주요의 대표 생산품이었다. 자주요의 장인들은 의식적으로 그 지역 사람들이 일상생활에서 즐겨 보고 듣는 사물을 예술적으로 간추려 자기 위에 능수능란하면서도 간략하게 표현하여 구워 냈다.

자기의 도안은 꽃과 풀, 새와 짐승 및 마희도馬戲圖(말을 타고 재주를 부리는 모습을 그린 그림), 희웅도戲熊圖, 조어도釣魚圖, 영희도嬰戲圖(아이들이 천진난만하게 장난치며 노는 장면을 그린 그림), 축구도蹴球圖, 연당간압도蓮塘趕鴨圖(연못에서 오리를 쫓는 그림) 등처럼 당시 생활 풍속을 반영하는 인물, 소품, 그리고 시구의 서예 등이 대부분이었다. 이 도안들은 구도가 풍부하고, 선이 거침이 없고, 기세가 넘치며, 흥이 넘쳐 민간 예술의 소박하고 건강하며 생기가 넘치는 정취를 충분히 드러낸다. 아울러 북송 시대의 문인들에게 사의화寫意畵(묘사 대상의 생긴 모습을 창작가의 의도에 따라 느낌을 강조하여 그린 그림)에 대한 영감을 주기도 했다.

자주요에서 생산된 동자희압도(童子戲鴨圖, 오리와 놀고 있는 동자를 그린 그림) 자기 베개

우를 받았다. 이후 백여 년 동안 송과 요 두 나라는 기본적으로 평화·우호 관계를 지속했다. 해마다 서로 사절을 보내 황실 일가의 탄신일과 '정단正旦(설날 아침. 원단元旦이라고도 함.)'을 축하했다. 그리고 한쪽의 군주가 죽고 새로운 군주가 즉위하면 황제나 황후 등의 부고를 전하는 '고애사告哀使'와 황위 등극을 알리는 '고등보위사告登寶位使'를 보내고, 상대방은 이에 대한 보답으로 조문하는 '제전사祭奠使', '조위사弔慰使'와 황위 등극을 축하하는 '하등보위사賀登寶位使'를 보냈다. 이렇게 북송과 요나라가 화목한 관계를 유지하면서 양측의 경제, 문화 발전과 상호 교류의 활성화에 전환점이 마련되었다.

북송 진종의 태산 봉선

1008년

전연의 맹약 이후 북송의 정세가 안정되자 왕흠약은 재상
구준을 몰아내기 위해 전연의 맹약은 심각한 치욕이라고
말했다. 그 결과, 구준은 재상직에서 파면되었고, 진종도
씻어 낼 수 없는 굴욕감으로 우울해했다. 이때 왕흠약은
큰 업적을 세우고자 하는 진종의 심리를 읽고, 성인의 가
르침을 이용해 여론을 선동했다. 경덕 말년, 북송 조정 내
에서 제왕이 태산에 올라가 하늘과 땅에 제사를 올리는
봉선封禪 의식을 해야 한다는 말이 나왔다. 또 진종은 하
늘에서 계시가 적힌 천서天書가 내려왔다고 꾸며 내 연호
를 대중상부大中祥符로 바꿨다. 이에 대중상부 원년(1008년)
4월에 정식으로 조정 대신들과 논의하여 봉선 의식을 행
하기로 하고, 추밀원 왕흠약과 참지정사 조안인趙安仁을 봉

북송의 교자

교자는 세계 최초의 지폐이
다. 사진은 '교자' 지폐 인쇄
판의 탁본이다.

선경도제치사封禪經度製置使에 임명했다. 그리고 삼사三司 정위丁謂에게 봉선
의식에 필요한 식량과 건초를 주관하도록 하고, 왕단王旦 등에게 관련 예
절과 의식을 주재하도록 했다. 이로써 토목 공사를 크게 일으키고, 도로를
깔고, 행궁을 건설하는 등 태산에서 봉선 의식을 치르는 데 필요한 여러
준비 활동이 전면적으로 시작되었다.

　대중상부 원년 10월, 진종 일행은 전주에서 태산까지 이동해 장엄하고
도 웅장한 봉선 의식을 거행했다. 그런 후 진종이 공자 사당을 직접 찾아
가 제사를 올리고 공자에게 현성玄聖 문성왕文宣王이라는 시호를 내렸다. 그
리고 11월에 47일 만에 도성으로 돌아갔다. 봉선 의식을 마치고 돌아간 이
후 조정의 문무백관이 앞 다투어 황제의 공덕을 칭송했고, 이에 진종이 널
리 상을 내리자 온 백성이 기뻐했다. 그러나 사실 봉선 의식을 치르는 데

들어간 비용 830여만 관은 모두 백성의 몫으로 돌아갔다.

익주에 교자무를 설립하다
1023년

북송 시대 이전에는 거의 모든 시대에 금속 화폐를 사용했다. 북송 시대에 들어 상품 경제가 한층 더 발전하고 지역 간의 연계가 강화되어 교역이 점점 확대되자 지급과 유통 수단으로 가볍고 편리한 화폐가 대량으로 필요해졌다. 북송 전기에 조정에서는 천촉 지역이 더 이상 부강해지는 것을 막기 위해 이 지역에서 동전 사용을 금지하고 철전鐵錢을 사용하게 했다.

그러나 철전은 무거우면서 가치는 낮고 휴대하기 불편한 탓에 이를 대신하여 예금 영수증과 유사한 증권證券이 나타났다. 어음이라고 불린 이것은 앞뒤에 그 어음을 떼어 준 사람의 날인과 암호 수결手決(과거에 주로 관직에 있는 사람들이 증명이나 확인을 위해 문서에서 자신의 이름이나 직함 밑에 도장 대신 붓으로 글자를 직접 쓰던 일 또는 그 글자)이 있고, 표면에 쓰인 금액은 그 어음을 사용할 때 채워 넣었다. 이것이 바로 중국 최초의 지폐인 교자交子로,

태산 꼭대기에 세워진 최대 건축군인 벽하사(碧霞祠)

시중에 유통되었고 쉽게 현금으로 바꿀 수 있었다. 중국은 이로써 지폐를 유통시킨 최초의 나라가 되었다. 교자는 원래 상인들이 나누어 발행했는데 북송 태종의 재위 초기에 이르러서는 성도의 거상 16곳이 연합하여 교자포를 세우고 교자를 발행했다. 훗날 거상의 경영 부실로 교자를 현금으로 바꿀 수 없게 되며 화폐로서의 신용도가 낮아지자, 조정에서 간섭하며 교자의 발행권을 조정으로 귀속시켰다.

1023년, 북송 조정이 익주에 교자무(交子務)를 설립하고 이듬해 2월부터 공식적으로 교자를 발행하기 시작했다. 이로써 조정에서 교자를 통제하며 지폐 제도를 한층 더 개선했다. 예를 들어, 발행 액수의 한도와 유통기한을 설정해 3년에 한 번씩 가지고 있던 교자를 새것으로 바꾸도록 했다. 교자는 규정에 따라 언제나 현금으로 바꿀 수 있어 신용 화폐의 성질을 띠었다. 교자 표면에 쓰이는 금액은 처음에는 사용할 때 쓰던 것에서 나중에는 처음 발행할 때 고정 금액을 인쇄하는 것으로 바뀌었다. 1105년에 교자는

진사 시녀상

진사 성모전 안에 있는 시녀
상이다. 하나는 어린 소녀로
얼굴에 미소를 띠었고, 다른
하나는 입을 삐죽 내밀고 곁
눈질을 하고 있다. 생동감
넘치는 표현 수준은 고대 장
인들이 현실 생활을 깊이 이
해하고 조소 기술이 숙련되
고 정밀했음을 보여 준다.

전인錢引으로 이름을 바꾸고 복건, 절강, 호남과 호북, 광동 지
역을 제외한 중국 내 모든 지역에서 발행되었다.

진사의 재건
1023년~1032년

지금의 산시 성山西省 타이위안 시에 있는 진사晉祠는 본래
서주 시대에 진晉나라를 세운 당숙우唐叔虞를 기념하기 위
해 세워진 사당이다. 북송 태평흥국 4년(979년)에 대대적으
로 수리한 후 진사로 이름을 바꾸었고, 천성天聖 연간(1023년
~1032년)에 다시 개축하면서 본래 당숙우를 기리는 것이 주
였던 홍안왕興安王 사당을 당숙우의 어머니에게 제사를 올리
는 성모聖母 사당으로 바꾸었다. 이후 수천 년 동안 세월의 침식을 거치
면서 오늘날 북송 시대에 만들어진 것은 성모전聖母殿과 조각상, 비량飛梁
(flying buttress, 대형 건물 외벽을 떠받치는 반아치형 벽돌 또는 석조 구조물), 헌전獻
殿 등만 남아 있고, 나머지 건축물은 명·청 시대에 재건된 것이다.

성모전은 북송 천성 연간에 세워졌으며, 현존하는 북송 시대의 중요 건
축물이다. 높이는 19m, 가로 너비는 7칸, 세로 길이는 6칸에 달하며, 겹처
마 합각 지붕(위 절반은 건물의 모서리에 추녀가 없이 용마루까지 측면 벽이 삼각
형으로 된 지붕인 박공 지붕으로 되어 있고, 아래 절반은 네모꼴로 된 지붕), 황록
색 유리와琉璃瓦(유리 유약을 발라서 구운 오지 기와), 도안이 새겨진 등마루가
있다. 더불어 전전殿前의 복도 기둥 8개에 각각 반룡盤龍(아직 하늘에 오르지
않고 땅에 서려 있는 용)이 한 마리씩 조각되어 있는 성모전은 중국 고대 건
축물 중에서 처음으로 정원을 둘러싼 복도인 둘레 복도圍廊를 사용한 건축
물로 유명하다. 이는 수·당 시대의 건축 구조와 양식을 계승하고, 원·명
시대의 건축 구조와 양식에 영향을 미쳐 중국 건축물을 연구하는 데 진귀

한 자료로 평가된다.

전 내부에는 북송 시대의 채색 조각상 43준이 있는데, 이는 현존하는 중국 북송 시대 조각상의 걸작이다. 성모전 앞에는 수·당 시대의 방법을 따라 못과 비량을 만들었다. 못은 17.9m × 14.8m의 사각형으로, 사방 기슭에 가지런히 조화를 이룬 청석靑石(물 푸른 빛깔을 띤 응회암)을 쌓아 둑을 만들었다. 못의 모퉁이에는 기둥 34개가 종횡으로 십자 모양을 이루며 배열되어 있고, 위에 비스듬하게 얹어진 들보는 비량이라 불리며 십자형 교

화본소설의 흥기

맥을 잡아 주는 **중국사 중요 키워드**

송나라 시대에는 새로운 문학 양식인 화본소설話本小說이 등장했다. 이는 구두문학의 원본을 정리하여 변화, 발전시킨 것으로 전통적으로 이어지던 강창문학講唱文學과 직접적인 관련이 있다. 전통 강창문학은 당나라 시대에 시작되었으며 〈여산원공화廬山遠公話〉, 〈한금호화본韓擒虎話本〉, 〈엽정능화葉淨能話〉 등이 바로 당나라 때부터 전해져 내려온 화본이다.

북송 시대에 이르러 상품 경제가 한층 더 발전하고 도시 인구가 늘어나 시민 계층이 확대되면서 문화와 오락에 대한 요구가 나날이 높아져 각종 공연 예술의 발전을 촉진했다. 가루歌樓와 술집 외에도 와사가 백성 사이에 가장 인기가 높았다. 그중 '설화說話'는 사람들이 즐겨 보고 들은 공연으로, 북송 시대에 설화 예술가들의 숫자가 많아지면서 서회書會, '웅변사雄辯社' 등의 조직을 결성하여 솜씨를 전수하고, 화본 원고를 편집하고 발간했다. 이렇게 해서 북송 시대에 화본소설이 빠르게 성행할 수 있었다.

현존하는 서적 가운데 《청평산당화본淸平山堂話本》, 《경본통속소설京本通俗小說》, 《오대사평화五代史平話》가 북송 화본소설의 집대성이다. 북송 시대에 등장한 《대당삼장취경시화大唐三藏取經詩話》라는 시화체詩話體 화본은 당나라 승려 현장이 불경을 구하러 간 이야기를 묘사하는데, 훗날 등장한 《서유기평화西遊記平話》와 장회소설章回小說 《서유기西遊記》가 바로 이 책을 기초로 저술된 것이다. 화본소설은 예술적 수준이 매우 높다. 특히 창작 방법과 생활에서 쓰이는 구어체 언어인 백화白話 언어의 응용 면에서 많은 화본소설이 교묘한 짜임새, 파란만장한 전개 과정으로 사람의 마음을 움직인다. 북송 시대에 화본소설의 발전은 중국 소설사에서 중요한 고리로, 리얼리즘과 로맨티시즘이 결합된 창작 정신이 후대 사람들에게 큰 영감을 주었다.

량 바닥을 사용했다. 다리 아래 물속에 세워진 석주와 두공斗拱(중국·한국·일본 등의 전통 목조 건축물에서 사용하는 특유한 지붕받침), 들보는 북송 시대의 유물이다.

왕유일이 침구동인을 만들다
1027년

천성 5년(1027년), 북송 시대의 유명 침구針灸학자 왕유일王惟一이 황제의 명을 받들어 중국 최초의 침구동인針灸銅人을 만들었다. 왕유일(약987년~1067년)은 왕유王惟라고도 하며 태의국太醫局 한림의관翰林醫官, 조산대부朝散大夫, 전중성상약봉어殿中省尚藥奉御 등을 역임했다. 또한 침구 저작인《동인수혈침구도경銅人腧穴針灸圖經》도 저술했다.

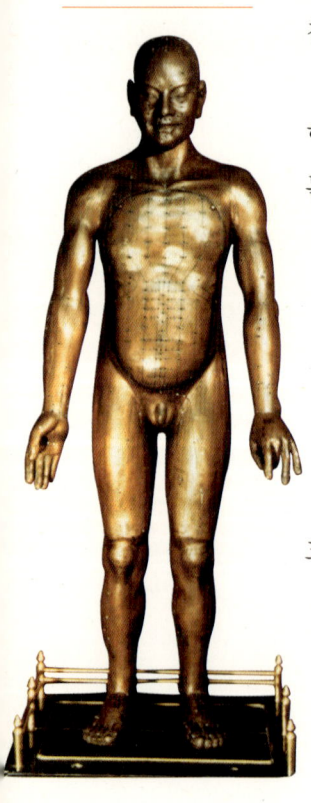

침구동인 (모형)

침구동인은 '천성동인天聖銅人'이라고도 불리는데, 동으로 주조한 침구 모형으로 그 솜씨가 정교하다. 체형은 정상 성인 남자와 동일하고, 겉껍데기는 앞뒤로 나뉘어져 있으며, 안에 오장육부가 들어 있다. 표면에는 인체 수삼양手三陽, 족삼양足三陽, 수삼음手三陰, 족삼음足三陰과 임맥任脈, 독맥督脈 등 경맥 14개와 경혈 657개가 새겨져 있다. 혈 구멍은 신체 내부와 서로 통하여 수업 및 시험에서 사용할 수 있다. 심사 때에는 동인의 바깥에는 초를 사용하고, 동인의 체강 내에는 물 또는 수은을 주입했다. 심사를 받는 사람이 혈을 찾아 침을 꽂을 때 정확한 혈자리를 찌르면 수은 또는 물이 흘러나왔다. 이 정밀하고 직관적인 교학 모형은 실물 이미지 교학법의 중대한 발명으로, 침구학의 발전에 큰 영향을 주었다.

침구동인은 총 두 구로, 한 구는 변량汴梁(지금의 허난 성 카이펑 시) 한림의관원翰林醫官院에 있고 다른 한 구는 대상국사大相國寺 인제전仁濟殿에 있었는데 남송 시대에 이 중 한 구가 사라졌다. 명 왕조 정통正統 8년(1443년)에 이르러 동인의 경락과 경혈이 모호해져 구별하기가 어려워지자 명나라 영종英宗 주기진朱祁鎮이 뛰어난 장인에게 동인을 복제하도록 명령했다. 이후 북송 시대에 만들어진 침구동인은 의학 문물이 유실될 때 함께 기록이 사라져 행방을 알 수 없다.

송 왕조에서 무과 시험을 개설하다
1029년

과거 시험에서 무과는 북송 천성 7년(1029년)에 개설되어 황우皇祐 원년(1049년)에 폐지되었다. 그 후 가우嘉祐 8년(1063년)에 이르러 추밀원 관료가 조정에 상소를 올려 문무 관리 중 어느 한 쪽이라도 부족해서는 안 된다며 무술을 배우지 않은 사람을 무장으로 임용하기보다는 병서를 충분히 읽고 진법을 잘 아는 사람을 장군으로 임용하는 것이 낫다고 주장했다. 이에 치평治平 원년(1064년) 9월에 북송 영종英宗이 한림학사, 지제고 등의 관리에게 무과 시험을 부활시킬 구체적인 방안을 토론하도록 명령했다. 그러자 그들은 무과 시험을 과거 시험과 동시에 진행해야 하며, 중앙 고위 관리, 지방 장관과 고위 장령이 추천한 인재가 과거 시험에 참여할 수 있도록 윤허해 달라고 했다. 영종이 그들의 건의를 받아들이고, 조서를 내려 매번 무과 시험을 치르기 전에 병부에서 시험에 참가하는 인원수를 확인하고 과거에 응시한 사람들에 관한 기타 정보도 파악하도록 규정했다.

　이듬해 3월에 마군사馬軍司에서 활쏘기와 말타기, 무예 시험을 치렀는데 이것이 초시初試이다. 초시에 합격한 사람은 다시 황제가 임명해 파견한 관리와 병부 장관이 비각秘閣에서 심사하는 두 번째 시험을 보았다. 아울러 일부 문신과 고급 장령을 보내 무예 시험을 주재하도록 하고, 무예 시험에서 합격하는 응시자에게는 무장의 관직을 수여했다. 이로써 무과 시험이 되살아났다.

북송 사람들의 박장

북송 왕조 이전에는 장례를 성대하게 치르는 후장이 유행했다. 상·주 시대에는 노예주가 죽으면 노예, 가축, 일상용품을 아끼지 않고 대량으로 순장했다. 진秦·한 시대 이후에는 지주와 귀족들이 도자로 만든 정교한 인형, 다층 건물模宇, 닭, 개, 말과 집의 모형 및 목제 그릇, 우상羽觴(고대 중국에서 음식을 담는 그릇) 등을 수장하고, 그 밖에 수많은 보물과 전폐錢幣(돈) 등도 수장했다. 최근 고고학의 발견에 따르면 북송 시대의 무덤에는 한漢나라와 당나라 시대의 무덤보다 기물이 훨씬 적다고 한다. 이는 북송 시대에 박장薄葬 (후장의 반대되는 개념으로 장례를 간단하게 지낸다는 뜻)이 차츰 풍속으로 자리 잡았음을 의미한다.

북송 시대 사람들은 현실 생활에서의 향유를 추구해 후장을 반대하고 박장을 주장했다. 관청에서도 후장 금지를 명문화한 상장령喪葬令을 반포하여 관 안에 금은보화를 안치하는 것을 금지하고, 석판을 관곽으로 삼아 묘실을 만드는 것을 금지했다. 또 묘전의 면적, 분의 높이, 석수와 부장품의 수량 등에도 모두 관직 등급에 따라 제한을 두어 규정했다. 북송 시대 유물에서 박장의 분위기를 알 수 있는 것은 지전과 종이 재질의 명기로 동전과 철전, 그리고 도용陶俑, 목용木俑 및 도제 도구 등의 순장품을 대신했다는 점이다. 《동경몽화록東京夢華錄》〈청명절淸明節〉의 기록에 따르면 변경汴京과 임안부에서는 지마포紙馬鋪를 개설하여 종이와 갈대로 만든 새, 짐승, 인물, 정자, 누각 등을 제공했다고 한다. 이 밖에도 각지의 절에서 화장장을 설치했는데 당시에는 이를 '화인정化人亭'이라 불렀고, 세속의 백성을 대상으로 했다.

범중엄이 새로운 정책을 추진하다
1043년

북송 경력慶曆 3년(1043년) 8월, 범중엄范仲淹 등이 10개 개혁 조치를 제안하는 상소를 올려 새로운 정책을 추진할 것을 주장했다. 북송 인종仁宗은 범중엄, 한기韓琦, 부필富弼 등을 선발해 조정의 사무를 돌보도록 한 뒤 자주 그들에게 천하를 평안하게 할 책략을 물었다.

경력 3년(1043년) 8월, 범중엄이 부필과 함께 지금 반드시 해결해야 하는 10가지 개혁 조치 '조진십사條陳十事'를 올렸다. 이 10가지 개혁 조치는 다음과 같다.

1. 문무 관료를 위한 공로 평가 체제를 개혁하여 능력 있는 사람이 승진할 수 있도록 보장해야 한다.

2. 고관의 자제에게 시험을 치르지 않고 선조의 관직 품계에 따라 벼슬을 내리는 은음제恩蔭制를 엄격히 금지하여 권세가들의 자제가 관직을 독점하지 않도록 한다.

3. 과거 시험 제도를 개혁하여 윤리적이며 정치적 이상이 있는 사람이 합격할 수 있게 보장해 주어야 한다.

4. 선임자의 특권에 따라 관리를 뽑기보다는 지방 관청이 그 지역에 적합한 사람을 임명할 수 있도록 한다.

5. 관리들이 관직 품계에 따라 일정 수량의 공전을 받는 제도를 다시 규정하여 공전이 부족한 관리들에게 골고루 나누어 주어 관리들이 뇌물을 받아 불법을 행하는 일이 없도록 방지한다.

6. 조정에서 백성을 위해 인공 수로를 건설하고 제방을 쌓는 등 치수와 개간을 통해 농업과 양잠업을 장려한다.

7. 부병제를 부활시켜 먼저 수도 주변 지역에서부터 실행하다가 점점 지역을 확대해 국가 방위력을 증강한다.

8. 수많은 행정 단위를 통합하여 백성의 강제 노역을 줄인다.

9. 과거에 조정에서 반포한 법령이 번잡하여 신뢰도가 떨어졌던 문제점을 해결하기 위해 법령을 반포하기 전에 조정에서 먼저 상세히 토론하여 번잡함을 없애고 정리한 뒤에 천하에 공포한다. 이로써 법령이 일단 공포되어 시행되면 반드시 준수하며, 쉽게 고치지 못하도록 한다.

악양루

후난 성 둥팅 호(洞庭湖) 가에 있는 악양루(岳陽樓)는 범중엄의 〈악양루기(岳陽樓記)〉로 널리 이름을 떨쳤다. 〈악양루기〉는 정치가로서 범중엄의 넓은 가슴과 원대한 포부를 충분히 드러낸다. 그 중 가장 유명한 '천하 사람들보다 앞서서 걱정하고, 천하 사람들보다 뒤늦게 향락을 즐긴다.(先天下之憂而憂, 後天下之樂而樂)'라는 구절은 유학자들에게 칭송을 받았을 뿐만 아니라 범중엄이 과거 뜻있는 선비들이 이상적으로 생각하고 추구하던 인격으로 추앙받게까지 했다.

채색 벽돌 조각

이 벽돌 조각은 북송 시대의 무덤에 수장된 벽돌 조각이다. 벽돌은 청회색이며 방앗간이 조각되어 있다. 두 아낙이 힘껏 맷돌을 돌리고, 벽에 광주리, 키 등의 물건이 걸려 있다. 조각된 모습이 매우 생동감이 넘치고 사실적이어서 북송 시대의 민속을 연구하는 데 중요한 자료가 된다.

이를 어길 경우 처벌을 받는다. 10. 과거의 범죄 위반에 대한 사면을 행하여 널리 민심의 지지를 얻는다.

인종은 범중엄 등의 건의를 오롯이 받아들이고, 이어서 일련의 법을 제정해 그때까지 시행되어 온 관료 임용과 승진 방법을 개혁한다고 선포했다. 이를 '경력신정慶曆新政'이라고 한다. 하지만 신정은 관료와 권문세가의 이익을 저해했기에 그들의 강렬한 반대에 부딪혔다. 그들은 범중엄과 부필, 한기, 구양수歐陽修 등이 당파를 맺었다고 중상 모략했다. 결국 경력 5년(1045년) 초에 범중엄, 부필, 한기, 구양수 등이 연이어 조정에서 배척되면서 경력신정은 오래 지속되지 못하고 끝나고 말았다.

경력 강화
1044년

강정康定 원년(1040년)부터 경력 2년(1042년) 사이에 서하西夏가 잇달아 세 차례 대군을 일으켜 북송을 공격했고, 매번 북송이 패했다. 하지만 서하는 수차례 전쟁에 승리하고 약탈해서 얻은 재물이 과거에 강화 조약 및 각장 무역을 통해 얻은 물자와 비교하면 실로 잃느니만 못한 상황이었다. 그 밖에도 전쟁으로 민간 무역이 중단되어 서하에는 '마실 차가 없고, 옷이 비싸져' 백성의 원성이 높아졌다. 게다가 서하와 요나라 사이에 다시 악감정이 생겨나자 서하는 결국 북송과 강화 조약을 맺고자 했다.

경력 4년(1044년)에 북송과 서하는 강화 조약을 협의하기에 이르렀다. 양측은 서하가 황제의 칭호를 사용하지 않고 명의상 북송의 신하를 자칭하며, 북송과 서하의 전쟁에서 양측이 포로로 잡은 장교, 병사, 백성을 더 이상 상대방 측에 귀환시키지 않고, 이후로 양측의 백성이 변경을 넘어 상대방의 영토로 도망갈 경우 병사를 보내 추격하지 않고 대신 양측은 서로 도망자를 귀환시킨다는 데 협의했다. 또 양측은 자국 영토에 자유롭게 성을 세울 수 있고, 매년 북송이 서하에 은 5만 냥, 비단 13만 필, 차 2만 근을 하사하고 그 밖에 매년 각종 명절에는 서하에 은 2만 2,000냥, 비단 2만 3,000필, 차 1만 근을 하사하기로 했다. 경력 강화를 맺은 후, 서하 황제 원호元昊는 여러 차례 북송에 사신을 보내 변경 지역의 호시시장을 열 것을 요구했다. 경력 5년, 북송 조정은 보안군保安軍(지금의 산시 성陝西省 즈단 현志丹縣)과 진융군鎭戎軍(지금의 닝샤 성 구위안 시固原市)의 안평에 각장 두 곳을 설치하고 양측의 무역 교류를 재개했다.

활자 인쇄술의 발명
1041년~1048년

경력 연간(1041년~1048년)에 필승畢昇이 활자 인쇄술을 발명하여 인류의 인쇄사상 가장 위대한 혁명을 실현했다. 필승의 생졸 연도, 본적 및 경력은 정확한 기록이 없다.《몽계필담夢溪筆談》제18권의 기록에 따르면, 필승이 진흙을 이용해서 글자를 새겼는데, 글자의 두께가 동전의 두께처럼 얇고, 글자를 인쇄할 때마다 불로 구워서 단단하게 만들어 활자가 되게 했다고 한다. 조판할 때는 철판 위에 송진, 납蠟과 종이를 태운 재紙灰를 붓

불화살(모형)

진흙 활자판(모형)

고 그 위에 철로 만든 인판印板을 놓은 다음, 그 안에 활자를 가득 채우고 그 철판을 불에 올려놓았다. 그리고 먼저 발라놓았던 약이 녹았을 때 다른 평판으로 활자면을 누르면, 전체가 고르게 균형이 잡혀 인쇄할 수 있게 된다. 이렇게 하면 두세 장을 찍을 때에는 그다지 간편한지 모르지만, 수십, 수백, 수천 장을 찍을 때에는 매우 신속하다. 효율을 높이기 위해 항상 철 인판 2개를 준비해서 한 판이 인쇄 중일 때 다른 판에 활자를 배열하고, 한 판의 인쇄가 끝나면 곧 다음 판을 인쇄에 이용했다. 이렇게 교대하면서 찍어 내면 순식간에 인쇄를 끝낼 수 있다. 글자마다 여분의 활자를 몇 개씩 만들어 두는데, 특히 '지之', '야也' 자 등은 20자 이상 만들어 두었다가 중복될 때 사용한다. 만약 특이한 글자가 있으면 따로 새겨서 만든다. 풀을 태우는 불인 초화草火로 구우면 잠시 후에 바로 사용할 수 있다.

활자 인쇄의 주요 장점은 반복적으로 글자를 새기는 과정을 줄인다는 점이다. 조판 인쇄는 권마다 판을 새겨서 한 권의 인쇄가 끝나면 무용지

세계로 가는 인쇄술

맥을 잡아 주는 중국사 중요 키워드

인쇄술은 문화의 전파, 교류, 발전에 거대한 추진 역할을 했다. 인쇄술은 먼저 한반도와 일본에 전해지고, 베트남과 동남아 각국으로 전해졌다. 8세기에 통일신라에서 《무구정광대다라니경無垢淨光大陀羅尼經》을 인쇄하고 9세기에 《대장경大藏經》을 조판 인쇄했으며, 8세기에 일본에서도 《다라니경陀羅尼經》을 인쇄하고 11세기에 《유식론唯識論》을 인쇄했다. 인쇄술은 서쪽으로 아랍 지역에 전해져 13세기 말 페르시아에서 중국과 아라비아의 문자를 사용해 지폐를 인쇄했다. 그 후 유럽에도 전파되어 14세기 말부터 15세기 초까지 독일 남부와 이탈리아 베네치아에서 각각 조판 인쇄를 이용해 카드와 성상聖像을 인쇄했다. 유럽에서 처음 활자 인쇄술을 이용한 사람은 독일의 구텐베르크로, 그는 1456년에 《42행 성서》를 인쇄했다.

물이 되었지만, 진흙 활자는 책 여러 권을 인쇄해도 활자가 닳지 않아 인쇄 효율을 크게 높였다. 후대의 목활자木活字(나무로 만든 활자), 동활자銅活字(구리로 만든 활자), 연활자鉛活字(납으로 만든 활자)는 모두 진흙 활자에서 발전한 것이다. 필승이 만들어 낸 진흙 활자는 독일의 구텐베르크Johannes Gutenberg가 발명한 연활자보다 무려 400여 년을 앞섰다.

포증 권지개봉부

1056년~1062년

포증包拯(999년~1062년)은 자가 희인希仁이고, 여주廬州 합비合肥 사람이다. 그는 성품이 강직하고, 관직에 있으면서도 청렴결백했다. 그래서 안하무인이었던 일부 종친, 고관과 후궁들은 언행에 다소 주의해야 했다. 북송 가우(1056년~1063년) 연간 초, 포증은 권지개봉부權知開封府(권지는 북송 태조가 절도사를 없앤 후 만든 관직명으로 실제 관직이 아닌 임시직임을 나타낸다.)로 임명된 후 개봉부開封府의 관청 대문을 열어젖혔다. 이로써 원고原告가 직접 관청 안으로 들어와서 억울한 일을 호소하도록 해 관리들이 그 중간에 끼어들어 뇌물을 받아먹는 일을 방지했다.

북송 도읍에서는 "뇌물이 통하지 않으면 염라 포 대인이다."라는 말이 생겨날 정도였다. 당시 도읍에 심각한 대홍수가 일어나자, 누군가가 환관, 귀인 등이 혜민하惠民河에 누대樓臺와 가옥을 지어 혜민하를 가로막아서 홍수가 도읍을 삼키는 지경에 이른 것이라고 고발했다. 이에 포증은 고관과 귀인들이 지은 건축물을 부수라고 명령했다. 북송 인종仁宗이 이를 알고 신속히 그를 개봉지부開封知府로 발탁

포증은 중국 고대 '청백리'의 전형으로, '포청천(包淸天)'으로 알려진 그의 이야기는 소설, 희극, 곡예 등의 형식으로 민간에서 널리 전해졌다. 그림은 경극에서 묘사된 포공(包公), 즉 포증이다. 검은 얼굴은 그가 공평하여 사사로움이 없고 법을 집행하는 데 산과 같이 흔들림 없는 청백리라는 점을 나타낸다. 그리고 검은 얼굴에서 찌푸린 흰색 양미간은 충직하고 강직하며 나라와 백성을 걱정하는 그의 마음을 나타낸다. 앞이마 한가운데에 있는 흰색 초승달은 그가 낮에는 이승의 송사를, 밤에는 저승의 송사를 판결한다는 전기적(傳奇的)인 의미를 띠고 있다.

해서 도읍을 다스리게 했다. 그 후로 포증은 어사중승御史中丞, 삼사사三司使, 추밀부사樞密副使를 역임했다. 그리고 죽은 후에 효숙孝肅이라는 시호가 내려졌다.

북송 영종의 즉위
1063년

가우 8년(1063년) 3월 말, 북송 인종이 병사했다. 인종이 죽은 지 이틀 후에 조曹 황후가 황자 조서趙曙를 만나 보고 그를 황제로 즉위시켰다. 조서는 인종의 형인 조윤양趙允讓의 아들이었다. 그런데 인종에게 후사가 없었기 때문에 그의 만년에 조서를 태자로 삼았다. 조서, 즉 북송 영종英宗은 즉위한 후 며칠도 되지 않아 갑자기 병이 들어서 사람도 알아보지 못하고 헛소리를 해 댔다. 이에 재상 한기가 문무백관을 이끌고 황태후를 알현해 이 문제를 논의했다. 그리하여 영종이 조정에 나와 집정하기 전에 황태후가 잠시 국정을 돌본다는 조서가 내려졌다.

치평治平 원년(1064년) 5월, 영종이 병에서 회복되자 조 태후는 정권을 넘겨주고 조정 일에 관여하지 않았다. 같은 달에 한기가 영종의 아버지인 복안의왕濮安懿王, 생모인 초국부인譙國夫人 왕王씨 등의 호칭 문제로 예의에 관련된 문제를 제기했다. 이에 치평 2년 4월에 영종이 조정의 예의와 관련된 관리들에게 이 문제를 상의하도록 했다. 사마광이 복안의왕은 직계 친속 대우를 하여 대국 국왕大國國王에 봉해야 한다고 주장했다. 여대 범呂大範 등은 하늘에 두 개의 해가 있을 수 없으므로 복안의왕을 '황백皇伯'으로 칭해야 한다고 주장했다. 두 파의 의견이 줄곧 대치하며 결론을 내지 못하자 집정 대신이 황태후에게 황태후가 직접 복안의왕을 황皇으로, 그 부인을 후后로 봉하는 성지를 내리도록 하라고 제안했다. 이어 구양수歐陽修가 직접 조서의 초안을 써 그 존호를 확정했다.

왕안석이 새로운 법을 시행하다

1069년

북송 신종神宗은 즉위한 후 희녕熙寧 2년(1069년)에 왕안석王安石을 참지정사에 임명하고 변법을 시작했다. 희녕 2년 2월, 신종은 왕안석과의 토론을 거쳐 변법을 실행할 전담 기구인 제치삼사조례사制置三司條例司를 설치해 옛 법을 변혁하고, 새로운 재정 경제 정책을 제정하고, 새로운 제도를 반포해 천하를 이롭게 할 책임을 맡겼다.

추수

〈경직도(耕織圖)〉의 추수 장면이다. 농업 기술이 발전하면서 농산물 수확, 저장 등에 새로운 변화가 필요해졌다. 이러한 때에 시행된 왕안석의 변법은 북송 시대의 농업 발전을 촉진했다.

7월에 제치삼사조례사에서는 균수법均輸法의 실행을 건의했다. 균수법의 실행은 '운송을 편리하게 해 비용을 줄이고, 무거운 세금을 없애 농민을 편안하게 하는便轉輸(省勞費, 去重斂, 寬農民)' 등의 영역에서 일정한 효과를 거두었다. 9월, 왕안석은 상평창常平倉 제도를 개혁해 청묘법靑苗法을 실시했다. 청묘법의 실행은 고리대를 통한 가혹한 착취를 제한하는 등의 방면에서 효과를 거두었고, 조정도 큰 이자 수입을 얻었다.

11월, 북송은 농업전수리법農業田水利法을 실행했는데, 이는 농전수리조약農田水利條約 또는 농전수리약속農田水利約束이라고도 불린다. 이 법이 실행된 후 희녕 9년(1076년)에 전국적으로 총 1만 793곳에서 수리 공사가 진행되었

미불의 연우화

미불米芾은 매화, 소나무, 난초, 국화를 즐겨 그렸으며, 참신한 구상으로 독특하고 특색이 있는 강남의 '연우화煙雨畫'를 만들어 냈다. 그는 성격이 활달하고 강직하며, 결벽증이 있고, 괴석怪石을 좋아하고, 재능이 뛰어나면서 또한 광범위해 시와 그림에 모두 능했다. 그리고 오대 시대 화가 동원董源의 화풍을 숭상해 '천진天眞'과 '평담'을 주장하고, '통속'과 '화려함'에 반대했다. 만년에는 강남 지역에 거주하며 장강의 양쪽 기슭에서 '운무가 피어올라 산이 나타났다가 숲이 숨었다 나타났다 하는' 안개비, 즉 연우의 풍경을 발묵潑墨(글씨나 그림에서 먹물이 번져 퍼지는 일. 또는 그렇게 하는 기법)으로 나타내는 스타일을 창조해 냈다.

그는 화법에서 점획點畫과 용필用筆을 회화에 녹여내고 힘찬 붓놀림의 수묵으로 자연 산천의 운무와 비바람의 변화를 표현하여 훗날 사람들은 그를 '미점산수米點山水'라 불렀다. 미불은 유명한 서화 감정가

이자 이론가로, 그가 쓴 《화사畫史》는 중국 초기의 회화를 감정하고 평가한 저작이다. 이 책에서 그는 자신이 평생 본 명화들을 우열을 가려 평론하고, 진위를 감별하고, 잘못을 바로잡고, 특징을 잡아내며, 각 작품의 표구(그림의 뒷면이나 테두리에 종이 또는 천을 발라서 꾸미는 일), 소장 관련 기록 등을 서술했다.

미불의 〈춘산송서도(春山松瑞圖)〉

고, 그 수혜를 받은 민전民田은 총 36만여 경頃(지적의 단위로 1경은 100묘에 상당함. 미터법으로는 2,400만㎢), 공전은 1,915경에 달해 뚜렷한 성과를 거두었다. 그 밖에도 모역법募役法, 시역법市易法, 방전균세법方田均稅法 등등이 등장했다.

심괄이 삼의를 올리다
1072년

희녕 5년(1072년), 유명 과학자 심괄沈括이 제거사천감提擧司天監에 임명되어
사천감司天監의 업무를 주관하기 시작했다. 심괄은 옛 역법을 철저히 개혁
하기 위해 《혼의渾儀》, 《부루浮漏》, 《경표景表》 등 과학 문헌 세 편을 조정에
올리고, 문헌에 기구 세 종류의 도안을 첨부했다. 조정에서는 그의 학설을
받아들여 그에게 혼의 등 하늘을 관측하는 세 가지 기구를 연구하고 개선
하여 역법을 발전시키도록 명령했다.

희녕 7년(1074년) 6월에 심괄은 혼의, 부루를 제작해서 신종에게 바쳤고,
신종은 이것들을 한림천문원翰林天文院에 안치하도록 했다. 그 후 심괄은 우
정언右正言으로 승진했고, 신종은 그에게 은 50냥과 비단 50필을 하사했다.
심괄은 박학다식해 천문, 지리, 법규, 율력, 음악, 의약 등 모든 방면에 정
통했고, 약 40종에 달하는 저술을 남겼다.

왕안석이 파면당하다
1074년

희녕 7년(1074년) 4월, 광주光州의 사법참군司法參軍 정협鄭俠이 북송 신종에
게 상소를 올려 왕안석을 파면시킬 것을 요청했다. 단명전端明殿 학사, 판서
경류수사어사대判西京留守司御史臺 사마광司馬光이 상소를 올려 왕안석이 집정
한 이래의 정치, 경제 등 여러 방면을 전면적으로 공격했다. 그러면서 그동
안 왕안석이 권력을 독단적으로 장악하고 자신과 뜻이 다른 사람을 배척
하며 간사한 소인배들만 임용했다고 주장했다. 사마광은 또 당시의 정책에
서 여섯 가지 실수를 찾아냈는데, 특히 청묘, 면역의 두 법의 위해가 가장
크며, 백성을 점점 가난하게 할 것이라고 지적했다. 태황태후와 황태후, 관
료들도 잇달아 신법이 백성에게 이롭지 못하다며 왕안석이 '천하를 혼란에

빠뜨리고 있다.'고 공격했다.

이에 신종은 처음에 왕안석에게 일부 신법을 삭제하도록 해 잠정적으로 타협을 보았다. 그러나 황실 종친과 대신들이 계속해서 강력하게 반대하자, 왕안석은 신종에게 여러 차례 상소를 올려 자신을 재상직에서 파면해 달라고 부탁했다. 이에 신종도 결국에는 여혜경呂惠卿에게 명하여 왕안석에게 그를 태사, 태부太傅와 같은 한직으로 임명한다는 조서를 전달하게 했다. 그러나 신종이 여전히 그를 도성에 머물게 하자 왕안석은 다시 자신을 외지로 보내 줄 것을 요청하고 한강韓絳을 재상으로 추대하기까지 했다. 그후, 여혜경이 한강을 보좌하며 꿋꿋이 신법을 시행했다. 왕안석은 재상직에서 파직된 후 강녕부江寧府(지금의 장수 성 난징 시) 지부로 임명되었다.

난징 시 반산원(半山園)에 있는 왕안석의 고택

'희녕 신법'이 실패하자 왕안석은 벼슬을 사직하고 이곳에서 살았다. 그가 형국공(荊國公)에 봉해진 바 있어서 사람들은 그를 형공(荊公)이라고 불렀다.

오대시안의 발발
1079년

원풍元豊 2년(1079년) 5월, 소식이 호주湖州(지금의 저장 성 후저우 시湖州市)지주知州로 임명되었다. 한 달 후, 감찰어사 하정신何正臣이 소식의 시문時文에 조정을 우롱하고 소식 자신을 높이는 내용이 담겨 있다며 상서를 올렸다. 이

소동파

소식蘇軾(1037년~1101년)은 북송 시대의 문학가이자 서화가이다. 자는 자첨子瞻, 호는 동파거사東坡居士이고 미주眉州 미산眉山(지금의 쓰촨 성에 속함.) 사람이다. 문장가로 이름을 날려 아버지 소순蘇洵, 남동생 소철蘇轍을 가리키는 '이소二蘇'와 함께 '당송팔대가唐宋八大家'에 속한다. 북송 가우 원년에 소식은 경성으로 가 과거 시험을 치러 진사가 되었지만, 어머니의 부고를 듣고 다시 촉 땅으로 돌아갔다. 그리고 가우 6년에 다시 경성으로 가서 제거과製擧科에 합격해 벼슬길에 나섰다.

소식이 남긴 문학 작품은 북송 문학사에서 매우 중요한 지위를 차지한다. 그의 영향을 받은 황정견黃庭堅, 황보지晁補之, 진관秦觀, 장뢰張耒 등이 두각을 나타내고 눈부신 업적을 남겨 거두어 '소문사학사蘇門四學士'라 불렸다.

그러나 소식의 벼슬길은 순탄하지 못했다. 신종 때 왕안석이 변법을 시행하자 개혁이 지나치게 급진적이라는 뜻을 밝혔다가 도읍에서 쫓겨나 지방관으로 보내졌다. 왕안석이 파직된 후 옛 당파가 정권을 장악했지만 소식은 또 변법을 폐지하는 사마광에 반대해 옛 당파 세력의 불만을 사는 바람에 다시 배척당했다. 철종哲宗이 집권한 후 다시 새로운 당파가 득세했는데, 소식은 또다시 새 당파의 배척 대상이 되어, 강등에 강등을 계속하며 정주, 혜주惠州(지금의 광둥 성 후이양 구惠陽區 서쪽)를 거쳐 담주儋州(지금의 하이난 성海南省 단저우 시儋州市)까지 가기에 이르렀다. 원부元符 3년(1101년)에 북송 휘종徽宗이 즉위한 후 황제의 부름을 받고 북쪽으로 올라가다가 병에 걸려 죽고 말았다.

소동파가 부채에 글을 쓰고 있는 모습을 그린 〈소동파 제선도(題扇圖)〉

소동파 조각상

어서 어사 서단舒亶도 소식의 시문에 신종을 비방하는 뜻이 담겨 있다고 상서를 올려 북송 신종을 크게 노하게 했다. 게다가 바로 그 뒤이어 권사중승權史中丞 이정李定이 상서를 올려 소식이 배운 것도 없고 재주도 없으면서 거짓 명성을 얻고 있는 음험한 자라고 공격하며, 그를 파면해야 할 네 가지 이유를 나열했다.

북송 시대의 네모난 구멍이 있는 금화와 은화

금화와 은화는 북송 시대에 일반적으로 큰 금액을 지급하는 수단이자 저장하는 수단이었다. 네모난 구멍이 있는 금화와 은화는 보기 드물었던 화폐로, 남아 있는 것도 드물다. 이 금화와 은화의 표면에 새겨진 글자는 북송 시대의 웅장하고 힘찬 서법 예술을 드러낸다.

북송 신종은 태상박사太常博士 황보준皇甫遵을 호주로 보내 소식을 잡아들이도록 하고, 소식을 2년 동안 어사대옥御史臺獄에 가두게 했다. 그러자 병중에 있던 조曹 태후가 이 소식을 듣고는 신종을 불러 "너희 할아버지는 소식 형제의 재능을 높이 샀다."라고 이야기하며 소식의 죄를 다시 조사하도록 했다. 이로써 소식은 결국 누명을 벗고 풀려나게 되었다. 이에 이정 등이 강하게 반대하자 신종은 다시 풍종도馮宗道를 어사대로 보내 이 사건을 심사하게 하고, 판결을 거쳐 소식을 황주黃州(지금의 후베이 성 황강 현黃岡縣)의 단련부사團練副使로 강직시켰다. 당시 '시안詩案(시의 내용이 죄가 되는 안건)'과 관련된 사람으로는 왕선王詵, 소철, 이청신李淸臣, 장방평張方平, 사마광, 범진范鎭, 진양陳襄 등 22명이 있었다. 이는 북송의 문자옥文字獄 사건으로, 어사대의 별칭이 오대烏臺여서 '오대시안烏臺詩案'이라 불렀다.

마노 꽃무늬 사발

재질이 조밀하고, 윤기가 나고, 투명하다. 여섯 잎의 해당화 모양으로 배 부분이 깊고, 둥근 다리에, 안팎의 벽에는 모두 자홍색의 얼룩무늬가 있다. 조형이 우아하고 수려하다.

증공이 북송의 재정을 논하다
1080년

원풍元豊 3년(1080년) 11월, 직용도각直龍圖閣 증공曾鞏(1019년~1083년)이 국가 재정 문제에 관한 상소를 올렸다. 그는 예로부터 지금까지 나라의 재정은 절약을 바탕으로 계획적으로 지출되어 수입과 지출이 평형을 이루도록 해왔지만, 무제한으로 지출한다면 재정 수입이 아무리 많다고 하더라도 결국 재정 위기가 올 수밖에 없다고 여겼다. 그러한 생각을 바탕으로 북송 신종에게 불필요한 지출을 절약하고 불필요한 관리를 해고해 경덕 연간의 기준에 맞추어야만 나라의 재정 상황이 완화될 것이며, 북송 왕조는 역대 왕조 가운데 재정 수입이 가장 많은 왕조라고 주장했다. 또 그는 신종에게 국가 재정 지출의 절약을 급선무로 삼도록 건의했다. 지출을 절약하는 것이 재정 관리의 관건이며, 그렇게 할 수 있다면 나라의 재정은 자연스럽게 호전될 것이라는 이유에서였다.

자주요 흰색 바탕에 검은색으로 아이가 낚시를 늘어뜨린 모습을 그린 베개

이정이 이학을 높이 세우다

맥을 잡아 주는 **중국사 중요 키워드**

정호程顥과 정이程頤 형제는 낙학洛學의 창시자이다. 정호(1032년~1085년)는 자가 백순伯淳이고 사람들은 그를 명도선생明道先生이라고 불렀다. 정이(1033년~1107년)는 자가 정숙正叔이고 학자들은 그를 이천 선생伊川先生이라고 불렀다. 정호와 정이, 즉 '이정二程'형제는 어려서 함께 주돈이周敦頤에게 배워 공맹의 길에 뜻을 두고 계통이 끊어진 학문을 잇는 것을 자신들의 임무로 삼았다.

북송 시대에 정호와 정이는 낙양에서 사람들을 모아 강의하면서 '천리天理'론을 핵심으로 하는 이학理學 사상 체계를 형성해 북송 학자들의 사상에 가장 큰 영향을 미친 이학 유파 '낙학'을 제창했다. 이정이 제창한 이학 체계는 송·명 이학의 전형적인 형태가 되어 이후 주자학朱子學의 생성에 직접적인 영향을 미쳤다. 이정은 천리론에서 출발해 인성론을 끌어들여서 하늘이 명한 성품인 '천명지성天命之性'과 후천적인 혈기血氣에 따른 성품인 '기질지성氣質之性' 개념을 제기했다. 이 밖에도 이정은 격물치지론格物致知論을 제기해 도덕 수양 외에 성성成聖, 즉 성인의 길에 다다를 수 있는 또 다른 길을 제시했다.

이정 형제는 사상이 기본적으로는 일치했지만 서로 다른 경향을 보였다. 정호는 사람의 주관적인 정신의 역할을 중요하게 생각하고, 마음이 곧 이치라는 '심즉리心卽理'를 통해서 심학心學의 사상적 경향을 드러내 육왕심학陸王心學(육상산과 왕양명. 양명학이라고도 함.)을 일깨웠다. 정이는 이학理學의 사상적 경향을 드러내며 하나의 이치를 수많은 존재가 나눠 갖고 있는 '이일분수理一分殊'설을 제기했다. 이 사상들은 모두 주희를 계승하고 발전시킨 것으로 주자학의 사상적 재료가 되었다. 이정의 서로 다른 사상적 경향은 훗날 '낙학'이 분열하는 단초가 되었고, 남송의 '이학'과 '심학'이라는 두 개의 독립된 학파가 형성되는 데 사상적 요소를 제공했다.

송·하 영락성 대전

1082년

원풍 5년(1082년) 9월, 북송과 서하 사이에 영락성永樂城 대전이 일어나 북송 군대의 대패로 끝이 났다. 원풍 4년(1081년)에 북송의 장수 종악種諤이 서하의 은주銀州(지금의 산시 성陝西省 미즈 현米脂縣 서북쪽)와 하주夏州(지금의 네이멍구 자치구 우선치烏審旗 남쪽 백성자白城子), 유주宥州(지금의 산시 성陝西省 징벤 현靖邊縣 서북쪽의 네이멍구 자치구 내)를 공격해 점령하고, 횡산橫山 지역 전체를 빼앗으려 서하의 도성인 흥경부興慶府(지금의 닝샤 인촨 시銀川市)로 진격했다. 이때 그는 빼앗은 땅에 따로 수비군을 남겨 두지 않았다.

그 무렵 서희徐禧가 은주에서 동남쪽으로 25리 떨어진 지역의 요충지에 영락성(지금의 산시 성陝西省 미즈 서쪽)을 건축할 것을 건의했고 북송 신종은 바로 동의했다. 서하 군대가 북송 군대의 성 건축을 막기 위해 여러 차례 공격했지만 번번이 패해 퇴각해야 했다. 성이 성공적으로 건축되었다는 소식이 경성에 전해지자 북송 신종은 매우 기뻐하며 영락성이라는 이름을 하사했다. 영락성이 전략적으로 매우 중요한 위치에 세워졌기 때문에 서하는 무조건 영락성을 빼앗아야만 했다. 서하는 대장 엽패마葉悖麻에게 30만 대군을 이끌고 가 영락성을 포위하고 공격하도록 했다. 서희는 서하의 군대가 싸울 준비를 마친 뒤에야 공격 명령을 내렸다. 그런데 이때 영락성에는 물과 식량이 부족했던 터라 북송 병사들에게는 아무런 투지가 없었다. 서하의 군대가 온힘을 다해 공격하자 성은 결국 함락되었다.

도거(刀車, 모형)

송나라 시대에는 성루 시설이 끊임없이 발전하고 이와 함께 성을 공격하고 수비하는 무기도 발전했다. 이것은 북송 시대에 성을 수비할 때 성벽의 틈새를 막던 도거(모형)이다.

《자치통감》의 출판

1084년

원풍 7년(1084년)에 사마광이 편찬을 주도한 《자치통감資治通鑑》이 무려 19년 만에 완성되었다. 《자치통감》은 '이전 세대의 흥망성쇠를 거울삼아 오늘의 시비를 저울질하고 권선징악을 시행하며 치세를 이룩하기 위해' 편찬되었다. 전국 시대 주나라의 위열왕 23년부터 오대 시대의 후주 말까지 1,362년에 걸쳐 일어난 역사적 사실을 총 294권에 기술한 가치 높은 편년체 역사서의 거작이다. 이 책의 편찬에 참여한 이들은 모두 석학으로, 후한 이전은 유반劉攽이, 삼국·서진·동진·남북조는 유서劉恕가, 당과 오대는 범조우範祖禹가 담당했다. 이 책은 지금까지도 중국의 고대 역사를 연구하는 데 중요한 기본 사료로 이용되고 있다.

《자치통감》

송릉의 석각

송나라 시대의 석각은 이미 차츰 이전의 신비함이 강한 분위기에서 벗어나, 현실적인 분위기를 띠기 시작했다.

철종의 친정

1093년

원우元祐 8년(1093년) 9월, 북송의 태황태후 고高씨가 병으로 죽고 열여덟 살의 철종哲宗 조후趙煦가 드디어 직접 정사를 돌보게 되었다. 조후는 스스로 영명하다고 자부했기에 공을 세우는 데 급급했다. 그는 신종이 왕안석의 변법으로 부국강병을 이루었던 것을 동경해 온 터라 예전부터 할머니의 장기 집권에 불만을 품고 있었다. 게다가 고 태후는 신법에 반대했기

때문에 불만은 더욱 컸다. 철종은 친정을 시작한 지 얼마 지나지 않아 바로 왕안석의 변법에 반대하는 예부상서禮部尙書 소철을 귀양 보내 버렸다. 이로써 조정 안팎이 모두 황제가 신법을 다시 시행하고자 한다는 점을 알게 되었다.

이듬해 4월에 철종은 연호를 소성紹聖 원년으로 바꾸었다. 이는 신종의 정치를 추종하겠다는 뜻을 담은 동시에 희녕, 원풍 이래의 규장과 제도를 회복시키겠다는 결심을 보여 주는 것이었다. 연호를 바꾼 해부터 철종은 차츰 희녕의 옛 법을 되살리기 시작했다. 그리고 이와 함께 신당新黨을 기용하고 구당舊黨을 배척했다. 그가 채택한 여러 신법은 신종이 재위할 당시에 시행된 신법을 바탕으로 일어날지도 모르는 폐단에 다소 개혁을 가했을 뿐이었다.

휘종의 즉위
1100년

북송 휘종徽宗 조길趙佶은 북송의 제8대 황제로 1100년부터 1125년까지 재위했다. 그는 북송 신종 조욱趙頊의 아들이자 철종 조후의 아우이다. 조길은 황제의 자리에 오르기 전, 한편으로는 황후의 환심을 사고 한편으로는 서화를 열심히 공부했다. 또 대신들 앞에서 항상 점잖고 예의 바르게 굴어 평판이 좋았다. 원부 3년(1100년) 정월 초여드레, 철종이 서거하자 조길이 바라던 대로 즉위하게 되었다. 그가 바로 휘종이다.

휘종은 정치적으로 부패하고 무능해서 그의 통치 기간에는 간신이 득세해 권력을 휘두르고 토목 공사를 크게 일으켜 백성이 도탄에 빠졌다. 그러나 조길은 스스로 '수금체瘦金體'를 만들어 내는 등 서법과 회화에 뛰어나 예술적으로 뛰어난 업적을 남겼다. 또 화원畫院을 세우고 화보畫譜를 엮게 해 중국 예술의 발전에 기여했다. 선화宣和 7년(1125년), 금金나라 군대가 남

맥을 잡아 주는 중국사 중요 키워드

북송 중상 사상의 대두

생산력이 나날이 증대되면서 경제가 차츰 번영해 북송 시대에는 상인들의 경제력이 크게 높아지고 상업이 급속도로 발전했다. 나라가 국가 전매 물품의 민간 판매를 금지하는 금각禁榷과 상업세로 벌어들이는 수입이 총 재정 수입에서 무시할 수 없는 높은 비율이 되자, 오랜 세월 상업을 억압해 왔던 '억상抑商' 사상이 흔들리기 시작하고 '반억상反抑商' 사상의 경향이 등장했다. 구양수를 위시한 일부 사대부는 나라와 상인의 이윤 분배, 즉 관상분리官商分利 이론을 제기했다. 그 후 관상분리 이론은 사실상 북송 통치자들에 의해 채택되고 금각 제도를 추진하는 과정에서 시행되었다.

상업이 발전함에 따라 국가 재정의 기둥인 금각을 통한 수입이 점점 상인들과의 협력에 기대게 되었다. 이에 따라 나라에 기여도가 높은 사회 계층이 된 그들을 대하는 조정의 태도에도 변화가 일어났다. 조정에서는 일련의 법령을 반포해 상인의 합법적인 경영과 이익을 보호해 주었고, 상인의 자제 가운데 품행이 바르고 재능이 뛰어난 자는 과거 시험에 응시할 수 있게 해 주었다. 이는 전례가 없던 일이었다. 더욱이 사회 여론도 상인의 합법적인 이익을 침해하는 행위에 반대하는 의견이 득세하는 추세를 보였다. 북송의 경제 사상사에서 이처럼 상업을 중시하는 중상重商 사상이 생겨난 것은 생산력이 발전하면서 생겨난 필연적인 결과이자 생산력의 발전 및 사회의 전면적인 발전에도 크나큰 추진 역할을 했다.

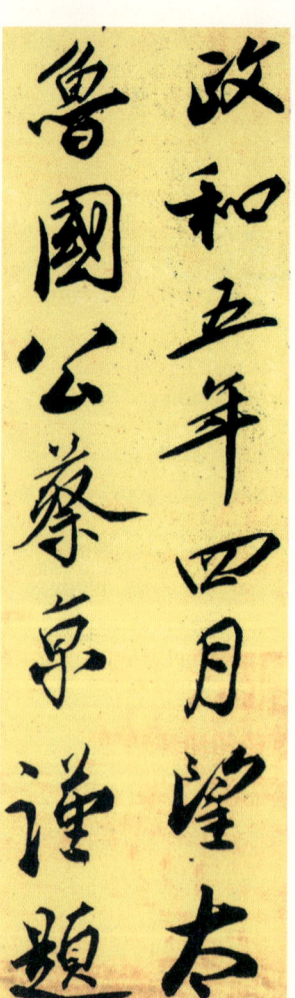
하하자 휘종은 황급히 흠종欽宗에게 황위를 넘기고 태상황을 자칭했다. 그러나 정강靖康 2년(1127년)에 휘종은 흠종과 함께 금나라 군대에 붙잡혀 북쪽으로 호송되었다. 그리고 결국 훗날 금나라의 오국성五國城(지금의 헤이룽장 성黑龍江省 이란 현依蘭縣)에서 죽었다.

채경을 임용하다
1101년

휘종 건중建中 정국靖國 원년(1101년) 12월에 채경蔡京은 정주지주定州知州로 임명되었고, 숭녕崇寧 원년(1102년) 3월에는 조정으로 복귀해 한림원승지翰林院承旨가 되었으며, 이듬해에는 좌상으로 승진했다. 채경은 희녕 3년(1070년)에 진사가 된 인물로 기회주의자이자 아첨에 능했다.

휘종이 즉위한 후 황제의 총애를 받던 환관 동관童貫이 명을 받들어 소주와 항주에 가서 서화 공예품을 모으자, 채경은 밤낮으로 동관을 모시고 노닐며 동관의 환심을 샀다. 이때 채경이 서화에 능한 것을 본 동관은 채경이 글을 쓰거나 그림을 그린 병풍, 부채 등을 직접 궁궐로 들여보내고, 온갖 미사여구를 붙여가며 휘종에게 채경을 추천했다. 아울러 채경에게 도사와 궁녀들을 매수해서 휘종 앞에서 채경에 대한 좋은 말들을 늘어놓아 채경을 재상으로 삼을 수밖에 없게끔 하라고 조언했다. 따라서 원우 무리에 시기와 의심을 품고 있던 휘종은 채경을 중용하기 시작했다. 건중 정국 원년(1101년), 채경이 정식으로 등용되었다. 이후 20여 년 동안 그는 총 네 차례나 재상이 되어 재상직에 있던 장장 17년 동안 조정의 권력을 독점하고 대권을 장악해 국사를 그르치는 온갖 일을 저질렀다.

휘종이 도교를 숭상하다
1113년

조길(휘종)은 도교를 숭상해서 정화政和 3년(1113년) 9월에 방사 왕로지王老志에게 동미선생洞微先生의 호를, 왕자석王仔昔에게 통묘선생通妙先生의 호를 내렸다. 북송 휘종은 도교를 널리 퍼뜨려 도교의 지위를 올렸고, 정화 3년(1113년) 12월에는 도교의 경전인《선경仙經》을 천하에 알리도록 했다. 정화 4년(1114년) 정월에는 조서를 내려 조정의 품계와 마찬가지로 26계의 도계道階(영력과 재능, 공로를 고려하여 영적 차원을 구분함.)와 26등의 도관道官을 나누도록 명령하고, 정화 6년(1116년)에는 도학道學을 세우고《도사道史》를 편찬하도록 했다. 그리고 정화 7년(1117년) 4월에는 스스로 하늘의 신소제군神霄帝君이 속세에 내려온 것이라 칭하며 도록원道籙院에 자신을 '교주도군황제敎主道君皇帝'로 책봉하도록 명령해 천신天神, 교주敎主, 인군人君의 삼위일체三位一體를 이루었다. 중화重和 원년(1118년) 8월에는《어주도덕경御注道德經》을 반포하고, 9월에는 태학에 도교 각 경經의 박사를 두도록 했다. 이후로 도교는 나날이 흥성해 전에 없던 지위까지 오르게 되었다.

쌍용금향낭(雙龍金香囊)

향낭은 복숭아 모양으로, 두 장의 금박을 두드려 만든 것이다. 앞뒤 양면에 수미가 상응하는 쌍룡무늬가 조각되어 있다. 쌍룡은 고개를 올리고 몸을 구부리고 있으며 꼬리 부분은 위를 향해 치켜들고 있어 형상이 생동적이다. 이 금향낭은 북송 시대에 높은 경지에 이른 금기물 제작 수준을 반영한다.

대리국 단씨와 37부 회맹비

북송이 대리국 왕을 봉하다
1116년

정화 6년(1116년), 대리大理에서 북송 조정에 사신 이자종李紫琮, 부사 이백상李伯祥을 보내 공물을 바쳤다. 이에 북송 휘종이 조서를 내려 광주廣州관찰사 황린黃璘, 광동전운부사廣東轉運副使 서척徐惕에게 그들을 수행해 경성으로 오도록 했다. 대리의 사신이 광주에서 북쪽으로 올라와 정주鼎州(지금의 후난 성 창더 시常德市)에 이르자 현지 학교

를 참관하면서 공자상에 참배하고 학생들을 만났다. 정화 7년 2월, 경성인 개봉에 도달해 말 380필과 사향, 우황牛黃(소의 쓸개 속에 병으로 생긴 덩어리. 열을 없애고 독을 푸는 작용을 하여 중풍, 열병, 경간驚癎 따위에 쓴다.), 세전細氈(짐승의 가는 털로 짠 요) 등의 공물을 바쳤다.

대리국

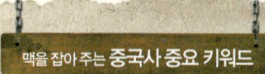

대리국은 937년에 단사평段思平이 세운 나라이다. 단사평은 백만白蠻이라 불리던 부족의 귀족으로, 37부 오만烏蠻의 힘에 기대어 남조왕국南詔王國의 기반 위에 대리를 세웠다. 단씨 스스로 자신의 조상은 무위군武威郡(양주凉州) 사람이라고 하는 것으로 미루어 백만족으로 귀화한 한족일 가능성이 크다. 단사평은 대리를 세우고 나서 먼저 37부의 노역을 면제하고, 서로 평화를 유지하겠다는 맹세를 했다. 대리국의 영토는 남조와 거의 비슷했지만 실제 세력은 이해洱海를 중심으로 하는 운남 서부 지역에 국한되었다.

대리국의 왕위가 단연의段連義에게 계승되었을 때, 대신 양의정楊義貞이 단씨를 폐위하고 스스로 즉위해 광안廣安 황제가 되었다. 그로부터 4년 후 단씨의 신하인 고지승高智升이 아들 고승태高升泰를 보내 동방병東方兵(즉 37부병)을 일으켜서 양씨를 제거하고, 단수휘段壽輝를 옹립했다. 북송 철종 원부 2년(1099년)에 단수휘가 고승태에게 양위했고, 고승태는 국호를 대중국大中國으로 바꾸었다. 고승태가 죽은 후 그의 아들 고태명高泰明이 다시 단정순段正淳에게 양위하고 단정순이 국호를 후리국後理國으로 바꾸었다.

당시 이미 독립해 있던 동방 37부는 후리국과 여러 차례 전쟁을 벌였다. 고씨가 양위하기는 했지만 여전히 권력을 장악해서 사람들은 그를 고국주高國主라고 불렀고, 페르시아나 곤륜崑崙(한漢나라 때 이후부터 남양南洋에서 온 흑인을 이르는 말) 등에서 상인이 통상하러 오면 먼저 국주를 만나야 했다. 고씨가 왕위를 단씨에게 돌려준 것은 명분상으로는 단씨를 폐할 수 없어서라고 하지만, 동방 37부가 고씨를 반대한 것과 관련이 있다.

북송 휘종 정화 6년(1116년), 후리국 국왕 단화예가 사신을 보내 조공을 바치자 북송 휘종은 그를 대리국왕에 봉했다. 이후 1173년에 대리국에서 사자 23명을 옹주邕州로 보내 통상을 논했다. 1253년에 원元나라 헌종憲宗이 쿠빌라이(중국 이름은 홀필렬忽必烈)에게 병사를 이끌고 운남으로 들어가 단흥지段興智와 고태상高泰祥을 사로잡고, 대리국을 멸망시키도록 명령했다. 대리국은 단사평에서 단흥지까지 총 22명의 왕을 거치며 317년 동안 유지되었다.

북송 휘종은 자신전紫宸殿에서 대리의 사신들을 접견하고, 대리의 군주인 단화예段和譽를 금자金紫(금인金印과 자수紫綏라는 뜻으로, 존귀한 사람을 비유적으로 이르는 말), 광록대부光祿大夫, 금교사공檢校司空, 운남절도사雲南節度使, 상주국上柱國, 대리국왕大理國王에 봉했다.

송강의 기의
1119년

선화 원년(1119년), 하북에서 송강宋江이 반란을 일으켰다. 전하는 바에 따르면 송강이 처음 반란을 일으켰을 때는 인원이 36명에 불과했고, 탐관오리를 공격해 징벌하는 것이 목적이었다고 한다. 선화 원년 12월에 북송 조정에서 조서를 내려 송강 기의군에 투항할 것을 명령했지만, 기의군은 투항하지 않고 싸움을 계속했다. 이후 북송 조정이 동남 지역에서 일어난 방랍方臘의 반란을 진압하느라 잠시 송강 기의군에 대항할 틈이 없던 때를 틈타 기의군은 수백 명으로 규모를 확장했다. 그들은 경성 동쪽 지역 곳곳을 전전하며 청靑(지금의 산둥 성 이두 현益都縣), 제濟(지

〈청금도〉

북송 시대의 그림 가운데 매우 정교한 인물화로 손꼽히며, 북송 휘종 조길의 작품으로 전해진다. 일반적으로 당시 화원에서 창작된 인물화의 대표작으로 인정된다. 〈청금도(聽琴圖)〉는 한 사람이 무아지경으로 거문고를 연주하고 다른 두 사람은 넋을 잃은 얼굴로 앉아서 연주를 감상하는 모습을 묘사했다. 그림 전체의 배치가 간결하고, 배경에는 노송 한 그루와 청명한 대나무 숲이 있을 뿐이며 나머지는 공백이다. 그래서 이 그림을 감상하면 솔바람 소리와 거문고의 음률이 호응하여 울려 퍼지는 듯한 느낌을 받을 수 있다.

금의 산둥 성 지난 시濟南市), 복복(지금의 산둥 성 쥐안청 현鄄城縣 북쪽), 운운(지금의 산둥 성 둥핑 현東平縣) 일대에서 출몰하며 각지 관청의 간담을 서늘하게 해 북송 왕조의 봉건 통치에 큰 위협이 되었다. 중국 고전의 4대 명저인 《수호전水滸傳》은 바로 이 사건을 바탕으로 지어진 것이다.

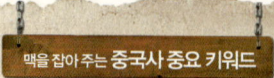

〈청명상하도〉

〈청명상하도清明上河圖〉는 북송 선화 연간의 변하汴河와 그 양쪽 강가의 청명절 모습을 웅대하고 장엄하게 사실적으로 그리고 있다. 긴 두루마리 그림은 세 부분으로 나뉜다.

첫 번째 부분은 아침 햇살이 막 비출 때 교외 강가의 길에서 무거운 짐을 실은 나귀 떼가 천천히 걸음을 옮기며 성 안의 길로 들어서는 모습이다. 적막한 마을 어귀에서는 다소 한기가 느껴진다. 마을에는 집들이 듬성듬성 있다. 유들유들한 버드나무에는 갓 잎이 돋아났고, 차츰 가마와 기마 행렬이 도성에 가까워지고 있다.

두 번째 부분은 변하 위로 분주하게 오가는 번화한 풍경을 나타낸다. 당시 변하는 전국의 교통 중추로 각지에서 온 다양한 배들이 모두 이곳에 정박했다. 변하에는 양쪽 기슭을 연결하는 거대한 아치형 다리가 있다. 목재로 만들어졌고, 교각 없이 양쪽 기슭에 길게 걸쳐 있다. 견고하고 아름다운 그 모습이 마치 무지개가 걸린 듯해 '무지개 홍虹' 자를 써서 '홍교虹橋'라고 불렸다. 홍교 아래위로 배와 마차가 지나 다녀 교통의 요충지가 되었다. 사람들이 왁자지껄하고 수레와 말이 꼬리에 꼬리를 물고 다니는 온갖 모습과 표정이 생동감 있고 다채롭게 묘사되어 있다. 긴장되고 바쁜 모습이 이 그림의 절정이다.

마지막은 저자의 풍경이다. 성문 안으로 들어서면 거리가 가로 세로로 교차하고, 기루와 주점, 찻집, 점포, 여인숙, 약방이 줄지어 늘어서 있다. 선비, 농민, 장인, 상인, 승려, 도사, 의원, 마차꾼, 뱃사공, 부녀자와 어린이 등 없는 사람이 없고 각종 업종이 없는 것이 없다. 거리에 사람들이 발 디딜 틈 없을 정도로 빽빽하게 붐비며 끊임없이 이어져 '조태승가趙太丞家'까지 이어지다가 끝이 난다. 그림 전체에 등장하는 인물은 모두 500여 명이며, 가축은 50여 마리, 각종 수레와 배는 20여 척이고, 집과 도구는 셀 수 없이 많다. 거대한 장면에 단락이 분명하고 구성이 엄밀하며 질서정연하다. 기법이 숙련되었고 붓놀림이 섬세하다. 선은 힘이 넘치고, 중후하고 묵직한 느낌을 주어 뛰어난 회화 솜씨와 예술적 성취를 보여 준다. 아울러 당시의 사회 실상을 그렸기 때문에 후대 사람들이 북송 시대 도시 사람들의 사회생활 모습을 이해하고 연구하는 데 중요한 역사적 자료를 제공한다.

《선화화보》의 편찬

1120년

북송 선화 2년(1120년), 북송 휘종 조길이 앞장서서 회화사와 감상에 정통한 유생들에게 힘을 합쳐서 궁정에 소장된 회화 작품의 저작 기록을 반영한 《선화화보宣和畫譜》를 편찬하도록 했다. 《선화화보》는 총 20권으로 위진 시대부터 북송 시대에 이르는 화가 231인의 작품 6,396점을 수록하고, 그림 주제의 종류, 즉 화과畫科에 따라 10가지로 나누었다. 화과마다 앞에 간결하고 날카로운 평론을 작성해 해당 화과의 원류源流, 발전 및 대표 인물 등을 서술했다. 그런 다음 시대에 따라 화가의 소전小傳(사람의 약력을 간략하게 적은 전기)과 그 작품을 배열했다. 그러나 각 화과의 논술과 화가의 전기 평론에서 볼 때 이 책은 회화사론의 성질이 더욱 강하다. 이 책은 북송 시대 궁정 소장 회화의 기록일 뿐만 아니라 전기체의 회화 통사通史로서 북송과 북송 이전 시대 회화의 발전과 작품의 유전을 연구하는 데 중요한 사료적 가치가 있다.

북송 휘종의 퇴위

1125년

금나라 군대가 동·서 두 갈래로 나뉘어 북송을 침략했다. 금나라의 서로군西路軍은 금세 태원을 향해 진격했고, 동로군東路軍은 곽약사郭藥師를 선봉으로 하여 계속해서 남쪽으로 진격했다. 이 소식이 개봉까지 전해지자 북송의 군신들은 허둥대기에 바빴다. 이에 북송 휘종이 거짓으로 자신을 책망하는 조서를 내려 각지의 관병과 백성이 일어나 금나라 군대의 남침에 대항하도록 호소했다. 이때 금나라의 동로군은 이미 중산부中山府(지

북송의 유리포도

포도알은 각기 크기가 다르고, 원형도 있고 타원형도 있고, 복벽이 얇은 것도 있으며, 안은 비어 있다. 색은 갈색이 많고, 흰색과 녹색은 적은 편이며, 모두 반투명하다. 유리 재료는 불순하며, 흰색의 회전 무늬가 섞여 있고 겉에 녹이 나서 부식되어 생긴 노란색 반점이 있다.

북송 휘종의 수금체

조길은 화가일 뿐만 아니라 서예에도 조예가 깊었다. 청나라 때 왕문치王文治는 《논서절구論書絶句》에서 "흰 비단에 매만 그릴 줄 아는 게 아니라, 필체도 영흥永興(당나라 때의 서예가인 우세남)에 비견할 만하다. 감별도 잘하고 글짓기도 모두 제일이니, 선화(북송 휘종의 연호) 때의 천자는 재주도 많다.不徒素練畵秋鷹, 筆態衝融似永興, 善鑒工書俱第一, 宣和天下太多能"라고 논술했다.

조길의 서법은 설요薛曜, 저수량의 서법을 본보기로 삼아 스스로 독창적인 '수금체'를 만들었다. 수금체는 가늘면서도 굳세고 예리하며 시원시원하게 흐른다. 측봉은 마치 난초나 대나무와 같아서, 되도록 선을 자제하며 화려한 색채를 사용하는 사실적인 그의 그림과 서로 어우러져 흥취를 자아낸다. 이른바 수금체는 자신의 아름다운 서체를 금으로 표현해 고귀함의 의미를 부여하면서 자신의 뛰어남을 자랑하는데, 이욱이 자신의 서체를 '금착도金錯刀'라 부른 것과 마찬가지이다. 북송 휘종의 서법은 부드러운 한편 가벼움을 피할 수 없는데 이는 어쩌면 시대와 그 자신의 예술적 소양이 초래한 결과일지도 모르겠다. 그러나 그가 만들어 낸 수금체의 독특한 예술적 개성은 후대 사람들에 의해 앞다투어 모방되었다.

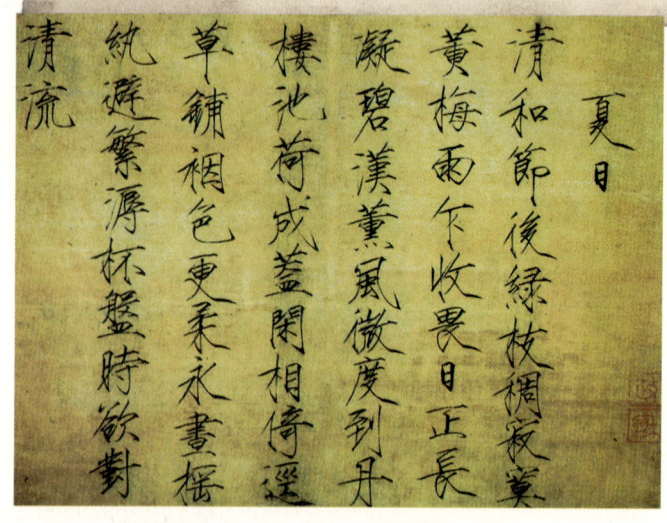

조길의 《하일시첩(夏日詩帖)》

금의 허베이 성 딩저우 시)를 돌아 남하해서 개봉과 열흘 거리인 곳까지 도달했다. 이에 북송의 군신들은 새로운 황제가 군대를 조직해 금나라에 저항하기 편하도록 휘종에게 사흘 안에 황위를 양위할 것을 요구했다. 휘종은 목숨을 건지기 위해 퇴위에 동의할 수밖에 없었다.

북송 선화 7년(1125년) 12월 23일, 북송 휘종이 퇴위를 선포하고 황태자 조환趙桓이 황제로 즉위했다. 흠종은 즉위 후에 휘종의 뜻에 따라 휘종을 교주도군敎主道君 황제로 추존하고 태상황으로 모시며 용덕궁에 살게 했다.

눈물로 개봉을 지킨 이강

1126년

정강 원년(1126년) 정월 초사흘, 금나라 군대가 황하를 건넜다는 소식이 북송의 도읍인 개봉에 전해졌다. 그러자 태상황이 된 휘종은 황급히 도망갔고, 흠종의 새로운 조정도 허둥대며 맞서 싸우자는 측과 도망가자는 측으로 나뉘어 의견의 일치를 보지 못했다. 흠종은 이강李綱에게 동쪽 도읍을 지키도록 하고 자신은 적을 피해 섬서로 도망갈 심산으로 이강을 상서우승尚書右丞 겸 동경유수東京留守로 임명했다. 그러나 이강이 눈물을 흘리며 목숨을 걸고 싸워야 한다고 주장하여 흠종은 어쩔 수 없이 섬서로 가지 않고 동쪽 도읍에 남기로 했다. 이로 허둥대며 어찌할 바를 몰랐다. 12월 2일, 흠종이 투항서를 바치며 정식으로 금나라에 투항했다.

이강사

소무(邵武) 지역에 있는 이강사(李綱祠)는 북송 시대에 승상이었던 이강의 제사를 지내는 사당이다. 이강(1083년 ~1140년)은 자가 백기(伯紀)이고 복건 소무 사람이며, 북송에서 남송으로 교체되는 시기에 금나라에 항거한 명신이다. 임칙서(林則徐)는 사당의 기둥에 "한 몸의 진퇴가 사직과 관련이 있고, 넓은 영원토록 강산을 진압하네.(進退一身關社稷, 英靈千古鎭湖山)"라는 대련을 써서 이강을 칭송했다. 이 사당은 건축 이래 수차례 헐렸다가 다시 세워졌고, 현재는 정원 하나만 남아 있다.

북송 배자의 유행

형형색색의 북송 시대 의복 가운데 배자褙子는 보기 좋은 스타일과 입기 편리한 실용적인 평상복으로 남자와 여자 모두에게 많은 사랑을 받았다. 배자의 모양과 스타일은 소매가 없는 일반 조끼와 달랐다. 배자는 소매가 긴 경우 손목까지 왔고, 양 옷자락이 평형을 이루고 꿰매지 않으며, 양 겨드랑이 밑도 꿰매지 않고 벌려 놓는데, 여성 배자의 하단 길이는 치마와 같고 소매는 적삼보다 살짝 넓다. 배자는 일반적으로 두 가지 스타일이 있다. 첫 번째는 양 겨드랑이와 등에 끈을 늘어뜨리고, 허리 사이를 늑백勒帛(허리를 둘러매는 견사로 만든 띠)으로 묶는 스타일이다. 두 번째는 띠를 늘어뜨리지 않고 허리에도 늑백을 묶지 않으며 좌우 양 옷섶을 활짝 열어 두는 스타일이다.

배자의 기원은 북송 시대 이전으로, 북송 시대에 이르러 남성의 배자는 안에 입는 옷으로 바뀌어 보통은 일상복으로 겉에 입지 않게 되었다. 여성의 배자는 일상복뿐만 아니라 예복으로도 입을 수 있었다. 《동경몽화록東京夢華錄》〈취부娶婦〉의 기록에 따르면 당시 동경의 상급 중매쟁이들은 일반적으로 '개두蓋頭를 숨기고 자색 배자를 입고', 중급 중매쟁이들은 '관자를 쓰고, 황색 쪽을 쓰고 배자를 입었다'. 북송 휘종 이전 시대의 배자는 일반적으로 늑백으로 허리를 둘러맸고, 이후에는 늑백을 사용하지 않아 허리를 흐트러진 채로 두어 더욱 간편하고 자연스러우며 멋스러워졌다.

배자 복원도

출토된 전각과 도자기 조각 내용을 근거로 복원해 채색한 것이다. 이것을 통해서 당시에 유행한 복식의 특징을 알 수 있다.

정강 2년(1127년) 3월 7일에 금나라에 의해 세력이 키워진 장방창張邦昌 괴뢰 정권이 정식으로 성립되었다. 그리고 4월 1일에 금나라 장수 완안종망完顔宗望과 완안종한完顔宗翰이 포로로 금나라 진영에 붙잡고 있던 북송 휘종과 흠종, 황자, 황손, 후비, 궁녀 등 400여 명과 약탈한 대량의 금은보화를 가지고 금나라로 돌아갔다. 이뿐만 아니라 금나라 군대는 개봉을 떠날 때 북송 궁궐에 있던 법가法駕(임금이 거둥할 때 사용되던 수레), 노부鹵薄(임금이 거둥 때 따르는 의

장) 등의 의장 기물과 궁중에서 사용한 물건, 태청루太淸樓, 비각秘閣, 삼관三館의 소장 도서, 그리고 부고府庫(문서나 재물을 넣어 곳간으로 지은 집)까지 싹 쓸이해 갔다. 그것도 모자라 나인內人(궁중에서 왕족의 사생활을 시중하던 여관의 총칭), 내시, 기예伎藝 장인, 배우까지 잡아 갔다.

왕희맹(王希孟)의 〈천리강산도(千里江山圖)〉

〈천리강산도〉는 고대 청록산수화의 대작이다. 이 그림은 짙은 청록색으로 끊임없이 이어지는 강산을 그리고, 농가와 절의 모습, 수풀과 대숲으로 꾸몄다. 묘사가 정교하지만 그 기세는 비장하고 광활하다. 그림 전체에 먹은 사용하지 않았으며 석청(동양의 벽화에서 중요하게 쓰인 청색 안료. 군청이나 프러시안블루에 가깝다.)과 석록(石綠, 진한 초록의 천연 석채. 파란색과 노란색의 중간색으로 진한 녹색) 등으로 산, 돌, 꽃, 나무를 물들여 색이 아름다우면서도 뜨지 않고, 전체 그림과 색채가 눈이 부시면서도 침착하고 조화롭다.

3 남송

시기 : 1127년~1279년
인물 : 고종, 종택, 종상, 양요, 악비, 미우인, 우윤문, 효종, 광종, 주희, 육유, 송자, 가사도, 문천상

조그만 영토에 만족해야 하는 정권

북송이 금나라에 멸망한 후, 남경南京(지금의 허난 성 상추 시商丘市)에서 휘종의 아홉째 아들인 조구趙構가 즉위하고 남쪽으로 장강을 건너가 송나라를 재건했다. 역사에서는 이를 이전의 송나라, 즉 북송과 구분하여 남송南宋이라고 부른다. 남송의 황제는 안일함에 빠져 강남 지역의 반 동강이 영토에 만족하며 매일같이 술이나 마시며 늘 술에 취한 듯한 나날을 보냈다. 이강李綱, 종택宗澤, 한세충韓世忠, 그리고 악비岳飛 등 일부 장수들이 금나라에 대항해 제아무리 용맹하게 싸운다 한들 황제가 변하지 않는 한 나라가 변할 리가 없었다.

남송 시대에 송나라 조정이 자리 잡은 남쪽 지역의 경제는 전에 없이 번성하여 방직업은 장족의 발전을 거두고 조선업도 매우 발달했다. 도자기 제조, 제지업, 인쇄업 등도 북송 시대의 수준을 뛰어넘었다. 문학에서는 남송사南宋詞가 발전하여 문단의 중요한 자리를 꿰찼고, 당시唐詩와 함께 중국 고대 문학사를 대표하는 양대 문학 장르로 손꼽히게 되었다. 그러나 남송 왕조는 경제에서 이룬 발전을 외세의 침략에 대한 방어에 충분히 이용하지 못했다. 1279년에 몽골족 철기군의 남하로 더 이상 달아날 길이 없게 된 육수부陸秀夫가 어린 황제를 안고 바다에 투신하면서 남송은 멸망했다.

한눈에 보는 세계사

1126년 이자겸의 난
1135년 묘청의 서경 천도 운동
1150년경 캄보디아, 앙코르와트 건설
1170년 무신 정변

1231년 몽골의 1차 침입
1232년 몽골 2차 침입, 고려, 강화도 천도
1251년 고려대장경(팔만대장경) 완성
1270년 삼별초의 항쟁 시작

남송 고종의 즉위

1127년

정강 원년(1126년) 11월 말, 금나라 군대가 개봉성을 포위해 도읍이 함락
될 위험에 처했다. 그러자 흠종은 강왕康王 조구趙構를 병마대원수兵馬大元
帥, 진구陳遘를 원수, 종택宗澤과 왕백언汪伯彦을 부원수로 임명한다는 납서蠟
書(밀랍으로 봉한 비밀문서)를 써서 상주相州로 보냈다. 12월 초하루에 조구가
상주에 개원명부開元名府(지금의 허베이 성에 속함.)를 설치한 후, 동평부東平府
(지금의 산둥 성에 속함.)로 갔다가 다시 제주濟州(지금의 산둥 성 쥐예 현鉅野縣)
로 도망갔다. 11월 25일에 개봉이 함락되고, 12월 초이틀에 흠종이 금나라
에 투항서를 바쳤다.

정강 2년(1127년) 3월에 금나라는 북송의 휘종과 흠종을 평민으로 강등
시키고 장방창을 초제楚帝로 봉한 후, 철수해서 북쪽으로 돌아갔다. 금나
라 군대가 돌아가자 개봉의 송나라 군사들과 백성, 조정 대신들은 더 이상
장방창을 옹호하지 않았다. 그리고 동시에 각 로路에서 조구에 충성하는
이들이 끊임없이 군사를 일으켜 장방창을 규탄했다. 이에 장방창은
북송의 원우元祐 황후를 입궁시켜 수렴청정하게 하고 강왕
조구를 궁에 맞아들일 수밖에 없었다.

그해 4월, 원우 황후가 제주로 친필 서신을 보내 강왕
에게 황제의 자리에 오르도록 권했다. 그리하여 5월 초하
루에 응천부應天府(지금의 허난 성 상추 시)에서 조구가 즉위해 송
왕조를 다시 세우고 연호를 건염建炎으로 바꾸었다. 역사에서
는 이를 '남송'이라고 부르며, 조구가 남송 왕조의 초대 황제
고종高宗이다.

남송의 도금 은주전자

주전자의 몸체 전체에 두 마
리의 독수리로 구성된 꽃무
리(團花) 무늬가 도금되어 매
우 참신하다. 이것은 남송
시대 같은 종류의 작품 중
대표작이다.

송나라 시대에 성을 공격한 무기로, 적군의 방어용 성루 공사를 방해하는 데 사용된 아골거(餓鶻車)

동쪽 도읍을 지킨 종택

1127년

건염 원년(1127년) 6월, 이강의 추천으로 종택이 동경유수, 개봉지부로 부임해 옛 도성(지금의 허난 성)을 책임지게 되었다. 종택은 부임한 후 개봉의 수비를 매우 강화하고 적극적으로 새로운 군사들을 모집해 훈련시켰다. 그리고 이와 동시에 하북의 민병民兵, 특히 왕언王彦의 '팔자군八字軍', 오마산채五馬山寨의 의군들과 밀접한 관계를 맺어 이전에는 각지에 흩어져 있던 일부 농민 기의군, 예컨대 하북의 양진楊進, 이귀李貴, 하동의 왕선王善 등이 이끄는 군대가 스스로 그의 휘하에 들어오게 했다. 이러한 그의 노력으로 개봉의 형세는 금세 좋아졌고, 수비력이 크게 강해져 이후 금나라 군대의 공격을 여러 차례 물리쳤다.

그러자 종택은 조정에 대군을 파견해서 북벌에 나서 잃은 옛 땅을 되찾아야 한다고 강력하게 주장했다. 아울러 고종에게 하루빨리 개봉으로 돌아올 것을 요청했다. 그러나 그의 출병 건의는 줄곧 고종의 허락을 얻지 못했다. 그는 20여 차례나 고종에게 개봉으로 돌아올 것을 주청했지만, 늘 황잠선黃潛善, 왕백언에게 저지되어 받아들여지지 못했다. 종택은 이 때문에 울분이 쌓인 것이 병이 되어 등창이 생겼고, 결국 일흔 살이던 건염 2년(1128년) 7월에 병으로 죽고 말았다.

죽기 하루 전날, 그는 길게 한숨을 내쉬며 한 마디를 남겼다. "출사해 적을 몰아내기도 전에 내 몸이 먼저 죽으니 영웅의 눈물이 옷깃을 가득 적시네." 그리고 자신의 부하 장수들에게 계속해서 금나라에 저항하도록 당부했다. 임종까지도 집안일에 대해서는 한마디도 하지 않고, '황하를 건너야 한다.'라고만 세 번 외치며 금나라에 항거하는 모습을 보였다. 개봉은 이렇게 종택을 잃자마자 바로 금나라 군대의 손아귀에 들어가고 말았다.

종상과 양요의 기의

1130년

조씨의 남송 왕조는 백성을 잔혹하게 착취하여 강남 지역의 백성은 헤아릴 수 없는 고통을 견뎌야 했다. 이에 1130년에 호남 동정호洞庭湖 지역에서 종상鐘相이 이끄는 농민 기의가 일어났다. 종상(?년~1130년)은 무릉武陵(지금의 후난 성 창더 시) 사람이며, 스스로 종노야鐘老爺, 천대성天大聖이라고 칭했다. 그는 북송 시대에 왕소파, 이순이 내세운 '귀천을 평등하게 하고, 빈부를 균등하게 하라.'는 명분을 계승해 정치적으로는 평등을, 경제적으로는 재부의 균등한 분배를 바라는 농민들의 강렬한 염원을 반영했다.

건염 4년(1130년) 2월에 종상이 사람들을 이끌고 기의를 일으켜 나라를 세우고, 국호를 초楚라고 했다. 기의군은 금세 정鼎, 예澧, 형남荊南, 담潭, 협峽 등 19개 현을 점령했다. 이에 남송 조정은 재빨리 군대를 보내 진압에 나섰다. 3월 말, 남송 장수 공언주孔彦舟가 첩자들을 농민으로 변장시켜 기의군 안에 심어 두고 종상의 영채를 공격하게 했다. 이로써 종상은 포로로 잡혔다가 결국 살해당했다. 종상이 죽자 양요楊幺가 기의군의 우두머리가 되었고, 소흥紹興 3년 4월에 기의군은 다시 초나라 정권을 세우고 양요를 대성천왕大聖天王이라고 불렀다. 이때 기의군은 북쪽으로는 공안公安, 서쪽으로는 정, 예, 동쪽으로는 악양岳陽, 남쪽으로는 장사長沙에 이르는 넓은 지역을 다스렸는데, 이후 진압에 나선 남송 군대에 여러 차례 패했다.

소흥 5년 봄, 남송 고종 조구는 악비를 보내 기의군을 진압하게 하면서 재상 장준

투함

남송 시대 초에 양요가 이끈 농민군이 동정호에서 사용한 초대형 거선이다. 높이는 3층이고 1,000명이 탈 수 있었다. 훗날 남송의 수군이 이를 모방하여 대량 건조해 사용했다. 그림은 남송 시대의 《무경총요(武經總要)》에 묘사된 투함도이다.

을 함께 보내 직접 지휘하도록 했다. 양요는 필사적으로 싸우며 굴복하지 않다가 끝내 포로로 잡혀 목숨을 잃었다. 남은 기의군은 1년여를 더 버텼지만, 6년 반 동안 지속한 기의는 결국 실패로 끝을 맺고 말았다.

화상원의 전투
1131년

부평富平의 전투에서 금나라 군대에 패한 남송 군대는 진봉로경략사秦鳳路經略使 오개吳玠의 지휘에 따라 퇴각했다. 그리고 봉상鳳翔의 화상원和尙原(지금의 산시 성陝西省 바오지 시寶雞市 남쪽)을 지키며 식량을 축적하고, 군대를 정비하며, 산채를 세워 목숨을 걸고 수비를 하고자 했다. 당시 관關과 농隴 주변은 모두 금나라 군대에 점령되어 계주階州, 성주成州, 민주岷州, 봉주鳳州, 조주洮州 및 화상원만이 아직 남송 군대의 통제하에 있었다. 그중에 화상원은 금나라 군대가 사천 지역에 들어오려면 반드시 거쳐야 하는 곳이었다.

소흥 원년(1131년) 5월에 금나라 장수 몰립沒立이 봉성에서, 오로절합烏魯折合은 산관散關에서 출병하여 화상원을 협공했다. 이에 남송의 장수 오개와 그의 아우 오린吳璘이 군대를 이끌고 반격해 네 차례의 전투에서 모두 승리를 거두었다. 10월에 금나라의 올술兀術이 직접 10만 대군을 이끌고 서쪽으로 진격해 보계寶雞에서 부교浮橋를 만들어 위수를 건너고 화상원으로 쳐들어왔다. 오개와 오린 등이 튼튼한 활과 쇠뇌를 골라 교대로 끊임없이 발사해 화살이 비 오듯 쏟아지니 금나라 군대는 잠시 퇴각할 수밖에 없었다. 곧이어 오개가 기병을 보내 출격해서 사흘 동안 격전을 벌여 금나라 군대를 크게 꺾고 수많은 갑옷과 병기를 포획했다. 금

대산관

지금의 산시 성(陝西省) 바오지 시 서남쪽에 자리한다. 1131년에 남송의 장수 오개가 사천을 지키기 위해 군대를 이끌고 이곳에서 수만의 금나라 군대에 맞서서 물리쳐 금나라에 대항한 첫 번째 대첩을 성공시켰다.

나라의 올술은 화살을 맞았지만 죽음은 피했다. 이렇게 남송 군대는 금나라와 교전을 벌인 이래로 화상원에서 전대미문의 대승을 거두었다.

악비의 북벌 출사
1134년

남송 소흥 4년(1134년) 봄, 악비가 남송 조정에 북벌을 단행하여 양양을 되찾기를 청하는 상소를 올렸다. 남송 조정은 이 문제로 토론에 토론을 거듭하여 마침내 북벌을 허락했다. 5월에 악비가 이끄는 군대가 악주鄂州(지금의 후베이 성 우한 시)에서 강을 건너 북벌에 나섰다. 먼저 영주郢州(지금의 후베이 성 중상鍾祥)를 점령하

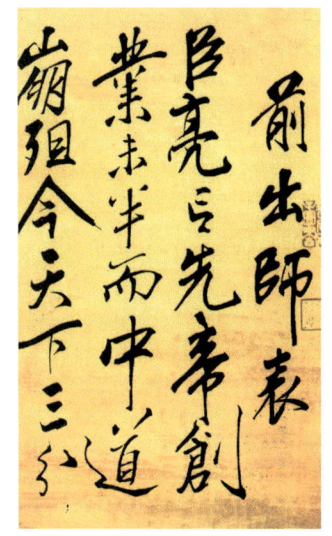

악비가 옮겨 쓴 제갈량의 〈전출사표(前出師表)〉(일부)

고, 이어서 두 갈래로 군대를 나누어 부하 장수 장헌張憲이 수주隨州를 공격하게 하고 악비 자신은 주력군을 이끌고 직접 양양부(지금의 후베이 성 샹판 시襄樊市)를 공격했다. 위제僞齊(여진족의 금나라가 북송을 멸망시킨 후 직접 통치하지 않고 유예를 황제로 세운 정권)의 장수 이성李成이 이 소식을 듣고는 황급히 성을 버리고 북쪽으로 달아나 악비가 이끄는 군대는 피 한 방울 흘리지 않고 성을 되찾을 수 있었다.

7월에 금나라가 악비의 군대가 계속해서 북쪽으로 올라오는 것을 막기 위해 이성의 군대에 지원군을 보내 등주鄧州 서북 방향에 영채 30여 개를 세우고 남송 군대와 결전을 벌이도록 했다. 그러나 악비는 일거에 금나라와 위제의 연합군을 격파하고 그 승세를 몰아 등주를 점령한 후, 다시 군대를 나누어 당주唐州(지금의 허난 성 탕허 현唐河縣)와 신양信陽을 공격했다. 이 전투로 남송은 처음으로 잃었던 양양군의 땅 전부를 되찾았다. 이는 남송이 세워진 이래 반격으로 얻은 첫 번째 큰 승리였다. 이에 남송 조정은 8월에 악비를 더 높은 직위인 청원군절도사淸遠軍節度使에 임명했다.

〈중흥사장도(中興四將圖)〉

이 그림은 남송 소화 연간 (1190년~1194년)에 화원의 대조(待詔) 유송년이 그렸다고 한다. 남송 사학자들은 남송 고종 조구가 송 왕조를 다시 시작하고 남송 초기에 송나라 군대가 금나라 군대의 침략에 맞서던 시기의 역사를 제1차 '중흥'이라고 한다. 〈중흥사장도〉에 그려진 유광세(劉光世), 한세충, 장준, 악비 네 사람은 모두 당시 금나라 군대에 맞선 유명한 장군들이다.

소흥 화의

1141년

남송 소흥 연간에 한세충韓世忠이 전호군前護軍 8만 명, 장준張俊은 중호군中護軍 8만 명, 악비는 후호군後護軍 10만 명을 이끌고 회수의 동쪽 지역인 회동, 회수의 서쪽 지역인 회서와 서경 지역에 각각 항금抗金 전선을 구축했다. 그리고 남쪽으로 내려오는 금나라 군대에 맞서 공격을 펼치는 동시에 각각 후방을 수비했다. 이들은 반 동강이가 난 남송의 영토를 지키며 차츰 남송 군대의 3대 주력 부대가 되었다.

그런 한편, 남송 조정은 줄곧 장수들의 권력이 커져 자신들의 통치 지위를 위협할까 봐 두려워했다. 남송과 금나라의 강화 협의가 무르익자, 남송 고종과 진회秦檜 등은 권력의 장애물을 제거하고자 소흥 11년(1141년) 4월에 한세충, 장준, 악비에게서 병권을 거두어들이고 그해 11월에 금나라와 강화 협의를 마쳤다.

강화 조약의 주요 내용은 다음과 같다. 첫째, 남송은 금나라의 신하를 칭하고 '자손대대로 신하의 예를 지키며', 금나라가 남송의 강왕 조구를 황제로 책봉한다. 둘째, 국경은 동쪽으로는 회하 중류, 서쪽으로는 대산관大散關(지금의 산시 성陝西省 바오지 시 서남쪽)을 경계로 정하여 그 남쪽은 남송에 속하고 그 북쪽은 금나라에 속한다. 셋째, 남송은 매년 금나라에 은 25 만 냥과 비단 25만 필을 공물로 바치며 소흥 12년부터는 매년 봄에 사주泗 州(지금의 장쑤 성 쉬이 현盱眙縣 북쪽)로 운송해서 바친다. 이와 함께 금나라는 북송 휘종의 관과 고종의 생모인 위韋씨를 송나라로 돌려보낸다.

이듬해 2월, 남송이 사신을 보내 금나라에 충성을 맹세하며 자손대대 로 금나라의 신하가 될 것을 선포하면서 강화 조약이 정식으로 효력을 발 휘했다. 이번 강화로 금나라는 전쟁터에서는 얻지 못한 막대한 토지와 금 은, 비단을 얻었고, 송나라와 금나라 사이에는 정치적으로 불평등한 관계 가 확정되었다. 그와 함께 장장 10년이나 계속된 전쟁이 끝나고 남과 북은 장기간의 대치 국면에 접어들었다.

이청조

중국 문학사에서 '송사宋詞'는 문학 창작의 최고봉으로 위로는 '당시唐詩'를 잇고 아래로는 '원곡元曲'으로 이어지는 중국 운문의 3대 문학 장르이다. 중국 문학사에서 가장 걸출한 여성 사인詞人은 이청조李清照이 다. 이청조는 호가 이안거사易安居士이고 제남濟南 사람이다. 그녀의 아버지 이각비李恪非는 당시의 유명한 학자로 집안 대대로 학문의 뿌리가 깊어 이청조는 머리를 땋을 무렵부터 이미 시와 사를 지을 줄 알았다.

남송 철종 원부 2년, 이청조는 재상 조정지趙挺之의 아들인 조명성趙明誠에게 시집가 행복한 결혼 생활 을 했다. 이 기간에 이청조의 시사는 이미 완곡하고 함축적이고 정교하며, 우아하고 아름다운 격조格調가 있는 자신만의 스타일을 형성했다. 북송 말년에 휘종이 금나라에 포로로 잡히자 이청조와 그녀의 남편 도 강남으로 도망갔다. 고종 건염 3년에 조명성이 병으로 죽자, 이청조는 심한 충격을 받아 곳곳을 떠돌 아다니며 고달픈 삶을 살았다. 이후로 그녀는 고독 속에서 말년을 보냈다.

이청조의 후기 사풍을 살펴보면 갑작스러운 변화가 나타나면서 뛰어난 사 작품이 더 많아졌고, 처량 함과 원망, 비분의 감정이 강렬해졌다. 그녀의 사에는 고향에 대한 사무치는 그리움, 처량하고 고달픈 신 세에 대한 감정이 함께 뒤섞이고 사회적 의미가 확대되어 깊은 감동을 준다.

기개가 산하를 삼킬 듯한 악비

악비(1103년~1142년)는 자字가 붕거鵬擧이고, 상주相州 탕음湯陰(지금의 허난 성에 속함.) 사람이다. 선화 4년(1122년)에 군대에 들어가 전투에서 용감한 모습을 보이며 차츰 유수사통제留守司統制까지 진급했다. 뛰어난 군사적 재능 외에도 악비는 시사詩詞와 서법에 뛰어나서 그의 문장에는 비분강개함이 넘치고, 시사에는 용맹스러움이 넘치며 기세가 드높다.

몸과 마음을 다해 국가에 충성한 악비

악비는 군대를 매우 엄격하게 다스렸다. 그는 일찍이 "얼어 죽을지언정 (땔나무를 구하기 위해) 민가를 부수지 않고, 굶어 죽을지언정 노략질을 하지 않는다.凍死不拆屋餓死不擄掠"라는 구호를 정했다. 그래서 그의 부대는 전쟁에서 용감하게 싸울 뿐만 아니라 백성의 사랑을 받으며 남송 초기에 가장 전투력이 뛰어난 부대라 칭해졌다. 악비는 여러 차례 금나라 군대와 전투를 치르면서 한 번도 패한 적이 없어 명실상부한 상승장군常勝將軍이었다. 악비의 군대와 교전하면서 애를 먹을 대로 먹은 금나라 군사들은 악비가 이끄는 군대를 '악가군'이라고 불렀다. 그리고 금나라 군대에서는 "산을 흔드는 것이 악가군을 흔드는 것보다 쉽다!"라는 말이 생겨났다.

남송 소흥 3년(1133년) 가을에 남송 고종이 악비를 임안으로 불러 직접

악비는 문무와 지능을 겸비하고 금나라에 대항한 명장으로, 중국인이라면 모르는 사람이 없는 영웅이다.

붓을 들어 '충정악비精忠岳飛'라는 네 글자를 쓴 비단 깃발을 하사하고, 한편으로 수도에 그를 위한 저택을 짓게 했다. 이에 악비가 사절하며 "적을 아직 멸하지 못하였는데 집이라니 가당치도 않습니다!"라고 말했다. 이 말에 기분이 좋아진 황제 조구가 "그럼 천하가 언제 태평해지겠느냐?"라고 묻자 악비가 대답했다. "문신이 돈을 사랑하지 않고 무장이 죽음을 두려워하지 않아야만 천하가 태평해질 것입니다." 얼마 후, 갓 서른이 넘은 악비가 청원군절도사淸遠軍節度使로 승진해 장강 중류 지역의 최고 군사 지휘관이 되었다.

항금 명장

소흥 10년(1140년)에 순창順昌 전투가 벌어진 후, 금나라 군대가 하남으로 퇴각했다. 이에 악비가 군대를 이끌고 북쪽으로 진격해 잇달아 영창부, 회녕부淮寧府, 정주鄭州, 서경하남부西京河南府 등을 점령하고 개봉까지 진격했다. 그러던 7월에 금나라 장수 올술이 악가군의 병력이 흩어진 데다 악비가 적은 수의 군사만 데리고 언성郾城에 주둔하고 있다는 보고를 받았다. 그는 곧바로 병사 1만 5천 명을 이끌고 언성으로 진격했다. 그리하여 두 군대가 맞붙었을 때, 악비가 자신의 아들 악운岳雲에게 경기병을 이끌고 목숨을 걸고 적진으로 들어가 혼란시키라고 명령했다.

이에 금나라 군대는 무거운 갑옷을 입은 중갑기병重甲騎兵 '철부도鐵浮圖'

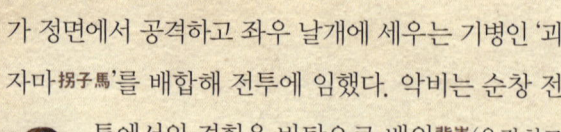

당차(撞車) (모형)

성을 공격할 때 사용하던 높은 사닥다리 운제(雲梯)가 성에 다가오면 쳐서 무너뜨리는 장비

가 정면에서 공격하고 좌우 날개에 세우는 기병인 '괴자마拐子馬'를 배합해 전투에 임했다. 악비는 순창 전투에서의 경험을 바탕으로 배외背嵬(용감하고 날랜 군사를 가리킴.) 친군親軍과 유혁군遊弈軍을 보내 맞서게 하고, 보병에게는 마찰도(麻扎刀. 麻扎刀라고도 함. 찍어 죽이는 데 사용된 병기), 도끼 등을 잡고 측면에서 공격해 위로는 사람을 찍고 아래로는 말을 찍으면서 격투를 벌이게 했다. 그 결과, 금나라 군대의 중기병은 장점을 발휘하지 못하고 막대한 병력을 잃었다. 악가군의 용장 양재흥楊再興은 홀로 말을 타고 적진으로 돌격해 금나라 군사 수백 명을 죽였다. 양측이 오후부터 밤까지 벌인 격전은 결국 금나라 군대의 패배로 끝났다. 얼마 후 금나라 군대가 다시 언성을 침략했지만, 악비가 성의 북쪽 오리점五里店에서 다시 금나라 군대를 격퇴했다.

임영臨穎을 점령한 악비는 금나라의 올술이 분명히 다시 영창을 빼앗으러 올 것이라고 판단하고, 악운을 급히 보내 지원하게 했다. 과연, 올술이 기병 3만 명을 이끌고 용호대왕龍虎大王과 개천대왕蓋天大王의 보병 10만 명과 함께 기세도 당당하게 영창성 서쪽에서 공격해 왔다. 7월 14일, 영창을 지키던 남송의 장수 왕귀와 악운 등이 군대를 이끌고 맞서 싸웠다. 아침부터 점심까지 계속된 양측의 싸움은 금나라 군대가 패해 뿔뿔이 도망치는 것으로 끝났다. 이번 전투에서 남송은 금나라의 상장군 하금오夏金吾 및 천호千戶(금나라의 벼슬) 다섯 명을 죽이고 대·소 수령 78명을 사로잡았으며 병졸 2,000명을 포로로 잡고 5,000명을 죽였다.

풍파정에서 누명을 쓰다

남송 고종 조구와 재상 진회는 3대 장수의 병권을 빼앗은 후, 군권을 완벽하게 장악하기 위해서 악비와 한세충 등을 모함하는 음모를 펼쳤다. 남송 소흥 11년(1141년) 5월에 고종은 장준과 악비에게 초주楚州로 가 한가군韓家軍을 정비하라고 하였다. 하지만 악비는 그 의도를 간파해 이들의 음모는 실패로 끝났다. 그러자 진회 등은 악비를 더욱 미워했다. 9월에 진회와 장준이 악비를 모함하고, 나아가 왕준王俊에게 악비의 부하 장수인 장헌이 모반을 꾀했다는 모함을 하게 했다. 이렇게 해서 먼저 장헌과 악운이 대리시大理寺 감옥에 감금되었다. 그리고 10월에는 악비도 속임수에 넘어가 대리시 감옥에 갇혔다.

그 후, 진회가 어사중승御史中丞 하주何鑄에게 명령하여 대리경大理卿 주삼외週三畏에게 심문하게 했다. 심문 과정에서 악비는 고문으로 순식간에 옷이 찢기고 살이 터져 온몸이 피로 물들었다. 정충보국精忠報國의 붉은 문신은 벌써 피에 물들어 보이지도 않았다. 그러나 그는 결코 굴복하지 않았다. 그리고 마지막으로 붓을 들어 "하늘이 안다! 하늘이 알아! 天日昭昭(天日昭昭)"라는 여덟 글자를 남겼다. 12월 29일, 고종과 진회는 날조한 죄명을 씌워 악비에게 독약을 내리고 장헌과 악운은 참수하도록 했다. 악비가 죽을 때 그의 나이 서른아홉이었다.

항저우 시후 호 가에 있는 악비의 무덤

미우인의 죽음

1153년

1153년에 송나라 시대의 화가 미우인米友仁이 죽었다. 북송 말에서 남송 초에 미우인은 강남산수화가로 화단에서 활발하게 활동했다. 미우인(1074년 ~1153년)은 태원 사람이며 자는 원휘元暉, 아명은 호아虎兒이다. 미불의 아들이어서 사람들은 그를 '소미小米'라고 불렀다. 가학家學(집안 대대로 전하여 내려오는 학문)을 이은 미우인은 서법은 아버지만 못했지만 아버지의 화풍을 계승하고 발전시켰다. 그는 무엇보다 산수화에 뛰어났다. 먹의 농담을 이용하여 흘러가는 구름과 안개에 가린 산수를 표현하고, 특히 사생에 신경 쓰며 자연의 산수에서 영감을 찾았다. 회화의 제재로는 대개 비가 많이 내리는 풍경과 운무가 가득한 강남의 산수를 표현해 몽롱하고 어슴푸레한 느낌을 준다. 그래서 그의 친구 적기년翟耆年은 '미근수無根樹(뿌리 부분을 안개로 가려 그리지 않는 미법 산수의 수묵법)'를 즐겨 사용해 흐리멍덩한 구름을 묘사'한다며 미우인의 수묵산수화 특징을 정의했다.

미우인 이전에는 산수화에서 정확하고 세밀하게 표현한 객관 경물을 높

미우인의 《소상기관도(瀟湘奇觀圖)》

이 여겼지만 미우인은 간결한 발묵潑墨(먹물이 번지어 퍼지게 하는 산수화법)으로 운무가 자욱한 강남의 산수를 표현해 산수화의 새로운 경지를 창조했다. 또 격식에 구애받지 않고 작품을 구상해 강남의 몽롱한 운산연우雲山煙雨를 표현한 화풍은 원나라 이후의 문인화文人畵에 깊은 영향을 미쳤다.

우윤문이 채석에서 금나라 군대에 대승을 거두다
1161년

남송 소흥 31년(1161년) 11월, 금나라 해릉왕海陵王이 서채석西採石 양림도楊林渡(지금의 안후이 성 허 현 동쪽)에서 강을 건너 남송을 공격할 준비를 했다. 남송의 군대는 통수 왕권王權이 파직된 후 아직 새로운 통수 이현충李顯忠이 도달하기 전이어서 병사 1만 8천여 명과 전투마 몇백 필은 매우 위급한 상황이었다. 마침 중서사인中書舍人이자 참모군사參謀軍事인 우윤문虞允文이 군사들의 사기를 높이기 위해 채석採石(지금의 안후이 성 당투 현當塗縣 북쪽)에 도착했다가 그러한 상황을 보고 의연히 금나라 군대의 남침을 막는 무거운 책임을 짊어졌다.

우윤문은 여러 장수에게 강기슭에 정렬하고 움직이지 말도록 명령하고, 수군의 전함 대오를 다섯으로 나누어 둘은 동서 기슭에, 하나는 중류에 주둔해 수군 정예병이 금나라 군대의 진격을 저지하도록 했다. 나머지 둘은 근처의 작은 항구에 숨어 기회를 기다렸다가 지원하도록 했다. 이때 금나라 군대가 이미 강을 건너기 시작해 소수가 장강 남쪽 기슭에 도착했다. 이에 우윤문이 직접 전선에 나가 군사를 지휘하며 금나라 군대와 격전을 벌였다.

저녁이 되었을 때, 마침 강북의 암주岩州(지금의 허난 성 황촨 현潢川縣)에서 패한 남송 군사 300명이 내려오자 우윤문은 그들에게 기고旗鼓(싸움터에서 쓰는 기와 북. 군대를 지휘하고 명령하는 데 씀.)와 병기를 주고 뒤쪽 산에 매복

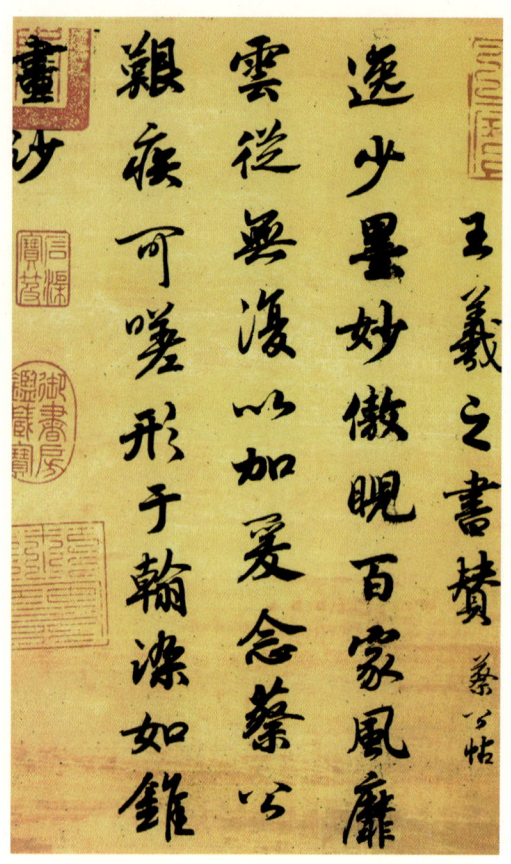

조선의 《채공첩(蔡公帖)》

조선(1127년~1194년), 즉 남송 효종은 자가 원영(元永)이고, 태조의 7대손이자 고종의 양자이며, 서예에 뛰어났다. 《서사회요(書史會要)》에는 "효종에게는 가정의 법도가 있다."라고 기록되어 있다.

했다가 때를 봐서 나오라고 명령했다. 나중에 이들을 본 금나라 군대는 정말로 남송 군대에 지원군이 도착한 줄 알고 퇴각했다. 우윤문은 기회를 놓치지 않고 장수들에게 쇠뇌를 쏘게 해 금나라 군대를 공격해 승리를 거두었다. 그리고 이후 금나라의 해릉왕은 그의 부하에게 목숨을 잃었다.

남송 효종의 즉위
1162년

남송 소흥 32년(1162년) 초, 남송이 금나라의 침입에 맞서 군사와 백성이 함께 저항하고 또 금나라 통치 집단 내부에서 정변과 내부 분쟁이 일어나자 금나라 군대는 철수해 북으로 돌아갔다. 남송 군대가 기세를 몰아 여러 현과 주를 되찾자 이에 호응하여 각지의 의군도 분분히 일어나 형세가 남송에 매우 유리해졌다. 이때 강화를 주장한 남송 고종 조구는 금나라에 저항하는 것을 지속할 엄두도 나지 않았지만 또 투항을 할 수도 없는 노릇이라 실로 진퇴양난이었다. 이에 그 무거운 짐을 자신의 양자인 황태자 조선趙眘에게 넘기기로 했다.

조구에게는 본래 조선이라는 아들이 있었는데, '묘유苗劉의 변(묘부와 유정언이 일으킨 난)' 때 소황제小皇帝로 옹립되었다가 변란이 평정된 후 얼마 지나지 않아 요절했다. 게다가 조구는 '유양維揚의 변' 때의 충격으로 생식 능력을 잃어 줄곧 후사가 없었다. 그래서 소흥 2년(1132년)에 조구는 여섯

송나라 시대의 해외 무역 확대

북송과 남송 시기에 중국은 아시아, 아프리카 지역의 50여개 나라와 무역해 해선海船으로 직접 도달한 나라와 지역이 무려 20여 곳에 달하는 등 해외 무역의 규모와 범위가 모두 확대되었다. 남송 시대에는 동쪽으로는 고려와 일본, 남쪽으로는 남해(남중국해)의 각국(당시의 동남아와 인도양 연안의 각국), 서쪽으로는 아라비아 반도와 아프리카 동쪽 해안에서 중국 해선의 발자취를 찾아볼 수 있다.

남송 시대의 해외 무역에서 중국은 주로 도자기와 비단을 수출했다. 이로써 도자기 제조업이 송나라 시대에 찬란한 발전을 이루고 생산량이 크게 증가해 도자요가 곳곳에 널리 퍼졌다. 남송 시대에는 무역의 확대로 경제적 이익을 얻었을 뿐만 아니라 문화 교류에서도 크나큰 성과를 얻을 수 있었다. 양송 시대에 송나라와 바닷길을 통해 통상을 한 나라로는 한나라와 당나라 시대 이래 줄곧 중국과 무역을 진행한 국가와 지역 외에 과거에 직접 무역 관계를 맺지 않았던 국가와 지역도 포함되어, 경제가 크게 발전했을 뿐만 아니라 중화민족의 문화를 널리 전파하는 역할도 했다.

살이던 백종伯琮을 입궁시켜 원瑗이라는 이름을 주고, 소흥 30년에 다시 이름을 위瑋로 바꾸고 황자로 세웠다. 그리고 소흥 32년에 다시 이름을 선瑨으로 바꾸고 황태자로 책봉했다.

백종은 조광윤의 7대손이다. 그해 6월에 고종은 덕수궁德壽宮으로 물러나 스스로 태상황이 되고 조신에게 황위를 잇게 했다. 그가 바로 남송 효종이다. 그해가 임오壬午년이었기 때문에 임오 내선壬午內禪('내선'은 황제가 살아 있는 동안에 그 아들에게 황제 자리를 물려주던 일을 뜻한다.)이라 불린다. 효종은 27년에 이르는 재위 기간에 옛 땅을 되찾는 일을 게을리하지 않고, 즉위 초에는 전쟁을 주장해 누명을 쓴 악비 등의 누명을 벗겨 주어 주전파主戰派의 투지를 불러일으켰다.

천주(泉州) 해선

남송 시대 말에 돌아와 항구에 정박한 원양 무역선이다. 출토될 당시 선체는 이미 없어진 상태였다. 출토된 잔여물은 길이 24.2m, 너비 9.15m이다.

독보적인 마원

마원馬遠은 자가 요보遙父이고, 본적은 하중河中(지금의 산시 성山西省 융지 시)이지만 전당(지금의 저장 성 항저우 시)으로 이주했으며, 남송 광종光宗, 영종 시대에 화원의 대조였다. 그는 가학家學을 계승하고 화가 이당李唐의 화법을 흡수해 자신만의 스타일을 만들었다. 마원은 산수·인물·화조 등 다방면에 뛰어났다.

그는 풍경을 그릴 때 겹겹이 연이어 있는 산과 휘감아 흐르는 강물을 그리는 파노라마식 구도에서 벗어나 근경에 역점을 두는 구도를 사용했다. 풍경을 한쪽 구석에 치우치게 하는 일각一角 구도에 나머지는 선염渲染(종이에 물을 먼저 칠하고 마르기 전에 수묵이나 채색으로 표현 효과를 높이는 기법. 붓의 흔적이 보이지 않기 때문에 은은한 표현 효과를 나타낸다. 안개 낀 산수의 흐릿한 정경이나 빗속의 정취 또는 으스름한 달밤의 풍경을 표현하는 데 활용된다.)으로 표현해 안개에 싸인 듯 차츰 옅어져 몽롱해지게 했다. 또 그림 속에 멀리 바라보는 사람을 그려서 그를 통해 감상자의 주의력을 공허한 공간으로 이끌어 무한한 상상의 여지를 남겼다. 사람들은 이를 '마일각馬一角'이라 불렀다. 붓 처리에서는 이당 등의 웅대하고 침울한 분위기의 특색을 발전시키고, 부벽준법斧劈皴法(도끼로 쪼개 낸 단면 같은 필선을 구사하여 암석의 거칢을 나타내는 기법)을 널리 전파했다.

마원의 산수화는 아름답고 간결하며 시적 정취가 풍부해서 이당 이래의 수묵 산수화를 거의 무결점의 완벽한 경지까지 끌어올렸다. 마원은 하규夏圭와 함께 '마하馬夏'로 불리며 남송 4대가大家로 꼽히고, 당시에는 '화원 화가 가운데 독보적'이라는 평가를 받았다. 그의 화풍은 명 왕조 원체화院體畫(중국 궁중의 화원에서 발전한 그림)와 절파浙派(중국 명나라 말기에 유행한, 필묵이 웅건하고 거친 산수화 유파) 회화에도 직접적인 영향을 미쳤다.

마원의 〈탑가도〉

〈탑가도〉는 가까이로는 밭두렁과 작은 다리가 있고, 왼쪽 구석에는 거대한 암석이 있고, 드문드문 버드나무와 대나무가 있으며, 취기가 오른 늙은이 네 명이 밭두렁에서 노래를 부르며 춤을 춘다. 멀리로는 높게 솟은 기이한 산봉우리가 있고, 나무에 가려진 성루가 은근히 모습을 드러내고, 아침 햇살이 비스듬히 비추고 있다. 전체적인 분위기는 즐겁고 밝아 '풍년에 사람들이 즐거워하며 밭두렁에서 춤을 추고 노래하는' 시적 정취를 충분히 드러낸다. 필법은 힘이 있고, 구도는 간결해 마원의 특징인 부벽준을 사용하지 않았지만 마원의 특색을 드러내기에 충분하다.

사창법의 추진

1181년

순희淳熙 8년(1181년) 5월에 엄주嚴州와 소흥부에 큰 물난리가 나 수만 가구가 침몰했다. 강주江州와 휘주徽州에도 물난리가 났다. 7월 이후로는 건조한 날씨가 계속되며 오랫동안 비가 내리지 않아 임안을 포함한 여러 곳에서 한재旱災가 일어났다. 이에 남송 조정에서 특사인 전사專使를 각지에 파견해 이재민 구제에 나섰다. 아울러 이재민의 세금을 감면해 주도록 조치했다.

12월에 남송 조정에서는 주희朱熹가 제안한 사창법社倉法(환곡을 창고에 저장해 두었다가 춘궁기인 봄에 백성에게 곡식을 꿔 주고 추수기인 가을에 받는 제도)을 각지에서 시행하도록 했다. '사창'의 쌀은 보통 관청과 부자들에게서 나왔고, 향신鄕紳, 보정保正 등의 사람들이 사창 업무를 관장했다. 그리고 곡식을 빌려가는 사람은 10호를 1갑으로 하여 50호마다 사수社首를 한 명씩 뽑아 탈영병, 떠돌이는 갑에 들어오지 못하게 경계하도록 했다.

사창법이 기근 구제에 좋은 효과를 발휘하기는 했지만, 사창의 사무를 부호가 오래도록 관장하다 보니 폐단이 속출했다. 사창의 곡식을 횡령해 정작 급할 때 빌려 줄 곡식이 없는 경우가 있는가 하면, 백성에게 강제로 할당하고 징수해서 세금과 다를 바 없기도 했다. 이처럼 처음에는 이재민을 구제하기 위해 시행된 좋은 법은 금세 그 효과를 잃었다.

광종의 즉위

1189년

마음속에 큰 포부가 있던 효종 조선은 황제가 되고 나서도 늘 태상황 고종의 견제를 받았다. 순희 14년(1187년)에 고종이 죽었지만, 효종도 이미 환갑이 되어 이미 중원을 되찾을 수 있으리라는 믿음이 없어진 터였다. 그래서 자신도 1189년에 스스로 퇴위해 태상황이 되고 태자 조돈趙惇을 즉위시켰다. 그가 바로 남송 광종이다.

광종은 어려서부터 허약하고 병치레가 잦았기 때문에 방자하고 포악한 이 황후가 정사를 장악했다. 한번은 광종이 궁녀의 고운 손을 칭찬했다. 그 이튿날 황후가 광종에게 간식을 담은 함을 보내 와 뚜껑을 열어 보니, 전날 그가 칭찬한 궁녀의 양손이 들어 있었다! 광종은 소스라치게 놀라 그만 심장 발작을 일으키고 말았다. 그 소식을 들은 효종이 환약을 보냈는데 이 황후는 그것이 독약이라고 하며 광종 부자가 서로 미워하게 이간질했다.

광종이 즉위한 지 5년째 되던 해, 이 황후가 조정을 주무르는 동안 환관과 권신들이 득세하면서 남송의 정치는 암흑 속으로 빠지고 말았다. 그러다 결국 1194년에 광종이 강압에 의해 황위에서 물러났다.

소희의 내선
1194년

남송 광종은 순희 16년(1189년) 2월에 즉위하여 이듬해에 연호를 소희紹熙로 바꾸었다. 원래부터 허약했던 광종이 병이 나 정사를 돌볼 수 없게 되자, 그의 황후가 멋대로 권력을 휘두르고 광종과 그의 아버지인 태상황(효종)의 사이를 이간질해 멀어지게 했다. 소희 5년(1194년) 5월에 태상황의 병이 위중해졌고, 결국 6월 9일에 세상을 떠나고 말았다. 그러나 광종은 그동안 중화궁重華宮에 한 번도 병문안을 가지 않더니 심지어는 상제 노릇도 하지 않았다.

이러한 황제의 태도에 조정에서는 의견이 분분했다. 그 가운데 상서좌선尚書左選 낭관郎官 엽적葉適이 좌승상 유정留正에게 황자인 가왕嘉王 조확趙擴을 정사를 대신하는 감국으로 세워 백성의 술렁임을 잠재우자고 했다. 유정이 재상들을 이끌고 주청을 올리자 광종은 퇴위의 뜻을 밝혔다. 이에 지추밀원사知樞密院事 조여

102

우趙汝愚는 가왕에게 양위할 것을 주장하면서, 지각문
사知閣門事 한탁주韓侂冑에게 직접 태황태후를 만나
내선을 지시할 것을 청하도록 하라고 했다.

　이튿날, 조여우가 가왕을 태자로 세울 것을 주청
하며 광종이 "황위에 너무 오래 있어서 이제는 좀 편하
게 지내고 싶기도 하다."라는 뜻을 밝혔다고 말했다. 그러자 태황태후도
가왕을 태자로 세우는 데 동의했다. 그리고 7월 5일에 태황태후가 조여우
에게 가왕 조화의 즉위를 명했다. 이에 조화은 끈질기게 거부하다가 나중
에는 억지로 황포黃袍(노란색 옷감으로 지은 황제의 예복)가 입혀져 황제가 되
었다. 그가 바로 영종이다. 영종의 황후는 바로 한탁주의 형인 한동경韓同
卿의 딸이었다. 이렇게 해서 광종은 태상황제가 되고 이 황후는 태상황후
가 되어 권세가 약해졌다. 역사에서는 이 사건을 '광종의 내선' 또는 '소희
의 내선'이라고 부른다.

계화(桂花, 목서나무의 꽃) 무
늬 퇴주합(堆朱盒, 퇴주는 붉은
옻을 두껍게 바르고 그 위에 무
늬를 새긴 상자)

신기질

　신기질辛棄疾(1140년~1207년)은 자가 유안幼安이고 호號는 가헌稼軒이며, 역성歷城(지금의 산둥 성 지난 시) 출
신의 애국 사인詞人이다. 신기질의 사는 대조적인 호방하고 침울한 분위기로 유명하다. 그의 사는 독특한
예술적 성취를 이루었으며, 이는 웅대하면서 기이한 예술적 경지의 작품에서 잘 드러난다. 신기질은 직접
전투를 경험하고 또 원대한 정치적 포부를 지니고 있었기에 그의 사에서는 흔히 전투에서의 웅장하고 위
풍당당한 모습과 꼿꼿한 성격을 비유하는 사물이 표현된다.

　신기질은 평생 수많은 사를 지었고《가헌사稼軒詞》에 수록된 총 620여 수가 전해지며, 송나라 사인 가
운데 가장 많은 작품을 창작했다. 그의 사 작품들은 대다수가 조국의 강산을 되찾기를 바라는 마음, 끝까
지 금나라에 대항하겠다는 호방함과 원대한 포부를 드러낸다. 그러나 일부 사는 원대한 포부를 실현하기
어려운 데 대한 비분과 눈앞의 안일만 추구하며 되는 대로 살아가는 통치 계급에 대한 분개를 드러낸다.

《통천력》의 반포

1199년

1199년, 즉 경원慶元 5년 정월에 남송 조정은 양충보楊忠輔가 창제한 《통천력統天歷》을 반포했다. 남송 조정은 일찍이 1075년에 위박衛樸이 만든 《봉천력奉天歷》을 공포하고 시행했다. 그리고 그 후 1107년에 요순보姚舜輔가 《기원력紀元歷》을 창제해 처음으로 금성에서 태양까지의 거리를 이용해서 해가 뜨고 지는 전후에 별의 밝기를 측정해 황도黃道(천구天球상의 태양의 궤도)의 지점地點을 계산하는 방법을 사용했다. 그러던 경원 4년(1198년) 9월에 영종이 모든 《기원력》의 "점후占候(구름의 모양이나 빛, 움직임 따위를 보고 길흉을 점침.)에 차이가 많다."라고 하며 새로운 책력을 만들 것을 명령했다.

경원 5년(1199년) 5월, 양충보가 명에 따라 새 책력을 만들자 영종이 《통천력》이라는 이름을 지어 주었다. 천문학자 양충보는 《통천력》에서 먼저 365.2425일을 1회귀년으로 정했다. 이는 현대에 측량한 지구가 태양을 따라 도는 실제 주기와 불과 26초밖에 차이가 나지 않으며, 현행 양력에서 사용하는 수치와 동일하다. 이는 서유럽의 '그레고리력'보다 383년이나 이른 시기에 만들어졌으며, 회귀년의 길이가 변화하는 것을 처음으로 역법에 적용한 것으로 여겨진다. 그러나 일식 예측 등에서 효과를 입증하지 못해 《통천력》은 개희開禧 3년(1207년)까지밖에 사용되지 못했다. 개희 3년에는

팔자교

팔자교(八字橋)는 돌다리이며, 세 개의 강이 만나는 곳에 건축되었는데 그곳의 지형이 팔(八) 자 같다고 하여 팔자교라는 이름이 붙었다. 물의 도시다운 독특한 교량 형식을 띤다.

날로 성숙해진 남송 왕조의 교량 기술

송 왕조는 중국 고대 교량 발전의 전성기이다. 이 시기에는 아름다운 교량을 전에 없이 길게 건축했을 뿐만 아니라 교량의 종류도 더욱 다양해지는 등 교량 기술이 나날이 완벽해졌다. 가장 긴 돌 교각 교량, 낭옥廊屋(넓은 복도 또는 행랑채)이 있는 나무다리, 교각이 없는 '무지개다리' 등 세계 교량 역사에 족적을 남긴 이 교량들이 모두 이 시대의 걸작이다. 당시에 만들어진 석량교 교량 가운데 일부는 오늘날에도 여전히 사용되고 있다. 예컨대 남송 가우 4년(1256년)에 건설된 저장 성 소흥의 팔자교, 북송 가우 4년(1059년)에 준공된 푸젠 성 취안저우 시泉州市의 낙양교洛陽橋 등이 그렇다.

남송 소흥 8년(1138년)에 건설된 푸젠 성 안하이 만安海灣 위의 안평교安平橋는 총 길이가 2,500m로 가장 긴 길이의 교각이 있는 교량이다. 그 밖에 장쑤 성 쑤저우 시 동남쪽 핑장 구平江區에 있는 보대교寶帶橋는 일방추력교각單向推力墩(미는 힘이 한 방향으로만 가해지는 교각)의 과학적인 방법으로 아치형 다리를 만들었다. 광둥 성 차오저우 시潮州市 하이양 현海陽縣에 있는 광제교廣濟橋는 개폐식 부교浮橋이다. 이 교량들은 당시 선진적이었던 교량 건설 기술을 응용해 멋진 작품을 남겼다. 송나라, 특히 남쪽 지역에서는 경제 발전, 수많은 강과 호수, 수륙 교통의 편리성, 각종 무역의 발전이 교량 건축 기술 또한 발전시켜 높은 수준에 이르게 했다.

다시 《개희력》에 《통천력》을 덧붙여 사용하기 시작했고, 이후로 45년 동안 계속되었다.

주희의 죽음

1200년

경원 6년(1200년) 3월 9일, 이학의 대가 주희가 복건 건양建陽 고정考亭의 집에서 향년 일흔 살을 일기로 세상을 떠났다. 주희(1130년~1200년)는 자가 원회元晦이고 호는 회암晦庵, 자양紫陽이며, 휘주 무원婺源(지금의 장시 성에 속함.) 사람으로 건양(지금의 푸젠 성에 속함.)에 살았다. 소흥 18년(1148년)에 진사에 합격한 후 높은 관직에 오르지는 못했지만, 평생 저술과 강의에 힘을 쏟아 학생이 많았고, 여러 전적典籍에 주석을 달아 경사經史(경서와 역사서), 문학,

주희가 백록동에서 가르치다

주희는 송나라 시대에 이학을 집대성한 사람이자 남송 시대의 교육자였다. 그는 순희 6년(1179년)에 남강南康(지금의 장시 성에 속함.)의 지군知軍(지방의 수령)인 지남강군知南康軍으로 재직할 때 여산廬山 백록동 서원白鹿洞書院을 다시 세우고 백록동 서원의 학규學規를 제정했으며, 이곳에서 학생들에게 강의하며 이학을 널리 알렸다. 이를 통해 길러 낸 수많은 인재는 '민학閩學' 학파를 형성하는 데 기초가 되었다. 그가 서원의 교육을 위해 만든 모든 규칙과 제도는 당시 및 후대의 교육에도 막대한 영향을 미쳤다.

백록동 서원

주희는 학문의 목적이 애써 화려한 수사를 외우거나 읽어 명성과 재물을 얻는 데 있는 것이 아니라 문장의 내용과 이치를 밝혀 자신을 수양하는 한편 타인을 다스리는 것이라고 강조했다. 또한 나라가 학교를 설립하는 최종 목적은 현명한 인재를 기르고 관리의 소양을 높이는 데 있다고 여겼다. 그는 주·진秦 시대 이래 제기된 교육 이론과 실천을 체계적으로 모으고 개선했으며, 이를 토대로 완전한 교육 이론 체계를 마련하여 봉건 사회 통치 계급을 위한 교육 학설을 만들었다. 주희의 일부 저술은 봉건 시대에 학교 교과서로 쓰이면서 봉건 사회의 도덕 교육과 지식인의 공부 방법, 태도, 인격 수양에 큰 영향을 미쳤다.

음악 및 자연과학에 두루 공헌했다.

주요 저작으로는 《사서장구집주四書章句集注》, 《이락연원록伊洛淵源錄》, 《명신언행록名臣言行錄》, 《자치통감강목資治通鑑綱目》, 《초사집주楚辭集注》, 《시집전詩集傳》, 《주역본의周易本義》가 있고, 또 후대 사람들이 편찬한 《주자어류朱子語類》, 《주문공집朱文公集》 등이 있다. 그가 세운 철학의 체계는 주리학朱理學이라고 불린다. 그는 중국 봉건 사회 후기에 가장 큰 영향을 미친 사상가로 그의 학설은 명·청나라 시대에 조정에서 유학의 정통으로 간주되었다. 그러나 그는 과감한 직언 때문에 정적政敵인 한탁주의 중상모략을 받아 정치 활동을 못하게 되었다. 그리고 그의 학설은 위학偽學(그 시대에 정통으로 인정되지 않는 학문이나 학파)으로 불리며 배척되었다. 그래서 주희가 죽었을 때 그의 장례에 참석한 사람은 이번李燔 등 고작 몇몇에 지나지 않았다. 훗날 '문文'이라는 시호가 내려졌고, 그의 학설과 저작은 남송 이종理宗 조윤趙昀에게 추앙받았다. 이로부터 그의 학설은 이학의 정통이 되어 후세에 막대하고 깊은 영향을 끼쳤다.

개희의 북벌
1206년

남송 개희 2년(1206년)에 한탁주가 금나라와의 전쟁을 시작했다. 4월에 남송 군대가 선전포고도 없이 금나라의 사주泗州, 신식新息, 내향內鄉 등지를 공격해 점령했다. 그리고 5월 7일에 남송 영종이 정식으로 금나라를 공격하라는 조서를 내렸다. 처음에는 수세에 몰렸던 금나라가 숙주宿州, 수주壽州 등지에서 남송 군대를 물리치고 반격에 나섰다. 10월에 금나라 군대의 주력 부대가 여덟 갈래로 나뉘어 전면적인 반격에 나서면서 남송과 금나라 양국 사이에 대대적인 전쟁이 시작되었다. 11월과 12월 사이에 금나라 군대가 다시 공격을 시작해 먼저 조양군棗陽軍, 광화군光華軍, 수주隨州를 함락

절찬을 받은 하규의 산수화

남송 시대에 하규의 산수화는 기묘한 구도와 독특한 붓놀림으로 남송 화단에서 절찬을 받았다. 하규는 자가 우옥禹玉이고 전당錢塘 사람이다. 남송 영종과 이종 때 화원의 대조로 산수화에 뛰어났다. 이당에게 사사하여 그의 화법을 계승하고, 범관范寬과 미불 등의 장점을 수용하여 차츰 자신의 회화 스타일을 형성했다. 그의 산수화는 경물을 한쪽에 놓고, 몽롱하고 요원한 공간을 표현하여 후대에 '하반변夏半邊'이라고 불렸다. 하규는 마원보다 다소 후세 사람으로, 두 사람 모두 수묵창경水墨蒼勁(수묵이 날선 듯 굳세다는 뜻)파에 속했지만 하규가 그린 경물에는 마원처럼 부귀한 분위기의 자부심이나 고귀함은 없고 대신에 자연의 정취가 풍부하다.

그는 발묵을 즐겨 사용했고 몽당붓을 써서 초묵焦墨(매우 치밀한 짙은 먹색. 적묵積墨과 비슷한 기법이지만 비교적 마른 붓으로 여러 번 먹을 칠해 점차로 짙은 먹색을 낸다.)을 촘촘히 찍는 수법을 좋아했다. 준필皴筆(산 표면의 질감을 나타내는 기법)은 호방하면서도 자연스럽고 발묵은 통쾌해 사람들은 그의 수법을 '타니대수준拖泥帶水皴(먼저 물에 적신 천으로 산의 모습과 언덕 부분의 크고 작은 곳을 문지르고, 초묵을 묻힌 뉘인 붓, 즉 횡필橫筆로 찍는 것으로 낙가법落茄法이라고도 함.)'이라고 불렀다.

제재는 대부분 장강과 전당강 등 강남의 물가 마을 및 서호西湖의 안개비가 희뿌연 강과 호숫가의 풍경이었다. 현재까지 전해지는 작품으로는 〈계산청원도溪山淸遠圖〉, 〈강산가승도江山佳勝圖〉, 〈산수십이경山水十二景〉, 〈송애객화도松崖客話圖〉 등이 있다.

하규의 〈임류부금도臨流賦琴圖〉

하고, 이어서 양양부襄陽府와 덕안부德安府를 포위했다. 금나라 군대의 총사령관 복산규僕散揆도 회하를 건너 남풍군南豊軍 등을 점령하고 합비合肥로 진격해 들어갔다.

갈수록 전세는 남송에 매우 불리해졌다. 이어서 남송의 저주滁州, 진주眞州 등도 잇달아 함락한 금나라 군대가 기세를 몰아 진격해 남송 군대는 뿔뿔이 흩어지고 말았다. 이에 한탁주는 어쩔 수 없이 금나라에 강화를 요청했다. 사실 금나라도 더 이상 싸울 여력은 없었지만 '신하를 칭할 것, 영토를 할양할 것, 한탁주의 머리를 바칠 것'이라는 가혹한 조건 세 가지를 내세우며 굽히지 않았다. 그러자 남송 조정과 한탁주는 그 요구를 단호하게 거절하며 다시 군사를 모아 전쟁을 준비했다. 이에 전쟁을 피하고 금나라와 화해하거나 평화롭게 지내자고 주장하는 주화파主和派가 결연하게 반대하고 나섰다. 결국 예부시랑 사미원史彌遠과 양楊 황후가 손을 잡고 정변을 일으켜 개희 3년(1207년) 11월 3일에 한탁주를 죽였다. 가정嘉定 원년(1208년) 6월, 남송 조정은 한탁주의 머리를 금나라에 보내 그들의 요구를 받아들이겠다는 것을 알리고 평화 조약을 맺었다. 이로써 개희의 북벌은 철저한 실패로 끝났다.

육유의 죽음
1210년

가정 2년(1209년), 육유陸游가 여든다섯의 고령으로 '죽기 전에 중원을 보지 못한 한'을 품은 채 세상과 작별했다. 죽기 전 마지막 20년 동안 육유는 대부분 시간을 고향의 산그늘에 은거하며 조용하고 소박한 삶을 살았다. 그리고 이 기간에 농촌 생활과 전원 풍경을 반영한 시를 많이 지었다. 이 시들은 한편으로는 생활 속의 아름다운 사물을 노래하고, 친밀하고 순박하며 진지한 감정을 드러내 시풍이 맑고 담백하다. 하지만 다른 한편으로는 착취 계급의 농민 착취와 빈부의 불균형, 힘듦과 즐거움의 차이 등 불합리한 현실을 폭로하며 무겁고 질박한 창작 스타일을 보인다.

육유의 나라를 사랑하여 걱정하는 마음은 늙어서도 약해지지 않았다. 병이 심할 때에는 "홀로 병들어 외로이 있어도 슬퍼하지 않으며, 나라를 위해 국경을 지킬 생각만 하네. 깊은 밤 자리에 누워 들리는 비바람 소리, 갑주 입은 군마가 얼음 덮인 강을 넘어 꿈속으로 달려오네.僵臥孤村不自哀 尙思爲國戍輪臺, 夜闌臥聽風吹雨, 鐵馬冰河入夢來"라고 읊었다. 임종 전에는 시를 지어 "죽으면 모든 것이 부질없음을 알고 있으나, 구주의 통일을 보지 못하는 것이 서

글프구나. 왕의 군대가 북으로 중원을 평정하는 날, 아버지 제사에 이 일을 고하는 것을 잊지 마라.死去原知萬事空 但悲不見九州同. 王師北定中原日, 家祭母忘告乃翁"라고 읊었다.

남송 문단에서 육유의 시와 신기질의 사는 당대 최고의 성취를 나타내는 상징이다. 육유는 그의 시가에 담은 탁월한 사상과 예술적 성취로 중국 문학사의 애국주의 전통을 더욱 빛나게 했고, 동시대와 후대 시인 중에서도 가장 애국주의가 두드러지는 작품을 남겨 깊은 영향을 미쳤다.

송나라와 몽골의 연합군이 금나라를 멸망시키다
1234년

금나라 천흥天興 3년(1234년) 정월, 남송과 몽골 연합군이 채주蔡州를 공격하여 금나라를 멸망시켰다. 몽골의 오고타이 칸(중국어로는 와활태한窩闊臺汗) 4년(1232년) 12월에 몽골과 남송이 연합하여 금나라를 공격했고, 금나라가 멸망한 후 하남 지역의 땅은 모두 남송이 차지했다. 남송 소정紹定 6년(1233년) 8월에 남송의 장군 맹공孟珙이 군대를 이끌고 나서 등주鄧州와 당주唐州를 점령했다. 이어서 9월에는 몽골군이 보루를 길게 쌓아서 채주를 에워쌌다. 금나라 군대가 그 포위를 뚫으려 했지만 성공하지 못했다.

같은 해 가을, 금나라 애종哀宗이 나라의 멸망이 경각에 달렸음을 한탄했다. 그러자 대신 완안아호대完顔阿虎帶가 몽골보다 앞서 남송과 우호 조약을 맺고 남송에 식량과 화의를 요청하여 두 나라를 이간질하며 앞뒤에 있는 적의 공격을 늦추자는 계책을 건의했다. 이를 받아들인 금나라 애종은 남송에 서신을 보내 순망치한脣亡齒寒(입술이 없어지면 이가 시리다는 뜻으로 한쪽이 망하면 다른 한쪽도 보전하기 어렵다는 뜻을 담고 있다.)이라 하며 금나라가 남송과 연합하기를 바란다고 전했다. 하지만 남송은 금나라의 멸망을 기정사실로 보고, 금나라에서 요구한 식량 제공과 화의를 모두 거절했다.

금나라 단평端平 원년(1234년) 정월에 이르러 채주는 어느덧 병사와 식량이 거의 없고, 애종은 완안승린完顔承麟에게 황제의 자리를 넘겨주었다. 즉위식이 끝났을 때에는 이미 남송 군대가 남쪽 성을 점령한 상태였다. 이에

심원의 깊은 정

심원沈園은 소흥성紹興城 남쪽 목련교木蓮橋 부근의 양하농洋河弄에 있다. 남송 시대에 심沈씨 소유의 정원이었으며, 여기에 애절한 전설이 얽혀 있어 지금까지도 그 이름이 전해진다. 남송 시대에 시인인 육유와 당완唐琬은 부부 금슬이 무척이나 좋았다. 그러나 육유의 어머니가 당완을 싫어하여 아들에게 이혼을 강요했다. 소흥 25년(1155년)에 심원에서 육유와 당완이 우연히 마주쳤는데, 이때 당완은 이미 재혼한 상태였고 육유도 마찬가지였다.

애틋한 감정이 북받친 육유는 벽에 〈차두봉釵頭鳳〉이라는 사를 남겨 마음속의 고통을 그대로 토로했다. "발그레한 옥 같은 손으로 황주를 따라 줄 때 성 안 가득 봄빛이요, 담장에 버들 늘어졌더라. 봄바람의 사나움인가, 사랑의 정이 엷음이던가. 오로지 근심과 슬픔으로 홀로 지낸 지 몇 년이던가. 어긋났지, 어긋났어, 어긋났던 것이야! 봄은 예나 다름없는데 사람만 헛되이 수척해졌구나. 눈물 자욱 연지를 적시니 얇은 비단 수건 붉게 물드네. 복숭아꽃 떨어져 날리는데 연못가 누각은 한가롭고, 산을 두고 했던 맹세 비록 있다 한들, 비단에 적은 글 드리기가 어려웠네. 안될 일이지, 안될 일이야, 안될 일인 것을! 紅酥手, 黃縢酒, 滿城春色宮牆柳. 東風惡, 歡情薄, 一懷愁緖, 幾년離索. 錯, 錯, 錯! 春如舊, 人空瘦, 淚痕紅浥鮫綃透. 桃花落, 閒也閣, 山盟雖在, 錦書難托. 莫, 莫, 莫!" 당완이 이를 읽고는 역시 사를 지어 자신의 "그리워하는 마음 그네 줄처럼 오락가락病魂常似秋幹索" 하며, "마음 알려질까 눈물을 삼키네……. 怕人尋問, 咽涙裝歡……"라고 답했다. 그 후 당완은 시름에 젖어 지내다가 병이 들어 곧 세상을 떠났다.

심원의 벽에 쓰인 〈차두봉〉

이 사는 두 수로 이루어지며, 육유와 그의 전처였던 당완이 각각 한 수씩 심원의 벽에 썼다. 육유는 일흔다섯 살 때 다시 두 수의 〈심원〉을 지어 당완에 대한 그리움을 그렸다. 그중 "다리 밑 푸른 물결에 가슴 아파오는데 기러기처럼 날렵하던 그대 모습 물 위에 어리네.(心橋下春波綠, 曾是驚鴻照影來)"라는 시구는 끝없는 아픔을 오롯이 드러내 오랜 세월 널리 전해지는 명구가 되었다.

송나라 시대 여성의 치장

남송 시대 사람들의 옷차림새는 소박하고 우아하며, 대범하고, 참신했다. 문화가 발전함에 따라 사람들은 옷차림의 색채를 중요하게 여겨 화려하고 단순한 색채에서 복잡하고 조화로운 색채를 사용하기 시작했고, 대비된 색조가 나날이 차분해지고 세련되어졌다. 민간의 의복은 일반적으로 복잡하고 조화로운 색채를 더욱 많이 사용했다.

이 시대에는 목판에 도안을 조각하고 견직물 위에 찍어서 날염한 견직물이 등장했는데, 이는 '힐백纈帛'이라고 불렸다. 그리고 역시 이 시대에 등장한 금실 편직을 더한 견직물은 '소금銷金'이라 불렸다. 이 밖에 목화 재배도 전성기에 접어들었다. 남송 조정이 거듭 민간에서 힐판纈板을 조각하고 거래하는 것, '검은 무늬의 힐백 옷'을 입는 것, 민간의 남녀가 소금 의관을 하는 것을 금지했지만 별다른 효과를 얻지는 못했다. 휘종 때에는 동경의 대상국사大相國寺에서 일부 비구니들이 공개적으로 '금실로 꽃무늬를 새긴 모자'를 판매했다. 남송 후기에 임안의 거리에서는 '소금치마', 소금으로 만든 어린 아이의 모자, 금실로 수를 놓은 향주머니 등이 판매되었다.

남송 시대 여성의 옷차림

금나라의 애종은 스스로 목숨을 끊었고, 장수 100여 명은 여수汝水에 몸을 던졌으며, 완안승린은 적군에게 살해당했다. 금나라는 이렇게 해서 멸망했다.

《부인양방대전》의 편찬

1237년

남송 가희嘉熙 원년(1237년)에 산부인과 겸 외과 의사인 진자명陳自明이 여러 의학가의 장점과 집안에 내려오는 처방을 결합하여 《부인양방대전婦人良方大全》을 엮었다. 이는 중국에 현존하는 최초의 체계적인 산부인과 전문 서적이다. 진자명(약 1190년~1270년)은 자가 양보良甫이고 임천臨川(지금의 장시 성에 속함.) 사람이다. 의학자 집안에서 태어나 의술이 정교하고 의사로서 도덕적 소양을 갖추어 건강부建康府 명도서원明道書院의 의학 교수를 담당한 바 있다.

그는 오랜 세월 동안 의료 활동을 하며 부인병을 인식했는데, 특히 여성이 분만할 때 걸릴 수 있는 일부 질병이 매우 위험하다는 사실을 깨달았다. 당시의 산부인과 서적은 제멋대로에 원칙도 없고, 분류도 간략하며, 선택된 병증도 부족하여 구체적인 의료 활동과 전문적인 의술의 발전에 영향을 미치고 있었다. 그는 이를 거울삼아 《부인양방대전》을 엮을 때 옛 사람들의 지식을 바탕으로 보충하고 발전시켜 조경調經(월경을 고르게 함.), 여러 가지 병衆病, 구사求嗣(자손을 얻는 법), 태교, 임신, 좌월坐月(임부가 해산하는 달), 난산, 산후의 여덟 부분으로 분류해 책을 엮었다. 분류마다 몇 편씩 총 약 266편의 글이 있고, 각 편의 뒤에 약방 주치를 소개하여 내용이 짜임새 있으면서도 분명하다.

책에서는 '효과'를 특히 두드러지게 하는데, 이는 즉 실용성을 중시하는 것이다. 여러 병을 논술할 때에는 병을 얻는 이유를 대략적으로 설명하면서 아울러 증상의 특징을 설명하고, 그 병을 기록한 의안醫案(병부病簿. 진료 카드)를 더해 임상에 참고하도록 했다. 또한 처방을 선택하는 데 귀천을 따지지 않고, 일부 민간 처방과 중초약中草藥의 치료 경험을 채택할 때에는 특히 실제로 사용 가능한 처방 또는 경험인지를 확인하는 데 주의를 기울였다. 책은 편찬 후에 널리 퍼져서 후대의 산부인과 발전에 중요한 역할을 했다.

송자 《세원집록》의 간행
1247년

《세원집록洗冤集錄》은 중국 최초의 비교적 완벽한 법의학 전문 서적이자 세계 최초의 법의학 전문 서적으로, 이탈리아 포르투나토 피델리스Fortunato

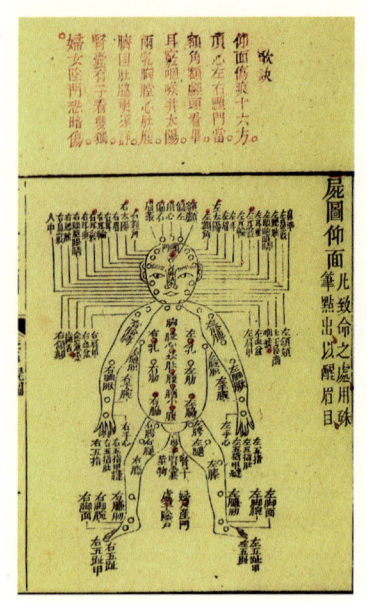

《세원집록》 중 검시도

《세원집록》은 총 5권 25항
목으로 구성되며, 항목마다
다시 몇 조목으로 나뉜다.

Fidelis가 지은 유럽 최초의 법의학 서적보다 350여 년이나 앞
선다. 이 책의 최초 판본은 남송 이종 순우淳祐 7년(1247년)에
송자宋慈가 호남에서 편찬한 자각본自刻本이다. 이 책이 등장
하자 즉각 황제가 전국적으로 간행하도록 명령하여 남송 시
대뿐만 아니라 후대의 형법 집행 관리들에게 필독서가 되었
다. 전대흔錢大昕에 따르면 이 책은 줄곧 "소송 검증에서 완벽
하고 결함이 없는 것으로 받들어졌다."《십가재양신록十駕齋養新
錄》〈세원록조洗冤錄條〉)

　《세원집록》의 많은 내용은 근대 의학 원리에도 부합하는
등 과학적으로 상당히 수준이 높고 법의학 검증에 유용한 항
목들이 있다. 이 책은 오늘날의 법의학 검증에서도 반드시 따
라야 하는 법의학 검증의 일반 원칙을 제기했고, 이 책에서
논술하는 법의학 검증의 범위와 항목은 현대 법의학에서 논술하는 바와
기본적으로 일치하기도 한다. 명나라 시대 이후 조선, 일본, 프랑스, 영국,
독일, 네덜란드에서 《세원집록》을 번역해 출판하는 등 이 책은 세계에 널
리 알려져 세계 문명의 발전에 큰 공헌을 남겼다.

　송자(1186년~1249년)는 자가 혜보惠父이고 복건 건양 사람이다. 남송 영종
때 진사에 합격해 여러 지방의 행정, 사법 관리를 역임했다. 그는 고대 중
국의 법의학을 전면적으로 종합하여 《세원집록》을 집필함으로써 법의학
을 열어 '법의학의 아버지'라 불린다.

보정산 마암 불상의 완성
1249년

보정산 성수사聖壽寺와 석굴 불상이 순희 6년(1179년)에 공사를 시작했고,
순우 9년(1249년)에 대족大足 보정산寶頂山 석굴 불상이 완공되었다. 이는 촉

중蜀中(사천 지방)의 명승 조지봉趙智鳳이 대족(지금의 쓰촨 성 다쭈 현大足縣)에서 건설을 주관한 것이다. 조지봉은 대족현 미량리米糧里 사람이다. 보정산 석각 불상은 13곳에 걸쳐 분포하는데 총 1만여 개가 있고, 대불만大佛灣에 가장 집중되어 있다. 대불만은 깊은 말발굽 모양의 산만山灣으로, 길이 500m에 달하는 절벽 위에 감실(불교·유교·가톨릭 등 종교에서 신위神位 및 작은 불상이나 초상 또는 성체聖體 등을 모셔둔 곳을 말한다.)의 굴, 즉 감굴龕窟 31칸과 비석 7점, 제기題記(공문, 작품, 신문, 잡지 따위의 기사記事 제목) 17점, 사리탑 2좌가 있다.

감굴의 불상으로는 호법신상護法神像, 서방삼성西方三聖, 천수관음千手觀音, 석가 열반성적도釋迦涅槃聖蹟圖, 구룡욕태자九龍浴太子 및 십대명왕十大明王, 원각동圓覺洞 등이 있다. 대다수가 불교와 관련된 주제를 담고 있다. 불상은 지방색이 짙으며, 생활의 정취를 온전히 드러내고 있다. 남송 이학가이자 대학자인 위료옹魏了翁이 보정산을 위해 이름을 써 주었다. 위료옹은 주희를 계승한 학자이며 진덕수眞德秀와 이름을 나란히 한다. 이를 통해 당시 대족 보정산 석굴 불상의 영향력이 어느 정도였는지 알 수 있다.

가사도가 권력을 장악하다

1260년

경정景定 원년(1260년), 권력을 잡은 가사도가 조정을 좌지우지하기 시작했다. 가사도는 자가 사헌師憲이고 대주臺州 천대天臺(지금의 저장 성에 속함.) 사람이며 가정 6년에 태어났다. 그의 아버지 가섭賈涉은 회동제치사淮東制置使를 지냈다. 가사도는 어린 시절에 종일 내키는 대로 놀면서 도박이나 하며 빈둥거렸다. 그러다 훗날 아버지 덕에 공을 세운 관리나 고관대작의 자손에게 벼슬을 분배하는 음보蔭補로 가흥사창嘉興司倉이라는 관직을 얻었다. 그의 누이가 귀비가 된 후에는 벼슬길이 활짝 열려 1, 2년 사이에 정9품인 적전령籍田令에서 정6품의 군기감軍器監까지 오르고, 가희 2년에는 진사가 되었다. 그러자 이종이 직접 가사도를 만나 격려해 주었다.

1259년에 우승상이 된 가사도는 악주대첩鄂州大捷에서의 공적을 거짓으로 꾸며 내 보고하여 이종에게 더욱 큰 총애를 받게 되었고 추가로 소사少師, 위국공魏國公에 봉해졌다. 이렇게 해서 가사도가 대권을 장악하게 되었

목면암

목면암은 푸젠 성 룽하이 시(龍海市) 주룽(九龍) 언덕 아래의 무몐(木棉) 마을 어귀에 있다. 덕우 원년(1275년)에 가사도(賈似道)가 군대를 이끌고 악주(지금의 우창 시)를 구하러 가던 길에 남송을 침입해 들어온 원나라 군대에 격파되어 전군이 전멸하고, 이에 따라 가사도는 순주로 강등되었다. 그리고 무거 출신의 정호신이 명을 받들어 가사도가 목면암을 지날 때 그를 죽였다. 훗날 사람들이 비석을 세워 가사도를 기념하며 "남송 정호신이 이곳에서 가사도를 주살하다."라고 새겼다.

남송 관요와 5대 명요

남송 관요官窯 가마 유적은 오늘날의 항저우 시 일대에 자리한다. 문헌 기록에 따르면 남송 황실이 남쪽으로 천도한 후 수도 임안(지금의 항저우 시)에 수내사요修內司窯와 교단하요郊壇下窯 두 개의 관요를 만들었다. 수내사요는 북송 변경 관요, 여요汝窯와 비슷해 이곳에서 제작된 것은 모두 입은 자줏빛이고 철로 된 다리가 달렸으며 게 발 무늬 장식이 있다고 한다. 이 가마 유적은 아직 발견되지 않았다.

남송 관요에서 생산된 기물로는 접시, 사발, 세洗(제례에서 손이나 술잔을 씻던 그릇) 등의 원형 그릇이 비교적 많이 남아 있다. 그릇의 몸체는 해바라기 잎, 연꽃잎 등 여러 무늬 장식이 있으며 조형이 정교하고 규격화되어 있다. 남송에 관요가 존재했던 기간은 그리 길지 않으며, 관요들의 상호 의존성도 뚜렷했다. 남송의 관요(수내사요와 교단하요)는 모두 북송의 관요(변경 관요와 여요)를 모방했고 기물의 형태와 유약 색깔을 무늬, 장식보다 중요하게 여겼다. 그래서 기물 전체가 희고 무늬가 없으며, 옅은 청색에 뚜렷한 균열이 없다. 기물의 형태가 장중하고 대범하여 귀족적인 분위기가 짙게 드러난다.

다. 이어서 그는 좌승상 오잠吳潛을 배척해 그를 좌승상직에서 파면시켰다. 환관 동송신董宋臣은 일찍이 오잠이 재상의 자리에 있을 때 조정에서 쫓겨났다. 그를 지지하던 염비閻妃가 같은 해 7월에 병으로 죽자, 가사도는 조정에 남아 있던 동송신과 정대전丁大全의 일당을 몰아내 권력을 완전히 장악했다.

이후 가사도는 이종 때부터 도종度宗 때까지 무려 15년 동안 조정의 정권을 독점했다. 가사도는 더 권력을 얻기 위해서 진상을 숨기고 몽골군을 몰아내는 데 공을 세운 장수들을 잇달아 배척했다. 또 이른바 '타산법打算法'을 시행하여 전쟁 중에 관물官物을 군수품으로 사용한 자들을 모두 처벌했다. 가사도는 어사대를 장악하여 어사를 통해 자신과 사이가 좋지 않은 관리들에게 모두 여러 죄명을 씌워 탄핵했다.

관요 육릉화(六稜花, 육각형의 꽃) **모양의 세**

관요는 궁정의 전용 가마로, 이곳에서 구워진 기물은 한결같이 정교하고 아름답다. 이 작품도 남송의 관요에서 구워진 것으로 유약이 얇게 발렸고 육릉화 모양이며 유색은 분청색인 당시의 상품(上品)이다. 기물 안과 바닥에는 관입[貫入, 도자기의 유약에 생기는 갈라진 금을 말한다. 관유(貫乳) 또는 간요(碍瑤)라고도 쓰며 중국에서는 개편(開片)이라고 부른다.] 무늬가 가득하고, 층층이 유약을 바른 표면이 매끄럽다.

매석계(梅石溪)의 물오리 그림

남송 마원의 그림이다. 마원의 산수화는 예로부터 이어진 전경을 그리는 구도에서 벗어나 새로운 구도를 만들어 냈다. 그래서 그의 그림은 "봉우리가 있되 꼭대기가 보이지 않고, 절벽이 있되 다리가 보이지 않으며, 가까운 산에서는 하늘이 보이고 먼 산에서는 땅이 보이며, 배 한 척이 달을 낚으며 홀로 앉아 있다."라는 말로 표현된다. 활발한 야생 물오리가 고요한 물 위에서 서로 쫓고 쫓기며 물놀이를 즐기는 모습을 통해 고요하고 평화로운 모습을 그려 냈다.

1264년에 이종 조윤의 양자 조기趙禥가 황제로 즉위했다. 그가 바로 도종이다. 즉위한 이듬해에 도종은 가사도가 태사를 겸하게 했다. 그리고 자신이 황제가 되는 데 그가 공을 세웠다고 여겨 가사도가 알현할 때마다 반드시 답방하고 가사도를 부를 때에는 그의 이름이 아닌 스승과 같은 신하라는 뜻의 '사신師臣'이라고 불렀다. 이에 조정의 문무백관은 가사도를 '주공周公'이라고 불렀다.

포로가 된 문천상
1278년

상흥祥興 원년(1278년), 원元나라에 대항하던 장수 문천상文天祥이 포로로 붙잡혔다. 1256년에 문천상은 스무 살에 진사가 되어 영해군절도사寧海軍節度使 판관이 되었다. 1259년에 몽골군이 내려와 악주를 공격하자 환관 동송신董宋臣이 이종 조윤趙昀에게 천도를 권했다. 그러자 문천상은 상소를 올려 천도를 강력하게 반대하고 적을 막을 계책을 제안했다. 하지만 그의 의견은 받아들여지지 않았다.

훗날 문천상은 형부랑관刑部郎官을 역임하고 서주瑞州, 공주贛州 등에서도 일했다. 1275년에 원나라 군대가 다시 침입해 온다는 소식을 듣고 그는 공주에서 의병을 조직해 임안을 지키고자 나섰다. 이듬해에 문천 상은 우승상 겸 추밀사로서 강화를 맺기 위해 원나라 진영으로 갔다가, 원나라 통수 바얀伯顔을 신랄하게 비판하는 바람에 진 강鎭江에 억류되고 말았다. 나중에 탈출한 그는 육수부陸秀夫 등 과 함께 익왕益王 조하趙昰를 복주福州에서 황제로 옹립하고, 우 승상 겸 추밀사로 임명되었다. 1277년에 군사를 이끌고 강서로 가서 여러 주와 현을 되찾았지만, 수적 열세를 극복하지 못해 패하고 광동으로 후퇴해서 결사적으로 저항했다.

1278년 12월에 오파령五坡嶺(지금의 광동 성 하이펑 현海豐縣 북쪽) 에서 문천상이 원나라에 포로로 잡혔다. 조하의 작은 조정이 멸망한 후 문천상은 원나라의 수도인 대도大都로 끌려가 3년 동안 붙잡혀 있었다. 그동안 원나라 세조世祖 쿠빌라이가 계속해서 투항을 권했으나, 문 천상은 투항하느니 차라리 죽음을 택하겠다고 말해 결국 1283년 1월 대도 에서 죽임을 당하고 말았다.

문천상

문천상(1236년~1283년)은 남 송 시대에 원나라에 대항한 명신으로 "자고로 사람이 태 어나 죽음을 피할 길 없지만 충성심을 청사에 길이 남기 리."라는 시구를 남겼다.

남송 민간 완구인 조소의 흥성

맥을 잡아 주는 **중국사 중요 키워드**

송·요·금나라 시대에 조소는 더 이상 종교에만 국한되지 않고 더욱 현실에 집중하기 시작했다. 그 뚜렷 한 증거는 바로 민간의 완구 조소가 흥성하기 시작했다는 사실이다. 당시에 각종 민간 공예 조소 소품이 이전 세대보다 훨씬 다양하고 풍부해졌다.

남송 시대에는 '화생化生'이라고 불리는 작은 인형 조형의 '마갈락摩喝樂'을 행운을 가져다주는 물건으 로 여기고 칠석이 되면 신혼집에 아들을 낳을 길상으로 그것을 선물하는 풍속이 있었다. 마갈락은 속칭 '금왜왜金娃娃'라고 하는데 나체이거나 손에 연잎을 들고 있거나 천진하고 활발한 모습이다. 절강 구주衢 州에 있는 오가과원五家瓜園 사승조史繩祖의 무덤에서 출토된 포도 모양의 금왜왜는 악의 없는 웃음과 예 의 바른 몸동작을 한 남송 시대의 전형적인 마갈락 유물이다. 송·금나라 시대에는 도자 공예가 발전하여 남북 각지의 유명한 가마에서 모두 도자 소품을 구웠다.

송왕대

남송 시대 말에 수도 임안이 함락되었다. 그러자 재상 육수부와 장세걸이 어린 황제를 보호하며 남쪽으로 도망쳐 오늘날의 홍콩에 몸을 숨겼다. 그러다 적의 포로가 되는 것을 피하기 위해 결국에는 어린 황제를 업고 바다로 뛰어들어 스스로 목숨을 끊고 말았다. 후대 사람들은 그들이 쉬어간 마두용(馬頭涌) '성산(聖山)'에 있는 거석에 '송왕대(宋王臺)'라는 세 글자를 새겨 그들을 기린다.

남송의 멸망
1279년

상흥 2년(1279년) 12월에 원나라 군대가 섬 애산崖山에 있던 조병趙昺의 '작은 조정'을 대대적으로 공격하자 재상 육수부가 조병을 업고 바다에 뛰어들어 자결해 남송은 멸망했다. 덕우德祐 2년(1276년)에 남송 조정이 바얀에게 투항할 때, 진의중陳宜中, 장세걸張世傑 등이 익왕 조하, 광왕廣王 조병을 데리고 임안에서 도망쳐 나와 바다를 통해 무주婺州로 갔다가 온주溫州에 이르렀다. 그리고 그해 5월에 조하가 복주에서 즉위했다. 그가 바로 단종端宗으로, 연호를 경염景炎이라고 했다. 11월에 원나라 장수 동문병董文炳이 복건을 공격하자 장세걸과 육수부 등이 조하를 해상으로 도망치게 해 조하 일행은 혜주에 이르렀다. 12월에 조하가 다시 배를 타고 연해를 따라 남쪽으로 내려가다가 원나라 군대의 습격을 받았는데, 이때 지나치게 놀란 나머지 병을 얻었다. 그리고 이듬해 4월 강주도碙州島에서 향년 열

〈출수부용도〉

분홍색 연꽃의 우아하면서도 순결한 자태는 벽록색의 연잎 위에서 더욱 돋보인다. 연꽃은 진흙을 뚫고 올라왔지만 더럽혀지지 않은 고결한 품격을 두드러지게 표현한다. 이는 남송의 화훼 소품 가운데에서도 손꼽히는 걸작이다.

정요 무늬 장식 도자기의 발전

정요定窯는 송나라 시대에 5대 명요名窯의 하나로, 당나라 시대부터 백자를 굽기 시작했으며 남송 후기에 생산된 백자는 특히 더 유명하다. 이 밖에 백자 태토胎土(바탕흙. 질그릇이나 도자기의 밑감이 되는 흙) 위에 고온에서 색을 첨가한 유약을 발라 흑유黑釉, 자유紫釉, 녹유綠釉 및 백유척화白釉剔花('척화'는 무늬 장식을 새긴 뒤 무늬 장식 이외의 부분을 파내는 자기 장식 기법) 등의 자기를 구워 냈으며, 또한 꽃무늬 장식을 많이 했다. 이러한 요소로 정요 자기는 더욱 사랑받았다.

정요에서 생산하는 무늬 장식 자기의 장식 기법은 주로 각화刻花(도자기에 무늬를 새기는 기법), 획화劃花(도자기의 표면을 칼로 파서 무늬를 새기는 기법), 인화印花(도자기에 눌러 찍어 무늬를 장식하는 기법), 회금화繪金花(금색으로 무늬를 그리는 기법) 등이 있다. 정요의 각화 솜씨는 꽃과 과일, 연꽃과 오리, 구름과 용 등 무늬 장식의 윤곽 바깥쪽에서 가는 선으로 무늬 장식을 돋보이게 한 데서 주로 볼 수 있다. 이는 무늬 장식의 입체감을 두드러지게 하고, 주제를 강조한다. 정요 인화의 제재는 대부분이 화훼이고 그 밖에 길짐승, 날짐승, 물결에서 헤엄치는 물고기 등의 무늬 장식이 있다. 정요 자기는 도자기의 몸인 태가 얇으면서도 견고하고, 유약의 색이 풍부하며, 무늬 장식의 내용에 현실성이 강하다. 또한 자기의 종류가 사람들의 보편적인 수요에 부합하여 정요 자기는 송나라 시대 내내 큰 사랑을 받았다.

정요에서 생산된 아이 모양의 베개인 해아침(孩兒枕)

한 살의 어린 나이에 병사하고 말았다. 그 후 장세걸이 조병을 옹립했고, 조병이 즉위하여 연호를 상흥으로 바꾸었다.

지원至元 15년(1278년) 6월에 남송이 뇌주雷州를 잃자 장세걸은 조병을 데리고 애산(지금의 광동 성 신후이 시新會市)까지 가서 그곳에 황제가 머무를 곳을 건축했다. 그리고 그곳의 험준한 지형을 기대어 오래 버틸 수 있기를 바랐다. 1279년에 원나라 장수 장홍범張弘範과 이긍위李恒圍가 애산에 화공을 퍼부어 남송 군대는 패하고 말았다. 육수부는 대세가 이미 기운 것을 보고, 여덟 살인 어린 황제 조병을 업고 바다에 뛰어들어 목숨을 끊었다. 장세걸 등도 거센 파도를 만나 물에 빠져 죽고 말았다. 또한 남송의 마지막 군대도 전군이 몰살되면서 남송은 멸망하고 말았다.

History of China

맥을 잡아주는 세계사

The flow of The World History

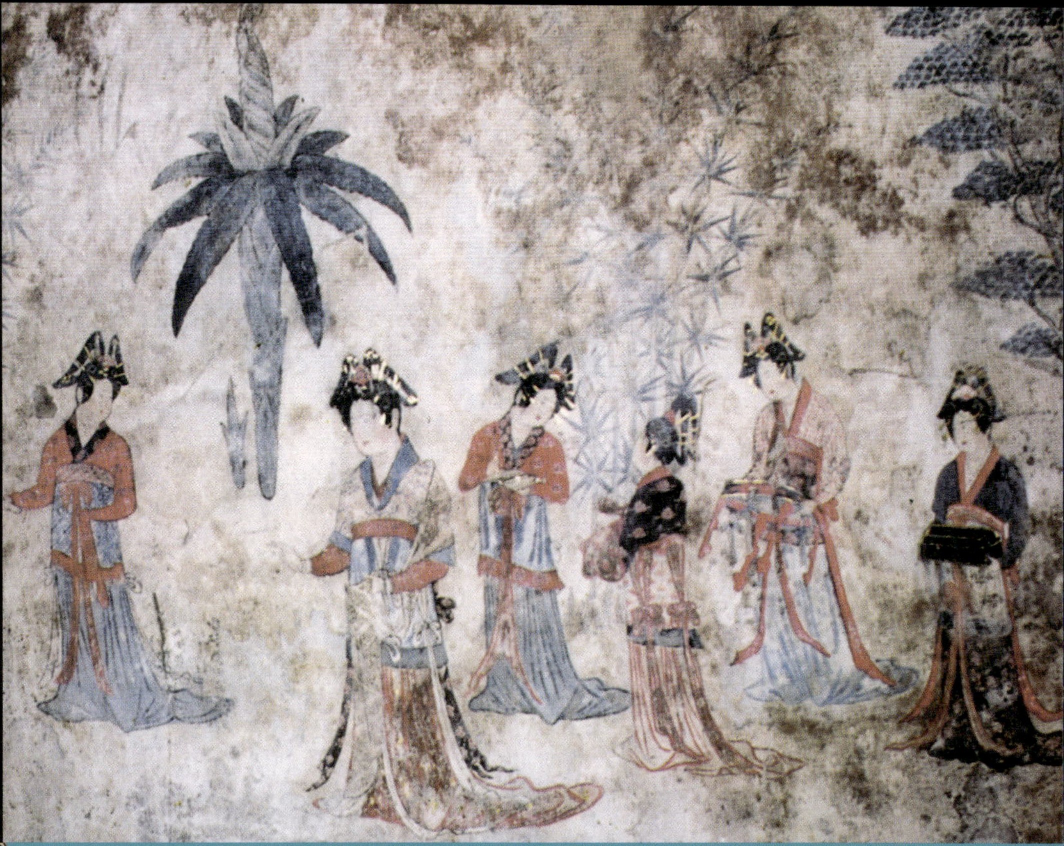

제2장 | 요·서하·금의 이민족 지배체제

1. **요 왕조** 916년~1125년
2. **서하** 1038년~1227년
3. **금 왕조** 1115년~1234년

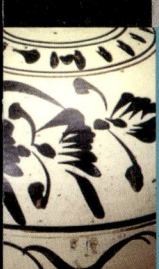

1 요 왕조

시기 : 916년~1125년

인물 : 야율아보기, 야율갈로, 야율덕광, 석경당, 태후, 야율을신, 야율홍기, 쿠출루크

용맹하고 강한 군대는 쉬지 않는다

대료大遼 또는 요나라라고도 불리는 요遼 왕조는 거란국이 세운 소수민족 정권이다. 거란은 본래 '단철鍛鐵', 즉 '정제한 철'이라는 뜻으로, 이를 민족 이름으로 삼은 것은 거란인의 강한 의지와 정신력을 상징한다. 916년에 야율아보기耶律阿保機가 황제를 칭하고 거란국(940년에 국호를 요로 바꿈.)을 세웠다. 이후 요나라가 송나라를 침입해 전쟁이 일어났는데, 전쟁 결과 두 나라는 전연의 맹약을 맺었다. 아울러 서하와 결맹을 맺어 요, 송, 서하 삼국이 병립하는 구도를 형성했다.

요나라는 역대 9명의 제왕이 210년 동안 나라를 다스렸고 1125년에 금나라에 의해 멸망했다. 그 후 야율대석耶律大石이 무리를 이끌고 중앙아시아로 이동해 서요西遼 정권을 세웠으며, 1218년에 몽골 제국에 망했다. 요나라는 중국의 중원 및 서양 여러 나라와 교류하면서 여러 장점을 결합해 거란의 정치, 경제, 문화의 빠른 발전을 촉진하고 찬란한 문명을 창조했다.

거란이 황제를 칭하고 나라를 세우다

916년

요나라 신책神冊 원년(916년) 12월, 거란 왕 야율아보기가 스스로 황제를 칭하고 나라를 세웠다. 국호를 거란이라 하고 연호를 신책으로 정했으며, 백성은 그를 천황제天皇帝(역사에서는 요나라 태조太祖라 한다.)라고 불렀다. 거란은 본래 호복을 입고 말을 타고 활을 쏘며 사냥해서 살던 민족으로, 부락이 많아 각 부락 사이에 영토와 사냥물 등을 놓고 싸움이 끊이지 않았다. 야율아보기가 뛰어난 책략으로 군대를 다스리자 부락들이 나날이 번성했

사냥에서 돌아오는 거란족을 그린 〈거란 환렵도(契丹還獵圖)〉

거란의 대자(大字) 은화

고, 결국에는 거란 8부로 통합되어 분쟁이 사라졌다.

당시 만리장성의 북쪽 지역은 물자가 부족해서 거란족은 남쪽으로 내려와 침략하기 시작했다. 중원은 마침 오대 십국의 분열 시기로 군웅이 할거하며 혼란이 지속되고 있었다. 그래서 중원 하북 지역의 지방 세력이 외부의 도움을 받고자 자주 거란을 끌어들이던 터라, 거란은 이를 이용해서 실리를 챙길 수 있었다. 서로 이용하고 이용당하면서 거란족은 중원의 한족과 빈번하게 왕래했고, 야율아보기는 중원의 선진 문화와 정치 제도에 감명했다. 배움을 좋아한 그는 한족의 제도를 모방해 자신의 아내 술율述律씨를 황후로 책봉하고, 조정에 백관을 설치하고, 성의 남쪽에 따로 한성漢城을 만들어 한족이 거주하게 했다.

개국 공신 야율갈로의 병사
917년

야율갈로耶律曷魯는 자가 공온控溫이며, 야율아보기와 어려서부터 좋은 친구였고 커서는 야율아보기의 시종이 되어 그에게 전적으로 신임을 받았다. 야율아보기는 카간이 된 후 야율갈로를 총령군국대사總領軍國大事에 임명했다. 거란의 옛 제도는 각 부락 수령의 추천으로 카간을 선출했다. 야율갈로는 야율아보기에게 정세를 설명하며 카간의 자리에 오를 것을 촉구했다. 그리고 야율아보기가 카간의 자리에 오른 후 그의 명을 받들어 금위군인 '복심부腹心部'를 이끌고, 카간 자리를 노리는 황족의 반란을 여러 차례 진압해 야율아보기가 통치 지위를 굳건히 할 수 있게 도왔다.

신책 원년(916년)에 야율갈로는 백관을 이끌고 야율아보기에게 대성대명천황제大聖大明天皇帝라는 존호尊號를 올렸다. 그리고 야율아보기가 연호를 신책, 국호를 거란으로 정하여 정식으로 거란족의 국가를 세웠다. 야율갈로는 군신의 우두머리로서 아로돈우월阿魯敦于越에 임명되었다. 우월은 카

야율돌려불과 야율노불고가 거란의 문자를 만들다

거란 문자는 한자의 형태와 의미를 참고해서 만든 표의 문자인 '대자大字'와 음절 단위의 표음 문자인 '소자小子' 두 종류이다. 거란의 대자는 글자의 형상은 한자를 모방해서 사각형으로 만들고, 음부音符 몇 개를 겹쳐서 거란어 음절 하나를 만들어 특히 복잡하고 알아보기 어렵다. 사서의 기록에 따르면, 거란 대자는 많은 지식을 쌓은 거란 귀족 야율돌려불耶律突呂不이 창제한 것이다. 거란의 소자는 필획이 대자보다 간단해 '소간자小簡字'라고도 불린다. 역사서의 기록에 따르면 거란 소자는 야율아보기의 남동생인 야율노불고耶律魯不古가 회골 문자, 즉 위구르 문자를 바탕으로 만들었다고 한다. 거란 소자에는 한자의 획이나 글자를 변형해서 만든 글자의 구성 요소 원자原字가 있다. 소자의 글자는 옛 회골 문자를 모방하여 원자를 위에서부터 아래로 연속해서 쓰는 방식으로 합성해 만들어졌다. 이런 거란의 대자와 소자는 거란 귀족과 문인들 사이에서만 사용된 것으로 사용 범위가 매우 한정적이었다. 요나라의 문화는 주로 한자를 수단으로 하여 전파되고 발전했다.

간의 다음 가는 존호이며 아로돈은 '위신', '명성'을 뜻한다. 건국 초기에 야율갈로는 조정의 법도와 준칙을 제정하고 제도를 완벽하게 갖추는 데 온 힘을 쏟았다. 그는 정사를 주관하는 일 외에도 914년부터 질라부迭剌部의 이리근夷離堇(거란의 군 총사령관)을 겸임했다. 그는 요령 있게 나라를 다스려서 잇달아 전쟁을 겪고도 부족의 목축에 지장이 없도록 했고, 백성을 배부르게 했다. 그런데 불행히도 신책 2년(917년)에 병을 얻어 겨우 마흔일곱의 나이에 군대에서 세상을 떠났다. 야율아보기는 야율갈로의 이른 죽음에 애통함을 금치 못했다고 한다.

거란의 문자

요나라 태조가 공자의 사당을 세우라는 조서를 내리다

요나라 태조 야율아보기부터 거란의 귀족들은 유학을 매우 중시하기 시작했다. 그래서 유학을 받드는 한족 지식인을 끌어들이는 데 힘을 쏟으며 자신들이 나라를 다스리는 데 도움을 받고자 했다. 신책 3년(918년), 야율아보기는 공자의 사당, 불사, 도관을 세우도록 명령했다. 그는 공자의 사당과 불사, 도관 등을 동등하게 간주했지만, 공자의 사당을 불사, 도관 앞에 두었다. 이는 요나라에서 공자 사당의 건축을 특별히 중요하게 여겼다는 것을 뜻한다.

이듬해 8월, 요나라 태조 야율아보기는 직접 공자의 사당을 참배하는 동시에 황후, 황태자에게도 각각 불사와 도관을 참배하도록 했다. 이를 통해 그의 마음속에서 공자의 사당이 차지하는 비중을 알 수 있다. 야율아보기는 유학자를 매우 신임해 그들을 자신의 왼팔과 오른팔처럼 여기며 의지했다. 예컨대 강묵기康默記는 토번과 한족 사이의 일을 처리하고, 좌명공신佐命功臣으로 칭해졌으며, 한연휘韓延徽는 성곽을 세워 시와 리를 나누고 요나라로 투항한 한족이 거주하게 했으며 태조가 큰일을 결정하는 데 도움을 주었다. 한지고韓知古는 나라의 풍속, 즉 국속國俗을 참작하여 한족의 법률을 인용하는 등의 방법으로 요나라의 정권을 발전시키고 굳건히 하는 데 힘을 보탰다.

상경 국자감을 세우다

918년

용, 봉황, 물고기 모양의
옥패

요나라는 나라를 세우면서부터 당나라의 제도를 이어받아 중앙과 지방에 학교를 설치해서 인재를 교육했다. 신책 3년(918년), 요나라 태조 야율아보기가 상경上京(지금의 네이멍구 자치구 바린좌기巴林左旗 린둥 진林東鎭 동남쪽)에 국자감을 세우고 이곳에 좨주祭酒(교장에 상당함.), 사업司業, 감승監丞, 주박主薄, 국자학國子學 박사博士, 조교助敎 등을 두어 학문 교육과 관리를 담당하게 했다. 국자감의 설치는 거란이 한족 문화를 흡수했다는 사실을 구체적으로 보여 주는 상징이며, 거란의 통치자가 자신의 정권을 굳건히 하기 위해 인재를 양성한 최초의 시도이기도 하다. 연운 16주가 요나라에 귀속된 후, 학교도 옛 모습을 되찾고 그 수도

늘기 시작했다. 남경南京(지금의 베이징 시 서남쪽)에 세워진 관학官學(나라에서 인재를 양성하기 위해 세운 학교)은 남경태학이라고도 불렸고, 요나라 태종 때 세워져 도종道宗 때 수업을 시작했으며 박사와 조교를 각 한 명씩 두었다.

훗날 요나라는 중경中京(지금의 네이멍구 자치구 닝청 현寧城縣), 서경西京(지금의 산시 성山西省 다퉁 시), 동경東京(지금의 랴오닝 성 랴오양 시遼陽市)에도 국자감을 세웠다. 태학생들이 공부할 때 필요한 생활비 및 학관學官(박사, 교수)의 봉록은 모두 조정에서 지급했다. 국자감은 경학을 중요시해서 '오경'을 핵심으로 배웠다. 학교에서 사용한 교재는 조정에서 일괄적으로 배포한《오경전소五經傳疏》였다. 예를 들면《역전소易傳疏》,《시전소詩傳疏》,《춘추전소春秋傳疏》,《출경전소出經傳疏》등 모두 유가 경전이었다. 이를 통해 요나라가 기본적으로 당나라 학교 교육의 전통을 받아들였다는 점을 알 수 있다.

거란의 남침
921년

신책 6년(921) 10월, 신주新州(지금의 허베이 성 쥐루 현涿鹿縣) 방어사 왕욱王都이 아버지의 명령을 받들어 자신의 군대를 이끌고 거란에 투항했다. 야율아보기는 이 기회를 틈타 남쪽 지역을 침략했다. 그는 거용관居庸關 아래의 고북구古北口로 진입한 후 군대를 나누어 단檀(지금의 베이징 시 미윈 현密雲縣), 순順(지금의 베이징 시 순이 구順義區), 안원安遠, 삼하三河, 양향良鄉, 망도望都, 노潞(베이징 시 퉁현通縣), 만성滿城, 수성遂城 등 십여 개 성을 약탈하게 하고, 수많은 한족 백성을 포로로 잡아 돌아왔다.

12월에 야율아보기는 왕욱과 그의 군대를 황수潢水(시라무렌 강) 남쪽으로 보내면서 황태자 야율배耶律倍에게 왕욱을 이끌고 정주定州를 침략하게 했다. 그

꽃무늬를 도금한 신발

요나라의 화조도

리고 강묵기康默記에게는 장로長蘆(지금의 허베이 성 창저우 시滄州市)를 공격하게 했다. 얼마 후, 의무군義武軍절도사 왕처직王處直이 자신의 양자 왕도王都에 의해 갇혔다. 그러자 진왕晉王 이존욱은 왕처직을 대신해 왕도가 의무군절도사를 맡게 했다.

12월에 거란의 군대가 유주성 근처에서 남쪽으로 진격해 탁주를 함락하고, 정주를 포위했다. 왕도가 위급함을 알리자 진왕 이존욱이 직접 대군을 이끌고 지원에 나섰다. 이듬해 정월, 진왕이 거란의 선봉을 무찔렀다. 그 소식을 들은 야율아보기는 거란 군대에 정주에서 퇴각해 망도를 지키도록 했다. 진왕이 군대를 이끌고 거란군을 추격해 망도로 향하던 중에, 거란군의 대장 독뇌禿餒가 통솔하는 기병 5,000명과 맞닥뜨려 겹겹으로 포위되었다. 다행히 때마침 이사李嗣가 군대를 이끌고 와서 안팎에서 협공해 거란군을 무찌를 수 있었다. 요나라 태조 야율아보기가 조서를 보내 거란군에 단으로 가서 백성을 동평東平(지금의 랴오닝 성 카이위안 시開原市 남쪽 중구 진中固鎭) 심주沈州(지금의 랴오닝 성 랴오양 현遼陽縣)로 이동시키도록 명령했다.

천찬天贊 2년(923년), 진왕 이존욱이 양나라를 멸망시키고 후당을 세웠

다. 야율아보기는 군대를 되돌렸지만 한편으로 차남 덕광德光을 천하병마
대원수天下兵馬大元帥로 삼아 남침을 계속하게 했다. 그 후 야율덕광은 계북
薊北 땅을 빼앗고, 평주平州(지금의 허베이 성 루룽 현盧龍縣)를 점령하고, 유주
를 공격한 후 곡양曲陽(지금의 허베이 성에 속함.)으로 내려가 후당의 영토 대
부분을 점령했다.

거란이 발해를 멸망시키다
926년

천찬 4년(925년) 12월, 태조 야율아보기가 황후 술율씨, 태자 배倍, 대원수
요골堯骨(즉 차남 야율덕광) 등과 함께 군대를 이끌고 동쪽의 발해 정벌에 나
섰다. 한족인 모사 한지고, 강묵기, 한연휘 등도 따라나섰다. 야율아보기
는 필승의 각오로 모든 부대를 소집했고, 당시 발해는 국왕 대인선大諲譔의
통치 아래 국력이 나날이 쇠락해 거란과 싸울 힘이 없었다. 천찬 5년(926
년) 정월, 한 달 동안 포위하여 마침내 발해의 부여성扶餘城(지금의 지린 성吉
林省 쓰핑 시四平市)을 함락한 야율아보기가 더 나아가 홀한성忽汗城(지금의 헤
이룽장 성 닝안 시寧安市 서남쪽 둥징청東京城)을 포위하자, 대인선이 부하 300
여 명을 이끌고 나와 투항했다. 야율아보기는 즉시 발해 군현의 귀순을 알
리며 두 달 사이에 발해 안변安邊(지금의 러시아에 속하며 일본해에 가까움.), 힐
頡(지금의 헤이룽장 성 아청), 남해南海(지금의 북한 함흥), 정리定理(지금의

러시아에 속함. 일본해에 가까움.) 등지를 계속해
서 투항시켜 발해를 멸망시켰다.

　그 후 야율아보기는 발해의 이름을 동
단국東丹國으로 바꾸고, 태자 배를 동단왕
으로 삼아 동단국의 정사를 주관하게 했
다. 또 중대성을 세워 행정 결정 기관으로 삼

고, 아우 야율질라耶律迭剌를 좌대상左大相으로, 발해의 옛 재상을 우대상右大相으로, 발해 사도 대소현大素賢을 좌차상左次相으로, 야율우지耶律羽之를 우차상右次相으로 삼아 동단왕을 보좌하게 했다. 그리고 발해인의 반란을 막기 위해 야율아보기는 발해 국왕 대인선大諲譔과 그의 가족 및 발해의 명문 가문을 거란의 영토로 이동시키고, 한족의 경우와 마찬가지로 따로 주현을 정해 그곳에 살게 했다. 얼마 후 야율아보기는 거란으로 귀환하던 중에 죽어 요나라 태조라는 시호를 받았다.

석경당이 연운 16주를 바치다
938년

천현天顯 11년(936년) 10월, 요나라 태종 야율덕광이 진안晉安에 세운 행장行帳(야외에서 잔치 등 모임에 둘러치는 휘장) 안에서 석경당의 알현을 받고 말했다. "내가 병사를 이끌고 3,000리 길을 달려와 한 번에 승리를 거두었으니, 이것은 하늘의 뜻이렷다! 네 기개가 범상치 않은 듯하니 남쪽의 땅을 내려 대대로 나의 번신이 되게 하겠다." 다음 달인 11월에 태종은 석경당과 부자 관계를 맺고 그를 '대진大晉 황제'로 책봉했다.

천현 12년(937년)에 석경당은 거란에 사신을 보내 유주幽州, 계주薊州, 영주瀛州, 막주莫州, 탁주涿州, 단주檀州, 순주順州, 규주媯州, 유주儒州, 신주新州, 무주武州, 운주雲州, 응주應州, 삭주朔州, 환주寰州, 울주蔚州 등 16주를 거란에 바치고자 했다. 그리고 회동會同 원년(938년)에 대진 황제 석경당이 다시 거란에 사신을 보내 16주의 지도를 바쳤다. 이로부터 연운 16주가 거란의 영토가 되었고, 유주는 남경으로 이름이 바뀌었다.

물고기 모양 옥패

132

거란이 북쪽으로 돌아가다

947년

후진을 멸망시키고 중원을 차지하려던 거란의 바람은 잔혹한 통치로 중원 백성의 저항에 부딪혀 실현되지 못했다. 거란은 더 이상 중원에 머무를 수 없다고 여기고 북쪽으로 돌아가기로 했다. 요나라 태종 대동 원년(947년) 3월, 요나라 태종 야율덕광은 중원의 백성을 다스리기 어렵다는 이유로 대량에서 철수해 북쪽으로 돌아갔다. 이때 북쪽으로 수송되는 요나라의 갑옷과 무기를 호송하던 무덕행 등이 하음河陰(지금의 허난 성 정저우 북쪽)에서 거란 감군을 죽이고 수송 물자를 빼앗아 도망쳤다. 그리고 하양河陽(지금의 허난 성 멍 현孟縣)을 점거하고 공개적으로 요나라에 반란을 일으켰다. 그해 4월, 야율덕광은 북쪽으로 돌아가던 중에 병에 걸려 살호림殺胡林(지금의 허베이 성 가오청 시藁城市)에서 죽고 말았다. 당시 무더위가 기승을 부렸기 때문에 수행원들은 시신이 부패하는 것을 막기 위해 그의 배를 갈라서 소금을 채워 넣고 북쪽으로 싣고 갔다. 그래서 중원 사람들은 이를 가리켜 '제파帝豝('파'는 포, 즉 말린 고기를 뜻한다.)'라고 비유했다.

이때 한족인 조연수趙延壽가 황제의 유조를 받았다며 후진을 대신해 중원을 다스리고자 했다. 그러나 그는 곧 야율완耶律阮이 일으킨 정변으로 전복되었다. 야율완은 야율안박耶律安搏과 남원南院과 북원北院의 대왕 야율후耶律吼, 야율알耶律斡 등의 추대를 받아 황제의 자리(요나라 세종世宗)에 오르고, 북쪽으로의 귀환을 계속했다. 그러나 술율 황태후가 야율완의 즉위를 강력하게 반대하고 나섰다. 그리고 6월에 다시 요나라 태조의 다른 아들인 야율이호耶律李胡를 황제로 세우고, 군사를 보내 요나라 세종 일행의 수도 입성을 거부했다. 그러나 결국에는 야율완이 정권을 장악했다. 그해 윤7월에 요나라 세종이 상경(지금의 네이멍구 자치구 바린좌기 남쪽)으로 돌아가

날개가 높이 솟은 도금한 은관(銀冠)

자 술율 황태후와 야율이호가 항복했다. 세종은 술율 황태후를 요나라 태조의 무덤이 있는 곳에 보내 가두었다. 그리고 스스로 천수황제天授皇帝라 일컬으며 연호를 천록天祿으로 바꾸고, 대대적인 사면령을 내렸다.

황족의 내란
952년~960년

천록 5년(951년), 반역자 채가蔡哥가 야전 임시 군영에서 요나라 세종 야율완耶律阮을 시해하고 스스로 황제를 칭했다. 그러자 수행 대신들이 힘을 합쳐 채가를 죽이고, 요나라 태종 야율광덕의 맏아들인 야율경耶律璟을 황제로 옹립했다. 그가 바로 요나라 목종穆宗이다. 목종이 황제로 즉위한 후 거란에서는 황족이 서로 황권을 쟁탈하려는 일련의 모반과 내란이 벌어졌다. 952년에 세종의 아우 야율누국耶律婁國과 임아林牙(공문 서찰을 맡은 관원을 말하며, 학사를 칭하기도 한다.) 야율적렬耶律敵烈이 정권을 전복시키고자 했다. 그러나 목종이 이를 눈치 채고 야율누국은 목매달아 죽이고 야율적렬은 사형에 처했다. 953년에 야율이호의 아들 야율완耶律宛과 낭군郎君 혜간嵇干, 임아 화할華割 등이 모반을 일으켰다가 목종에게 잡혔다. 그리고 959년에는 목종의 아우와 야율해사耶律海思 등이 모반을 일으켜 다시 목종에게 진압되었다. 또 960년에 정사령政事令 야율수원耶律壽遠, 태보 초아불楚阿不이 모반을 일으켜 모두 처형되었다.

이번 모반으로 목종은 심각한 위협을 느꼈다. 이에 기인하여 963년 이후로 목종은 제멋대로 주변 사람들을 죽였다. 《요사遼史》에서 목종은 잔혹한 통치자로 묘사된다. 국사는 돌보지 않고 매일 놀기만 할 뿐이며, 밤새도록 술을 마시고 해가 중천에 뜰 때까지 자서 사람들은 그를 '잠의 왕睡王'이라고 불렀다. 대외 관계에서 요나라 목종은 '남벌'을 포기하고, 마찬가지로

창과 우는 화살

거란은 무(武)를 기반으로 세워진 나라여서 병기를 특히 중요하게 여겼다. 이 우는 화살 여덟 개, 즉 향전(響箭)은 철로 된 날과 철정(鐵鋌, 덩이쇠. 가운데로 갈수록 잘록해지는 간단한 모양의 쇠판), 몸체로 구성되며 길이는 약 10.8cm이다.

사냥을 좋아하는 거란인

거란인들은 사냥을 매우 좋아해서 한 곳에 머물러 살지 않았다. 거란의 여성들조차 모두 말타기와 활쏘기에 뛰어나 황후와 후궁 이하로는 남자들과 함께 사냥에 나설 정도였다. 그들은 봄이면 거위, 오리, 기러기를 잡고, 4, 5월이면 사슴을 잡고, 8, 9월이면 호랑이를 잡았다. 그 밖에 곰, 멧돼지, 야생말, 여우, 토끼 등도 잡았다. 사냥은 말을 타고 활을 쏘는 방식 위주였고, 보조 수단으로 다른 사냥 방식을 이용하기도 했다. 예컨대 사슴을 사냥할 때에는 사슴 무리가 지나가는 길목에 소금을 뿌려 놓아 밤새 사슴이 소금을 먹게 하고, 사냥꾼이 뿔피리로 사슴 울음소리를 흉내 내 사슴을 한 곳으로 모이게 한 다음 활을 쏘았다. 이를 사슴이 소금기를 핥게 한다는 뜻의 '지감록舐䑓鹿' 또는 사슴을 부른다는 뜻의 '호록呼鹿'이라고 불렀다.

요나라 황제의 춘날발春捺鉢(황제가 궁 밖으로 행차할 때 임시로 머무르던 별궁인 행궁行宮과 비슷한 행영行營을 가리킨다. '사시날발四時捺鉢'은 계절마다 고기잡이와 사냥을 할 수 있는 지역에 세워진 행영이다.)에서 거위를 잡을 때에는 먼저 사냥꾼이 거위가 있는 곳을 찾아내어 깃발을 올려 신호를 보냈다. 그러면 사방에서 북을 두드려 거위를 놀래게 하고, 매를 풀어서 잡게 했다. 거위가 매의 발톱에서 떨어지면 전문적으로 만든 거위 찌르는 송곳刺鵝錐으로 거위를 찔러 죽였다. 그런 다음에는 '두아연頭鵝宴'을 거행해 축하했다. 또 거란인들은 표범을 길들여 짐승을 잡는 데 사용하기도 했다.

후주의 위협을 받는 북한北漢 및 남당과 결맹을 맺는 방침을 세웠다. 이러한 방침이 요 왕조의 이익에 부합하는 것이라는 점에는 의심의 여지가 없다. 그러나 장기적으로 계속된 황족의 내란이 요 왕조의 국력에 영향을 미쳐 요나라는 목종 때 쇠퇴하고 말았다.

요나라 태후의 섭정
982년

요나라 건흥乾亨 4년(982년) 9월, 요나라 경종景宗 야율현耶律賢이 초산焦山에서 죽자 그의 맏아들 양왕 야율융서耶律隆緖가 즉위했다. 그가 바로 성종聖宗으로, 그의 어머니가 승천황태후承天皇太后로서 섭정했다. 승천황태후는 요나라 경종의 황후로 성은 소蕭, 이름은 작綽이며, 아명이 연연燕燕이어서

십일면관음상(十一面觀音像)

독락사 내부의 십일면관음
상은 높이가 16m로, 중국
최대의 관음 진흙상이다.

보통 연연 태후라고 불렸다. 그녀는 요나라의 유명한
지략가, 적극적인 정치가, 군사가였다. 요나라 경종은
즉위한 지 얼마 후 연연을 황후로 책봉했다. 경종은
몸이 허약하고 병치레가 잦아 조정에 나가지 않는 날
이 많아서 조정의 군사 및 정치와 관련된 큰일들 대부
분을 연연이 대신 결정했다.

요나라 경종이 죽자 연연은 황태후가 되었는데, 이
때 즉위한 성종 야율융서는 열두 살에 불과했다. 연연
은 통화統和 27년(1009년)에 죽을 때까지 무려 27년 동
안 섭정을 계속하면서 요나라의 전성기를 이끌었다.
연연 태후는 섭정 기간에 나라를 크게 발전시킬 능력
을 갖춘 거란 관리를 선발하는 한편 한족 관리도 중
용했다. 그녀는 특히 한족인 재상 한덕양韓德讓을 우두
머리로 하는 한족 관리 집단을 신임했는데, 그들은 요나라 제도에 일련의
개혁을 단행하여 목종 이래 쇠퇴기에 접어들던 형국을 바꾸어 놓았다. 연
연 태후는 대신들을 통제하는 데 뛰어나 여러 대신이 맡은 바 책임을 다하
며 충성했다. 아울러 그녀는 군사에도 정통하여 직접 군대를 이끌고 변경
지역의 전쟁터에 나가기도 했다. 연주 전쟁터에서 그녀는 3군을 지휘하며
상벌을 분명히 해 요나라가 승리를 거두는 데 큰 공헌을 했다. 요나라 성
종은 자신의 모친인 연연 태후를 매우 높이 평가하면서 요나라 군대가 그
토록 위력을 떨칠 수 있었던 것은 모두 태후의 가르침 덕분이라고 여겼다.
연연 태후는 사후에 성신선헌황후聖神宣獻皇后라는 시호를 받았고, 요나라
흥종興宗 중희重熙 21년(1052년)에는 예지睿智 황후로 개명되었다.

요나라의 숭불 사상

요나라 통치자는 불교를 신봉했는데 그중에서도 성종 야율융서, 흥종 야율종진, 도종 야율홍기耶律洪基의 믿음이 가장 두터웠다. 이들은 수많은 절을 세웠을 뿐만 아니라 땅과 농토를 대규모로 사원에 하사했다. 그리고 당 왕조를 모방하여 승재僧材를 선발하기 위해 오경五京(상경·동경·서경·남경·중경의 다섯 수도)에 승려의 벼슬인 승관僧官 직위를 만들고, 비교적 완벽한 시험 제도를 실시하여 성적이 우수한 승려를 법사로 삼았다.

통치자가 불교를 지지하고 제창하면서 불교에 대한 연구와 불교의 발전을 이끈 결과, 요나라에서 불교의 여러 종파인 화엄종華嚴宗, 밀종密宗, 선종, 율종律宗, 정토종淨土宗, 유식종唯識宗, 구사종俱舍宗 등이 형성되어 널리 전파되었다. 그중에서 이론과 《의궤儀軌》(밀교의 의식에 관한 방법과 규칙. 또는 그 방법과 규칙을 기록한 책. 밀교의 본경本經에서 말하는 부처, 보살, 하늘, 신 따위를 염불하고 공양하는 방법과 규칙을 기록했다.)를 중시하는 화엄과 밀종이 가장 성행했다.

독락사 건축군의 건설

984년

석가 열반 석조상

독락사獨樂寺 건축군은 불교 사원에 속하는데 지금의 톈진 시天津市 지 현薊縣 성 안에 있다. 이곳에는 요나라 이전부터 절이 있었는데, 높은 관직에 있던 요나라 절도사 한광사韓匡嗣가 984년에 독락사의 산문山門과 관음각觀音閣을 짓고 기존의 절을 수리해서 독락사를 건축군으로 발전시켰다. 절은 남향이고, 산문은 세 칸 너비에 두 칸 깊이, 전당殿堂은 분심두저조分心斗底槽(전각 건축에서 측면을 균등하게 2등분한 평면을 일컬음.) 구조를 채택했다. 내부는 철저하게 밝게 설계하고, 화려하지 않고 소박하게 해 구조를 통해 예술적 효과를 드러냈다. 산문과 관음각은 모두 경사가 완만한 땅에 지어졌으며, 처마가 기둥과 들보 밖까지 길게 뻗어 있고, 두공이 웅장하여 당나라 시대의 스타일이 뚜렷하게 나타난다.

관음각 안에는 안기둥인 내주**內柱**(금주金柱)가 한 바퀴 둘러져 안과 밖의 칸이 서로 연결된 공간을 형성한다. 안쪽 칸의 중심에 자리한 불단에는 높이 16m에 달하는 채색 진흙 관음상이 세워져 있다. 3층을 관통하며, 양측에 시중을 드는 보살의 상이 하나씩 세워져 있다. 안쪽 칸의 한가운데는 비어 있고, 층마다 안으로 난간이 설치되어 불상을 둘러싸고 있다. 중간층의 난간은 장방형을 이루며 둘러 있고, 상층의 난간은 비교적 작고 육각형이다. 불상의 머리꼭대기에는 더 좁은 둘레로 11개의 작은 관음두상이 있고, 그 위로 팔각 찬첨攢尖(중국 건축에서 지붕의 한 형식. 옛날에는 투첨鬪尖이라고 했다. 정방형, 다각형 또는 원형 도면으로 건물에 시공된 송곳 모양의 지붕) 천장이 있다. 이 11개의 작은 관음두상은 마치 모든 방향을 꿰뚫어 보는 듯한 착각을 준다. 상층은 비교적 넓어서 불상의 머리와 가슴 부분에 밝게 빛이 비추도록 하여 숭고함을 높인다. 산문과 관음각의 거리는 지나치게 멀지 않고 적당해서 각의 거대함을 두드러지게 하고, 또 지나치게 가깝지 않아 산문 안에 서면 지붕을 포함한 각의 완벽한 이미지를 모두 볼 수 있다. 독락사 건축군은 구조가 정교하고 예술성이 뛰어나 중국 고대 건축의 경전으로 손꼽힌다. 그중 관음각은 현존하는 최초의 누각이다.

요나라 황궁에서 일어난 변란
1034년

요나라 성종 야율융서(971년~1031년)는 49년 동안 요나라를 다스려 요나라 역대 황제 가운데 통치 기간이 가장 긴 황제로 기록되었다. 그는 한족 문화의 영향을 받아 열 살 때부터 시를 지었다. 커서는 활쏘기에 능하고, 음악에 통달하고, 회화를 즐기며, 경사백자經史百子(경서와 사서, 제자백가의 책이라는 뜻으로 많은 책을 이르는 말)에서 한족의 통치 경험을 배우고자 노력했다. 야율융서는 황제로 즉위한 후 처음에는 승천태후의 섭정을 받고, 한족인 재상 한덕양의 보좌를 받으며 한족의 통치 방법을 도입해 개혁을 진행했다. 승천태후와 한덕양이 죽은 후에도 야율융서는 계속해서 개혁을 추진해 요나라의 정치를 나날이 밝게 했을 뿐만 아니라 경제가 발전하고 문화가 번영하게 했다. 야율융서는 통화 22년(1004년)에 북송과 전연의 맹약을 맺으면서 양측의 전쟁에 종지부를 찍고 안정되고 평화로운 환경을 조성하는 데 힘을 쏟았다.

야율융서가 죽은 후 그의 아들 야율종진耶律宗眞이 즉위했다. 그가 요나라 흥종이다. 요나라 성종의 인덕仁德 황후 소蕭씨에게는 아들이 없었다. 즉 흥종은 성종과 궁녀 사이에서 태어난 아들인데, 인덕 황후는 흥종을 자신이 낳은 자식처럼 아끼고 사랑했다. 흥종이 즉위하자 그의 어머니 누근耨斤이 스스로 황태후가 되었고, 역사에서는 그녀를 흠애欽哀 황후라고 일컫는다. 그녀는 황태후가 된 후 인덕 황후를 배척하고 모함했다. 먼저 호위였던 풍가노馮家奴, 희손喜孫 등을 부추겨 북부北府 재상 소착복蕭浞卜, 국구國舅(황제의 장인) 소필적蕭匹敵이 모반을 꾀한다고 모함하고, 여기에 인덕 황후까지 끌어들였다. 당시 아직 어린 나이였던 흥종은 인덕 황후에 대한 효심이 깊어 그녀를 대신해 용서를 구했다. 그러나 흠애 황후는 듣지 않고 소필적, 소착복 등 40여 명을 사형하고 그들의 재산을 몰수했다. 인덕 황후도 상경에 감금되었다가, 나중에 강압에 못 이겨 스스로 목숨을 끊었다. 흠애 황후는 권력을 장악해 여러 공신을 죽이고, 자신의 형제를 왕과 고위 관직에 앉혔다.

중희 3년(1034년), 흠애 황후와 흥종의 여러 아우가 흥종을 폐하고 작은 아들인 중원重元을 황제로 옹립하고자 했다. 그러나 흥종이 이를 알고는 먼저 그들을 제압해 여러 삼촌을 죽이고 흠애 태후를 경주慶州로 보낸 후 마침내 스스로 정권을 되찾았다.

북송과 요나라의 강화
1042년

요나라 중희 11년(1042년)에 요나라 흥종이 소특말蕭特末, 유육부劉六符를 북송에 보내 관남關南의 땅을 요구했다. 그해 4월에 북송 조정에서는 부필과 장무실張茂實을 사절과 부사절로 임명하여 북송의 국서를 전달하도록 요나라에 보냈다. 이 국서는 요나라의 무리한 요구를 완곡하게 거절하는 내용을 담고 있었다. 부필은 요나라 흥종, 유육부 등과 담판을 벌여 관남 10개 현을 할양할 수 없다는 뜻을 강경한 어조로 밝혔다. 유육부 등은 북송 사절의 강경한 태도를 보고는 한 발 물러나 북송과 요나라의 통혼을 요구했다. 이에 부필이 이해득실을 따져본 후 요나라 측에 북송의 공주와 결혼하려면 관례에 따라 돈 10만 관을 보내야 한다고 말했다. 요나라 조정도 이해득실을 따져 보더니 통혼으로 얻게 될 이득이 실질적으로 별로 없으리라는 결론을 내렸다.

거란 왕자가 말을 타고 활을 쏘는 그림

그해 7월, 북송에서 다시 부필을 요나라에 보내 강화에 합의했다. 북송은 전연의 맹약을 기초로 하되 여기에 비단 10만 필과 은 10만 냥을 더했다. 이어서 9월에 요나라 흥종이 다시 유육부 등을 북송에 보내 전연의 맹약에서 정한 세폐를 일률적으로 '납納' 자로 바꾸어 부르자고 요구했다. 이렇게 해서 북송과 요나라 사이에 합의가 이루어져 요나라는 더 이상 북송에 관남 10개 현을 요구하지 않았다.

요나라가 서하를 정복하다

1044년

요나라 중희 13년(1044년) 4월에 요나라에 속한 산남山南 지역에 자리 잡고 있던 당항 여러 부족이 반란을 일으켜 서하로 귀순했다. 이에 9월에 요나라 흥종이 직접 군대를 이끌고 서하 황제 이원호李元昊를 토벌하기로 했다. 그 소식을 듣고 겁에 질린 이원호는 얼른 사람을 보내 강화를 청했다. 그런데 요나라 장군 소혜蕭惠가 흥종에게 이원호는 은혜를 모르는 배은망덕한 인간이므로 서하와 강화를 맺는 것은 호랑이 새끼를 키우는 셈이라고 간언했다.

유정 무늬의 목이 긴 유리병

흥종은 소혜의 건의를 받아들여 직접 10만 대군을 이끌고 세 갈래 길로 서하를 향해 진격했다. 전쟁이 시작되자마자 요나라 군대가 곧장 서하의 국경 안으로 400리를 쳐들어갔는데 그때까지도 이렇다 할 저항이 없었다. 10월에 요나라 군대와 서하 대군이 하란산賀蘭山 산기슭에서 만나 전투가 벌어졌고, 첫 전투는 서하 군대의 대패로 끝났다. 이원호는 어쩔 수 없이 서하에 귀순한 당항 여러 부족을 직접 이끌고 요나라의 군영으로 가 투항했다. 그러나 양측은 전혀 화해할 뜻이 없었다. 한 달 가까이 서로 왕래하던 와중에 서하 군대가 갑자기 요나라 소혜의 군영에 맹공격을 퍼부었다. 이에 크게 패한 요나라 군대는 사상자가 수를 헤아릴 수 없을 정도였다. 요나라 흥종은 다행이 목숨을 건졌지만 부마도위 소호도蕭胡睹는 목숨을 잃고 말았다. 그 후 이원호는 서하로 귀순한 당항의 여러 부족을 희생하기로 하고, 요나라와 전쟁 포로를 교환하며 강화를 맺어 전쟁을 끝냈다.

요나라와 서하의 변경 지역에서는 이후로도 끊임없이 충돌이 일어났지만, 전반적으로는 안정적인 국면을 유지했다. 이원호가 죽은 후 두 살도 안 된 그의 아들 이량조李諒祚가 즉위했고, 서하는 스스로 요나라의 번진이라 칭했다.

요나라 벽화의 번영

요나라의 통치 지역에서는 불교가 융성하여 사원이 많이 세워졌을 뿐만 아니라 규모도 거대해 사원 벽화 예술이 발전했다. 요나라 벽화의 예술 수준을 보여 주는 또 다른 예는 거란 묘실의 벽화이다. 거란의 통치 자들은 연운 16주로 들어온 이후 계속해서 점점 한족에 동화되었다. 그래서 거란 묘실 벽화의 내용과 형식에는 초원 유목 민족인 거란인의 삶과 중원 한족의 삶의 특징이 함께 담겨 있다.

네이멍구 자치구 바린우기巴林右旗의 삼릉三陵 가운데 동릉東陵에는 요나라 성종 야율융서가 묻혀 있다. 동릉에서 발견된 〈사계산수도四季山水圖〉에는 계절마다 숲에서 볼 수 있는 날짐승과 들짐승을 그려 넣었는데 필법이 간결하고 야생의 정취가 물씬 느껴진다. 또 주위 신하들의 초상화는 인물들이 마치 살아 있는 듯 생동감이 넘친다. 요나라의 사원 벽화는 중국 고전 예술의 보물이며, 현대 예술에도 커다란 영향을 미쳤다. 또한 요나라의 사회와 문화 등을 연구하는 데에도 여러 분야에서 역사적 가치가 있다.

요나라 무덤 벽화인 〈사녀출유도(仕女出游圖)〉

만당 시대에서 오대 시대의 궁정 회화 스타일로 그려진 이 그림 속 궁녀들은 마치 중원 지역의 궁녀와도 같다.
이 그림은 당나라 말에서 오대 시대까지의 회화 예술, 또 거란과 중원의 관계를 연구하는 데 중요한 가치가 있다.

선의 황후가 죽임을 당하다

1075년

요나라 선의宣懿 황후 소관음蕭觀音은 도종 야율홍기의 황후로, 황태자 야율준耶律濬을 낳았다. 함옹咸雍 원년(1065년)에 야율준은 태자로 책봉되었고, 열여덟 살이 되던 대강大康 원년(1075년)부터는 정사에 참여하며 남추밀원사南樞密院使를 겸임했다. 이는 당시 정권을 잡고 있던 북추밀원사北樞密院使 야율을신耶律乙辛에게 위협이 되었다. 야율을신은 먼저 선의 황후를 모함할 계략을 꾸미고, 나아가 태자 야율준을 폐하여 자신이 정권을 주무르는 데 방해가 되는 요소를 제거하려고 했다.

선의 황후는 음악을 좋아하여 스스로 가사를 짓기도 했고, 비파 연주 실력이 뛰어났다. 그녀가 지은 〈회심원回心院〉이라는 곡은 궁정의 악관 가운데 조유일趙惟一만이 유일하게 연주할 수 있었다. 선의 황후의 궁녀인 단등單登이 늘 그 조유일과 재주를 겨루게 되었는데 끝내 그를 이길 수 없었던 그녀는 황후에게 원한을 품었다. 야율을신은 이를 간파하고 단등과 그녀의 매부인 주정학朱頂鶴을 사주해 〈십향사十香詞〉를 위조했다. 그러고는 이를 황후와 조유일이 사통했다는 증거로 내세우며 황후를 모함했다. 야율을신이 도종에게 이를 알리자, 도종은 야율을신 등에게 이 사건을 조사하도록 명령했다. 조유일 및 연루되어 잡혀간 사람들은 고문을 못 견디고 거짓으로 죄를 자백해 결국 죽음을 맞았다. 선의 황후도 사약을 받아 죽었고, 그 시신은 친정에 돌려 보내졌다.

감옥에 갇힌 야율을신

1081년

대강 연간 초에 북추밀원사 야율을신의 권세는 하늘을 찌를 듯했다. 그는 선의 황후를 해하려는 계획을 세운 후, 대강 3년(1077년) 6월에 또다시 자

만부화엄경탑(萬部華嚴經塔)**의 벽돌로 조각한 보살 두상**

보살 두상은 높이가 46cm이며 후허하오터 시 동쪽 외곽에 자리한 요나라의 옛 성 풍주(豊州)의 만부화엄경탑 기좌 옆에 있다. 보살은 화관을 쓰고, 두 눈은 아래를 내려다보고 있다. 자애롭고 슬프면서도 평온한 표정에 강렬한 예술적 감화력이 있다. 요나라 벽돌 조각 작품 중에서도 걸작이다.

요나라 오경의 분립

요나라는 상경, 동경, 남경, 중경, 서경의 다섯 도읍을 세우고 그중에 상경을 수도로 삼았다. 상경은 황부
潢府(지금의 네이멍구 자치구 바린좌기 린둥 진)에 있으며 918년에 건설되기 시작했다. 처음 이름은 황도皇都
였다가 938년에 상경으로 바뀌었다. 동경은 요양부遼陽府(지금의 랴오닝 성 랴오닝 시)에 있으며 919년에 요
양 옛 성이 완공되었다. 928년에 남경으로 승급되었다가 938년에 동경이 되었다. 남경은 석진부析津府(지
금의 베이징 시 교외)에 있다. 938년에 석경당이 연운 16주를 바치자 요나라는 유주를 남경으로 삼았다. 중
경 대정부大定府(지금의 네이멍구 자치구 닝청 현)는 1007년에 건설이 시작되었다. 서경 대동부大同府(지금의
산시 성山西省 다퉁 시)는 1044년에 운주에서 서경으로 이름이 바뀌었다.

요나라는 오경을 중심으로 전국에 5도, 즉 상경도, 동경도, 중경도, 남경도, 서경도를 두었다. 오경은
행정의 수도이자 군사의 요충지일 뿐만 아니라 상업 무역의 중심이자 교통의 요지로서 요나라 각 민족
간의 경제 문화 교류에 적극적인 영향을 미쳤다.

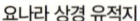

요나라 상경 유적지

신의 무리를 동원해 태자 야율준이 모반을 꾀했다고 모함하려 했다. 그러
자 요나라 도종은 시비를 가리지도 않고 태자를 폐해 평민으로 강등시켰
다. 그 후 야율준은 야율을신에게 죽임을 당했다. 야율을신이 황
태자를 모함하는 데 성공하자 조정에서는 이제 그 누구도 감히
그를 건드릴 수 없게 되어 그의 권세는 실로 하늘을 찔렀다. 그
와 한족인 북부 재상 장효걸張孝杰은 손을 잡고 자신들의 뜻에 거
스르는 충신들을 모함하는 한편 조정 안팎의 대신들을 자신들의
편으로 매수해 점점 세력을 키워 나갔다.

대강 5년(1079년) 정월에 요나라 도종이 사냥을 하러 경성을 떠났다. 떠
나는 길에 도종은 여러 대신과 보위관이 모두 야율을신의 뒤를 따르는 모
습을 보았다. 도종은 당시에는 아무런 기색도 내비치지 않다가, 궁으로 돌
아온 후 명령을 내려 야율을신을 지남원知南院 대왕사大王事로 임명해 외직
으로 내보냈다. 대강 7년(1081년) 12월에 야율을신은 금지 품목을 밖으로

빼돌렸다는 죄목으로 감옥에 갇혔다. 도종은 그제야 황태자 야율준이 모함을 당해 죽었다는 사실을 알고 후회했지만, 이미 때는 늦은 터였다. 후에 야율을신은 몰래 도망가 북송으로 귀순하려던 계획이 만천하에 드러나면서 죽임을 당했다.

도종이 한림학사에게 오경을 가르치게 하다
1086년

요나라는 건국된 지 얼마 지나지 않았을 때부터 유가 사상을 숭상했다. 연운 16주 등 북쪽의 한족 지역을 점령한 후 요나라 통치자는 한족의 통치 경험을 거울삼아 유학을 한층 더 숭상하고, 심지어는 유가 사상을 나라를 다스리는 기본으로 삼았다. 성종 야율융서는 당나라 태종과 송나라 태조를 매우 추앙해서 《정관정요》와 《당태종실록唐太宗實錄》, 《당현종실록唐玄宗實錄》 등을 열심히 읽었다. 흥종 야율종진도 유학을 숭상했다.

그 후 도종 야율홍기는 특히 더 유학을 숭상해 1086년에는 한림학사 조효엄趙孝嚴, 지제고 왕사유王師儒 등을 불러들여 《오경》의 큰 뜻을 가르치도록 하고, 추밀직학사樞密直學士 야율엄耶律儼에게는 《상서》〈홍범洪范〉을 가르치게 했을 뿐만 아니라 심지어는 한족을 초빙해서 《논어》를 가르치게 하기도 했다. 또한 유가 사상을 한층 널리 알리기 위해 문각文閣에 부족한 경서 서적을 구해서 인쇄하게 하고, 《오경》 전소傳疏(경서에 자세하게 단 주석)를 반포하고, 박사와 조교 등에게 '경서를 통해 길을 밝히도록' 했다.

금나라가 오경을 함락하다
1116년~1122년

요나라 천경天慶 6년(1116년) 정월, 발해 사람 고영창高永昌이 동경 요양부에서 군사 반란을 일으켰다. 요나라 조정에서는 재상 장림張琳에게 굶주림에

웅장하고 화려한 요나라의 탑

요나라 통치자들은 태조 이래 대대로 불교를 숭상했고, 이는 도종 때에 최고의 전성기를 맞이했다. 100여 년 동안 거란의 황족과 승려들은 거액을 쏟아 각 민족의 뛰어난 장인들을 초빙해서 수많은 불교 사원을 건설했고, 이와 함께 사원과 밀접한 관계가 있는 불탑도 세워졌다. 요나라의 탑은 모두 사원 뒤쪽에 세워졌으며, 불경을 보관한 장경탑藏經塔이고, 조형은 대부분 팔각 밀첨식八角密檐式이며 누각은 벽돌과 목재를 사용하여 지어졌다. 겉에 여러 부조 도안을 상감했다. 탑체는 일반적으로 50~70m 사이로 비교적 높아 장관을 이룬다.

네이멍구 자치구 지역에는 요나라의 유명한 탑인 중경 대명탑, 상경 남탑南塔, 경주 백탑白塔, 풍주 만부화엄경탑 등이 현존한다. 요나라의 탑은 과학적이고 합리적으로 건축되어서 아주 견고해 자연재해에도 끄떡없다. 그래서 수차례 대지진을 겪고도 아무 탈이 없었다. 다시 말해, 중국의 탑 건축 예술이 요나라 시대에 최고봉에 달했다고 할 수 있겠다. 천 년이 지났지만 요나라 탑의 웅장한 풍채는 변함이 없다. 이런 우수한 역사, 문화적 유산은 중국 고대 각 민족의 위대한 창조력과 뛰어난 건축 기술을 보여 준다.

요나라 중경의 대명탑(大明塔)과 탑 위의 부조

허덕이는 백성 2만여 명을 이끌고 그를 토벌하게 했다. 이에 고영창이 금나라에 구원을 요청하자 완안아골타完顔阿骨打가 병사를 보내 요나라의 동경을 점령했다. 금나라 천보天輔 3년(1119년)에 금나라는 요나라와 강화를 맺는 일이 실패로 돌아가자 다시금 공격을 퍼부었다.

천경 10년(1120년) 5월에 금나라는 군대를 세 갈래로 나누어 상경을 습격했고, 이에 천조제天祚帝 야율연희耶律延禧는 황급히 중경 대정부로 도망갔다. 요나라 보대保大 원년(1121년) 정월, 요나라의 부도통 야율여도耶律余睹가 금나라에 투항했다. 그해 12월에 금나라는 완안과完顔果를 내외제군도통內外諸軍都統으로 삼고 남쪽으로 진격해 요나라에 총공세를 퍼부었다.

요나라 보대 2년(1122년) 정월, 금나라가 중경을 함락하자 야율연희는 서경 대동부로 도망갔다. 3월에 금나라 제군부통도 완안종한完顔宗翰이 요나라 서북, 서남 양쪽의 군사력이 약하다는 소식을 듣고 바로 서쪽으로 이동해서 완안과와 합류했다. 그리고 군대를 이끌고 양성락羊城濼(지금의 허베이 성 구위안 현沽源縣 북쪽)으로 가서 서경을 압박했다. 4월에 금나라가 서경을 포위하자 요나라 장군 경수충耿守忠이 군사를 이끌고 포위망을 뚫어 구원을 청하러 갔고, 금나라의 완안종한, 완안종웅完顔宗雄, 완안종간完顔宗幹 등이 지휘하는 부대가 속속 서경으로 모였다. 완안종한이 군사들을 이끌고 공격에 나서 말에서 내려 직접 활로 요나라 군사들을 공격하니 금세 서경을 함락했다.

녹색 유약을 바른 정병(淨瓶, 목이 긴 형태의 물병)

서경이 함락되자 요나라 서쪽의 주, 현, 부락은 순식간에 완전히 와해되어 앞다투어 금나라에 투항하고 나섰다. 이때 천조제 야율연희는 줄곧 천덕군天德軍(지금의 네이멍구 자치구 우량하이烏梁海 북쪽)과 음산 사이에 도망해 있었다. 같은 달에 금나라가 북송 동관童貫의 요구를 받아들여 군대를 두 갈래로 나누어서 득승구得勝口와 거용관에서 남쪽으로 진격해 요나라의 남경 석진부를 공격했다. 요나라 군대는 싸워 보지도 못하고 모두 흩어져 버렸고, 금나라는 쉽게 남경을 손에 넣었다. 이로써 요나라의 오경은 모두 금나라의 소유가 되었다.

요나라의 멸망
1125년

금나라가 요나라의 오경을 점령한 때는 북송 선화 4년, 금나라 천보 6년(1122년)이었다. 북송에서도 왕보王黼와 동관이 금나라 연합군과 맺은 협정

요나라의 독특한 도자

요나라는 당나라와 송나라 북부 지방의 전통적인 도자 기술을 계승하여 도자업이 발달했다. 다시 말해, 당삼채, 송삼채, 송정요계와 자주요계의 전통을 이은 바탕에 거란 민족 특유의 유목 민족의 특징을 결합하여 독특한 스타일의 요나라 도자를 만들어 냈다. 요나라의 도자업은 남경, 상경, 동경, 중경 등의 성과 진에 퍼져 있었으며 백자가 가장 성행했다. 당시 북송의 정요에서 생산된 백자가 가장 유명했는데, 한 번은 요나라가 북송을 공격했을 때 정주에서 수많은 도공을 사로잡아 데려갔다. 요나라는 정요에서 생산된 '방정仿定'을 모방하여 희고 윤기가 흐르는 백자를 만들었고, 그 흰 정도와 윤기는 정요 백자와 어깨를 나란히 할 정도였다. 백자 외에도 요나라 청자는 유색이 아름다우면서도 광택이 좋았다. 녹색 유자는 짙은 녹색이 대부분으로 소박하면서도 대범하다. 요나라 삼채의 굽기 기술도 매우 뛰어나 도자의 품질이 정교하고 유색이 찬란했다. 삼채 가운데 원앙호鴛鴦壺는 요나라 삼채의 걸작으로 손꼽힌다.

요나라 자기는 외형과 무늬 장식에서 짙은 민족적 특색을 보인다. 예컨대 계관호鷄冠壺, 계퇴호鷄腿壺, 장경병長頸瓶, 편배호扁背壺, 봉수병鳳首瓶, 해당식海棠式(해당화 형태) 긴 쟁반, 사각형 접시方碟 등의 제품은 모두 요나라에서만 만들어졌다. 계관호는 주전자의 몸체가 위는 편평하고 아래는 둥글며, 구멍이 하나이고 바닥은 평평해 말을 타고 이동할 때도 휴대하기에 편했다. 봉수병은 원래 당나라 시대에 서아시아에서 전해져 요나라가 계승한 스타일이다. 위로 갈수록 좁고 길어지는 변화를 보인다. 요나라 삼채는 당나라와 송나라 삼채의 영향을 받아 보통 황색, 녹색, 백색의 세 가지 색이 사용되었으며, 겉면은 당시 염직染織 무늬 스타일을 모방해 색채가 열정적이고 매우 특색이 있다. 요나라 삼채는 날염한 쟁반과 접시가 많고, 방형과 원형, 화형花形 등의 형태가 있다. 랴오닝 성 신민 시新民市에서 출토된 삼채 인화 해당식 긴 쟁반은 노란 꽃, 초록 잎, 흰 바닥이 어우러져 매우 특색 있다.

'관官'자가 상감된 금색 입구 백자 그릇

을 근거로 병사를 일으켜 요나라를 공격하기로 했다. 북송은 곽약사郭藥師에게 상승군常勝軍을 이끌고 선봉에 나서도록 해 10월에 연경을 공격했지만 요나라의 소간蕭干에게 패했다. 이때 요나라의 천조제는 나라의 존망이 촌각에 달렸음에도 여전히 고립되어 도움을 받을 길 없는 고립 정책을 고수해 요나라는 점점 분열되었다.

요나라 보대 3년(1123년) 정월, 소간이 스스로 황제의 자리에 올랐다. 곽약사가 이 틈을 타고 다시 공격해 승리하고, 소간은 부하의 손에 목숨을 잃었다. 천조제가 막다른 상황에 몰렸을 때, 마침 야율대석이 군대를 이끌고 찾아와 천조제는 음산에서 병마를 얻게 되었다. 그는 스스로 '하늘의 도움'을 얻었다고 여기며 연주와 운주를 되찾고자 했다. 야율대석이 이를 말렸지만, 천조제는 듣지 않았다. 보대 4년(1124년) 7월에 결국 야율대석은 천조제와 갈라서서 스스로 황제의 자리에 오르고 서요西遼 정권을 세웠다. 이듬해인 1125년 2월, 응주(지금의 산시 성 잉 현應縣)의 신성新城 동쪽으로 60리 거리인 곳에서 천조제가 금나라 병사에게 사로잡히면서 요나라는 멸망했다.

쿠츨루크가 서요 정권을 빼앗다
1211년

쿠츨루크屈出律(?년~1218년)는 몽골 나이만부乃蠻部의 부족장 타양 칸太陽汗의 아들이다. 1204년에 타양 칸이 몽골의 칭기즈칸에게 패해 전사하고 나이만부가 멸망하자, 쿠츨루크는 비슈발리크Bishbalik別失八裏를 가로질러 쿠차 지역으로 들어가서 1208년에 서요西遼(카라키타이)로 도망갔다. 당시 서요 황제 야율직로고耶律直魯古는 그를 환영하며 사위로 삼았다. 쿠츨루크는 원래 경교景敎(대진경교大秦景敎라고도 하며, 그리스도교 네스토리우스파를 가리키는 중국의 호칭)를 믿었으나 불교로 개종했다. 훗날 호라즘과 사마르칸트가 서요를 삼킬 계략을 꾸몄다. 그 무렵 쿠츨루크는 서요의 정세가 위급함을 느끼던 차에 흩어졌던 나이만부 사람들이 산속에 숨어 지낸다는 소식을 들었다. 그래서 그는 곧 야율직로고에게 서요의 역량을 키우기 위해 온 힘을 다하겠으니 나이만부의 백성을 모으겠다는 핑계를 대며 자신을 보내 달라고 청했다. 야율직로고는 쿠츨루크의 감언이설에 속아 그를 보내 주

거란의 상례와 장례 풍습

맥을 잡아 주는 중국사 중요 키워드

초기에 거란인은 화장火葬과 노천장露天葬을 해 원시성을 지니고 있었다. 당나라 시대에도 거란인은 여전히 무덤을 사용하지 않고, 말이 끄는 수레로 팔대산八大山으로 가서 시신을 나무 위에 걸어 놓았다. 그러던 중 요나라 시대에 이르러 거란인의 상례와 장례 풍습에 중대한 개혁이 일어났다. 나라를 세운 후 거란인들은 거란 특유의 풍습인 노천장 겸 화장, 또는 화장 후 매장하는 방식을 유지하면서 한족의 상례와 장례 풍습 일부를 받아들였다. 즉, 무덤을 만들지 않던 자신들의 풍습에 변화를 주어 사람이 죽으면 시신을 고향으로 보내 조상의 무덤 곁에 장사 지내고, 부부를 합장하기도 했다.

요나라 황제의 무덤이 바로 한족의 중원 상례와 장례 제도가 거란들에게 미친 영향을 보여 주는 증거이다. 요나라 태조 야율아보기의 능은 특히 중원 상례와 장례 제도의 영향을 많이 받았다. 요나라 태조의 황릉은 규모가 매우 크고, 능원 안에 전당과 비석을 세우고, 밑받침돌인 구질龜跌을 놓았다. 황릉 앞에는 돌로 만든 석인石人인 옹중翁仲과 상서로운 짐승瑞獸 석상을 세우고, 옆에는 능을 지키는 관리를 두어 지키게 했다. 일부 왕공의 무덤 앞에 양과 호랑이 모습의 석상 등을 늘어세우는 것도 한족의 장례 풍습이다.

거란에는 순장과 시체를 보존하는 풍습도 있었다. 그래서 요나라 태조를 묻기 전에 황후 술율씨가 일부 대신을 죽여 태조와 함께 묻었다. 거란의 부유층은 다양한 시체 보존 방법을 사용했다. 그중 하나는 시체의 배를 갈라 내장을 꺼내고 피부를 찔러 피를 빼 낸 후 소금과 약물로 시체를 절였다가 말리는 방법이다. 그 밖에 수은과 숯으로 시체를 보존하는 방법, 구리 실로 만든 그물 모양의 옷銅絲網衣과 금속 가면으로 시체를 보존하는 방법 등이 있다.

도금한 은 가면

거란 귀족의 장례를 치를 때에는 일반적으로 얼굴에 가면 모양의 금속 조각을 씌웠고, 몸은 채색 비단인 금채(錦彩)로 둘둘 말거나 은실이나 구리 실을 그물 모양으로 엮어 씌워 장식을 끝냈다. 이 가면은 공주가 사용했던 것으로 여겨진다.

었다.

서요를 떠난 쿠츨루크는 흩어져 있던 나이만부 사람들을 모아 군대를 조직하고, 호라즘과 손을 잡았다. 양측은 몰래 서로 사신을 보내며 연락해 호라즘 국왕 무함마드가 군대를 이끌고 서쪽에서 서요를 공격하고, 쿠츨루크는 동쪽에서 서요로 공격해 들어가기로 했다. 1211년에 야율직로고가 호라즘, 사마르칸트에 패했다. 쿠츨루크가 기회를 놓치지 않고 공격해 야율직로고를 포위하자 야율직로고는 어쩔 수 없이 투항했다. 쿠츨루크는 야율직로고에게서 서요의 황위를 빼앗아 그를 태상황에 봉하고 황후는 황태후에 봉했다. 야율직로고는 그로부터 2년 후에 병으로 죽었다. 쿠츨루크는 서요 왕조의 제도를 그대로 이어받고 국호를 바꾸지 않은 채 서요라는 국호를 그대로 사용했다. 그러나 영토는 호라즘과 사마르칸트를 포함하지 못했다. 1218년에 쿠츨루크가 몽골군에 죽임을 당하면서 서요는 멸망하고 말았다.

2 서하

시기 : 1038년~1227년
인물 : 이원호, 이건순, 임득경

바람 같지 않은 옛일

당항족의 우두머리 이원호가 1038년에 스스로 황제가 되어 국호를 대하大夏라고 정했다. 역사에서는 이 나라를 '서하'라고 부른다. 서하는 건국된 후 끊임없이 북송의 변경을 침입했다. 이렇게 해서 벌어진 서하와 북송 사이의 전쟁은 1044년까지 계속되었다. 북송은 서하를 인정하고, 서하는 북송의 신하가 되었다. 서하는 자신의 문자와 찬란한 문화가 있었고, 중국 각 민족 사이의 융합과 중국에 통일된 다민족 대가정을 형성하게 하는 데 적극적인 기여를 했다.

1227년에 중국 북부 지방에서 생겨나 약 200년 동안 기세를 떨친 서하는 몽골의 대규모 철기군에 무너지고 말았다. 이와 함께 서하가 남긴 진귀한 역사적 문헌과 문물은 대부분이 정복자의 복수의 불꽃에 타 버리고 말았다. 한 시대를 군림한 서하 왕조는 19세기 들어 카라호토(중국어로는 흑수성黑水城) 문물과 서하 왕릉이 발견되기 전까지 사람들의 기억 속에서 잊혀져 왔다.

이원호가 대하를 세우다

1038년

북송 인종 천성 9년(1031년), 당항족의 우두머리 이덕명李德明이 죽고 그의 아들 이원호가 뒤를 이었다. 이덕명은 살아생전에 끊임없이 회골, 토번 등의 부락을 약탈했는데, 이원호도 즉위하고 나서 아버지의 정책을 그대로 이어 받았다. 명도明道 2년(1033년)에 이원호가 군대를 일으켜 토번의 곡시라啒厮羅부를 무너뜨리고 우성牛城(지금의 칭하이 성 시닝 시西寧市 북쪽)을 점령했다. 그리고 3년 후에 다시 서쪽으로 가서 회골을 공격하고 과주瓜州(지금의 간쑤 성甘肅省 안시 현安西縣), 사주沙州(지금의 간쑤 성 둔황 서쪽), 숙주肅州(지금의 간쑤 성 주취안 시酒泉市)를 점령해 하서 회랑을 장악했다. 이로써 이원호가 통치하는 영역은 동쪽으로는 황하, 서쪽으로는 옥문玉門, 남쪽으로는 소관蕭關(지금의 닝샤 성 구위안 시), 북쪽으로는 대막大漠(고비 사막을 일컬음.)에 이르러 영토가 만여 리에 달했으며, 하주, 은주, 수주綏州, 유주宥州, 정주, 영주靈州, 염주鹽州, 회주會州, 승주勝州, 감주, 양주, 과주, 사주, 숙주 등 광대한 구역을 장악했다. 영토가 나날이 확장되고 포로가 급격하게 늘어나자 기존에 흥주興州(지금의 닝샤 성 인촨 시)를 중심으로 느슨하게 연결되어 있던 부락 연합이 더는 이 같은 형세의 급격한 변화를 따라갈 수 없게 되었다. 이에 따라 당항의 노예주 귀족들의 이익을 보호하기 위해 나라를 세우는 일이 시급한 목표가 되었다.

북송 보원寶元 원년(1038년) 10월에 이원호는 흥경부(즉 흥주) 남쪽 교외에 제단을 높이 쌓고 측근 대신인 야리인영野利仁榮, 양수소楊守素 등의 추대를 받아 정식으로 황제로 등극했다. 그는 국호를 대하로 정하

당항족 가족 게르(Ger)를 그린 암각화

이 암각화는 높이가 90cm이고 너비는 100cm이며, 당항족의 초기 생활을 생동감 넘치게 묘사했다. 흑색 화강석에 새겨져 있으며, 그림이 돋보이는 부분에 꼭대기가 뾰족한 게르(몽골의 전통적인 이동식 천막집)가 여러 개 그려져 있다. 이것은 원시 형태의 게르로, 안에 사람이 앉아 있다. 게르의 중간에 있는 사람은 분명히 이 가족의 시조일 것이다. 양쪽은 그 후손으로 여러 층의 인물을 통해 이 가족이 대대로 이어진 것을 보여 준다.

고, 연호는 천수예법연조天授禮法延祚로 고치고 그해를 원년으로 했다. 이때 이원호는 서른 살로, 그가 바로 서하의 황제 경종景宗이다.

북송과 서하의 강화
1044년

서하 천수예법연조 6년(1043년), 이원호가 요나라 흥종에게 함께 군대를 일으켜 북송을 공격하자고 제안했다가 거절당했다. 그러자 이원호는 요나라

경종 이원호

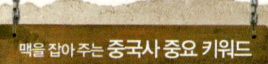
맥을 잡아 주는 **중국사 중요 키워드**

서하 경종 이원호(1004년~1048년)는 어릴 때 이름이 외리嵬理였는데, 나중에 낭소曩霄로 바꾸었다. 서평왕西平王 이덕명의 아들이며 어머니는 위모衛慕 씨이다. 이원호는 어려서부터 한자와 티베트 문자에 통달하고 병서를 읽었으며, 불교의 이론과 법률을 이해했다. 천성 6년(1028년), 이원호는 스물네 살에 군대를 이끌고 나가 회골을 격파하고 감주(지금의 간쑤 성 장예 시張掖市)를 빼앗았다. 그리고 태자로 책봉된 후 요나라 흥종에 의해 종실인 흥평興平 공주를 아내로 맞이했다.

북송 명도 2년(1032년)에 이원호가 서평왕으로 즉위해 연호를 현도로 정하고, 당나라와 북송에서 내린 성을 버리고 외명嵬名 씨로 바꾸었으며 스스로 올졸兀卒(푸른 하늘의 아들이라는 의미)이라고 칭했다. 북송 보원 원년(1038년) 10월에 이원호가 황제로 즉위하여 국호를 대하, 연호를 천수예법연조로 정하고 흥경부를 도읍으로 삼았다.

건국 후 이원호는 관직 체계와 예법을 정하고, 고유의 문자를 만들라고 명령했다. 아울러 번교蕃敎(또는 번학蕃學이라고도 함. 나라에서 설립한 교육 기관)를 세우고, 좌·우상左右廂 12개 감군사監軍司를 세워 22주의 땅을 통제했다. 또 여러 차례 군대를 일으켜 북송과 전쟁을 벌여서 천수예법연조 3년(1040년)의 삼천구三川口(지금의 산시 성陝西省 즈단 현志丹縣 서쪽) 전쟁, 4년(1041년)의 호수천好水川(지금의 닝샤 성 룽더 현隆德縣 동쪽 톈수이허 강喏水河) 전쟁, 5년(1042년)의 정천채定川砦(지금의 닝샤 성 구위안 시 북쪽) 전쟁에서 모두 승리를 거두었다. 그 후에는 하란산에서 요나라에 패해 북송, 요나라를 상대로 대치하기도 했다. 천수예법연조 11년(1048년)에 황족과 황후 가족의 권력 투쟁 와중에 이원호는 태자 영령가寧令哥의 칼에 찔려 죽었다.

와 북송이 함께 자국을 협공할까 봐 두려워 이듬
해(1044년)에 대신 윤여칙尹與則과 양수소楊守素
를 북송에 보내 공물을 바치게 하고 북송의 신
하를 자칭했다. 요나라가 이를 알고는 역시 북송
에 사신을 보내서 자신들이 이미 병사를 보내 서하를
공격하려고 하니 신하가 되겠다는 서하의 청을 거절하라고
했다. 이에 북송 인종은 잠시 이원호의 책봉을 유보하고 대신 여정
余靖을 요나라에 보내 상황을 살피도록 했다. 사신으로 요나라에 다녀온
여정은 인종에게 빨리 이원호를 책봉하여 그에게 요나라에 대항하게 하라
고 건의했다.

그해 10월, 북송은 예부원외랑禮部員外郎 장자張子를 책봉사로 서하에 보
냈다. 그와 함께 북송 인종은 이원호에게 은 2만 냥, 비단 2만 필, 찻잎 3만
근과 어의御衣, 황금대, 은으로 만든 말안장, 칠서漆書(종이가 없던 옛날에 대
쪽에 새겨 옻칠을 한 글자)와 죽간竹簡 등을 내렸다. 그 밖에도 거북이 모양 손
잡이의 도금한 은 도장에 '하나라 군주의 도장'이라는 뜻의 '하국주인夏國主
印'이라는 네 글자를 새겨 주었다. 사책賜冊(신하에게 보답으로 내려 주는 책)과
선물 외에도 북송 조정은 이원호가 북송의 신하를 칭하는 것에 대해 북
송의 역법을 따르고 이원호를 군주로 칭하며 서하가 스스로 관청을
두는 것을 허락했다. 또한 서하의 사신이 북송의 동경에 와서
역관에 설치된 관시에서 무역할 수 있고 북송의 사신이 서
하에 가면 손님의 예로 대접한다는 등의 규정을 정했다.
화의를 맺은 후 북송과 서하 사이의 긴장 국면은 어
느덧 완화되었다.

꽃 모양의 금 잔탁

이 잔탁은 연꽃 모양으로 받
침과 잔 두 부분으로 구성된
다. 순금으로 정교하게 제작
되어 조형이 아름다운 서하
문물 중의 걸작이다.

**서하의 진흙으로 만든 배
나온 미륵상**

이 조소상은 두드러지는 세
속적인 점이 많아 서하가 중
원 문화의 영향을 받았다는
역사적 사실을 드러낸다. 서
하 시대 진흙 조소 예술의
걸작이다.

요나라와 서하의 화의

1044년

이원호가 나라를 세운 지 얼마 지나지 않았을 때에는 북송을 공격하느라 바빠서 요나라와는 사신을 왕래하는 일반적인 관계를 유지했다. 천수예법 연조 6년(1043년)에 이르러 요나라가 이원호와 연합하여 협산夾山 일대에 거주하면서 자국의 구속을 받기 싫어하는 당항부 대이족岱爾族의 저항을 진압했다. 그러나 승리의 달콤한 열매를 요나라가 혼자서 삼켜 버리는 바람에 이원호가 불만을 품으면서 양측의 관계는 악화되었다.

이듬해(1044년) 10월에 요나라 흥종이 직접 기병 10만을 이끌고 서하를 공격했다. 황태제皇太弟 중원, 북원추밀사 소혜, 동경유수 소효우蕭孝友가 세 갈래로 나뉘어 황하를 건너고 서하 국경 안으로 200km나 깊숙이 들어갔지만 어떤 저항도 받지 않았다. 이원호가 하란산 북쪽에 군대를 주둔

'번학'과 서하의 문자

맥을 잡아 주는 중국사 중요 키워드

'번학'은 서하의 학교로, 경종 이원호가 천수예법연조 연간에 세웠다. 대신 야리인영의 주관으로 《효경孝經》, 《이아爾雅》, 《사언잡자四言雜字》 등 한문 서적을 서하 문자로 번역하고 번족과 한족 관료의 자제 가운데 우수한 이들을 선발해서 입학시켰다. 공부를 마치면 시험을 치러 답이 정확하고 글씨가 단정한 이에게 관직을 주었다. '번학'을 세움으로써 이원호가 통치 계급의 전체적인 문화 수준을 높이고, 호족 귀족 세력의 확대를 견제하고, 서하의 봉건 정권을 탄탄히 했다는 데 긍정적인 의미가 있다.

서하 문자는 야리인영이 이원호의 명령을 받들어 창제한 글자로 개서, 전서, 행초 등의 서체로 나뉜다. 《천성년개신정률령天盛年改新定律令》 및 일부 문학, 역사, 의학 저작은 서하 문자로 쓰였다. 자전으로는 《문해文海》, 《음동音同》과 서하 문자와 한문 해석이 모두 있는 《번한합시장중주番漢合時掌中珠》 등이 있다. 서하 문자의 창제로 당항과 한족의 문화 교류가 더욱 밀접해졌고, 당항에 한족의 문화가 전파되는 속도가 빨라졌으며, 이로써 당항 문화를 한층 더 발전시킬 수 있었다.

시키고 있다는 소식을 들은 소혜가 군대를
보내 공격했다. 그 결과 이원호가 하란산 전
투에서 패해 요나라에 사죄하고 투항했다.

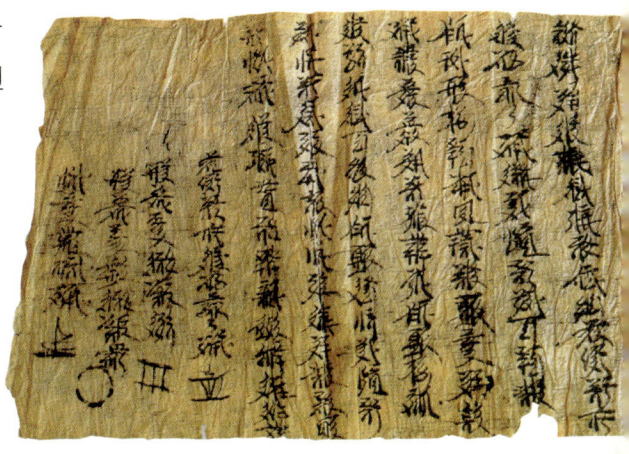

　요나라 군대가 하곡(지금의 네이멍구 자치
구 이커자오맹伊克昭盟)에 주둔하자 이원호가
직접 흥종을 알현하고, 활을 부러뜨리며
다시는 요나라에 반란을 일으키지 않겠
다고 맹세했다. 이때 요나라 장수 소혜가
대군이 이미 모였으니 승세를 타 계속 진
격하자고 주장했다. 그런데 사실 그전에 이원호가 요나라의 세력이 강대한
것을 보고는 세 차례에 걸쳐 퇴각하면서 매번 황무지에 불을 질렀다. 이
때문에 요나라 군대는 식량과 건초를 조달하기가 어려워져 더 이상 공격하
지 않고 화의를 받아들일 수밖에 없었다. 이때 이원호가 요나라 군사들이
피곤한 틈을 타 반격해서 전승을 거두고, 요나라 장수 소호도와 가까운
신하 수십 명을 포로로 붙잡았다. 결과적으로 전쟁에 패한 요나라 흥종은
서하와 화의를 맺었다. 이원호는 화의를 맺어도 혹시 요나라와 북송이 연
합해 자국을 공격할까 봐 요나라에 밉보이지 않기 위해 소호도 등을 돌려
보내 주었다.

　서하는 건국 이전에 요나라와 화친하며 북송에 대항했는데, 이번에 요
나라 흥종에게 대패를 안기면서 서하의 실력을 드러냈다. 이로써 서하와
요나라와 북송 세 나라가 대치하는 국면이 형성되었다.

**천의기년(天義己年)의 소 매
매 계약서**

얇고 부드러운 옅은 황색 마
지(麻紙)에 서하 문자로 쓰인
소 매매 계약서이다. 계약서
에는 먹으로 서하 문자가 몇
행 쓰여 있는데 글자 수는
일정하지 않다. 첫 번째 행
의 구절은 '천의기년 9월'이
라는 뜻이다. 이 계약서에는
매매 양측의 성명과 거래 금
액이 기재되어 있다. 승려가
수행하던 해모동(亥母洞)에
서 발견되었으므로 당시에
는 승려가 직접 사회, 경제
활동에 참여했음을 알 수 있
다. 이 계약서는 사원 경제
를 연구하는 데 중요한 의미
가 있다.

이건순이 직접 나라를 다스리다

1099년

서하 숭종崇宗 건순乾順(1084년~1139년)은 혜종惠宗 병상秉常의 맏아들이다.

한족과 티베트의 예술 경향을 고루 갖춘 불교 예술

중국 전통 문화에 깊은 영향을 미친 불교는 서하 문화에도 중요한 영향을 미쳤다. 서하는 불교를 국교로 삼아 여섯 차례에 걸쳐 북송에서 불경을 구했을 뿐만 아니라 나아가 방대한 불경을 번역하고 인쇄하는 데 대규모의 재력과 인력을 쏟아 부었다. 그 밖에 회골, 토번의 고승을 초청하여 경문을 설명하고 불법을 널리 알리도록 하고 황족에서 백성에 이르기까지 모두 와서 듣게 했다. 불교 건축물은 더더욱 우후죽순처럼 전국 각지에 널리 건설되었다. 세계적으로 이름이 드높은 돈황 막고굴과 유림굴의 유물 가운데에도 서하 시대에 재건된 석굴이 거의 100곳에 이른다.

불교는 지역마다 서로 다른 종파와 특색을 보인다. 지역적인 영향을 많이 받은 서하 불교는 불교의 다원화 현상을 드러낼 뿐만 아니라 이를 불교 예술에 반영했다. 하롱河隴 지역의 불교 예술은 당나라 시대에 이미 중원의 예술 경향이 깊이 반영되었기에 서하 초기의 불교 예술도 그러한 스타일을 계승했다. 서하 중기에 이르러 토번에서 들어온 라마 불교가 유행하면서 서하의 불교 예술에도 라마 불교의 색채가 짙어졌다.

공양인(供養人) **벽화**

안서현(安西縣) 유림굴 제16굴에 그려진 이 그림은 불상에 공양을 바치는 공양인의 모습을 그렸다. 공양인은 당시 실존 인물의 모습을 나타내며, 북송 시대 복식의 특징을 보여 준다.

대안大安 12년(1086년)에 혜종이 죽자 겨우 세 살인 건순이 황제로 즉위하여 조정의 권력은 그의 생모인 양梁씨의 오빠 양을포梁乙逋의 손아귀로 넘어갔다. 양을포는 나라 안에서 권력을 휘둘렀을 뿐만 아니라 군대를 이끌고 북송을 침입했다가 패해 통치 계급 내부의 강한 불만을 샀다. 이에 양 태후가 그의 병권을 빼앗자, 화가 난 양을포가 정권을 찬탈하려는 계획을 세웠다가 대장 외명아오嵬名阿吳, 인다보충仁多保忠 등에게 죽임을 당했다. 그런데 양 태후도 병권을 장악한 후 계속해서 북송을 공격했다.

천우민안天祐民安 7년(1096년)에 양 태후와 열세 살이 된 숭종 건순이 50만 병력을 이끌고 기세등등하게 북송의 연안로延安路(지금의 산시 성陝西省 엔안 延安市)를 공격해 들어갔다. 이 전쟁에서 북송 군대가 패해 퇴각하고, 서하 군대는 금나라의 명재明齋(지금의 산시 성陝西省 안싸이 현安塞縣)까지 함락한 후 포로로 잡은 북송 군사들을 요나라에 선물로 보냈다. 그 이듬해에 북송은 서하의 공격을 방어하기 위해 호수천 북쪽에 성곽을 쌓고 평하성平夏城이라 이름 붙였다.

영안永安 원년(1098년) 10월에 양 태후가 평하성을 손에 넣고자 40만 대군을 일으켰다. 서하 군대는 성에서 백 리 떨어진 곳에 주둔하며 새로 도입한 신식 전차를 이용해 성으로 돌과 불을 날리며 공격했다. 그러나 격전을 벌인 지 13일이 되었지만 평하성은 여전히 함락될 기미조차 보이지 않았고, 서하 군대는 식량과 건초가 점점 바닥을 보였다. 이를 알아챈 북송 군대가 반격하니 서하군은 크게 패하고 말았다. 양 태후는 어쩔 수 없이 요나라에 지원을 청할 수밖에 없었다. 영안 2년(1099년)에 요나라에서 서하에 사신을 보내 독주로 양 태후를 죽였다. 이로써 열여섯 살의 숭종 건순이 요나라 왕조의 지지를 받으며 직접 정사를 돌보기 시작했다.

서하가 금나라의 신하를 칭하다
1124년

여진족의 노예주 귀족 우두머리인 완안아골타는 금나라를 세운 후 끊임없이 북송과 요나라를 침략했다. 북송 선화 2년(1120년)에 금나라 태조 완안아골타가 요나라 상경을 함락하고 선화 4년(1122년)에 또다시 요나라 중경을 함락하자 요나라 천조제는 서경으로 도망갔다. 이에 금나라 군대도 서경으로 향했다. 서하 숭종이 병사 5,000명을 보내 요나라를 도우려 했지만, 서하의 지원병이 도착하기도 전에 서경이 이미 함락되어 천조제는 음산으로 숨었다. 서하 숭종 건순이 다시 대장 이양보李良輔에게 3만 병사를 이끌고 천조제를 돕게 했다. 서하 군대가 천덕군에 도착했을 때 금나라 군대와 맞닥뜨려 양측은 격렬한 전투를 벌였다. 그 결과 금나라 군대가 패해 후퇴했

〈무사도〉

서하의 채색 목판화이다. 무사는 둥근 얼굴에 눈은 작으며, 젊고 말쑥한 모습의 위풍당당한 소년 장군의 형상이다.

서하의 투각 인물 무늬 금 장식물

정면에 인물과 꽃잎이 투각되어 있다. 안쪽으로 인물상이 있는데, 좌우 모두 서 있는 자세이며 하나는 부처이고 하나는 보살상이다. 뒷면에 있는 5.8cm의 둥근 고리는 장식에 용이하도록 만들어진 것이다.

다. 이양보가 계속해서 전진하자 금나라 완안누실完顔婁室, 완안알로完顔斡魯가 군대를 이끌고 공격해 왔는데, 이번에는 이양보가 크게 패해서 돌아갔다.

북송 선화 5년(1123년)에 서하 숭종이 다시 군대를 일으켜 요나라에 지원병을 보냈으나 금나라 군대에 막혀 손을 써 보지도 못하고 돌아왔다. 요나라 천조제는 다시 운내주雲內州(지금의 네이멍구 자치구 투무터좌기土默特左旗 일대)로 도망갔다. 서하 숭종이 사람을 보내 요나라 천조제를 서하로 데려오고자 했지만 금나라 군대가 그새 운내주를 함락했다. 천조제는 또다시 황급히 협산(지금의 네이멍구 자치구 투무터기 서북쪽)으로 도망쳤다. 요나라의 멸망은 이미 정해진 바였다. 서하 숭종도 어쩔 도리가 없었다. 이때 금나라 대장 알리불斡離不이 서하 숭종에게 서신을 보내 서하가 요나라 천조제를 금나라에 보낸다면 그 보답으로 땅을 떼어 주겠다고 했다.

북송 선화 6년(1124년) 정월에 서하 숭종이 금나라에 투항했고, 금나라는 원래 요나라 관할이던 서북 지역과 음산 남쪽, 토록박吐祿泊 서쪽 지역의 땅을 서하에 주었다. 세 달 만에 서하 숭종은 금나라 왕에게 맹세하며 과거 요나라에 한 일을 금나라에 반복했다. 금나라 완안아골타도 서하에 맹세의 서신을 내려 서하를 속국으로 삼았다.

임득경이 나라를 나누다
1170년

임득경任得敬은 본래 북송 서안주西安州(지금의 닝샤 성 하이위안 현海源縣)의 통판通判(조정의 신하 가운데 군郡에 나아가 정치를 감독하던 벼슬아치)이었지만 후에 민병을 이끌고 서하에 투항했다. 그는 딸을 서하 숭종 건순의 후궁으로 바쳤는데 그 딸이 훗날 황후가 되었다. 그 후로 임득경은 외척으로서 권력을 마음껏 주물렀고, 관직도 계속해서 높아졌다. 인경人慶 4년(1147년)에 임득경이 조정에 들어와 국정에 참여하려고 하자 인종이 어사대부 예라궁제熱辣公濟, 복왕濮王 인충仁忠에게 의견을 물었다. 그들은 임득경이 조정에 들어오면 분명히 권력을 휘어잡고 나라를 어지럽힐 것이라고 답했다. 이에 인종은 두려워한 나머지 임득경에게 입궐을 허락하지 않았다. 얼마 후 복왕 인충이 죽자 임득경은 진왕晉王 차가察哥를 매수해 그의 추천으로 조정으로 들어가 상서령에 임명되었고, 뒤이어 중서령에 임명되었다. 차가가 죽은 후에는 임득경이 재상이 되어 조정 안팎으로 세력을 떨쳤다. 그는 자신의 세력을 더욱 확장하기 위해 아우, 조카를 모두 고위 관리로 발탁했다. 이로써 임씨 가문의 사람들이 조정의 군사와 정치 요직을 모두 장악했다. 하지만 임득경은 여기에 만족하지 못하고 인종에게 자신을 초왕楚王으로 봉하도록 압박했고, 자신이 조정을 출입할 때의 의장을 황제와 대등한 수준으로 했다. 이뿐만 아니라 한걸음 더 나아가 정권을 빼앗을 음모를 꾸며 인종에게는 과주와 사주를 관리하게 하고 자신은 영주靈州와 하주를 다스렸다. 그리고 인부 10만 명을 동원해 영주성을 짓게 해서 백성의 원성을 샀다.

건우 원년(1170년) 이후 인종은 서하 서남로와 영주, 나방령羅龐嶺(지금의 간쑤 성 우웨이 시武威市 안) 일대를 초왕 임득경에게 떼어 주고, 또 금나라에 사신을 보내 임득경의 책봉을 청했다. 그러나 금나라 세종世宗은 한 나라의 군주가 이유 없이 영토를 신하에게 줄 리 없으니 틀림없이 권신의 핍박에 의한 것이라고 생각하고 책봉을 거절했다. 이에 분노한 임득경은 방향을 바꾸어 북송을 따르기로 하고, 또 북송과 함께 금나라를 공격하겠다고 약속했다. 그런데 연락을 주고받는 도중에, 임득경에게 온 북송의 사신이 서하에서 잡히고 말았다. 이로써 임득경의 속셈을 알게 된 인종은 자신도 보호하고 금나라의 지지도 받기 위해 임득경의 아우 득총得聰과 득인得仁

등을 유인해 체포하도록 명령했다. 그리고 얼마 후 임득경과 그 무리를 모두 죽이고, 유학자인 알도충韓道衝을 재상으로 삼았다. 이로써 서하의 정세는 다시 정상으로 되돌아갔다.

몽골과 서하의 전쟁
1209년

응천應天 4년(1209년) 가을, 몽골족 우두머리 칭기즈칸이 금나라를 공격할 준비를 하면서 서하가 그 틈을 타고 측면을 공격할 가능성을 차단하기 위해 세 차례에 걸쳐 서하를 먼저 공격하기로 했다. 그리고 곧 몽골군이 올자해兀剌海(지금의 네이멍구 자치구 우라터烏拉特 중후기中下旗 서남쪽) 길목에서 하서 지역으로 진격해 들어갔다. 이 소식을 들은 서하의 양종襄宗 이안전李安全이 황급히 태자 승정承禎을 총사령관으로, 대도독부령공大都督府令公 고일高逸을 부사령관으로 삼고 군사 5만 명을 보내 맞서 싸우게 했다. 그러나 몽골군이 맹렬하게 공세를 퍼부어 서하 군대는 크게 패했고, 포로로 잡힌 고일은 투항을 거부하다가 죽임을 당했다. 몽골군은 빠르게 진격해서 곧이어 극이문克夷門(하란산의 길목)을 공격했다. 서하 대장 외명영공嵬名令公이 군사 5만 명을 이끌고 저항해 처음에는 승리를 거두었으나, 그다음 번에는 패하여 몽골군에 포로로 사로잡히고 극이문은 함락되었다. 그 후 몽골군은 중흥부中興府(지금의 닝샤후이 족 자치구寧夏回族自治區)로 진격하여 포위했다. 당시는 9월로 마침 큰 비가 내려 황하의 물이 급속도로 불어나자 몽골군은 물을 성 안으로 끌어들여 수많은 백성이 물에 빠져 죽게 했다.

상황이 이렇게 되자 서하 양종은 금나라에 지원을 요청했다. 이에 금나라의 일부 대신들은 서하가 망하면 몽골이 분명히 금나라를 공격할 것이니 당연히 군사를 보내 지원해야 한다고 주장했다. 그러나

목연탑(木緣塔)

탑은 받침, 몸체, 꼭대기, 찰의 네 부분으로 나뉘며, 붉은색으로 장식되었다. 탑의 몸체인 탑신은 길이 34cm, 너비 12.5cm, 두께 2cm의 목판 8개를 모아서 만들어졌다. 각 목판은 모두 노란색이며 범어 주문이 적혀 있다. 이 탑은 서하 서경략사 도안(西經略司 都案) 유덕인(劉德仁)이 죽은 지 2년째(1200년) 되던 해에 그의 아들이 만든 것이다.

'동양의 피라미드' 서하 왕릉

서하 왕릉은 지금의 닝샤 성 인촨 시 서쪽으로 약 25km 떨어진 자란 산賀蘭山 동쪽 기슭에 있다. 동서로 약 4km, 남북으로 약 10km의 면적 안에 서하 제왕의 능 9좌와 귀족 배장묘 140위가 분포한다. 이는 중국에 현존하는 가장 밀집된 제왕릉 구역이다. 제왕릉의 규모는 허난 성 궁이 시에 있는 북송 시대 황제 7명과 송나라 태조의 부친이 안장된 송릉宋陵과 어깨를 나란히 할 정도이다. 이곳의 면적은 10만㎡ 이상이며, 안팎의 신장神墻[능원陵園(제왕, 후비의 무덤인 '능'과 왕세자, 왕세자비 및 왕의 사친私親의 무덤인 '원'을 함께 일컫는 말)을 둘러싼 담장]과 월성月城(성문을 밖으로 둘러 가려서 구부러지게 쌓은 성)으로 사방을 둘러 쌓았다. 주위의 내신장內神墻 중앙에는 신문神門(종묘, 문묘, 향교, 서원 등의 출입문)도 있고, 모서리에는 각궐角闕(성벽 모서리에 세운 망루)이 있다.

제왕릉 구역 안에는 남쪽에서 북쪽으로 궐루闕樓(누각)와 비정碑亭(비각碑閣. 비를 세우고 비바람 따위를 막기 위하여 그 위를 덮어 지은 집), 석상 무리, 헌전獻殿 및 16~17m에 달하는 거대한 영대靈臺(제사를 지내는 장소)가 자리한다. 왕릉군 남쪽에 자리한 3호 능은 다른 능묘보다 규모가 더 큰데, 아마도 제1대 황제인 이원호의 능묘일 것이다. 능묘 구역 중앙에서 서쪽에 있는 8호 능원은 신종 이준석의 능묘일 것으로 추측된다. 이 황릉들과 3좌의 배장묘에서는 대량의 청동 소, 석마, 석구石狗 및 각종 자기, 금은 장식물과 진귀한 유물들이 발굴되었다. 특히 왕릉 구역 전체에 서하 문자 또는 한문이 적힌 비석 잔해들이 분포하며, 모두 역사적, 예술적으로 매우 높은 가치가 있다.

서하 왕릉

몽골에 투항하고 금나라에 대항하는 정책을 펼친
서하 신종

서하와 금나라의 관계가 깨진 후 즉위한 서하 신종神宗 준욱遵頊은 몽골에 투항하고 금나라에 대항하는 것으로 방침을 바꾸었다. 광정光定 원년(1211년) 8월에 서하의 군사 1만여 명이 금나라 동승주東勝州(지금의 네이멍구 자치구 퉈커터 현)를 에워쌌다. 이에 금나라 조정에서 대군을 보내 지원하자 서하 군대는 퇴각했다. 이것이 금나라에 대한 서하의 끊임없는 공격의 시작이었다.

광정 6년(1216년) 가을에 칭기즈칸이 금나라를 공격하자 서하 신종도 군대를 보내 금나라 연안延安, 대주代州(지금의 산시 성山西省 다이 현代縣)를 에워싸고 공격했고, 동관을 함락했다. 11월에 서하 신종이 다시 군대를 보내 금나라 정서성定西城(지금의 간쑤 성 서남쪽)을 공격했다가 금나라 군대에 패하고 말았다. 이어서 금나라 군대가 오히려 서하의 염주(지금의 산시 성陝西省 딩볜 현定邊縣), 유주宥州(지금의 네이멍구 자치구 어퉈커기鄂托克旗 동북쪽) 등을 에워싸고 공격해 오자 서하는 병력을 나누어 저항할 수밖에 없었다.

광정 7년(1217년)에 서하는 몽골의 요청을 받아들여 군사 3만 명을 금나라에 보냈는데 서하 군대는 영주寧州(지금의 허베이 성 리 현矗縣)에서 크게 패했다. 이후 몽골이 서쪽 호라즘 원정을 위해 서하에 징병을 요구하자 서하 신종은 거절했다. 이에 분노한 몽골이 군대를 보내 서하의 중흥부를 에워쌌다. 신종은 이를 피해 서경(지금의 간쑤 성 우웨이 시)으로 도망갔고, 몽골군은 그제야 병사를 철수시켰다. 몽골에 투항하고 금나라에 대항한 서하 신종의 정책이 결과적으로 막심한 피해를 초래하니 조정 안팎으로 불만의 목소리가 높아졌다. 이에 신종은 광정 13년(1223년)에 차남 이덕왕李德旺(현종獻宗)에게 양위하고 스스로 '상황'이 될 수밖에 없었다.

금나라 위소왕衛紹王은 서하와 몽골 모두 금나라의 적이므로 적이 서로 공격하는 것은 좋은 일, 즉 금나라에는 행운이라고 생각하여 서하의 지원 요청을 거절했다. 서하 양종이 어쩔 수 없이 칭기즈칸에게 자신의 딸을 바치며 강화를 청하자 몽골군은 그제야 물러났다.

그 후 양종은 금나라에 보복하기 위해 황건皇建 원년(1210년) 8월에 군대를 일으켜 금나라의 가주葭州(지금의 산시 성陝西省 자 현佳縣)를 공격했고 이로써 두 나라의 관계는 악화되었다. 이후 서하는 금나라가 몽골의 침입에 시

달리며 지친 틈을 타 여러 차례 군대를 일으켜 금나라를 공격했다.

서하의 멸망
1227년

건정乾定 원년(즉 광정 13년, 1223년)에 서하 헌종이 즉위한 후 몽골에 항거하여 몽골군의 공격을 받는 결과를 초래했다. 건정 2년(1224년) 9월, 몽골군이 서하의 은주를 공격하여 서하군 수만 명이 목숨을 잃고 사람과 소, 양이 수십만이나 포로로 사로잡혔다. 이에 서하는 금나라와 연합해 몽골에 항거했다.

서하 보의寶義 원년(1226년) 봄에 칭기즈칸이 군대를 이끌고 북쪽에서 서하 국경을 침범해 들어와 사주, 숙주, 서량부西涼府(지금의 간쑤 성 우웨이 시武威市)를 함락했다. 서하의 장수들은 죽거나 투항했고, 몽골군은 계속해서 진격하며 공격을 멈추지 않았다. 서하의 신종과 헌종이 연이어 죽자 헌종의 조카 이현李睍이 즉위했다.

몽골군은 계속해서 서쪽에서 동쪽으로 진격해 11월에 칭기즈칸이 영주靈州(지금의 닝샤 성 링우 현靈武縣)를 포위했다. 서하 황제 이현은 외명영공을 보내 맞서 싸우게 했다. 서하 군대가 온 힘을 다해 저항했지만, 영주는 결국 몽골군의 손에 들어가고 말았다. 보정 2년(1227년) 봄에 칭기즈칸이

서하 문자로 된 '수령(首領)의 청동 도장

서하 카라호토

1227년에 서하가 몽골에 의해 멸망한 후 서하의 풍부한 문화 유적은 모두 사라져 버렸다. 19세기에 서하 문자와 대량의 서하 문물이 묻힌 카라호토 유적이 발견되면서 비로소 서하 문화를 덮고 있던 베일이 걷히고 사람들이 서하 문화를 중요하게 생각하기 시작했다.

서하의 도자

서하에서 생산한 자기는 매우 정교하고 아름답다. 닝샤후이 족 자치구의 인찬 시 서쪽 허란 산 산기슭, 스쭈이 산石嘴山, 링우 현, 간쑤 성 우웨이 시, 네이멍구 자치구 이진훠뤄기伊金霍洛旗 등지에서 서하의 자기가 출토되었다. 황릉에서 발견된 도기질 유리 유약 치문鴟吻(전각이나 문루 등 큰 건물의 용마루나 지붕골의 끝에 얹는 기와의 하나)은 유약을 발라 표면이 매끄럽다. 용의 머리에 물고기의 꼬리가 달렸고, 양쪽 눈은 동그랗게 뜨고 있으며, 머리 위에 지느러미가 있고, 위용이 넘친다. 유리 반원통형 기와와 내림새(비흘림판이 달린 처마 끝의 암기와로 빗물의 낙하에 편리함.)는 정교하게 제작되었고 색채가 조화로워 그 솜씨가 중원의 수준에 견주어도 손색이 없다.

영무 자요보窯堡에서 출토된 자기는 백색 유약, 흑색 유약, 갈색 유약, 청색 유약을 바른 네 종류가 있다. 청색 유약을 바른 청유자는 무늬가 없는 소면素画과 각화의 두 종류가 있고, 나머지 세 종류 자기는 모두 소면, 각화, 척각화, 점채點彩 등의 종류가 있다. 기물의 형태로는 사발, 쟁반, 편호扁壺(목이 짧고 몸통이 타원형인 항아리), 두 귀 달린 항아리雙耳罐, 병, 대야, 합盒 등이 있다. 영무에 있는 서하요의 자기는 대부분이 백색으로 안쪽 벽이 매끈하고 태가 매우 얇다. 그중 발이 높은 사발과 쟁반 등은 윤이 나 반짝반짝하고, 표면에 꽃과 새 도안을 그려 아름답고 우아하다. 이는 서하 자기의 대표작으로 손꼽힌다. 스쭈이 산 성외성省嵬城 유적에서 출토된 서하 자기로는 병, 항아리, 접시, 사발 등이 있다. 대부분이 갈색을 띠고, 조형이 소박하며, 유약의 색이 선명하다. 네이멍구 자치구 이진훠뤄기에서 출토된 척화 자기병은 조형이 단정하고 고상하며 척각의 선이 자연스럽다. 이 역시 서하 자기의 상등 작품이다.

갈색 유약을 바른 척화모란병

서하와 중원의 한족 백성 간에 교류가 활발해지면서 중원 지역의 도자 장인 일부가 서하에 중원의 선진 도자 생산 기술을 전수했다. 이로부터 서하는 독립적으로 자기를 생산하기 시작했다. 그림의 도자 병은 서하 시대의 기물로, 표면에 갈색 유약을 발랐고 배 부분에는 모란꽃을 척각(剔刻. 유약을 바른 뒤에 무늬를 장식해 유약을 깎아내는 장식법)했다.

군대를 나누어 중흥부를 포위 공격하게 하고, 자신은 직접 군대를 이끌고 금나라를 공격했다. 그러자 서하 황제 이현은 포위된 채 지원도 끊기는 상황에 놓이고 말았다. 이때 고군분투한 우승상 고량혜高良惠는 결국 피로

누적으로 병에 걸려 죽고 말았다.

그해 윤 5월에 칭기즈칸이 융덕주隆德州(지금의 닝샤후이 족 자치구 시지 현西吉縣 동남쪽 룽더바오隆德堡)에서 더위를 피해 육반산六盤山으로 가서 지냈다. 그리고 중흥부에 사람을 보내 투항을 권했는데 이현은 거절했다. 중흥부가 포위된 지 반년이 지나자 성 안의 서하군은 식량이 떨어지고 말았다. 6월에는 엎친 데 덮친 격으로 지진이 일어나 수많은 군인과 백성이 죽고 부상을 당했다. 이렇게 진퇴양난의 상황에 몰리자 이현은 결국 몽골에 투항하겠다는 뜻을 밝히며 한 달의 시간을 달라고 요청했다. 이어 7월에 칭기즈칸이 진주泰州 청수현淸水縣(지금의 간쑤 성)에서 병으로 죽었는데 임종 직전에 적에게 자신의 죽음을 알리지 않도록 장례를 치르지 말라고 분부했다. 그리고 서하의 이현이 투항하면 그를 죽이라고 명령했다. 이현은 결국 투항한 후 죽임을 당했고, 몽골군은 중흥부로 들어가 성 안의 백성을 모조리 죽였다. 이로써 서하는 건국 190년 만에 멸망했다.

3 금 왕조

시기 : 1115년~1234년
인물 : 완안아골타, 완안량, 세종, 장종, 호사호, 애종

창바이 산과 헤이룽 강 사이에서 일어나다

여진족의 우두머리 완안아골타는 1115년에 현재 중국의 창바이 산(長白山, 중국에서 백두산을 부르는 이름)과 헤이룽 강黑龍江 사이에서 나라를 세우고 국호를 대금大金이라 했다. 1125년에 금나라 군대가 요나라의 천조제를 사로잡아 요나라를 멸망시키고, 공격과 침략의 목표를 북송으로 바꾸었다.

1127년에 금나라는 북송을 멸망시키고 계속해서 공격을 늦추지 않으며 남쪽으로 내려갔다. 부패하고 무능한 남송 조정은 1141년에 금나라와 굴욕적인 '소흥화의紹興和議'를 맺어 금나라가 중원의 통치권을 손에 넣었다. 하지만 금나라는 이 시기에 전례 없는 군사적 강세를 보이는 동시에 정치적으로는 뚜렷한 약세를 드러냈다. 바야흐로 중원 문화와 접촉하면서 금나라는 민족끼리 서로 죽이는 전쟁에서 민족 융합의 용광로로 전환하는 과정을 겪었다. 금나라 통치 후기에 여진 귀족은 자기네들끼리 궁중에서 끝없이 다툼을 벌이느라 힘을 다 소진하고 말았다. 그러던 중 1234년에 금나라는 몽골 대군에 의해 멸망했다.

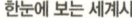

한눈에 보는 세계사

1126년 이자겸의 난
1135년 묘청의 서경 천도 운동
1150년경 캄보디아, 앙코르와트 건설

1170년 무신 정변
1231년 몽골의 1차 침입
1232년 몽골 2차 침입, 고려, 강화도 천도

완안아골타가 금나라를 세워 요나라에 대항하다

1115년

1113년 10월에 여진女眞족 연맹의 우두머리인 오아속烏雅束이 죽고 그의 아우 완안아골타[여진어로는 왕기얀Wanggiyan(왕이라는 뜻) 아구다 Aguda]가 수장의 자리를 이으며 스스로 도보길레都勃極烈('보길레'는 '발극렬'이라고도 부르며 여진족의 부족장을 뜻한다. '도'는 으뜸을 뜻하는 말로, '도보길레'는 여진족 부족장 중의 으뜸을 일컫는다. 황제에 해당함.)이라 칭했다.

여진족은 오랜 세월 중국 동북 지역의 '백산白山과 흑수黑水 사이'(지금의 창바이 산, 헤이룽 강 유역)에서 살아왔다. 전국 시대에 그들은 '숙진肅愼'이라고 불리다가 나중에 이름이 여러 차례 바뀌었고 요나라와 오대 시대에 이르러서는 스스로 여진이라 칭했다. 요 왕조의 통치자는 여진을 '숙여진熟女眞'(이미 요나라 국적이 된)과 '생여진生女眞'의 두 부로 나누고 그들을 엄격하게 통치했다. 요나라 초기에 생여진 72개 부락은 유목 수렵 생활을 했다.

훗날 그중 완안부가 강대해지면서 오고내烏古廼를 우두머리로 하자 여러 부락이 완안부로 귀순했다. 완안아골타가 수장이 된 후로 여진족은 이전 세대가 쌓아올린 세력을 바탕으로 나날이 군사력이 강성해졌고, 새로운 발전 단계에 접어들었다. 1114년 9월에 완안아골타가 병사를 일으켜 요나라에 반격하고 나섰다. 요나라에 천조제 야율 연희가 즉위한 후로 거란 귀족은 생여진을 한층 더 엄격하게 억압하고 자주 여진인을 모욕하며 '타여진打女眞'이라고 했다.

1115년 정월에 완안아골타가 마침내 금나라를 세웠고, 그가 바로 금나라 태조太祖이다. 그해 7월, 완안아골타가 여러 부락에서 병사 2,500명을 모아 반요反遼 전쟁을 일으켰다. 10월에 금나라 군대가 먼저 요나라의 동북

금 쟁반

금나라 도요지에서 출토되었다. 접시 중앙에 압연 방식으로 복숭아 무늬를 찍었는데 입체감이 매우 두드러진다.

금나라 태조 완안아골타의 무덤 유적

쪽 변경의 요지인 황룡부黃龍府를 함락하고 다시 하점河店에서 요나라 군대를 무찌르니 요나라는 더 버티지 못했다.

완안아골타의 죽음
1123년

금나라 천보 6년(1122년)에 금나라 태조 완안아골타가 직접 군대를 이끌고 요나라의 중경을 공격했다. 그러나 요나라 천조제는 연경성燕京城(지금의 베이징 시 교외)에서 도망쳐 원앙박鴛鴦泊(지금의 허베이 성 장베이 현張北縣 서북쪽), 협산夾山(지금의 네이멍구 자치구 사라치薩拉齊 서북쪽)으로 가며 계속해서 서쪽으로 도망쳤다. 군대를 이끌고 천조제를 쫓던 금나라 태조는 천보 7년(1123년) 6월 초하루에 원앙박에 이르자 오랜 시간 말을 타 피로한 탓에 심한 병에 걸렸다. 그래서 어쩔 수 없이 상경으로 돌아간다고 명령했다. 상경으로 돌아가던 중 완안아골타는 결국 8월에 쉰여섯을 일기로 병사했다. 묘호는 태조이다.

완안아골타는 요나라 천경 3년(1113년)부터 여진 각 부락의 도보길레로서 요나라 군대를 잇달아 무찔렀고, 천경 5년에는 금나라를 세워 황제로 즉위했다. 그 후 직접 요나라를 상대로 전쟁을 일으켜 요나라의 상경, 중경, 서경, 연경을 점령하고 천조제를 황무지인 협산까지 도망가게 했다. 요나라는 이로써 멸망을 눈앞에 두게 되었다.

금나라의 대규모 남침
1129년

'정강靖康의 변'이후 남송 건염建炎 3년(1129년) 7월 말에 금나라의 통치자는 남송 조정을 완전히 멸망시키고자 했다. 그래서 다시 군대를 일으켜 남송을 공격하기로 하고, 달라撻懶가 산동 및 회북 지역을 공격해 점령하고 완안올술完顔兀朮이 귀덕歸德(지금의 허난 성 상추 시)에서 남쪽으로 내려가기로 계획했다. 아울러 완안발리속完顔拔離速은 지금의 허난 성에서 후베이 성을 거쳐 남쪽으로 공격하고, 완안누실은 지금의 산시 성陝西省 지역을 공격하기로 했다.

10월 말, 완안발리속의 부대가 먼저 황주黃州(지금의 후베이 성 황강 시黃岡市)에서 강을 건너 강서를 공격해 차례로 노주蘆州(지금의 안후이 성 허페이 시合肥市), 화주和州(지금의 안후이 성 허 현), 무위군無爲軍(지금의 안후이 성에 속함.) 등지를 점령했다. 11월에 완안올술이 순조롭게 장강을 건너 건강성建康城(지금의 장쑤 성 난징 시)에 들어가자, 그곳을 지키던 진방광陳邦光, 호부상서 이절李梲이 투항했다. 건강을 점령한 완안올술은 곧장 군대를 이끌고 임안으로 향했다. 그 소식에 강남 각 지역의 수비군들이 모두 질겁하여 도망쳐 버

금배

금나라의 가마터에서 출토된 잔으로, 잔의 몸에 보상화가 새겨져 있다.

려 완안올술과 금나라 군대는 순조롭게 남송의 수도 임안에 입성했다. 남송 고종 조구는 바다로 도망쳐 남쪽으로 내려가서 정해定海(지금의 저장 성 전하이 구鎮海區)로 갔다. 금나라 군대는 항주를 점령하고, 사묘아리射卯阿里 와 오연포로혼烏延蒲盧渾이 군사 4,000명을 이끌고 조구를 추격했다. 남송 절동제치사浙東制置使 장준張俊이 명주明州에서 저항군을 조직하자 조구는 배를 타고 은주 연해로 도망쳤다.

술과 차를 모두 중시한 여진족

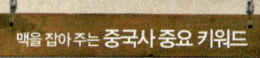

북부 지방의 추운 기후와 그에 어울리는 북부 지방 민족 특유의 식습관에 따라 금나라 시대에는 계층과 지역을 막론하고 음주가 크게 성행했다. 주요 명절, 혼인, 제사, 출정, 경축연 등에서 술을 빼놓지 않았을 뿐만 아니라 일상생활에서도 음주를 즐겼다. 연경燕京(지금의 베이징) 일대는 한족이 많이 거주해서 양조 기술이 상대적으로 발달했고, 이들이 양조한 술은 널리 이름을 떨쳐 "연경 술의 명성이 사해에 퍼졌다." 라는 말까지 돌았다. 중국의 북부 지방에는 번화한 도시는 물론이거니와 산골 마을에도 기루와 주점이 널리 퍼져 있었다.

금나라 시대의 시인들은 기루와 주점을 이야기하는 많은 시를 남겼다. 예컨대 유앙劉昻의 시 중에는 "들 가운데 주점에는 봄 일을 물어보는 이 없고, 펄럭이는 술집의 깃발 앞에서 새들만 지저귀네.野店無人問春事, 酒旗風外鳥關關"라는 유명한 구절이 있다. 금나라 문인들은 술을 좋아해서 음주를 고상한 일로 여겨 늘 시 속에 음주를 묘사하고, 술로써 다른 일을 비유하기도 했다. 이에 따라 음주는 궁정이나 저잣거리, 시골 마을을 두루 풍미한 고상한 취미가 되었다. 금나라 장종章宗(1190년~1208년 재위)은 《명한림대제주란 시야음命翰林待制朱瀾侍夜飲》에서 "석 잔의 좋은 술은 담백하고, 한 곡의 비파 소리는 쓸쓸하네.三杯淡醲醇一曲冷琵琶"라고 읊으며 술과 음악을 함께 거론했다. 이를 통해 그가 얼마나 술을 좋아했는지를 알 수 있다.

또한 민간에서 전해지지 않은 지 오래된 포도주 양조 방법이 발견되자 원호문元好問은 이를 소재로 〈포도주부蒲桃酒賦〉를 지었다. 여진족은 한족의 영향을 받아서 차 마시는 것을 좋아했고, 이를 한족에 동화됨을 나타내는 우아한 표현으로 여겼다. 금나라 시대에는 이미 차 마시는 것이 크게 성행해서 "위아래가 모두 마시며, 농민은 더욱 각별해 저자에는 찻집이 늘어서 있다."라고 할 정도였다. 이렇듯 음차와 음주는 둘 다 중시되었다.

이듬해(1130년) 정월에 금나라 군대가 명주를 점령하고 나서 배를 타고 남쪽으로 추격에 나섰다. 하지만 폭풍우를 만나는 바람에 남송 추밀 제령해선提領海船 장공유張公裕가 이끄는 함대에 패하고 뿔뿔이 흩어져서 명주로 돌아왔다. 그 후 금나라 군대는 닥치는 대로 약탈하고 북쪽으로 퇴각했다.

한나라 관리 제도의 실시
1135년

금나라 천회天會 13년(1135년)에 금나라 태종이 죽고 열여섯 살의 완안단完顏亶이 황제로 즉위했다. 그가 바로 금나라 희종熙宗이다. 희종은 어려서부터 한족인 한간韓斡에게서 한족 문화를 배워 한자를 쓰고 시와 부를 지을 줄 알았다. 이처럼 한족 문화의 세례를 받은 탓인지 희종은 즉위하고 나서 중대 개혁을 단행했다. 바로 여진의 보길레 제도를 폐지하고 금나라 조정이 통치하는 내륙 지역과 한족의 땅에서 모두 한족의 관리 제도를 시행하기로 한 것이다.

중앙 관리 제도는 황제의 밑으로 세 명의 태(삼사三師), 즉 태사, 태부, 태보를 두고, 상서성에는 상서령을 두고, 그 밑으로는 좌승상과 우승상, 좌승과 우승(부상副相)을 두는 제도이다. 원래 보길레이던 완안종반完顏宗磐, 완안종간, 완안종한이 각각 태사, 태부, 태보의 직함을 얻어 함께 3성의 업무를 이끌었다. 완안종반은 상서령을 겸했는데 이는 명예 직함에 불과했다. 완안희윤完顏希尹은 좌승상, 한기韓企는 우승상이 되었다. 실권은 완안종한과 완안종간의 손아귀로 넘어갔다.

주둥이가 작고 검은 꽃이 그려진 백자 단지

기물의 형태가 우아하고 아름다우며, 유색은 윤이 난다. 백자의 바닥에는 검은 점을 찍어 그린 화초가 있는데 도안의 변화가 다양하고 정취가 풍부해 금나라 시대 자기의 걸작으로 손꼽힌다.

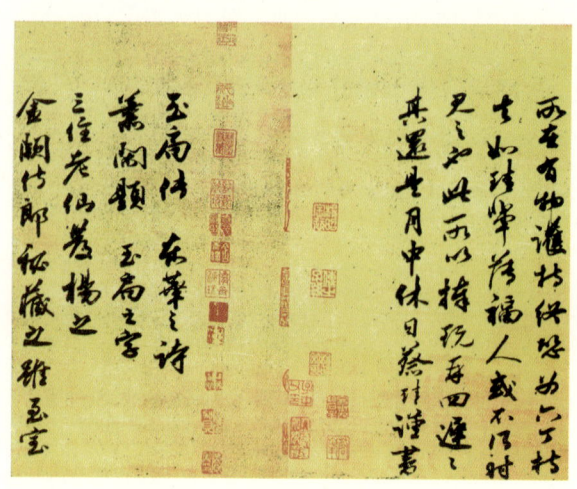

채규가 소식과 이백의 선시(仙詩)집에 쓴 발문(책의 끝에 본문 내용의 대강이나 간행 경위에 관한 사항을 간략하게 적은 글)

여진 소자의 창조
1138년

천권天眷 원년(1138년), 금나라 희종 완안 단이 대자와 소자가 있는 거란의 문자 제도를 거울삼아 기존의 여진 문자를 바탕으로 새로운 여진 문자를 창제하고 정식으로 반포했다. 이로써 여진의 문자 체계가 완벽해졌다. 먼저 만들어진 문자는 여진 대자, 후에 만들어진 문자는 여진 소자로 불린다. 두 문자는 각자 반포된 날부터 금나라 국경 내에서 통용되어 명나라 초기까지 이어졌다.

여진족이 거주하는 중국 동북 지역에서는 아직도 이 문자가 사용된다. 물론 여진 문자가 반포된 후에도 한자가 여전히 전국적으로 통용되었지만, 한동안은 거란 문자도 통용되었다. 여진 문자는 한자와 두 종류의 거란 문자를 모방해서 만들어졌다. 글자의 획수가 비교적 적고, 글자의 형태와 구조가 간체 한자와 닮았을 뿐만 아니라 거란 대자와 거란 소자의 원자와도 닮았다. 또 일부는 아예 거란의 대자 또는 거란의 소자를 원형原型으로 삼기도 했다. 여진 문자의 획수도 한문처럼 가로, 세로, 점, 삐침, 파임 등으로 구분된다. 서체와 쓰는 격식에서도 여진 문자는 한자를 모방했다. 서체로 전서, 해서, 행서, 초서 등의 구분이 있고, 해서가 가장 흔하게 쓰였다. 격식은 일반적으로 위에서 아래로, 왼쪽에서 오른쪽으로 썼다. 금나라에서는 문자를 만든 후 널리 퍼뜨려 빠르게 여진 민족의 소양을 높이고 당시 선진 민족과의 격차를 줄여 민족 문화와 사회의 발전을 촉진했다. 전반적으로 볼 때 이는 중국의 역사와 문화의 발전을 이끄는 데 큰 역할을 했다.

금나라와 몽골의 강화

1147년

완안종필完顔宗弼(여진족 이름은 올술兀術이며 속칭 금올술이라 불린다.)이 신궁神弓 8만 명을 이끌고 몽골 정복에 나섰지만, 몇 년이 지나도록 승리를 거두지 못했다. 그뿐만 아니라 전쟁 중에 금나라 장수 달라가 전사하자 그의 아들 승화勝花 도낭군都郎君이 몰래 몽골과 내통하는 일까지 일어났다. 금올술은 전세가 불리한 것을 보고 몽골과 강화하기로 했다. 그래서 황통皇統 6년(1146년) 8월에 사신을 보내 강화를 청했지만, 몽골에서 거부했다. 양측은 교전하고 대치하기를 계속하다가 황통 7년(1147년) 3월에 여러 차례의 교섭 끝에 결국 강화하기로 합의했다. 강화 조건은 금나라가 서평하西平河 북쪽의 17개 요새를 몽골에 할양하고, 해마다 몽골에 대량의 소, 양, 쌀, 콩, 비단 등의 공물을 바치는 것이었다.

수전제와 우두세 제도

맥을 잡아주는 **중국사 중요 키워드**

수전제는 여진의 노예제에서 토지를 점유하는 것에 대해 규정한 기본적인 제도였다. 수전제에서는 노예주가 보유한 노예와 가축의 수에 따라 경작지를 점유하도록 규정했다. 밭갈이 소 1구具(3마리), 인구(인구는 노예, 여진 부락, 씨족의 평민을 포함.) 25명을 점유하면 수전 4경 4묘를 받을 수 있었다. 단, 소가 40구를 넘으면 안 되었다. 다시 말해 노예주 한 명이 최대 소 120마리, 인구 1,000명, 토지 160여 경을 보유할 수 있었다.

금나라 태종 때에는 이 같은 수전제를 바탕으로 부세제賦稅制를 제정했다. 금나라 천회天會 3년(1125년)에 금나라 태종이 조서를 내려 다음과 같이 명령했다. "올해 대풍년이 들었는데 저장한 것이 없으면 어떻게 흉작일 때를 대비하겠는가? 소 1구마다 좁쌀 1석을 바치도록 하라. 그리고 모극부謀克部(중국 금나라 시대에 민가 300호로 편성한 행정 조직)마다 창고를 두어 저장하게 하라." 금나라 천회 5년(1127년)에 태종이 또 조서를 내려 "내지의 여러 로路(행정 구획의 이름)에서는 밭갈이 소 한 구마다 좁쌀 5말을 내라."라고 명령했다. 금나라에서는 세금을 소의 머릿수에 따라 납부했기 때문에 '우두세牛頭稅'라고도 했다.

이후로 몽골은 스스로 대몽골국이라고 칭했다. 또 몽골 오룬鄂倫의 버일러貝勒(몽골 각 기의 우두머리. 훗날 청나라에서는 황자를 뜻하는 칭호가 되었다.) 장오라長敖羅 보길레는 스스로 원나라 황제를 칭하며 연호를 천흥天興이라 했다. 강화 이후 금나라와 몽골은 휴전하고 군사 대치 국면을 맞이했다. 금나라는 이제 몽골에 대항할 힘이 없어 그저 변경 요충 지역에 대한 수비를 강화하는 수밖에 없었다.

완안량이 정변을 일으켜 즉위하다
1149년

금나라 황통 9년(1149년) 10월 9일 밤, 완안량完顔亮이 궁정에서 정변을 일으켜 직접 완안단(금나라 희종)을 죽이고 황제의 자리에 올라 해릉왕海陵王이 되었다. 금나라 희종 말년에 귀족 완안종필(올술)이 정권을 장악하자 정권이 안정세로 접어들었다. 그러나 황통 8년에 올술이 죽자 조정 내에는 다시 권력 분쟁이 일어나 희종 완안단이 통제할 수 없는 지경에 이르렀다. 이에 희종은 대신들에게 화풀이를 하며 마구잡이로 사람을 죽여 조정 대신들이 모두 두려움에 떨었다.

완안량은 완안종간의 아들로 태조의 손자이다. 그는 어려서부터 한족의 제도와 문화에 통달했다. 황통 9년 초에 완안량은 도원수가 되었고, 3월에는 태보가 되어 3성의 일을 이끌었다. 그리고 권력을 가진 귀족 완안욱完顔勗 및 완안헌完顔憲, 완안병덕完顔秉德 등과 연합해 정권을 휘두르기 시작했다. 5월에 완안량은 한림학사 장균張鈞에게 황제를 비방하도록 사주했다는 고발을 당해 북경(지금의 네이멍구 자치구 닝청현)에 갔을 때 자신이 먼저 반란을 일으킬 모의를 했다. 하지만 마침 황제가 조정으로 돌아와 그에게 평정정사의 직

용머리 모양의 옥 수레 장식

176

책을 맡으라고 임명하여 모의는 잠시 없던 일이 되었다.

같은 해 12월 9일 밤, 완안량은 좌승상 완안병덕, 대리경 완안언完顔言, 그리고 금나라 희종의 호위 등과 연합해서 결국 정변을 일으켰다. 황제의 침궁으로 침입한 완안량은 칼을 들어 직접 완안단을 찔렀다. 그러고는 완안단이 쓴 것처럼 성지를 꾸미면서 완안종현完顔宗賢 등을 입궁하게 한 다음 그들을 죽였다. 이렇게 해서 완안량은 황제의 자리에 올랐다. 그 후 그는 완안단을 동혼왕洞昏王으로 폐하고, 공신들에게 대거 작위를 내리고, 천하에 사면령을 내렸으며, 황통 9년을 천덕天德 원년으로 바꾸었다.

금나라 중도(中都)의 물마개 유적

금나라가 연경으로 천도하다
1153년

천덕 5년(1153년) 3월에 금나라가 도읍을 연경으로 옮기고, 이듬해에 중도 대흥부로 이름을 바꾸었다. 금나라는 원래 상경(지금의 하얼빈 시 서남쪽)을 도읍으로 삼았다. 그러던 천덕 3년(1151년) 3월에 해릉왕은 상경이 지나치게 북쪽에 있어 통치에 불편함이 크다고 느끼고 연경으로 천도하기로 결정을 내렸다. 4월에 그는 정식으로 연경으로 천도한다고 공포했다. 그리고 상서 우승 장호張浩에게 각지에서 노동자와 장인들을 끌어 모아 연경성을 확장해서 황궁을 짓도록 했다. 장호는 요양 발해 사람으로 한족 문화에 정통한 사람이었다. 천덕 3년(1151년)에 그는 황제의 명을 받들어 채송년蔡松年과 함께 중도 대흥부를 도읍으로 세우는 일을 주관했다.

천덕 5년에 노동자와 장인들이 2년 동안 뼈를 깎는 노력을 기울인 덕분에 도읍의 건설이 완성되었다. 확장 건설을 마친 중도성은 둘레가 9리 30보로, 한족의 도성 건축 설계를 모방했다. 정문은 선양문宣陽門이라 부르고, 문 안에는 각각 내녕관來寧館과 회관會館을 두어 사신을 접대하는 용도로 사용했다. 황제의 궁성은 내성에 있는데 9중의 궁전이 있고, 총 36개의 건물이 황제의 궁전을 중심으로 자리했다. 내성의 남쪽에는 동쪽을 향해 태묘太廟가, 서쪽을 향해 상서성이 지어졌다. 그리고 내성의 서쪽에는 동락원同樂園, 요지瑤池 등 오락 장소도 있었다. 천덕 5년(1153년) 3월에 완안량이 성대한 천도 의식을 거행하고 위풍당당하게 중도 연경으로 들어갔다. 이로부터 금나라의 통치 중심은 남쪽의 중도로 옮겨졌다.

동경의 정변
1161년

금나라의 동경(지금의 랴오닝 성 랴오양 시) 유수 완안포完顔褒(여진 이름은 오록烏祿)는 금나라 태조의 손자로, 아버지는 허왕許王 와리타訛里朵이다. 그는 성격이 신중하고 효를 중시하며 도리를 알아 여진족 백성에게 매우 성망이 높고 존경받던 인물이었다. 금나라 정륭正隆 6년(1161년) 9월에 해릉왕이 남송을 침략하고 부유수인 발해 사람 고존복高存福에게 완안포를 감시하게 했다.

여진족 가운데 완안량을 따라 남침하려던 인원은 많지 않았기 때문에 곧 병변이 발생했다. 요동에서 군사를 모아 남송을 공격하려던 갈소관여진曷蘇館女眞 맹안猛安 완안복수完顔福壽 등이 1만여 명을 이끌고 산동으로 진격해 반란을 일으키고, 다시 동경으로 진격했다. 10월에 고리故吏 육근六斤이 변(지금의 허난 성 카이펑 시)에서 돌아와 완안량이 어머니를 죽인 일 등을 퍼뜨리며 그가 사람을 보내 종실 형제들을 죽이겠다고 장담했다는 이야기도 했다. 이에 두려움에 질린 완안포는 삼촌과 대책을 상의했다.

10월 초이레 날 완안복수와 완안모연完顔謀衍이 동경에서 정변을 일으켜 부유사 고존복을 죽이고 완안포를 황제로 옹립했다. 완안포는 선정전에서

금 왕조의 복식

여진족은 추운 지역에 살았기 때문에 가을과 겨울에는 동물의 가죽으로 옷을 지어 입었다. 부자들은 담비, 다람쥐, 여우, 너구리, 어린 양의 털가죽으로, 가난한 사람들은 소, 말, 돼지, 양, 사슴, 개 등의 가죽으로 옷을 지어 입었다. 봄과 여름에는 베와 비단 등으로 옷을 지었고, 피륙이 거친지 고운지에 따라 귀천이 드러났다. 120년에 이르는 금나라의 통치 기간에 사회의 생산력이 향상하고 유행이 변화하면서 여진의 복장에도 변화가 생겼다. 주요한 변화로는 검소한 복장이 사치스러워진 것과 여진족이 한족에 동화되기 시작한 것을 들 수 있다.

희종과 해릉왕 이후로 여진 사람들은 잇따라 한족의 복식을 따라 하기 시작했다. 그래서 금나라 세종과 장종은 여진의 옛 풍습을 지키기 위해 여진족이 한족의 복장을 하는 것을 금지하는 칙령을 내리고, 이를 어기는 자는 범죄자로서 다스렸다. 그러나 여진족의 한족 동화는 이미 풍습이 되어 버려 몇 마디 명령으로 막을 수 있는 문제가 아니었다. 그래서 금나라의 통치자들은 이와 동시에 한족의 여진화, 한족과 여진족의 융합을 강제로 추진해 한족 사이에서 여진의 의상과 머리 모양이 유행하도록 했다.

황제로 즉위해 연호를 대정★定으로 바꾸고, 널리 사면령을 내렸다. 아울러 완안량이 황태후를 시해하고, 태종 및 완안종한, 완안종필의 자손과 완안종본完顔宗本 등을 죽이고, 상경의 궁을 훼손한 일 등 열 가지 죄목을 들어 그를 폐위한다고 선언했다. 그 후 완안포는 자신의 이름을 완안옹完顔雍으로 바꾸었는데 후세는 그를 금나라 세종世宗이라고 부른다. 세종은 처음 등극했을 때 완안모연을 우부원수로, 고충건高忠建을 원수좌감군으로, 완안복수를 우감군으로 임명했다.

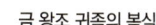

금 왕조 귀족의 복식

금 왕조에서는 장식 도안으로 짐승 무늬를 선호했으며 특히 사슴을 많이 사용했다. 사슴 무늬가 크게 인기 있었던 것은 사슴의 모습이 아름답고, 장식으로 사용하기 쉬웠다는 점 외에 또 다른 이유가 있었다. 바로 사슴을 뜻하는 한자 '녹(鹿)'과 복, 녹봉을 뜻하는 한자 '녹(祿)'의 발음이 같아서 길상의 의미가 있기 때문이었다. 이 그림의 치마 도안에도 사슴 무늬가 있다.

쌍어(雙魚) 무늬 청동 거울

여진족의 옛 땅에는 강이 많았다. 쌍어 청동 거울은 이를 반영한 민족 특색이 있는 용품으로 여진족의 사랑을 받았다.

금나라 세종의 죽음

1189년

금나라 대정 29년(1189년) 정월에 세종 완안옹이 죽고 황태손 완안경完顔璟이 즉위했다. 그가 바로 장종이다. 세종 완안옹은 현명하게 치세를 이룬 황제였다. 그는 경서와 역사를 잘 알고 유학을 숭상해 한족 제왕의 통치 사상과 방법을 잘 알고 있었다. 그리고 허심탄회하게 충언을 받아들이고, 검소한 생활을 했다. 또 인재를 선발할 때에는 덕과 재능을 겸비한 사람을 뽑고, 나라를 다스릴 때에는 어진 정치仁政와 너그러운 정치寬政를 주장했다. 그는 황제가 된 후 상경으로 돌아가자는 여진 옛 귀족들의 건의를 거절하고 해릉왕이 변경으로 천도한 것을 되돌려 중도로 돌아가기로 했다. 아울러 기본적으로 희종, 해릉왕 시대의 관직 체계를 계승하고 해릉왕 때의 문무백관을 계속 임용하여 여진 귀족층의 적극적인 지지를 얻어 냈다.

대정 4년(1164년) 겨울에 세종은 남송과 다시 강화를 맺기로 했다. 그 결과, 이후 30년 동안 남송과 금나라 사이에는 큰 전쟁이 일어나지 않았다. 그는 또한 생산력을 높이기 위해 새로운 경제 정책을 펼쳤다. 예컨대 통검 추배通檢推排(민간 가운데 특히 한족 전체의 재산을 심사·결정하여 등록하던 제도. 통검은 일제히 검사한다는 뜻이며, 추배는 민간인이 임의로 평가하여 보고한 것을 근거로 공평하게 조정한다는 뜻으로, 세금과 노역의 부담을 공평하게 한다는 구실로 실시했다.)를 시행해 공평한 과세와 부역을 부과하고, 이세호二稅戶(나라와 영주 모두에게 세금을 납부해 이중으로 납세하는 백성. 대부분이 사원에 소속된 노비들이었다.)를 양민으로 풀어 주고, 노예의 매매를 금지하고, 노예로 전락한 양민의 신분을 환원시키는 등 노비의 신분 변화에 대한 제한을 완화하고, 금은광세金銀鑛稅를 폐지해 자유롭게 채굴할 수 있게 하는 것 등이다. 세종은 또 유랑하는 백성이 본래의 일터로 돌아가게 하고, 해릉왕 시대의 수많은 폐단을 폐지했다.

세종의 개혁 조치를 통해 금나라는 조정 대신들이 직무에 더욱 충실해지고, 상하가 모두 안정되었으며, 백성의 생활이 풍족해지고, 사회 치안도 안정되었다. 이렇게 정치 상황이 호전되자 경제와 문화도 모두 크게 발전하기 시작했다. 그러나 금나라 세종은 한족의 제도를 시행하는 동시에 여진족의 이익을 보호하기 위해서 대대적으로 한족을 압박했다. 한족의 토지를 빼앗아 여진족에게 나누어 주고 여진족의 옛 풍습을 적극적으로 보존하여 민족 갈등이 커졌다. 그러나 전체적으로 볼 때 세종의 통치 시기는 금나라 역사에서 사회와 경제가 가장 안정적으로 번영한 시기이다. 그래서 역사에서는 그를 '작은 요순堯舜'이라고 칭한다.

노구교의 건설
1189년

금나라 대정 29년(1189년)에 금 왕조의 통치자가 남북 간 교통의 불편함을 해소하기 위해 북경성에서 서남쪽으로 15km 떨어진 영정하永定河(옛날에는 노구하盧溝河라고 불렀음.)에 노구교盧溝橋를 건설하기 시작했다. 3년 만인 명창明昌 3년(1192년)에 완공되었고, 처음에 '광리교廣利橋'로 부르다가 나중에는 강의 이름을 따서 노구교라고 불렀다.

노구교는 세계적으로 유명한 중국 고대의 아치형 돌다리로, 전체 길이는 212.2m이고 양쪽 끝의 다리 어귀까지 합치면 총 길이는 266m에 이른다. 석조 아치가 11개 있는데 강기슭 가까이에 있는 아치는 지름이 약 16m이고 강 중심부에 있는 아치는 지름이 약 21.6m이다. 중심에서 가로 갈수록 아치의 지름이 점점 작아지고 다리 전체의 조형도 중심을 기준으로 대칭을 이루며 양측으로 갈수록 작아진다. 다리는 폭이

노구교의 돌사자

금나라 장종의 〈고제희〉

금나라 장종은 한족의 문화를 중시하여 과거 제도를 수정했다. 또 그는 서예를 좋아했는데, 이 책은 북송 휘종의 수금체를 모방한 것이다.

7.5m이며 테두리 식으로 가로로 이어진 구조이다. 다리의 바닥과 난간이 중심으로 갈수록 점점 높아져서 다리 전체 모습이 매끈한 곡선의 아치를 이룬다. 다리 위에는 아름다운 조각들이 있다.

다리 중심부에 있는 양쪽 아치와 다리 중심부에서 각각 다섯 번째에 있는 아치 꼭대기의 용문석龍門石에는 용 세 마리의 머리가 새겨져 있다. 금나라 시대에 만들어진 것으로 스타일이 독특하며, 현존하는 다리 전체 조형과 교각, 다리 본체 일부 부자재의 조각들 모두 금나라 시대의 것이 그대로 전해지고 있다. 다리의 양쪽에는 안전하도록 각각 석조 난간이 세워져 있고, 난간 기둥 281개의 기둥머리에는 위나 아래를 향한 연꽃 받침이 새겨졌으며, 받침 아래에는 연꽃잎 모양의 받침돌이 새겨져 있다. 기둥의 꼭대기에는 크고 작은 돌사자 485개가 새겨져 있는데, 하나하나의

금나라가 북송 흠종의 장례를 치러 주다

건도 7년, 금나라 대정 11년(1171년), 북송의 수도가 함락되고 포로로 사로잡혀 북쪽으로 끌려간 북송 흠종은 금나라 땅에서 세상을 떠났다. 이에 남송 효종이 사신 조웅을 보내 문상하게 했는데, 금나라에 흠종의 영구를 남쪽으로 옮겨서 장례를 치르겠다고 요청하지는 않았다. 금나라 세종이 보아 하니 남송이 공현鞏縣과 낙양 두 곳에 있는 북송 종실의 능묘를 남송으로 이장하지 않고 또 흠종의 장례를 직접 모시려고 하지 않는 것은 전통 윤리를 거스르는 것이기 때문에 문상하러 온 남송 사신더러 효종에게 이 일에 대한 의견을 구하도록 했다. 남송 효종은 이 제의를 고려조차 하지 않았다. 금나라 세종은 어쩔 수 없이 일품 관원의 예로 북송 흠종을 공원鞏原에서 장사 지내도록 했다.

182

조형이 모두 생동감이 넘치고 모습도 제각각이다.

황하의 제방이 세 차례 터지다
1189년~1194년

금나라 대정 29년(1189년) 정월에 조주曹州에 있는 황하 제방의 북쪽이 터졌다. 그 후 금나라 명창 4년(1193년) 6월에 위주衛州의 황하 제방이 터져 대명大名, 청주淸州, 창주滄州가 물에 잠겼다. 홍수는 계속해서 위세를 떨치며 북쪽으로 흘러 가 제방 10여 개를 무너뜨렸고 강물이 평지를 삼키면서 수재가 일어났다.

금나라 명창 5년(1194년) 8월에 남경 양무陽武의 황하 제방이 넘쳐 물이 봉구封丘 현성을 모두 삼키고 또 동남쪽으로 세차게 흘러 수장壽張에 이르고 양산박까지 물이 밀고 들어갔다. 그러고는 물길이 다시 두 갈래로 나뉘어 북쪽으로는 북청하北淸河를 통해 바다로 들어가고, 남쪽으로는 사수를 통해 회수로 들어가 회음淮陰 이하의 회하 물길을 모두 침범해 버렸다. 이번 홍수로 천진 부근에서 바다로 들어가는 황하의 북쪽 물길이 모두 사라지고 말았다. 세 차례에 걸친 황하의 범람으로 산동, 하북, 하남 등지의 양쪽 기슭에 거주하던 수많은 백성이 목숨을 잃었고, 농촌 경제는 심각하게 파괴되었다.

금 왕조 예악의 초기 규모
1196년

금나라가 북송의 도읍인 개봉을 점령한 후 여러 차례 북송의 궁정에 소장된 도서와 의물儀物(황궁 연회에서 춤과 노래인 정재呈才를 상연할 때 의장으로 쓰인 여러 가지 물건), 예기 등을 북쪽으로 가져갔지만, 송 왕조의 예악 제도를 깊이 있게 연구하지는 못했다. 금나라 세종 때, 조정에서는 전문적으로 '상

정소詳定所'와 '상교소詳校所'를 설치했다. '상정소'에서는 예법과 예식을 연구
했고, '상교소'에서는 전문적으로 예악 제도를 연구했다.

　　명창 연간 초에 이르러 이 두 곳에서는 연구 성과를 총 400여 권의 책으
로 엮고, 이름을《금찬수잡록金纂修雜錄》이라고 했다.《금찬수잡록》은 예악
제도를 전문적으로 논한 책이므로 조정에서는 이를 관련 관리들과 상서좌
우사尚書左右司, 춘관春官, 병조兵曹, 태상시太常寺 등 관련 부서에 한 권씩 나
누어 주었다. 금 왕조는 또 한족의 예악 제도를 받아들여 자신들의 실제
수요와 나라의 상황에 맞게 비교적 완벽한 예의 관련 조령을 제정했다. 그
리하여 명창 초, 즉 1190년~1196년 사이에 금 왕조의 예악 제도는 초보적
인 수준을 갖추었다.

금나라 장종의 화폐 개혁
1198년

금나라 장종 승안承安 3년(1198년)에 '승안보화承安寶貨'가 주조되었다. 이는
중국 화폐 역사상 최초로 백은으로 만든 법정 통용 화폐이며, 중국 고대
에 일어난 일대 화폐 혁명이었다. 이는 훗날 원 왕조와 이후의 중국 고대
및 근대 화폐에까지 영향을 미쳤다. 금나라가 세워지기 이전에 여진족에는
화폐가 없어서 무역을 할 때에는 물물 교환을 했다. 그러다 요나라와 남
송을 점령한 후 그들의 옛 화폐를 사
용하면서 상업이 발전하고 번영을 이
루자 여진족은 이를 개조하여 자신들만의
화폐를 만들었다.

　　금 왕조에서 발행한 화폐는 해릉
왕 정원 원년(1153년)에 천도한 후 호
부상서 채송년이 창제한 교초交鈔

삼채 연잎 동자 베개

금나라의 상업 번영

금 왕조는 상업의 발전을 위해 일련의 상업 관련 정책을 제정하고, 장종 대정 연간 초부터 장종 태화泰和 연간까지 잇달아 상세법商稅法을 수정했다. 대정 20년(1180년)에 제정한 금과 은은 1%, 여러 물건은 3%의 세금을 받는 상세법은 물건의 세금이 금과 은에 대한 세금보다 3배 많아서 밑천도 이익도 적은 중소 상인에게 불리했다. 금나라 장종은 이러한 폐단을 없애기 위해 금은 3%, 작은 무역의 여러 물건은 4%를 받도록 세법을 바꾸었다. 하지만 여전히 금은세가 무역세보다 낮아서 부유한 상인들의 상업 활동과 이익을 보장해 주었다. 이와 함께 금나라의 통치자는 상업 여러 방면의 관리를 강화했다. 각화榷貨(전매 규정을 어긴 범칙 물자)를 엄격히 관리하고, 10종류 제품을 나라가 독점 및 관리했다. 예컨대 소금의 국가 전매를 철저하게 실시하고, 술과 차 무역의 국가 독점도 모두 매우 엄격하게 관리했다. 각장榷場(다른 민족과의 교역을 위해 국경에 설치한 관청) 무역의 세관 관리도 매우 엄격하여 상인의 탈세와 세금 누락 및 관리에게 뇌물을 주는 행위를 방지했다.

이다. 이때 발행된 교초는 크고 작은 두 종류의 교초를 10등급으로 나누고, 유통 기한은 7년으로 했다. 장종 대정 29년(1189년)에는 무제한 유통으로 바뀌었는데 이는 남송의 회자보다 시기가 6년 빠르다. 해릉왕 정륭 3년(1158년)에는 보원寶源, 보풍寶豊을 설치하고 세 곳의 전감錢監(화폐의 주조와 유통을 감독하는 관청)을 통해 은화인 '정륭통보正隆通寶'를 주조했다. 장종 대정 19년(1179년)에는 '대정통보大正通寶'를 주조했다. 금나라는 청동이 부족해서 동전이 지폐를 대체해 주요 화폐가 될 수 없었다. 금나라 장종 때에는 지폐가 영구 유통 화폐가 되어 대량으로 발행된 데다 자꾸만 변경이 되어 백성의 원망을 샀다.

금나라의 화폐 제도는 극도의 혼란에 빠져 이에 따라 사회 경제도 위기에 빠지고 말았다. 그리하여 금나라 조정에서는 일련의 경제 대책을 시행했는데 그중 하나가 은정銀錠을 주조해서 유통하는 것이었다. 금나라 장종 승안 3년(1198년) 이전에는 정錠(덩이)으로 백은을 계량했는데, 은정의 무게

교초 동판

금나라 조림(趙霖)의 〈육준
도(六駿圖)〉

는 50냥이었다. 그해에 '승안보화'를 만들어 주조하고 1냥에서 10냥까지 총
5등급을 두었다. 이로부터 은정이 금나라의 법정 화폐가 되었다. 이번의
혁명적인 화폐 개혁이 당시 금나라의 혼란스러운 경제 상황을 바꿀 수는
없었지만, 후대에 깊은 영향을 미쳤다.

몽골과 금나라의 원한
1211년

금나라 태화 8년(1208년)에 금나라 장종이 죽고 위왕衛王 완안영제完顔永濟가
즉위했다. 그 이듬해에 금나라 황제 완안영제가 몽골에 사신을 파견했다.
금나라 사신은 칭기즈칸에게 무릎을 꿇고 금나라 황제를 알현할 것을 요
구했다. 그러자 칭기즈칸은 완안영제가 금나라의 황제가 되었다는 사실을

알고 남쪽을 향해 침을 뱉더니 경멸하는 어조로 말했다. "그 따위 겁쟁이가 황제가 될 그릇이 되는가? 그에게 알현하라니, 가당키나 한 말인가!" 완안영제가 이 이야기를 전해 듣고는 원한을 품고 몽골을 공격할 계획을 세웠다. 먼저 완안영제는 변방에 요새인 오사보烏沙堡를 세우게 하고 몽골을 공격할 준비를 했다. 그리고 칭기즈칸이 다시 공물을 바치러 올 때 그를 살해하기로 했다. 그러나 칭기즈칸이 이 소식을 먼저 알고는 크게 노해서 당장 금나라와 수교를 끊고, 정예병을 모아 금나라 군대에 맞설 준비를 했다.

대안 3년(1211년) 2월에 몽골이 군대를 보내 야호령野狐嶺을 공격해서 승리를 거두었다. 금나라 황제가 이 소식을 듣고 몽골에 강화를 요청했지만, 칭기즈칸은 거절했다. 7월에 철별哲別이 이끄는 몽골 군대의 선봉이 갑자기 오사보를 공격해 금군 30만 명이 패했다. 당시는 서하와 금나라의 관계도 이미 깨진 상태였다. 그래서 서하는 더 이상 금나라의 책봉을 바라지 않고, 이전 대부터 금나라에 귀순해 몽골에 대항하던 전통을 깨고 몽골에 귀순해서 금나라를 공격하는 쪽으로 방향을 바꾸었다. 8월에 칭기즈칸이 정예 기병 3,000명을 이끌고 갑자기 야호령野狐嶺을 공격하자 금나라 군대 40만 주력군이 모두 무너지고 말았다. 금나라 통수 완안승유完顔承裕는 군대를 버리고 선덕(지금의 허베이 성 쉬안화 현宣化縣)으로 도망갔다. 그다음 달인 9월에 칭기즈칸이 군대를 이끌고 거용관으로 들어갔다. 12월에는 몽골 군대가 금나라의 수도 중도를 공격했다가 실패하고 철수했다. 이렇게 해서 몽골의 금나라 정벌은 일단락을 맺었다.

호사호의 정변
1213년

금나라 숭경崇慶 2년(즉 지녕 원년, 1213년) 8월 초에 금나라 우부원수 호사호胡沙虎가 문수국文繡國 직장 완안축노完顔丑奴, 제강숙직장군提控宿直將軍 포채

모란 무늬를 척화한 큰 백자 항아리

이 척화 항아리는 형태가 매우 크고, 척화 기술이 매우 뛰어나며, 도안의 입체감이 강하다. 배 부분에 척화된 모란이 활짝 피어 있는 모습이 마치 조소인 듯하다.

육근蒲蔡六斤, 무위군 검할武威軍鈐轄 오고론이랄烏古論李剌 등과 함께 지대흥부 도단남평徒單南平과 그의 아들이 모반을 꾀했다고 모함하고, 이에 대한 황제의 조서에 따라 그들 부자를 죽였다.

먼저 호사호는 중도성 북쪽에서 남평의 인척인 복해福海를 죽이고, 그가 이끄는 군사를 빼앗았다. 그리고 25일에 날이 밝기 전 병사들을 이끌고 중도성에 들어가 지대흥부 남평 부자를 유인했다. 그런 다음 입궁해서 황제 영안을 궁문 밖으로 쫓아내고 환관에게 그를 죽이도록 했다. 이어서 좌승 완안강完顏綱을 죽였다. 그런 후에 호사호는 스스로 감국 도원수가 되고, 9월에 세종의 손자인 완안순完顏珣을 황위에 올렸다. 그가 바로 선종宣宗이다. 선종은 호사호를 태사, 상서령, 도원수로 임명했다. 10월에 술호고기術虎高琪가 병사를 이끌고 호사호의 집을 포위해 호사호를 죽였다. 그러자 선종은 술호고기를 좌부원수로 임명하고, 다시 평장정사平章政事로 임명했다.

금나라가 개봉으로 천도하다

1214년

금나라 정우貞祐 2년(1214년) 5월 11일에 금나라 선종이 남경(지금의 허난 성 카이펑 시)으로 천도할 것을 명령했다. 이에 17일에 천도에 나서 낙타 3,000필로 보물을, 그리고 수레 3,000량으로 문서를 먼저 옮기게 한 다음 이튿날에 선종이 남행에 나섰다. 천도를 시작하기 전에 금나라 조정 내에서는 이 문제를 두고 격렬한 논쟁이 벌어졌으나 천도를 주장하는 의견이 결국 우세를 차지했다.

선종은 평장정사, 도원수 완안승휘完顏承暉, 상서좌승 말념진충抹撚盡忠과

태자 완안수충完顔守忠을 중도에 남게 하고 자신은 육궁六宮(중국의 궁중에 있었던 황후의 궁전과 부인 이하의 다섯 궁실)과 함께 남하했다. 양향良鄕(지금의 베이징 시 팡산 구房山區 량샹 진良鄕鎭)에 이르렀을 때, 선종이 거란인 위주로 구성된 호위 규군糺軍의 모반을 우려하여 그들을 불러 갑옷과 말을 반납하라고 명령했다. 이에 분노한 규군은 결국 총사령관 소온素溫을 죽이고 거란인 작답斫答, 북섭아北涉兒, 찰랄아札剌兒를 원수로 추대해 북쪽으로 올라가서 중도를 공격하고, 몽골에 투항했다. 이에 몽골이 석말명안石抹明安 등에게 지원군을 이끌고 중도를 함락하게 했다. 중도의 함락은 금 왕조가 멸망을 향해 나아감을 의미한다.

관음보살 입상

맥을 잡아 주는 **중국사 중요 키워드**

금나라 불교의 흥성

금나라가 요나라와 북송을 멸망시키고 중원으로 내려간 후 불교가 널리 전파되었다. 금 왕조의 황제들은 불교를 지원하되 적절히 제한하는 정책을 펼쳤고, 이에 힘입어 불교는 금나라 시대에 매우 흥성했다. 금 왕조의 통치자들은 모두 불교를 숭상해서 궁궐 내부에 불상을 모실 뿐만 아니라 각지에 사원을 세우고 예물과 전답을 보시하기도 했다. 또 황족이 병이 나면 직접 사원에 가서 부처에게 기원하고, 때때로 고승을 궁정에 불러서 불법을 들었다.

세종의 재위 기간(1161년~1189년)은 금나라 역사에서 전성기로 사회가 안정되고 번영했으며 불교도 전성기를 맞았다. 이 시기에 불교의 각 종파가 상당한 규모로 발전했고, 그중 선종이 불교의 주류가 되었다. 이 시기에는 불교 사상에도 새로운 주장들이 등장했다. 선승은 조동曹洞 계열의 만송행수萬松行秀(1166년~1246년)를, 또 거사는 이순보李純甫(1185년~1231년)를 대표로 하여 3교를 융합하자는 사상을 제시했다. 이는 같은 시기에 남송의 정치가들이 주장한 3교 합류合流와 놀랄 만큼 비슷하고 또 일치했다.

금나라 통치자들은 요나라의 불교 과도기에 이루어진 발전에서 교훈을 얻고, 남송 통치자들이 유교와 불교를 함께 중시한 데서 영향을 받아 불교의 이용과 제한을 섞은 정책을 펼쳤다. 또 불교를 비교적 엄격하게 관리하여 나라에 불교가 범람하는 것을 방지했다.

금나라가 남하해 남송을 침략하다

1217년

주전자를 든 시용을 조각한
벽돌 조각품

남송 영종 가정 원년(1208년)에 남송과 금나라가 '가정화의'를 맺었다. 이후 금나라는 몽골 군대의 끊임없는 공격을 받아 개봉으로 천도할 수밖에 없었다. 영토가 계속해서 축소되자 상서우승 술호고기는 금나라 선종에게 남쪽으로 내려가 남송을 공격해서 영토를 늘릴 것을 제안했다. 우정 4년(1216년) 겨울에 왕세안王世安이 남송의 우이盱眙(지금의 장쑤 성)와 초주(지금의 장쑤 성 화이안 시)를 손에 넣을 계책을 내놓았다. 10년 동안 이어진 남송과 금나라 사이의 전쟁은 이로써 서막을 열었다.

5년(1217년) 4월에 금나라는 남송이 세폐를 거부했다는 핑계로 원수좌도감 오고론경수烏古論慶壽, 첨추밀원사 완안새불完顔賽不에게 군대를 이끌고 회수를 건너 남송을 침략하게 했다. 그들은 군대를 나누어 번성樊城(지금의 후베이 성 샹판 시襄樊市)을 공격하고, 조양棗陽(지금의 후베이 성에 속함.)과 광화군光化軍(지금의 후베이 성 광화 현光化縣 북쪽)을 포위하고, 다시 평장정사 서정胥鼎에게 협서에서 병사를 일으켜 사천을 공격하게 했다. 이에 남송은 경호京湖, 강회, 사천의 제치사制置使인 조방趙方, 이옥李鈺, 동거의董居誼에게 금나라 군대에 대항할 것을 명령했다. 6월, 남송은 금나라를 정벌할 것을 명령하고 중원의 관리들에게 군사를 모으도록 했다. 이로써 금나라와 남송의 연이은 교전이 시작되었다.

흥정興定 3년(1219년) 봄에 금나라 좌부원수 복산안정僕散安貞이 군대를 이끌고 남송을 공격했다. 그리고 얼마 후 금나라 군대가 회남에 진입하자 남송 조정은 두려움에 떨었다. 그 후 남송의 회동 제형提刑 지초주知楚州 가섭賈涉이 충의군忠義軍을 자제시키며 홍오군紅襖軍 이전李全, 이복李福에게 합동 작전을 펼치도록 해 화호피化湖陂에서 금나라 장수를 여러 명 죽였다. 이에 이전이 승기를 타고 추격하니 금나라 군대는 조가장曹家庄에서 크게 패하고 말았다. 이날의 패배 이후 금나라 군대는 더 이상 회동을 공격할 엄두를 내지 못했다.

금나라 조정에서 지주 무장을 모집하다
1219년

금나라 흥정 2년(1218년) 가을, 태원이 함락당한 후 금나라는 매우 험난한 형세에 맞닥뜨렸다. 금나라 흥정 3년(1219년) 정월에 금나라 선종이 문무백관을 불러 형세의 변화에 따른 대책을 상의했다. 한림학사 승지承旨 도단호徒單鎬 등이 말했다. "군사를 통솔하는 데에는 세 가지 방법이 있습니다. 첫째는 전쟁, 둘째는 평화, 셋째는 수비입니다. 지금 우리는 전쟁을 해야 하나 병력이 부족하고, 평화를 지키자니 적들이 허락하지 않으니 오로지 수

〈계산무진도(溪山無盡圖)〉

이 그림의 작자는 밝혀지지 않았고, 스타일로 미루어 북송 시대 작품이다. 그러나 그림에서 금나라 사람 매울(玫蔚), 이혜(李惠) 등의 흔적이 나타나는 것으로 보아 아마도 북송 화가의 작품이 금나라 사람의 손에 들어간 것으로 보인다.

비밖에 방법이 없습니다." 선휘사宣徽使 이랄광조移剌光祖 등은 비록 태원을 잠시 잃었지만 다시 찾을 수 있다고 말했다. 그들은 현지의 대지주 가운데 명망 있는 사람을 뽑아 권력을 주고 그가 한 도를 되찾으면 그 도의 총관總管으로, 주와 군을 지켜내면 그곳의 장관으로 삼으면 된다고 했다. 그들에게 한 쪽씩을 지키게 하면 백성은 제자리로 돌아갈 수 있다는 것이었다.

선종과 조정 대신들이 모두 이랄광조의 의견에 동의하고, 바로 각지의 지주들을 불러들여 무장하고 땅을 지키며 적에 대항하도록 했다. 당시에 무장한 지주로는 진정眞定을 점거한 지주 무장地主武裝 무선武仙, 이주易州 정흥定興 지주 무장 장유張柔, 태원을 되찾은 지주 무장 장개張開와 곽문진郭文振, 하북 지주 무장 왕복王福, 평양부平陽府를 되찾은 지주 무장 호천작胡天作이 있었다. 이 지주 무장들은 금나라 말기의 정치와 경제에서 결코 간과할 수 없는 위치에 있었다.

금나라와 몽골의 변경 전투
1232년

원광元光 2년(1223년) 12월에 금나라 선종이 죽고 태자 완안수서完顔守緒가 황제로 즉위해 연호를 정대正大로 바꾸었다. 그가 바로 애종哀宗이다. 금나라 애종은 즉위한 후 일련의 새로운 조치를 펼치고자 몽골 전쟁에 참여한 장수들을 임용하여 남송 침략 전쟁을 멈추고, 서하와는 강화를 맺은 후, 무선 등의 지주 무장을 모아 항몽 투쟁에 모든 역량을 집중했다. 이를 통해 정대 3년(1226년) 가을부터 정대 4년(1227년) 초까지 연이어 산서의 곡옥, 강주, 평양, 태원을 되찾았다.

금나라 정대 9년(1232년) 정월에 금나라 애종 완안수서가 중로의 몽골군이 이미 강을 건넜다는 소식을 듣고, 황급히 등주의 금나라 군대에게 변경으로 회군해서 지원하라고 명령했다. 그런데 금나라 군대의 보기병 15만 명은 등주를 떠난 후 큰 비와 눈을 만나 식량이 부족해져서 얼어 죽고 굶어 죽는 병사가 많았다. 균주鈞州(지금의 허난 성 위저우 시禹州市) 삼봉산三峰山에서 금나라 군대는 추격해 온 우로의 몽골군에 포위되었다. 금나라 군대에 피로한 기색이 역력하자 몽골의 툴루이는 균주로 가는 길을 열어 주어 금나라 병사가 돌파하게 한 후 양쪽에서 협공했다. 금나라 군대는 크게 패했고, 툴루이가 이끄는 몽골군은 승세를 타고 추격해 오고타이 칸이 보낸 지원군과 합류해서 균주를 공격했다. 금나라 장수 완안합달完安合達, 이자포아移剌蒲阿, 완안진화상完顔陳和尚, 양옥연楊沃衍, 번택樊澤 등은 전사하거나 포로로 잡혀 죽임을 당했다. 삼봉산 전투로 금나라는 대장을 모두 잃고, 주력군도 소멸되었다.

이와 동시에 1232년 정월에 애종은 관섬關陝 총수 도단올전徒單兀典에게 변경을 지원하라고 명령했다. 2월에 노소를 막론하고 징집된 금나라 군대가 변경으로 가면서 낙양대도를 통하지 않고 서남쪽 산길을 택했다. 그러나 출발한 지 얼마 지나지 않아 일부 관병이 몽골군에 투항해 버렸다. 철령鐵嶺에 도착하자 남은 군사는 얼마 되지 않았다. 이러한 진퇴양난의 상황에서 진람秦藍 총수 완안중희完顔重喜는 어쩔 수 없이 몽골에 투항했다. 이렇게 해서 금나라 전군은 뿔뿔이 흩어졌고, 도단올전은 도망가다가 몽골군에게 죽임을 당했다.

금나라의 멸망
1234년

금나라 정대 9년(1232년)에 삼봉산 전투와 철령 전투에서 크게 패하고 도읍 변경이 포위되자, 금나라 애종은 변경을 버리고 채주로 도망쳤다. 그러자 몽골군과 남송군이 연합해서 채주를 공격했다. 1233년 가을, 애종은 멸망이 눈앞으로 다가왔음을 온몸으로 느끼고 있었다. 이때

금나라 전각 예술의 발달

금나라의 문화와 생활은 요나라 시대보다 더욱 한족과 동화되었다. 북송이 멸망한 후 금나라는 중원 내륙 지역의 벽돌에 조각하는 전각塼刻 예술을 받아들이고 더욱 발전시켰다. 북송 시대에 세워진 개봉 철탑은 유리 전각 예술로, 세계적으로도 유명하다. 성대한 장례 의식을 치르는 금나라 귀족의 풍습도 전각 예술의 수준을 높이는 데 일조했다.

산시 성山西省 샤오이 시孝義市 샤투징下吐京 마을에서 발굴된 금나라 무덤은 고대의 무덤 구조를 모방한 벽돌묘로, 7개의 무덤 벽에 모두 전각 공예 작품이 있다. 전각 공예 장인은 고도의 입체 조각圓彫 기법을 이용해 무덤 주인 부부가 한가롭게 앉아 있는 모습, 차와 술을 마시는 모습, 책상에 엎드려 글을 쓰는 모습, 동자가 문을 여는 모습, 머리를 빗는 모습 등의 생활 모습을 생동감 넘치게 표현했다. 정교하고 화려한 전각 공예는 진난晉南 지산稷山 지역의 금묘군이 가장 전형적이다. 그중에서 전각 공예가 가장 보편적인 것은 잡극의 인물로, 이야기가 있는 전각 공예의 대표작이다. 풍부하고 다채로운 금나라의 전각 공예 유물은 금나라의 민간 전각 예술이 얼마나 발전했는지를 반영하여 금나라의 사회, 문화, 생활을 연구하는 데 귀중한 자료가 되어 준다.

효자 이야기의 전각 예술

대신 완안아호대가 몽골이 공격해 들어오기 전에 남송과 강화를 맺고, 남송에 식량을 요청하는 한편 남송과 몽골을 이간질하는 계략을 쓰자고 건의했다. 금나라 황제는 남송 황제에게 보내는 서신에서 굴욕을 참아가며 연합을 요청했다. 그러나 남송은 이미 전세가 기운 것을 보고 금나라의 화의와 식량 구걸을 거절했다.

천흥天興 3년(1234년) 정월에 금나라 군대가 머문 채주에 식량이 바닥나자 원단 날 밤에 애종이 동면원수東面元帥 승린承麟에게 양위했다. 다음날 오전에 승린은 황위에 오르라는 조서를 받았다. 새 황제의 즉위식을 거행할 때 성 남쪽에는 이미 남송 군대의 깃발이 걸렸고, 이에 금나라 장수들이 황급히 맞서 싸웠다. 얼마 후 결국 남송 군대가 남성南城을 함락했다. 애종은 금나라의 전세가 이미 기운 것을 보고 유란헌幽蘭軒에서 목을 매어 자살했다. 재상 완안 중덕은 여수에 몸을 던져 자살했다. 그리고 대신 원지元志, 왕산아王山兒, 흘석렬백수紇石烈柏壽 등과 군사 500여 명이 모두 강으로 뛰어들어 자살했다. 마지막 황제 승린은 반란군에게 죽임을 당했고, 이렇게 해서 120년을 이어 온 금 왕조는 몽골과 남송의 연합군에 의해 멸망하고 말았다.

허베이 성 창리 현(昌黎縣)
원영탑(源影塔)

높이는 약 30m이며 요나라와 금나라의 전형적인 밀첨탑이다. 첫 번째 층의 탑신 조각과 장식은 일반적인 밀첨과 완전히 다르다.

History of China

맥을 잡아주는 세계사

The flow of The World History

제3장 | 유라시아를 제패한 원

1. 원 왕조 1206년~1368년

[테마가 있는 중국사 전시실] 제1대 소수 민족의 군주 칭기즈칸

1 원 왕조

시기 : 1206년~1368년
인물 : 테무친, 오고타이, 뭉케, 쿠빌라이, 마르코 폴로, 곽수경, 성종, 인종, 영종, 순제, 톡토

철기병을 앞세워 내달린 강하고 용맹한 제국

1206년에 테무친이 몽골 각 부락으로부터 '칭기즈칸'으로 추대되어 막북(漠北, 고비 사막 이북 지역을 일컬음.)에 대몽골국을 세웠다. 이후 60여 년 동안 몽골의 민첩하고 용맹한 철기병은 중국 북부를 통일했을 뿐만 아니라 중앙아시아와 유럽 일부 지역까지 정복했다. 1271년에 쿠빌라이가 나라를 세우고 국호를 대원大元이라 했다. 쿠빌라이는 원나라를 세운 후 일련의 조치를 펼쳐 중원 지역의 생산력을 신속하게 회복시키고 발전시켰다.

 몽골 군대와 함께 대규모로 이주한 다른 지역의 수공업 장인들은 원나라의 수공업 생산에 새로운 활력을 불어넣었다. 그리고 경영에 천부적 재능이 있던 수많은 아랍 상인은 무역을 통해 원나라의 상업을 크게 발전시켰다. 광활한 영토와 동·서양 교류의 활성화로 원나라의 대외 교류는 전에 없이 활발해졌다. 또한 원나라는 문학예술에서도 두드러지는 성과를 이룩했다. 널리 사람들의 입에 오르내리는 원곡元曲과 아름답고 우아한 문인화文人畵, 그리고 독특한 스타일의 '유원소劉元塑(원나라의 유명 조각가 '유원劉元'의 조각 작품을 '유원소'라 일컫는다.)'까지……, 실로 눈이 부실 정도이다.

한눈에 보는 세계사

1232년 고려, 강화도 천도
1251년 고려대장경(팔만대장경) 완성
1270년 삼별초의 항쟁 시작

1299년 오스만 튀르크 제국 건국
1337년 백년 전쟁 시작
1347년 흑사병, 유럽을 휩쓸다

테무친이 몽골을 세우다
1206년

12세기부터 13세기 초에 몽골 초원에서 몽골 부락들이 서서히 세력을 키우기 시작했다. 그들의 우두머리 테무친은 1189년에 칸이 된 후 주변 부락과 전쟁을 벌여 끊임없이 세력을 확장했다. 1203년과 1204년에 테무친은 왕한王罕과 함께 나이만부를 점령해 막북 지역을 정복하고 몽골 전체의 통일을 이룩했다. 그리고 1206년에 알난하斡難河(지금의 오논Onon 강) 강변으로 여러 부락의 우두머리들을 불러 모아 쿠릴타이(몽골 제국의 칸 선출이나 원정의 결의 등을 위한 왕공들의 대집회를 말한다.)를 열었다. 이 자리에서 테무친이 칸으로 추대되어 '칭기즈칸'이라는 칭호를 얻고 대몽골국을 세웠다.

서역 원정
1219년

몽골 태조太祖 14년(1219년) 6월, 태조 칭기즈칸은 군대를 이끌고 중앙아시아의 옛 나라인 호라즘(아무다리야 강 하류 유역)을 공격했다. 몽골군은 차례로 오트라르, 부라하, 새로운 수도인 사마르칸트(지금의 우즈베키스탄 부하라) 및 옛 수도인 우르겐치(지금의 투르크메니스탄 우르겐트) 등의 성을 점령했다. 호라즘 국왕 알라 웃딘 무함마드Ala al-Din Muhammad가 도망치던 중에 병으로 죽고, 그의 아들 잘랄 웃딘Jalal al-Din Menguberdi이 유서를 받들어 즉위한 후 격렬하게 반항했다. 하지만 이미 패배로 기울어진 국면을 되돌릴 수는 없었다. 결국 1221년 말에 군대가 전멸하면서 호라즘의 모든 부락은 몽골의 손아귀로 넘어갔다. 칭기즈칸은 승리를 거둔 후 철수해서 1225년에 몽골로 돌아왔다.

차가타이 칸국의 은화

칭기즈칸은 서역 원정에서 돌아와 네 아들에게 땅을 나누어 주었다. 둘째아들인 차가타이는 서요의 영토 전체를 받고 이를 기반으로 하여 차가타이 칸국을 세웠다. 사진은 차가타이 칸국의 은화이다. 은화는 직접 두드려 만드는 타인법(打印法)으로 제조되었고, 옆면에 '알라는 유일한 신'이라는 뜻의 쿠파 문자와 아랍 문자가 압인되어 있다. 뒷면은 아무런 글자 없이 매끈하다.

야율초재의 귀순

야율초재耶律楚材(1190년~1244년)는 자가 진경晉卿이고 도호道號(불도佛道에 들어간 뒤의 이름)는 담연거사湛然居士이며, 요나라 태조 야율아보기의 9대손인 거란족이다. 그는 어려서부터 총명하고 공부하기를 좋아했다. 예컨대 천문, 지리, 율력, 술책 및 석가모니와 노자, 의술과 점술 등 여러 방면에 두루 해박한 지식을 자랑했다. 금나라 장종 때 말단 관리로 일하며 개주開州(지금의 허난 성 푸양 시)동지同知를 역임했다.

정우 2년(1214년)에 금나라 선종이 변경으로 천도할 때, 야율초재는 계속해서 연경(지금의 베이징)에 머무르며 상서성좌우사원외랑尙書省左右司員外郎으로 일했다. 이듬해에 연경이 몽골군에 함락되었을 때 포로가 되어 칭기즈칸에게 귀순했고, 이후 몽골의 남·북 원정 때 신임을 얻었다. 이후 오고타이의 즉위를 지지해 더욱 중용되었다. 그는 조정 의례를 정하고, 세금 제도를 제정하여 시행했다.

1231년에 오고타이가 그를 필도적必闍赤으로 임명했는데, 이는 한족 왕조의 조정에서 중서령에 해당하는 직위였다. 야율초재는 정치, 경제, 문화, 군사 등 여러 영역에서 다양한 의견을 내놓아 몽골 귀족이 유목을 바탕으로 한 경영 방식에서 중원에 자리한 한족의 전통적인 농업 기반의 통치 방식을 적용하도록 변화하게 했다. 그는 칭기즈칸, 오고타이 등 몽골의 옛 귀족이 중국 한족의 전통 문화를 받아들이게 한 첫 번째 인물이었다. 야율초재는 세 명의 황제를 받들며 조정 일을 돌보다가 1244년 5월에 죽었다. 이후 그는 광녕왕廣寧王으로 봉해졌고, 시호는 문정文正이다.

서하의 멸망

1227년

몽골 태조 원년(1206년) 3월, 칭기즈칸은 몽골에 나라를 세운 이후 처음으로 군대를 이끌고 서하를 침략했다. 그는 가축을 대거 약탈하는 것으로 서북 지역에서 약 2세기 동안 할거해 온 서하를 상대로 전쟁의 서막을 열었다. 이후 1207년, 1209년, 1218년, 1224년에 몽골군은 여러 차례 서하를 공격했다. 하지만 남쪽의 금나라 정벌과 서역 원정을 동시에 진행했기 때문에 서하를 완벽하게 정복하기란 어려운 일이었다.

강적을 멸망시킨 후, 1226년에 칭기즈칸은 여섯 번째로 군대를 이끌고 서하를 공격했다. 몽골군은 잇달아 사주, 숙주, 감주, 양주涼州 등 여러 주를 점령하고, 11월에 서하의 수도인 중거부^{中舉府}(지금의 인촨 시)를 포위했다. 이 듬해 6월에 서하의 마지막 황제 이현^{李晛}이 한 달의 유예 기간 후에 성을 바치겠다고 청했다. 그런데 그다음 달인 7월에 칭기즈칸이 금나라를 공격하던 중에 병으로 죽고 말았다. 몽골군은 그의 유서를 받들어 상을 치르지 않음으로써 통치자가 죽었을 때 발생할 수 있는 변고를 사전에 방지했다. 그로부터 사흘 후 투항한 서하 황제는 칭기즈칸의 유언에 따라 죽임을 당했다. 이로써 190년(1038년~1227년) 동안 지속된 서하 정권은 멸망을 고했다.

오고타이가 몽골의 칸 자리에 오르다

1229년

칭기즈칸이 죽자 작은아들이 아버지의 권력을 계승한다는 몽골의 전통 풍습에 따라 툴루이가 일단 섭정을 했다. 1229년에 툴루이

전쟁 포로를 압송하는 몽골 기병 그림

서역의 특색을 띤 이 그림은 몽골 군대가 서역 원정에서 잡아들인 포로에게 나무로 만든 칼을 씌워서 호송하는 모습을 나타낸다. 페르시아 사학자인 라시드 알 딘(Rashid al-Din)의 《연대기의 집성(Jami al-Tawarikh)》에 있는 삽화이며, 지금은 독일 베를린에 소장되어 있다.

〈오고타이 즉위도〉

가 쿠릴타이를 열어 몽골의 새로운 칸으로 누구를 추대해야 할지 상의했다. 작은아들이 먼저 아버지의 권력을 계승하는 것이 몽골의 풍속이었기 때문에 여러 왕공과 대신들은 툴루이를 칸으로 추대하려고 했다. 그러나 야율초재 등이 몽골의 왕공들을 설득해 칭기즈칸의 유서에 따라 셋째 아들 오고타이가 칸 직위를 계승하게 했다. 혹시 발생할지도 모르는 통치 집단의 내부 분열을 막기 위해 툴루이도 이에 찬성했다. 그리하여 8월 24일에 오고타이 칸이 즉위했다.

야율초재가 예절과 의식을 정하여 황족과 대신들이 모두 칸 앞에 무릎을 꿇게 했고, 이로써 칸의 권위를 강화했다. 오고타이는 즉위한 후 야율초재 등의 책사와 용장을 중용하여 일련의 개혁을 단행하고, 원정으로 영토를 넓혀 훗날 원 제국이 형성되는 데 기초를 탄탄히 했다.

맏아들의 서정
1235년

청동 화통(복제품)

청동 화통은 원나라 시대에 위력을 보인 화기이다.

몽골 태종太宗 7년(1235) 여름, 오고타이가 쿠릴타이를 소집하고 칭기즈칸의 유언을 받들어 영토를 확장하기로 했다. 오고타이는 각 왕공의 맏아들과 장손에게 군대를 이끌고 서쪽 원정에 나서게 하고, 1만 호 이하의 각급 노얀(우두머리를 가리키는 몽골어. 원래는 몽골의 각 씨족장을 가리켰으나, 몽골 제국이 수립된 후에는 그 공적에 따라 집단의 장長에게 임명된 군사적 봉건 영주를 뜻했다.)도 맏아들을 출정시키게 했다. 이번 서쪽 원정에서는 주치(칭기즈칸의 맏아들)의 맏아들 바투를 최고사령관인 통수로 삼아 전군을 이끌게 하고, 대장 수부타이를 선봉에 서게 했다.

1236년에 볼가 강(옛날에는 야적리하也的里河로 불렸음.) 중류에서 몽골군이 킵차크의 여러 부락을 점령하고, 몽케가 킵차크 추장 바츠만을 붙잡았다. 1237년 겨울에는 몽골 서쪽 원정군이 볼가 강을 따라 북쪽으로 진격하며 계속해서 알라사斡羅思(러시아족의 옛 이름) 본토와 키예프를 점령했다. 이로써 알라사의 모든 땅을 몽골이 통치하게 되었다. 이어서 몽골군은 폴란드

맥을 잡아 주는 중국사 중요 키워드

공자를 공경한 몽골인

오고타이가 즉위한 지 얼마 지나지 않아 몽골은 중원 대부분 지역을 정복했다. 그 후 어떻게 해야 효율적으로 광대한 영토를 통제하고 통치할 것인가가 당면 과제로 떠올랐다. 야율초재는 오고타이에게 늘 '유학을 통해 나라를 다스릴 것'을 제안하고, 누누이 '무력으로 천하를 얻을 수는 있지만 무력으로 천하를 다스릴 수는 없다.'는 도리를 설파했다. 오고타이는 그러한 말을 듣고 감탄해 마지않았다. 야율초재 등 유학자들의 영향으로 오고타이는 점차 한족 유학자들을 중용하고, 한족의 문화를 보존하고 도입하는 데 힘썼다.

오고타이 칸 4년(1232년) 2월에 몽골군이 변경을 포위하고 금나라에 한림학사 조병문趙秉文과 공자의 제51대손인 공원조孔元措 등을 찾아내게 했다. 그리고 6월에 오고타이가 야율초재의 건의에 따라 공원조가 계속해서 연성공衍聖公의 작위를 세습하도록 했다. 또 그해에 공자의 사당을 보수하게 했다. 9년(1237년)에 몽골은 곡부에 있는 공자 사당의 보수를 마치고 공원조에게 제사를 주재하도록 했다. 오고타이는 또 공자, 맹자, 안연顔淵 등 유가 성인들의 후손에게 잡역의 의무를 면제해 주는 등 우대했다.

공묘의 십삼어비정(十三御碑亭)

십삼어비정 안에는 비석이 53개 있다. 비문은 대개 역대 황제가 공자에게 시호를 내리고 봉작을 추존하거나 공자에게 제사를 지내고 공묘를 수리한 기록이다. 각인된 문자로는 한문, 파스파 문자(원나라 몽골 문자), 만주 문자가 있다.

〈욕마도(浴馬圖)〉(일부)

몽골족은 마상 민족으로, 그림은 조맹부의 〈욕마도〉이다.

를 공격해 체코(옛날에는 보헤미아로 불렸음.), 헝가리(옛 이름은 마자르)를 점령하고, 계속해서 오스트리아와 독일 국경까지 공격했다.

1242년 겨울에 오고타이의 죽음이 전해지자, 바투는 군대를 이끌고 동쪽으로 철군해 이듬해 봄에 볼가 강 진영에 도달했다. 바투는 이번 서쪽 원정을 통해 볼가 강 하류 지역 사라이(지금의 러시아 아스트라한 부근)를 도읍으로 삼고 정식으로 킵차크 칸국(금킵차크국이라고도 불림.)을 세웠다. 이로써 몽골의 서쪽 원정은 끝이 났다.

몽케의 즉위

1251년

1246년에 태종의 맏아들 귀위크가 즉위한 후 강경한 수단을 이용하여 자신이 직접 정사를 돌보고 칸으로서 권위를 세우는 데 방해가 되는 요소들을 제거했다. 1248년 초에 그는 대군을 이끌고 카라코룸을 떠나 봉지인 예미리葉密立(지금의 신장웨이우얼 자치구 어민 현額敏縣 남쪽)로 돌아가서 서쪽의 바투를 징벌했다. 그런데 3월에 귀위크가 행군 중에 갑자기 죽어 그의 아내 오글 카이미시가 섭정했다. 1251년에 쿠릴타이가 열렸고, 여러 제후가 바투의 제안에 따라 툴루이의 아들 몽케를 칸으로 추대했다.

　몽케의 즉위로 칸의 지위가 오고타이계에서 툴루이계로 넘어가면서 오고타이계의 통치가 끝을 맺자 오고타이계는 분노했다. 몽케는 자신과 의견을 달리하는 세력을 엄하게 진압했다. 시레멘失烈門, 뇌홀腦忽, 야손탈也孫脫 등 정변을 일으키려던 세 제후를 감옥에 가두고, 오글 카이미시를 익사시켜 자신의 권위를 굳건히 했다. 이로써 오고타이와 차가타이 두 계는 세력에 타격을 입어 이후로 다시 일어나지 못했다.

제1대 소수 민족의 군주 칭기즈칸

칭기즈칸(1162년~1227년)은 아명이 테무친('강철'이라는 뜻)이고 몽골 걸안乞顔부 사람으로 보르지긴 귀족 가문에서 태어났다. 칭기즈칸은 초원에서 성장한 위대한 정치가이자 군사가였다. 그의 업적으로는 다음의 세 가지를 꼽을 수 있다. 첫째, 몽골 각 부락을 통일하고 몽골 칸국을 세워 몽골족을 이끌며 초원 문명을 전성기로 끌어올렸다. 둘째, 몽골 통일의 기초를 다져 원나라가 수립된 후 몽골이 새로운 모습으로 역사의 무대에 등장하도록 했고, 중국 문명과 세계 문명에 기여했다. 셋째, 서쪽 원정에서

몽골 기병이 사용한 화살 주머니

승리를 거두어 유라시아 백성에게 재난을 가져다주기는 했으나 동서양의 교통로를 뚫어 유라시아 백성의 교류와 공동 발전을 촉진하고 세계 역사에 깊은 영향을 미쳤다.

몽골 칸국을 세우다

테무친의 어린 시절에 몽골 고원은 '천하가 서로 빼앗고 공격하는 불안정한' 전란 속에 있었다. 테무친이 아홉 살 때 그의 아버지가 원수에게 독살당하면서 테무친과 어머니, 가족은 어려움에 빠졌다. 훗날 아버지의 '안다'(의형제)인 크렐부의 우두머리 왕한의 비호 아래 흩어진 아버지의 부락민들

을 모아 점점 세력을 키워 갔다.

1206년에 테무친은 18년에 이르는 통일 전쟁을 끝내고 알난하에서 쿠릴타이를 열었다. 그리고 좌우에 옥을 꿰어 9줄의 술을 단 구류九旒의 백기白旗 (구류의 백기는 가장 위엄 있고 신성하고 성결한 깃발이다.)를 세우고, 각 부락의 추대를 받아 칸인 칭기즈칸(바다처럼 광대한 황제라는 뜻)이 되어 몽골 칸국을 세웠다. 칭기즈칸은 즉위식에서《대찰철大札撤》(즉 대법전)을 공포해 기초적으로 칸국의 군사, 정치 및 관리 제도를 제정했다. 칭기즈칸은 초원 각 부락의 유목민을 10호, 100호, 1,000호와 1만 호로 엮어 각각 장관을 두어 관리하게 하고, 평소에는 생산에 종사하다가 전쟁이 일어나면 출정하도록 했다. 이로써 초원 유목민들이 이리저리 흩어져 있던 국면을 해결했다. 몽골인들은 칭기즈칸과 황금 세대의 통치 아래 칸국의 튼튼한 기초를 형성했다.

칭기즈칸의 무덤 안에 봉양된 말안장

전해지는 바에 따르면 칭기즈칸은 전투용 말안장, 일상용 말안장, 수렵용 말안장 등 세 가지를 사용했다고 한다.

뛰어난 재능과 원대한 계략

칭기즈칸은 1202년에 외올아畏兀兒(원나라와 명나라 시대에 위구르족을 부르던 이름) 사람인 타타통가를 등용하여 외올아

몽골 문자를 창제하고 이를 이용해서 명령을 반포하고 법령집인 찰철 札撤 을 기록하도록 했다. 그는 찰철에 "공부하는 멍청이는 결국 타고난 똑똑이를 넘어선다.", "보물로 자신을 장식하려고 하지 말고 도덕과 재능으로 자신을 충실하게 하라." 등의 말들을 기록했다. 이 법률은 몽골인들이 책을 읽고 공부하게

칭기즈칸릉의 벽화

하는 데 깊은 영향을 끼쳤다.

몽골 기병은 몽골 최고사령관의 지휘 아래 대규모 세력 확장에 나섰다. 몽골 정규군은 총 병력이 20만도 채 안 되었지만, 모두 정예군이었다. 그래서 몽골군은 전쟁터에 나갈 때면 치중輜重(운송되는 중형 무기와 군량, 피복 등 군수 물자를 가리킴.) 없이 전투마와 건량乾糧, 몸에 지닐 수 있는 무기만을 가져가고 대신에 현지에서 식량을 조달하여 번개처럼 빠른 속도로 이동할 수 있었다. 칭기즈칸이 만든 잠치(몽골 제국 및 원나라의 역참을 일컫는다. 참적 站赤이라고 쓴다. 잠치란 본래 몽골어로 '길을 관장하는 사람'이라는 뜻으로 역참의

208

역장을 말한다. 몽골의 역참 제도는 칭기즈칸의 통치 시기에 시작되어 원나라 시대에 완성되었다.) 제도와 하루에 200km를 달리는 전령병은 전선과 후방을 긴밀하게 연결하는 역할을 했다.

이와 더불어 칭기즈칸은 책략을 잘 사용하며 융통성 있게 지휘했고, 포석기와 회회포回回炮 같은 신식 무기를 사용하여 몽골 대군을 불패의 군대로 만들어 '세계의 정복자'로 불렸다. 그는 서하와 금나라를 멸망시킨 후 호라즘을 점령하고 러시아 연합군을 패배시키는 등 수많은 눈부신 승리를 거두었다. 1227년 7월에 병사한 그는 임종 전까지도 남송과 연합해 금나라를 멸망시키고 서하를 얻을 전략을 알려 주어 쿠빌라이가 중국을 통일하는 데 기초를 단단히 할 수 있게 도움을 주었다.

네이멍구 자치구 이진훠뤄기에 있는 칭기즈칸릉

도용

왼쪽은 물주전자를 든 대식
인의 도용이고, 오른쪽은 서
아시아의 곡예를 하고 있는
도용이다.

세 번째 서쪽 원정
1253년

몽케 3년(1253)에 훌라구가 명령을 받들어 서쪽 원정을 떠나 대
식大食 등의 나라를 점령했다. 이것이 칭기즈칸 이래 몽골의 세
번째 서쪽 원정이다. 서쪽 원정군은 여러 제후 소속의 군대에
서 10명에 2명씩을 뽑아서 구성했다. 서쪽 원정의 목표는 일부
견고한 요새를 점령한 아사신파木剌夷와 보달報達(바그다드)을 도읍
으로 하는 흑의대식黑衣大食(압바스 왕조)의 회교도 공주共主(온 세상
의 주인) 칼리파였다. 1256년에 훌라구가 군대를 이끌고 아무르
강을 건너 페르시아 국경으로 들어가서 11월에 아사신파를 평
정했다. 이어서 몽골군은 보달을 공격하기 시작해 1258년 2월
에 보달성을 함락하고, 칼리파와 그의 맏아들을 죽여 아바스 왕조 제37대
를 멸망시켰다. 몽케가 죽은 후 쿠빌라이와 아리크 부카가 칸 자리를 놓고
싸우자 훌라구는 몽골로 돌아가지 않기로 하고, 자신이 정복한 땅을 통치
하며 새로운 몽골 칸국인 일 칸국을 세웠다. 이로써 이번 서쪽 원정도 끝
이 났다.

대리를 정복하다
1253년

몽케 3년(1253년)에 쿠빌라이(몽케의 아우)가 명을 받아 군사를 이끌고 대리
원정에 나섰다. 그는 육반산六盤山에서 출발해 토번을 거쳐서 특랄忒剌(지금
의 쓰촨 성 쑹판 현松潘縣)에 이르자 군대를 세 갈래로 나누어 진격했다. 설산
雪山을 넘고, 금사강金沙江을 건너서 가는 길에 있는 성들을 공격하며 땅을
빼앗았다. 그해 겨울에 몽골 군대는 대리국의 국경 안에 들어섰다. 대리의
재상 고상高祥은 대리성 안에 군대를 모아놓고 성을 수비했다. 12월에 몽골

원정군이 세 방향에서 포위하고 공격을 시작하자 대리성은 결국 함락되었다. 대리국 왕 단흥지段興智는 선천善闡(지금의 쿤밍 시)으로 도망가고, 고상은 통시라統矢邏(지금의 윈난 성 야오안 현姚安縣)로 도망가다가 죽임을 당했다. 쿠빌라이는 바로 이어서 몽골군을 지휘해 선천을 제외한 대리국 영토 전체를 점령했다.

1254년에 쿠빌라이는 군대를 정비하여 일부는 귀환하게 하고, 우랑카타이에게 군대 일부를 남겨 주어 손에 넣은 대리국 영토를 방어하게 하는 한편, 아직 귀순하지 않은 부락들을 계속해서 정복해 나가도록 했다. 그해 가을에 우랑카타이가 선천을 함락하고 대리국 왕 단흥지를 포로로 사로잡았다. 이렇게 해서 건국 300여 년이 넘은 대리국은 멸망했다.

쿠빌라이가 개평에서 황제를 칭하다
1260년

1259년에 몽케 칸이 조어성釣魚城 전투에서 전사했는데 유서에 칸 지위를 이을 계승자의 이름을 남기지 않았다. 몽골 조정의 일부 세력은 막북을

〈대리국범상도(大理國梵像圖)〉(일부)

대리국은 백만족(白蠻族)이 중심이 되어 세운 봉건 영주 정권이다. 오대 시대부터 남송 시대까지 운남과 사천 동남 지역 일대에 존재했다. 그림은 남송의 장승온(張勝溫)이 그린 〈대리국범상도〉(일부)로 1240년 작품이다.

지키던 아리크 부카를 칸으로 추대했고, 다른 세력은 쿠빌라이를 옹호했다. 쿠빌라이가 중신들과 상의해 남송과 강화하는 데 동의하고, 몽케 칸의 상여를 맞이하여 황제의 옥새를 받고 군대를 철수해 북쪽으로 돌아갔다. 1260년 3월에 쿠빌라이가 막남 기지 개평開平에서 전통의 쿠릴타이 회의를 열자 여러 제후가 쿠빌라이를 칸으로 추대하는 데 모두 동의했다. 쿠빌라이는 칸 즉위를 선포하고 연호를 중통中統으로 했으며, 그가 바로 원나라 세조世祖이다.

중통보초의 발행
1260년

중통 원년(1260) 7월, 갓 칸으로 즉위한 쿠빌라이가 중통원보中統元寶 교초를 발행하도록 명했다. 중통원보 교초는 중앙의 조정에서 일괄적으로 발행했다. 사絲를 기본으로 하여 은 50냥마다 사초絲鈔 1,000냥으로 교환할 수 있었다. 10월에 여서평장정사呂書平章政事 왕문통王文統의 책임하에 중통원보 교초를 발행하면서 약칭 '중통보초', '중통초中統鈔', '보초寶鈔'라 불렀다. 연월에 제한을 두지 않고 전국에서 통용되도록 했을 뿐만 아니라 보초로 세금을 낼 수도 있게 했다.

원나라 보초의 가치는 문관文貫으로 감별하는데, 10문, 20문, 30문, 50문, 100문, 200문, 300문, 500문, 1관, 2관의 총 10등급으로 나뉘었다. 보초와 전은錢銀의 비율은 전 1관이 보초 1관, 은 1냥이 보초 2냥에 상당했다. 초본鈔本은 은을 기본으로 하는데, 중간에 금을 사용하기도 했다. 보초를 만드는 창고에서 보초의 인쇄를 책임졌다. 처음에는 목판을 사용하다가 지원 13년(1276년)에 이르러 동판을 사용하기 시작했다.

남송이 멸망하자 쿠빌라이는 명령을 내려 보초로 남송의 교자交子와 회자會子를 대체하게 하고, 지원至元 17년에 송 왕조의 동전을 폐지했다. 이렇게 쿠빌라이가 남북의 초법鈔法(지폐를 발행하여 유통시키는 법)을 통일하여 보초가 중국 역사상 처음으로 전국에서 통용된 지폐가 되었다.

파스파를 제사에 봉하다
1260년

원나라 이전에는 제사帝師 대신에 국사國師가 있었고, 원나라가 망하면서 제사 제도도 함께 사라졌다. 이로써 제사 제도는 불교 역사상의 특수한 예가 되었다. 원나라의 제사라는 호칭은 티베트 라마승 대덕大德에 대한 존경과 한편으로는 티베트를 통치하려는 정치적 필요에서 생겨났다. 즉 제사 제도는 티베트 지역의 정교합일政敎合一 체제의 효시가 되었다. 원나라 조정에서 임명한 제사는 전국 최고의 종교 우두머리였을 뿐만 아니라 티베트에 세운 군사 정부의 우두머리로서 티베트 지역의 모든 일을 관리했다. 원나라 제1대 제사는 파스파였다.

파스파(1239년~1280년)는 본명이 로드 겐첸 펠삼포이고 성은 관款씨이다. 그는 어려서부터 총명하여 일곱 살 때 이미 불경 수십만 자를 막힘없이 읽고 그 뜻을 알아 '성스러운 신동'이라는 뜻으로 파스파라고 불렸다. 몽골 투르게네 황후 3년(1244년), 쿠단이 자신의 백부 사판의 명을 받들어 양주로 가는데 파스파가 따라 나섰다. 몽케 칸 원년(1251년), 사판쿤 가겐첸이 죽고 파스파가 사갸파의 법주法主가 되어 여러 승려를 이끌었다. 몽케 칸 3년(1253년)에는 이제 열다섯 살인 파스파가 육반산에서 쿠빌라이를 알현하고, 그 박학다식함을 인정받아 쿠빌라이의 책략가가 되었다. 몽케 칸 8년(1258년)에 불교와 도교의 논쟁이 벌어졌는데, 스무 살의 파스파가 불교 측

중통원보 교초(지정판)

길이 27.2cm, 너비 20.3cm이며 아멍어지나기(阿盟額濟納旗) 헤이청쯔(黑城子) 유적에서 출토되었다. '1관'의 교초로, 뒷면에는 '지정인조원보교초(至正印造元寶交鈔)'라고 적혀 있다. 이는 1350년에 발행된 지정판에 속한다.

파스파(1239년~1280년)는 토
번의 관씨 가문 출신이다.
원나라 제사로 임명된 후 그
는 전국의 종교계를 장악하
고 한편으로 토번 지역의 정
무를 관리하여 토번에 대한
원나라 중앙의 행정 관리를
강화했다. 그리고 한과 몽골,
티베트의 문화 교류를 활성
화하는 데 중요한 역할을 했
다. 그림은 테베트 살가사의
벽화로, 파스파가 원나라 사
신을 접견하는 모습을 나타
낸다.

의 수석 대표로 여러 도사와 설전을 벌여 도사 17명이 패배를 인정하고 머
리를 깎아 승려가 되게 했으며, 또 일부 도관道觀을 불교 사찰로 만들었다.

중통 원년(1260년)에 쿠빌라이가 칸이 되자 몽골에서는 '불교가 크게 성
행'했고, 파스파가 제사로 임명되어 옥인玉印을 하사받고 티베트 지역의 불
교 관련 업무를 관리했다. 그는 또한 명령을 받들어 몽골의 새로운 문자를
만들었다. 지원 원년(1264년)에 쿠빌라이가 북경으로 천도한 후 전국적인
종교 관리 기구인 총제원總制院을 만들어 파스파에게 총제원사를 겸임하게
했다. 총제원은 나중에 선정원宣政院으로 바뀌었다.

지원 6년(1269년)에 몽골의 새로운 문자가 완성되었고, 파스파는 그 공적
을 인정받아 대보법왕大寶法王으로 봉해지고 옥인을 하사받았으며 최고의
예우를 받았다. 지원 11년(1274년)에 파스파는 서쪽으로 돌아가고 그의 아

우가 제사 직위를 이어받았다. 훗날 파스파가 죽자 한림학사 왕반王磐이 명령을 받들어 〈제사행상帝師行狀〉을 지어 그의 공덕을 찬양하고, 도읍에 그를 기리는 '파스파사'를 세우고 각 군에 파스파전殿을 짓게 했다.

독산대옥해의 완성
1265년

몽골의 영토가 끊임없이 확장되면서 각지의 옥공예 장인들 사이에 기술 교류가 빈번해졌다. 원나라 조정에서는 수요를 충족시키기 위해 우수한 장인들을 대거 도읍에 불러 모으고 황족을 위해 어용 옥기와 장식품을 만들게 했다. 아울러 서역의 품질이 우수한 옥 재료를 중원으로 가져와 옥공예가 원나라 시대에 전례 없는 발전을 이루며 우수한 작품이 대량 제작되었다. 독산대옥해瀆山大玉海는 그중의 전형적인 대표작이다.

베이하이 단성 독산대옥해

지원 2년(1265년)에 제작되었다. 당시에는 대도(지금의 베이징) 북해(北海) 경화도(瓊華島) 산 정상의 광한전(廣寒殿)에 설치되어 쿠빌라이가 연회를 열 때 술을 담아 놓는 용도로 사용했다. 옥해의 높이는 70m, 둘레는 493cm, 무게는 3.5t에 달한다. 중국에 현존하는 크기가 가장 큰 옥그릇이다.

독산대옥해는 현재 베이징 베이하이北海 단성團城에 현존하는 지원 2년(1265년)의 작품으로, 지금까지 알려진 최초의 방형 옥공예이다. 높이 70cm, 상단의 입구 지름은 1.5m, 무게는 3.5t에 달한다. 기벽은 두텁고 조각은 정교하며, 육중한 느낌이다. 술을 담는 용도로 쓰였는데 대략 30여 섬(한 섬은 약 180ℓ에 해당한다.)의 술을 담을 수 있다. 혹자는 술을 가득 부으면 "파도가 용솟음치고, 바다괴물이 뛰어올라 마치 어수魚獸가 파도 속에서 나타날 듯하다."라는 표현으로 어마어마한 기세를 표현했다. 이는 또한 몽골 귀족의 사치스럽고 술을 좋아하는

기풍을 설명하기도 한다. 독산대옥해의 완성은 중국 옥공예사에서 매우 큰 사건으로, 지금까지도 옥공예 역사에서 중요한 위치를 차지한다.

쿠빌라이가 원나라를 세우다
1271년

지원 8년(1271년) 11월에 쿠빌라이가 유병충劉秉忠, 왕악王鶚 등 유학에 조예가 깊은 신하들의 건의를 받아들여 《역경易經》의 '건원乾元(매우 크다는 뜻)'이라는 말에서 의미를 따와 국호를 대원이라 정하고 정식으로 건국을 선포했다. 몽골은 칭기즈칸이 나라를 세운 이래로 줄곧 부족의 이름을 나라 이름으로 삼아 대몽골국이라고 불렀고 정식 국호가 없었다. 쿠빌라이가 몽골의 칸이 된 후에도 연호를 '중통'이라고 했을 뿐 여전히 국호를 짓지 않았다.

남송을 멸망시키려는 전쟁이 순조롭게 진행되면서 몽골 정권도 사실상 이미 중원 지역의 한족 봉건 정권의 통치 방식을 따르고 있었다. 특히 쿠빌라이의 통치가 나날이 탄탄해진 것은 그가 한족의 법을 억지로 갖다 붙인 '부회한법附會漢法'의 방법에서 한 발 더 나아가 자신의 왕조를 한족 봉건 왕조의 전통 왕조로 세웠기 때문이었다. 쿠빌라이가 나라를 세워 국호를 대원이라고 한 것은 그가 통치하는 국가가 단지 몽골 민족만의 것이 아니라 중국 역대 왕조의 연장선에 있다는 점을 명확하게 나타낸다.

지원 9년(1272년) 2월에 쿠빌라이가 유병충의 천도 건의를 받아들여 중도中都를 대도大都로 바꾸고 정식으로 원나라의 수도로 삼았

좁은 소매의 원나라 용무늬 금포(錦袍), 종모(綜帽), 단화(緞靴) 설명도

원나라 역참 체계의 수립

원나라가 통일을 이룬 후 영토가 매우 광활해졌다. 원나라 조정은 각 지역 간에 정치, 경제, 문화의 관계를 강화하기 위해 대대적으로 교통을 발전시키고 사통팔달의 역도와 역참 체계를 수립했다. 역참은 칭기즈칸의 통치 시기부터 시작되어 지속적으로 규모가 확대되었다. 쿠빌라이는 원나라를 세운 이후 차츰 대도를 중심으로 하는 사통팔달의 역참망을 건설하기 시작했다.

역참망은 동북으로는 흑룡강 입구의 노아간에 이르고, 북으로는 예니세이 강 상류의 키리키츠까지 통하고, 서로는 일 칸국과 킵차크 칸국으로 통하며, 서남으로는 운남과 티베트에 이르는 전대미문의 대규모 체계였다. 자료에 의하면 전국 각 지역에 역참이 1,500곳이 있었고, 역참에서 일하는 역호만 해도 20~30만 명이 넘었다고 한다. 역참은 육참陸站과 수참水站으로 나뉘었다.

육참의 주요 교통수단은 말이었다. 그 밖에 일부 지역에서는 소가 끄는 수레인 우거를 사용하기도 하고, 인력으로 운반하는 곳도 있는가 하면, 동북 요녕 지역에서는 구참狗站이라 하여 개를 이용하기도 했다. 수참의 도구는 배였다. 역참에서 일하는 역호는 민간에서 선발했고, 역참마다 약간의 참호를 두어 그들에게 역참의 교통수단을 관리하게 했다. 역호는 육로와 수로에서 각각 교대로 운전을 담당하는 육참의 어수馭手 또는 수참의 수수水手를 충당했다. 그리고 역참을 지나는 사신들에게 규정된 음식을 제공해야 했는데, 몽골어로는 이를 '수사首思'라고 불렀고 한자로 번역하면 '지응祗應'이다.

역참과 상호 보완 역할을 한 급체포急遞鋪라는 것도 있었다. 이것은 전문적으로 조정과 관아의 긴급 문서를 전송하는 일을 했고, 일반적으로 10리, 15리, 20리 간격이었다. 포졸의 수도 최소 5명에서 최대 16명으로 각각 달랐다. 규정에 따라 문서를 전달할 때에는 하루에 400리를 이동해야 했다. 그리고 행인들은 이들을 보면 길을 피해 주어야 했다.

역참과 급체포를 설립한 주요 목적은 군사와 정치에 있었다. 이 두 제도는 객관적으로 정권을 굳건히 하고, 중앙 집권의 통치를 굳건히 하는 데 큰 역할을 했다. 또 각 지역과 각 민족의 정치, 경제, 문화를 연결하고, 어느 정도 원나라 시대에 상품 경제의 번영을 촉진하고, 각계 인사들의 순조롭고 안전한 여행을 보장했다.

다. 몽골국 시기에는 나라의 통치 중심이 카라코룸(지금의 몽골 영토 안)에 있었는데, 쿠빌라이가 즉위한 후 원나라의 통치 중심은 이미 남쪽으로 이동하여 멀리 막북에 있는 카라코룸은 수도로 적합하지 않았다. 쿠빌라이는 새로운 도읍을 찾다가 개평을 상도上都로 삼아 카라코룸을 대신하게 했다. 이어서 도읍으로 더욱 이상적인 연경을 중도中都로, 그리고 중도를 대도大都로 바꾸고, 지원 11년(1274년) 정월에 쿠빌라이는 대도의 정전正殿에서 문무백관의 알현을 받았다. 이렇게 해서 대도가 원나라의 통치 중심이 되었다.

마르코 폴로의 중국 방문
1275년

중통 원년(1260년), 베니스 상인 니콜로Niccolo Polo 폴로와 마페오 폴로Maffeo Polo 형제가 상업을 위해 동양에 왔다. 그들은 먼저 킵차크 칸국의 도읍인 사라이에 도착했다. 그런데 당시 킵차크 칸국과 일 칸국이 전쟁을 치르고 있었기 때문에 이탈리아로 돌아가는 길은 매우 험난했다. 그래서 폴로 형제는 계속해서 동쪽으로 나아가 지원 2년(1265년) 여름에 중도에 도착했다. 쿠빌라이는 그들에게 유럽의 상황을 물어보고, 몽골 사신의 보좌인으로서 로마 교황청에 갈 것을 부탁했다. 1269년에 폴로 형제는 지중해 동쪽 기슭에 도착해서 로마 교황청에 몽골의 국서를 전달하고 고향인 베니스로 돌아갔다.

그 후 지원 8년(1271년)에 폴로 형제는 니콜로의 아들 마르코 폴로Marco Polo를 데리고 새로운 교황이 파견한 선교사 두 명과 함께 다시 몽골에 왔다. 도중에 두 선교사가 고생이 두려워 여정을 포기해 버리자 니콜로 폴로 등 세 사람만 고대의 실크로드를 따라 파미르 고원을 넘고 하서 회랑을 지나 지원 12년(1275년)에 원나라의 도읍 대도에 도착했다. 이때부터 마르코 폴로는 아버지와 숙부를 따라 중국에서 17년을 보냈다. 마르코 폴로는 총명하고 신중한 성격에 말솜씨도 좋아서 중국에 살면서 금세 말타기와 활

마르코 폴로

원나라 세조 쿠빌라이가 즉위한 후 길을 확장하고 역참을 세워 교통이 한층 편리해졌다. 이와 함께 유럽 각국의 선교사, 상인, 여행가들이 계속해서 동양 세계로 들어왔다. 이탈리아 여행가 마르코 폴로도 실크로드를 통해 중국에 들어와 17년 동안 머물렀다.

원나라의 3대 농서

송·원나라 시대에는 인쇄업이 눈부신 발전을 이루어 농업 서적이 예전의 배로 발간되어 널리 퍼졌고, 중국의 4대 농서가 바로 이 시기에 등장했다. 그중에 송나라의 진부陳敷가 지은 《농서》를 제외한 나머지는 모두 원나라 시대의 작품이다.

《농상집요農桑輯要》는 현존하는 중국 최초의 국가에서 편찬한 농서로 완벽한 체계를 갖추었고 규모가 비교적 방대하며 인용이 많고 실용성을 중시했다. 이 책은 원나라 시대에 농상과 수리를 주관하던 사농사司農司에서 편찬했는데, 대략 지원 23년(1273년)에 발간하여 각 행중서성의 '권농관勸農官'에게 배포했고 곧 널리 전파되었다. 이 책은 몽골이 남송을 멸망시키기 전 시기에 황하 중하류 지역의 농업 생산을 지도하기 위해 펴낸 전문적인 서적으로, 강남 지역의 수전水田 생산 기술은 언급하지 않고 당시의 새로운 경험과 직접 조사해서 얻은 수많은 자료를 한데 모았다. 또 이 책은 양잠업을 매우 중시해서 양잠업의 지위를 크게 올렸다. 왕정王禎의 《농서》 역시 종합 농서로, 《농상집요》의 부족함을 보충했다. 내용은 수전 경작 기술을 포함한다. 더욱이 삽화도 대량 포함하여 한 해 동안의 농사 활동을 상세하고 일목요연하게 기록했다. 이 책에 실린 농기구 그림 308폭은 현존하는 최초의 가장 완전한 농기구 도록이다. 노명선盧明善의 《농상의식촬요農桑衣食撮要》는 월별로 농업 생산 활동을 기술한 책으로, 간략하고 명확하게 핵심을 찌르는 것이 특징이다.

쓰기, 몽골어를 배워 쿠빌라이의 신임을 얻었다. 쿠빌라이는 마르코 폴로를 운남, 강남 각지로 시찰을 보냈고, 양주揚州에서 3년 동안 지방 관리로 일하게 하기도 했다. 또 마르코 폴로는 원나라의 사신으로서 점성占城(2세기 말엽에 지금의 베트남 남부에 참 족이 세운 나라인 참파의 한자어), 인도 등의 나라에도 가보았다.

지원 28년(1291년) 봄에 마르코 폴로 일행은 쿠빌라이가 교황 및 영국과 프랑스 각국의 국왕에게 보내는 친서를 가지고 일 칸국의 사신과 함께 천주에서 배를 타고 이탈리아로 돌아갔다. 마르코 폴로는 1295년에 베니스

왕정과 그의 《농서》

왕정은 자가 백선이고 동평(지금의 산둥 성에 속함.) 사람이다. 《농서》는 원나라 인종(仁宗) 황경(皇慶) 2년(1313년)에 완성되었는데 중국 최초로 글과 그에 해당하는 그림이 함께 배치된 농서로 유명하다.

로 돌아온 후 베니스와 제노바 간의 해전에서 포로로 잡히고 말았다. 마르코 폴로는 감옥에서 루스티 첼로에게 자신의 여행담을 들려주었고, 그는 《동방견문록》을 집필하여 서양 사회에 놀라움을 안겨 주었다.

바얀 대군이 강을 건너 송을 멸망시키다
1275년

지원 10년(1273년)에 원나라 군대는 6년에 걸친 전쟁 끝에 양번襄樊을 점령해 남송의 중심부를 공격하는 데 대문을 열었다. 1274년에 원나라 세조 쿠빌라이는 남송을 멸망시킬 시기가 무르익었다고 판단하고, 바얀伯顔에게 군대를 이끌고 남쪽으로 임안까지 진격해서 남송에 결정적인 타격을 주도록 했다. 바얀이 이끄는 대군은 양양에서 두 갈래로 나뉘어 남쪽으로 내려갔는데, 그 도중에 거의 아무런 저항도 받지 않았다. 원나라 군대는 남송의 막강한 군대가 주둔한 영주郢州를 돌아서 곧바로 장강 북쪽 기슭에 도달했다.

양양포(襄陽砲) (모형)

지원 12년(1275년) 정월에 원나라 군대가 장강을 건너 사흘 만에 악주를 점령했다. 뒤이어 원나라 군대는 승세를 몰아 장강을 따라 동쪽으로 진격해 남송 군대와 격렬한 전투를 벌였다. 남송의 성들은 연이어 원나라 군대에 함락되었다. 그리고 2월에 벌어진 정가주丁家洲 대전에서 남송은 수군과 육군의 주력 부대를 거의 잃었다. 그리고 그해 11월에 원나라 군대가 임안으로 들어가는 관문인 독송관獨松關을 함락했고, 남송 공제恭帝가 옥새를 내 놓고 투항했다. 지원 13년(1276년) 3월에 바얀이 임안에 들어가서 남송 황제의 투항을 받아들인다는 조서를 읽고, 공제 등을 대도로 데려갔다. 남송 왕조는 이로써 이름만 남았지, 실제로는 멸망한 것이나 마찬가지였다. 그 후 장세걸, 육수부 등이 조병을 황제로 옹

원 왕조의 격사공예

격사緙絲(수를 놓듯이 자유롭게 무늬를 넣는 중국의 명주 직조법. 각사刻絲 라고도 한다.)공예는 중국 남송 시대에 이미 상당히 완벽한 수준에 이르렀다. 이를 계승한 원나라는 이 공예 기술에 서역의 직금織金[남빛 바탕에 은실이나 금실로 봉황과 꽃의 무늬를 섞어 짠 직물. 흔히 스란치마(치맛단에 금박을 박아 선을 두른 스란을 단 긴치마. 폭이 넓고 입었을 때 발이 보이지 않을 정도로 길다.) 자락의 끝에 두른다.] 기술을 결합하여 격사 제품을 직조할 때 금실을 사용해 격사공예를 한층 더 발전시켰다. 격사공예는 주로 황제의 어복, 황제의 초상과 예술품에 사용되었다.

원나라 시대에는 라마교가 성행하면서 불상을 내용으로 하는 격사 제품이 많아졌다. 프랑스 파리에 소장된 원나라 시대의 격사 〈삼세불三世佛〉 두루마리는 아마 이 시기에 직조되었을 것이다. 고궁 박물관에 소장된 〈격사팔선공수도緙絲八仙拱壽圖〉 두루마리와 〈격사동방삭투도도緙絲東方朔偸桃圖〉 두루마리는 원나라 시대 회화성 격사의 대표작이다. 〈의봉도儀鳳圖〉는 화폭이 5.5m에 달하는데, 금실을 대량으로 사용해서 묘사해 기품이 넘치고 화려하며 그 모습이 대원 제국의 기세를 오롯이 드러내어 그 예술적 면모를 과시한다.

의봉도

이 그림은 수많은 새가 봉황을 향해 있는 모습을 여러 가지 색실로 짜넣었다.

립해 1279년까지 투쟁하다가 결국 원나라 군대에 패했다. 이에 육수부가 어린 황제 조병을 업은 채 바다로 뛰어들어 스스로 목숨을 끊으면서 남송 왕조는 완전히 멸망했다.

원곡과 원곡 4대가

원나라 시대에는 문학에서 잡극雜劇, 산곡散曲, 남희南戲가 가장 큰 성취를 이루었다. 후대 사람들은 '원곡元曲'이 '당시', '송사'와 어깨를 나란히 하는 것으로 평가하는데, 이는 원나라 시대가 중국 희곡사의 황금시대였음을 증명하는 것이다.

원나라 시대의 잡극은 이전 시대의 희곡 예술인 송나라의 잡극과 금나라의 원본을 바탕으로 발전한 일종의 희극 양식이다. 대략 금나라 말, 원나라 초에 처음 등장한 것으로 보는데, 그 사이에 미완성에서 완성으로 발전하는 과정을 거쳤다. 잡극 체제의 완성, 성숙과 발전은 몽골 왕조가 원나라를 건국한 이후부터였다. 그리고 성종成宗 원정元貞, 대덕大德 연간에 잡극의 창작과 연출이 전성기에 접어들었다.

원나라 전기에 도시 경제의 상대적인 번영은 원나라 잡극이 발전하는데 물질적인 조건과 군중이라는 기초를 제공했다. 이 시기는 잡극 창작의 발전기이기도 해 수많은 작가와 작품이 등장했고 그중에서 지금까지 전해지는 우수한 작품이 많다. 주요 작품으로는 관한경關漢卿의 《두아원竇娥冤》, 《구풍진救風塵》, 《망강정望江亭》, 《배월정拜月亭》, 왕실보王實甫의 《서상기西廂記》, 백박白樸의 《장두마상牆頭馬上》, 《오동우梧桐雨》 및 마치원馬致遠의 《한궁추漢宮秋》, 《청삼루青衫淚》, 《황량몽黃粱夢》 등이 있다. 관한경, 왕실보, 백박, 마치원은 '원곡 4대가'로 불린다. 이들 외에도 양현지楊顯之의 《소상야우瀟湘夜雨》, 석군보石君寶의 《추호희처秋胡戲妻》, 기군상紀君祥의 《조씨고아趙氏孤兒》, 상촉현尚促賢의 《유의전서柳毅傳書》, 강진지康進之의 《이규부형李逵負荊》 등도 비교적 유명하다.

원나라 후기에는 이러한 잡극 창작이 쇠퇴기에 이르렀다. 남부 지방의 경제가 빠르게 발전하면서 잡극의 중심이 남쪽으로 이동했기 때문이다. 그리고 북부 지방의 언어를 사용해서 악곡으로 공연하는 잡극은 남부 지방 관중의 입맛에는 맞지 않아 생명력을 잃고 말았다. 그러나 이 시기에도 꽤 많은 잡극 작가와 작품이 등장했다. 유명한 작품으로는 정광조鄭光祖의 《천

원나라 시대에 희곡을 공연하는 벽화

이 그림은 산시 성(山西省) 훙둥 현(洪洞縣) 자오청 진(趙城鎭) 광승사(廣勝寺) 명응왕전(明應王殿) 안에 있다. 가로 390cm, 세로 312cm이다. 벽화의 한가운데에서 복두(幞頭, 각이 지고 위가 평평한 관모)를 쓰고 긴 두루마기를 입고 손에 홀판(笏板, 고대 관료들이 어떤 일을 기록하는 데 쓰던 것으로 오늘날 우리가 사용하는 노트와 같은 것)을 든 사람이 '충도수(忠都秀)'라는 당시의 유명 배우이다.

관한경

관한경은 원나라 잡극의 창시자이자 '원곡 4대가'의 으뜸으로 손꼽힌다. 대략 1220년에 태어나 1300년에 죽었고, 호는 이재리齋이며 대도(지금의 베이징) 사람이다. 그는 평생에 걸쳐 잡극 60여 종을 창작했는데 현재 완벽하게 보존된 것으로는 《두아원》, 《구풍진》, 《배월정》, 《망강루》 등 극본 13종이 있다. 그 밖에 관한경은 산곡散曲(산곡은 송사의 뒤를 이어 발달한 원나라 시대의 시가로 음악에 맞추어 가창하는 양식이다.), 소령小令(중국의 사 및 산곡의 양식 가운데 50자 이내의 짧은 시 형태를 통틀어 이르는 말) 등의 영역에서도 뛰어난 업적을 남겼다.

《두아원》의 전체 이름은 《감천동지두아원感天動地竇娥寃》으로 관한경의 작품 가운데 가장 유명한 잡극이다. 두아가 무뢰한 장려아張驢兒의 학대를 받다가 살인을 저질렀다는 모함을 받고, 관아에서 사형에 처해진다. 두아는 사형 집행을 앞두고 세 가지를 맹세하며 자신의 억울함을 이야기한다. 먼저 자신의 피가 바닥에 떨어지지 않고 높이 걸린 깃발에 달린 흰 천을 적실 것이며, 6월에 눈이 내려 자신의 결백을 입증하고, 3년 동안 큰 가뭄이 들 것이라는 세 가지이다. 두아의 원한은 훗날 아버지인 두천장竇天章이 관직에 오른 다음에야 풀린다. 관한경은 두아라는 선량하고 정직하며 불의에 용감하게 맞선 여성의 이미지를 만들어 내어 당시 사회의 혼란을 반영했다.

《두아원》

녀이혼倩女離魂》, 《왕찬등루王粲登樓》, 교길喬吉의 《양주몽揚州夢》, 《양세인연兩世姻緣》 등이 있다. 원나라 시대의 희곡 장르에는 잡극 외에도 남곡 희문南曲戲文, 즉 남희南戲가 있다. 그중 유명한 작품으로는 고명高明의 《비파기琵琶記》 및 원나라 말기 4대 남희로 손꼽히는 '형유배살荊劉拜殺'(《형채기荊釵記》, 《유지원백토기劉知遠白兔記》, 《배월정拜月亭》, 《살구기殺狗記》)이 있다.

곽수경이 대도의 천문대를 주관하다
1279년

1276년에 원나라 군대가 남송의 도읍 임안을 함락한 후, 쿠빌라이는 새로운 왕조임을 알리

기 위해 역법을 새로이 편찬하고자 했다. 그래서 태
사국太史局(훗날 태사원太史院으로 바뀜.)을 설치하여
왕순王恂을 태사령으로 임명하고 조직의 업무를 맡
기는 한편, 금나라와 남송 두 왕조의 사천감司天監
인력을 대도로 집중시켰다. 여기에 새로 선발한 인
재들을 추가해서 방대하면서도 선진화된 천문학
연구 인력을 구성했다. 곽수경도 바로 여기에 포함
되었다.

  지원 16년(1279년) 봄에 대도의 동성장東城牆에 대도 천문대를 건설하기
시작했는데, 이때 곽수경이 그곳의 기구와 관찰을 책임졌고, 나중에 제2대
태사령을 역임했다. 천문대는 3층으로 나뉘며 높이는 7장에 달했다. 1층
에는 동서남북의 각 방향에 4개의 방을 만들고 각각 태사령 등 천문대 책
임자의 사무실로, 계산을 책임지는 인력의 사무실로, 관측과 시간 측정을
책임지는 인력의 사무실로, 또 도구 저장실로 사용되었다. 계산, 측정, 물
시계를 담당하는 3국만 해도 그에 딸린 인력이 70명에 달했다. 2층은 이離,
손巽, 곤坤, 진震, 태兌, 감坎, 건乾, 간艮의 여덟 방위에 따라 8개의 방으로 나
누었다. 이들은 각각 관측 준비실, 도서자료실, 천구의와 성도실星圖室, 누
호계시실漏壺計時室(물시계로 시간을 측정하던 방), 일월행성실日月行星室, 항성실
恒星室 등 전문적인 업무 공간이다. 제일 위층은 관측대로 북쪽에는 간의簡
儀(천체의 운행과 현상을 관측하던 기구의 하나), 중간에는 앙의仰儀(천체 관측기
구의 하나), 서쪽에는 규표圭表(해시계), 동쪽에는 영롱의玲瓏儀(천체 관측기구의
하나)가 있고, 남쪽은 인력공작국印歷工作局(전문적으로 역서曆書를 인쇄하는 작
업장), 신주神廚(국가에서 종묘나 능, 또는 악嶽, 해海, 독瀆, 산천山川의 단묘壇廟에서
제사를 올릴 때 신에게 바칠 음식을 조리하는 곳)와 산학算學(셈에 관하여 연구하는
학문)을 위한 공간이다.

〈통혜하조운도(通惠河漕運圖)〉(일부)

통혜하는 대도운량하(大都運糧河), 대통하(大通河)라고도 불린다. 원나라 지원 28년(1291년)에 공사를 시작했고, 곽수경이 대도에서 통주에 이르도록 계획하고 개통한 운하이다. 이를 통해 남쪽의 식량을 북쪽으로 운반하는 선박이 곧장 대도성 안의 적수담(積水潭)까지 도달할 수 있었다.

이를 통해 원나라 대도에 세워진 천문대가 규모가 방대하고, 인력이 많이 투입되었으며, 조직이 세밀하고, 설비가 완벽하게 갖추어져 있었음을 알 수 있다. 더욱 주목해야 할 사실은 이 천문대가 많은 선진 관측기구를 보유했다는 점이다. 《원사元史》의 기록에 따르면 영롱의, 간의, 혼천상渾天象, 앙의, 유표劉表, 입운의立運儀, 증리의證理儀, 경부景符, 규기窺幾, 일월식의日月食儀, 성귀정의星晷定儀, 후극의候極儀, 현정의懸正儀, 정방안正方案과 좌정의座正儀 등이 있었다고 한다. 이 중에서 곽수경이 설계하고 제작한 것이 13개에 이른다.

원나라 대도의 건설

1292년

원나라의 수도인 대도성은 당나라 시대 이래 중국에서 규모가 가장 큰 새로운 도시이다. 명·청나라 시대의 북경성은 바로 원나라의 대도를 기초로 개축하고 확장한 것이다. 1214년에 몽골 군대가 금나라를 공격하여 금나라는 도성을 중도(지금의 베이징 시)에서 남쪽의 개봉으로 옮겨야 했다. 그 이듬해에 칭기즈칸이 중도를 옛 이름인 연경으로 되돌렸다. 쿠빌라이가 원나라를 세우고 황제가 된 후에는 연경을 다시 중도로 바꾸고, 1267년에 중도의 동북부에 새로운 도읍을 지어 대도라고 칭했다.

　대도성은 평면이 장방형이고 둘레는 2만 8,600m이다. 남쪽 성벽은 지금의 베이징 시 동·서 창안 가長安街의 남쪽이고, 북쪽 성벽은 지금의 청베이城北 구역의 '토성土城'이며, 동·서쪽 성벽은 명, 청나라 시대 북경성의 동·서 성벽과 겹친다. 성 전체에 문이 11개 있는데, 그중 화의문和義門, 평측문平則門은 지금의 서직문西直門, 부성문阜成門이고, 숭인문崇仁門과 제화문齊化門은 지금의 동직문東直門, 조양구朝陽門이다. 나머지 문, 예컨대 안정문安貞門, 광희문光熙門 등은 이름이 지금까지 사용되고 있다. 황성은 대도성 안 남쪽 구역의 중앙에 세워졌고 궁성 및 태액지太液池(지금의 베이하이, 중하이中海와 난하이南海를 포함.), 만세산萬歲山(북해 경도瓊島)를 포함한다. 황성의 정남문은 여정문麗正門이라 불리며 지금의 천안문天安門 자리에 있었다.

　대도성의 배치는 《주례周禮》〈고공기考工記〉에서 정한 원칙에 따라 설계한 것으로, 성문과 궁전의 명칭도 대부분이 《주례》에서 나왔다. 대도성 내 거리의 배치는 모두 동서남북으로 뻗어 질서 정연하다. 그중 좁은 골목은 '후통胡同'이라 불리는데, 지금까지도 전해진다. 원나라의 대도 건설은 중국 도시 건설사의 이정표이다. 이는 사전 계획에 따라 평지에 건설된 중국 봉건 사회의 마지막 도읍으로 13세기에서 14세기까지 세계에서 가장 웅장하고 화려한 도시 가운데 하나이다.

쿠빌라이의 죽음
1294년

지원 31년(1294년) 4월에 원나라 세조 쿠빌라이가 향년 여든 살을 일기로 사망했다. 쿠빌라이(1215년~1294년)는 원 왕조를 건국한 사람으로 툴루이

앙의

오늘날 허난 성 덩펑(登封) 관성대(觀星臺)에 진열되어 있으며, 사발을 닮아서 완구(碗臼)라고도 한다. 원나라의 곽수경이 바늘구멍에 상이 맺히는 원리를 이용하여 발명하고 만든 것이다. 이것으로 일식이 일어나는 시각을 측정할 수 있고, 일식의 방위각과 식분(蝕分, 월식 때에 태양이나 달이 가려진 정도)의 정도 및 일식의 전체 과정을 예측할 수 있으며, 달의 위치와 월식을 관측할 수도 있다.

의 아들이며, 형은 헌종憲宗 몽케, 아우는 훌라구와 아리크 부카가 있다. 몽케가 칸으로 즉위한 후 쿠빌라이는 막남 한족 땅의 군사를 책임졌다. 몽케 칸 3년(1253년)에 경조京兆를 봉지로 받고, 같은 해에 명령을 받아 대리국 원정에 나섰다.

몽케 8년(1258년)에 몽골국이 군대를 일으켜 남송을 정벌할 때 쿠빌라이는 동로군을 이끌었다. 이듬해(1259년) 9월, 몽케가 합주合州(지금의 쓰촨 성 허촨 현合川縣)에서 죽었다. 이때 쿠빌라이는 막북을 지키던 어린 동생 아리크 부카가 스스로 칸이 되려는 계획을 꾸미는 것을 알고, 유학자 학郝 등의 건의를 받아들여 서둘러 연경으로 돌아왔다. 그리고 이듬해(1260년) 3월에 자신이 개평에서 칸으로 즉위하고 연호를 중통이라 했다. 이후 쿠빌라이는 잇달아 일어난 아리크 부카와 이단李璮의 반란을 평정했다. 지원 8년(1271년)에는《역경》에서 '건원'이라는 말의 의미를 따서 국호를 대원으로 정하고 정식으로 나라를 세웠으며, 그 이듬해에 대도를 수도로 삼았다.

지원 16년(1279년)에 쿠빌라이는 남송을 무너뜨리고 전국을 통일했다. 쿠

원나라 유관도(劉貫道)의
〈원나라 세조 출렵도〉

빌라이는 최고통치자였던 35년 동안 농업과 양잠업에 관심을 기울이고 수리 시설을 건설했다. 또 원나라의 행정, 군사, 세금 등의 제도를 수립했는데 특히 행중서성行中書省(중국 원나라 시대의 지방 통치 기관. 현대 중국의 지방 행정 구역인 성의 기원이다. 행성行省이라고도 한다.) 제도로 깊은 영향을 미쳤다. 쿠빌라이는 통일된 민족 국가로서의 기반을 굳건히 하고 발전시키기 위해 민족문화와 외국 문화의 교류를 촉진하는 데 큰 기여를 했다.

천주교가 다시 중국에 유입되다
1294년

칭기즈칸과 그의 후계자가 유럽과 아시아 대륙을 넘나드는 제국을 세우자 유럽 각국의 군주들은 놀라움과 당황을 금치 못했다. 당시의 교황 인노첸시오 4세Papa Innocentius Quartus는 카라코룸에 사람을 보내서 몽골 인들에게 천주교를 믿도록 권했다. 그러나 원나라 정종定宗 귀위크는 이를 거절했다. 이는 몽골인과 로마 교황청이 최초로 접촉한 일의 기록이다.

원나라 야리가온교(也里可溫敎, 원나라 시대에 기독교를 일컫던 이름)의 휘장

1260년에 베니스 상인 마르코 폴로 일행이 중국에 이르렀다. 이들을 접견한 원나라 세조 쿠빌라이는 로마 교황에게 보낼 서신을 주며 정식으로 교황에게 '칠예七藝(즉 문법, 논리, 수사, 기하, 산수, 음악, 천문)'에 정통한 선교사 100명을 중국에 파견하도록 요청하여 천주교를 중요시한다는 입장을 나타냈다.

1289년에 교황 니콜라오 4세Papa Nicholaus Quartus가 이탈리아 사람인 프란체스코 수도회의 수도사 요한 몬테코르비노John Montecorvino를 중국에 파견했다. 1294년에 대도에 도착하여 원나라 세조를 알현한 그는 예우를 받으며 대도에서 공개적인 선교 활동을 허락받았다. 그 후 몬테코르비노는 성당 3곳을 짓고, 어린 남자아이를 받아들여 성직자 반을 만들고 라틴어와

축국의 유행

원나라 시대에는 송나라 시대에 유행한 축국蹴鞠, 격국擊鞠(마구馬球) 등의 스포츠 활동이 발전하고 지속적으로 유행했다. 원나라 시대에는 대개 축국이 명절의 경축 의식에서 거행되었다. 일반 백성뿐만 아니라 여성들도 이러한 활동을 즐겼다. 원나라 시대의 희극가들과 시인들의 붓끝에서는 이런 장면들이 많이 묘사되었다.

예컨대 곽익郭翼의 《축국편蹴鞠篇》에는 이런 구절들이 있다. "녹빛 너울거리는 것이 물풀 같고, 아름답게 칠한 누각에는 붉은 부채가 여럿 펼쳐져 있네. 미인 능파가 달을 차고 오듯이, 달을 차고 오듯이, 땅에 떨어지지 않고, 소맷자락 바람에 휘돌아치니 움직임이 화려하도다.綠雲單色光如苔(彩樓紅扇相當開, 美人凌波蹴月來, 蹴月來, 不墜地, 袖回風(動羅袂)" 게다가 원나라 시대에는 지식인도 축국의 즐거움을 놓치지 않았고, 궁정에서도 축국을 즐겼다. 예컨대 무종武宗은 가까운 신하들이 축국 경기를 하는 것을 보기를 즐겼다. 이로써 축국이 원나라 시대에 매우 유행했다는 것을 알 수 있다. 이 밖에도 원나라 시대에는 추환捶丸, 장기와 바둑 등의 스포츠 활동도 매우 유행했다.

원나라의 전선이 그린 〈축국도〉

그리스어를 가르쳤다. 또 《신약》 등의 종교 문헌을 몽골어와 위구르어로 번역했다. 몬테코르비노는 거의 30년 동안 선교 활동을 하면서 신도 6,000여 명을 받아들였다. 몽골의 통치자들은 천주교에 대해 관용적인 태도를 보였지만, 당시 천주교의 지위는 여전히 불교와 도교의 아래였다. 그리고 천주교 신앙은 훗날 원 제국이 멸망하면서 중국에서 잠시 중단되었다.

성종 테무르의 즉위

1294년

지원 31년(1294년) 4월에 테무르가 대도에서 황제로 즉위했다. 그가 바로 성종成宗이다. 쿠빌라이의 죽음은 그의 후계자에게 광범위한 기반을 남겨 주는 동시에 황위 계승에 새로운 어려움도 가져다주었다. 지원 10년(1273년)에 책봉된 황태자 친킴이 쿠빌라이의 뒤를 이어 황위에 오르기도 전인 지원 22년(1285년)에 죽고 말았다. 그가 죽기 반년 전에 친킴이 자신의 셋째 아들인 테무르에게 황태자 지위를 넘겨주기는 했지만, 아직 그가 황위를 이을 자격이 있는지 검증된 것은 아니었다. 그래서 새로운 칸의 탄생은 반드시 쿠릴타이를 열어 확정지어야만 했다. 군국중신 바얀, 어사대부 옥석첩목아玉昔帖木兒의 계획에 따라 쿠빌라이가 죽은 지 82일째 되던 날에 드디어 쿠릴타이가 열렸고, 이 자리에서 테무르가 두 형을 물리치고 칸으로 즉위하게 되었다. 이로써 그는 몽골이 원나라가 된 이후로 처음 황위를 계승한 황제가 되었다.

인종의 즉위

1311년

원나라 무종武宗 카이샨은 즉위 초기에 아우 아유르바르와다愛育黎拔力八達를 '황태자'로 책봉했다. 지대至大 4년(1311년) 정월에 무종이 옥덕전玉德殿에서 서른 한 살의 나이로 죽자 아유르바르와다가 감국으로서 순조롭게 조정을 장악하고 즉위할 날만 기다렸다. 일찍이 관리들의 부정부패를 극도로 증오해 온 그는 유학을 통해 '천하를 다스리고', '기강을 세워 직위에 맞게 행동해야 한다.'고 주장했다. 아유르바르와다는 결국 즉위식까지 기다리지 못하고 바로 직접 정사를 돌보기 시작했다. 먼저 '옛 법칙을 바꾸어 백성에게 해로움을 끼친' 죄명으로 무종 때의 상서성 '두국란정蠹國亂政'의

황도파

황도파黃道婆는 송강부松江府 오니경烏泥涇(지금의 상하이 시에 속함.) 사람으로, 젊을 때 외지를 떠돌다가 애주崖州(지금의 하이난 섬海南島)에 이르러 그곳에서 선진 방직 기술과 목화 가공법을 배웠다. 성종成宗 원정元貞 연간(1295년~1297년)에 배를 타고 바다를 통해 고향으로 돌아가 애주에서 배운 솜씨를 고향 사람들에게 가르쳐 주었다. 이로써 방직 기술과 면화 가공법이 장강 유역에 퍼져 이 지역의 면방직 기술이 눈부시게 발전했다.

장강 하류 지역에는 처음에만 해도 답차踏車(목화의 씨를 빼는 기구. 씨아라고도 한다.), 추궁椎弓(대나무를 휘어서 활처럼 만든 무명활. 몸활이라고도 한다.) 등의 방직 기구가 없어서 손으로 목화씨를 제거해야 했기 때문에 효율이 매우 낮았다. 이에 황도파가 한捍·탄彈·방紡·직織 등 여러 방직기구의 제작 방법 및 베를 짤 때 사용하는 색깔의 조합, 잉아(베틀의 날실을 한 칸씩 걸러서 끌어 올리도록 맨 굵은 실)의 사용과 같은 기술을 가르쳤다. 그녀의 방법으로 짠 이불, 띠, 허리에 차는 수건 등에 들어간 꽃, 풀, 새, 짐승, 바둑판, 글자 등 여러 무늬와 도안 등은 색채가 화려해 마치 그림을 그려 넣은 것 같았다. 그 결과, 이곳의 면직품은 멀리까지 이름을 떨치게 되었고, 이렇게 해서 오니경은 부유한 땅이 되었다.

예측컨대 황도파는 날염과 염색 기술, 적어도 염색 기술이 상당히 숙련되었을 것이다. 황도파가 전수해 준 방직 기구에 대해서는 문헌에 상세하게 기록된 내용이 없다. 그러나 《왕정농서王禎農書》에 기록된 일부 자료에 비추어 목면 씨아, 목면 몸활과 목면 방차의 세 종류일 것으로 예상된다. 황도파의 혁신은 면방직 생산력을 크게 높였을 뿐만 아니라 이를 통해 목화 재배업의 발전을 촉진하여 송강松江 일대는 순식간에 중국 전국의 면방직업 중심이 되었다. 그 후 면직품은 차츰 백성의 의복 재료로 널리 보급되었다.

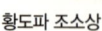

황도파 조소상

주요 세력을 제거하고, 이어서 자신의 정치를 이해하고 뜻을 펼칠 이들을 등용하여 무종 시기에 어지러워진 각 조직과 각종 조치들을 바로잡았다. 아유르바르와다는 이러한 과정을 마친 후 3월에 정식으로 황제의 자리에 올랐다. 그가 바로 원나라 인종仁宗이다. 그는 원 왕조에서 아무런 쟁탈전 없이 순조롭게 황위에 오른 선례를 남겼다.

영종이 새로운 정치를 실시하다
1322년

인종이 즉위하고 다섯 번째 해에, 즉 연우延祐 3년(1316년) 12월에 맏아들 시테팔라碩德八剌를 황태자로 삼고 중서령과 추밀사를 겸하게 했다. 연우 7년(1320년) 정월에 인종이 서른여섯 살의 나이로 대도 광천궁光天宮에서 병으로 죽자 시테팔라가 3월에 황제로 즉위했다. 그가 영종英宗이다.

세조 이래 오랜 세월에 걸쳐 형성된 정치, 경제, 사회의 폐단이 드러나고 점점 심각해졌다. 이에 영종은 새로운 정치를 하겠다고 결심하고 여러 '기구와 관직'을 개혁할 것을 계획했다. 지치至治 2년(1322년), 귀족 보수 세력의 대표인 태황태후와 우승상 테무데루鐵木迭兒가 죽자 영종은 기회를 잡아 바이주를 중서우승상으로 삼고 이로부터 협력을 통한 새로운 정치를 추진하는 서막을 열었다. 영종의 새로운 정치는 지치 2년(1322년) 10월부터 지치 3년(1323년) 8월까지 10개월밖에 지속되지 않았다. 그 핵심 내용으로는 한족 관료의 전면적인 승급과 유학자 등용, 불필요한 기구와 관직 폐지 및 관리 해임, 조역법助役法(농민들이 지주를 도와주면 지주에게서 조역비를 받아 농민을 지원하는 법) 시행을 통한 노역 축소, 새로운 법률인《대원통제大元通制》의 반포 등이 있다.

영종이 새로운 정치를 펼친 목적은 오랫동안 이어진 폐단을 개혁하고 세조의 업적을 계승하여 나라를 부유하게 하고 백성을 풍족하게 하기 위해서였다. 그러나 그에 따른 조치들이 보수적인 몽골 및 색목色目(원나라 시대에 몽골 정권에 귀순한 서방계 민족을 통틀어 가리키는 말) 귀족의 이익을 해치는 바람에 그들에게 두려움과 강한 반대를 샀다. 영종의 새로운 정치는 결국 몇 개월밖에 이어지지 못하고 영종이 암살되면서 끝났다.

'소하가 달 아래 한신을 쫓는다.'는 이야기의 청화 매병

선이 부드러우면서 시원하며 몸통 전체에 청화 무늬가 장식되어 있다. 어깨 부분에는 '잡보(雜寶, 가정에서 보물로 여기는 잡다한 물건)' 무늬와 말린 모란 무늬가, 배 부분에는 한나라의 이야기인 '소하가 달 아래 한신을 쫓는다.'는 인물 이야기와 매화, 대나무, 소나무, 파초, 산과 바위 등의 무늬가 그려져 있다. 아랫부분에는 연꽃무늬가 있다. 전체적으로 다양한 장식이 있지만 각기 층이 구분되어 번잡하거나 어지럽지 않고 예술적 수준이 매우 높다. 원나라 청화 중에서도 으뜸에 속하는 작품이다.

청화 기술의 흥기

청화靑花는 산화코발트로 만든 안료이다. 도자기의 태토 위에 무늬를 그린 다음 투명한 색의 유약을 칠하고, 흰 바탕에 남색으로 무늬를 그리는 유하채釉下彩에 속한다.

중국의 청화 제작 기술은 당나라 시대의 삼채 기술을 응용하고 서아시아 아랍 지역의 청화 기술을 배워서 개선한 것으로, 원나라 시대 중엽에 이르러 성숙했다. 원나라 시대의 청화 자기는 종류가 다양해서 접시, 병, 향로, 주전자, 단지, 그릇, 잔 등이 있고 그중에 큰 접시가 비교적 많다. 무늬 장식은 원나라 시대의 복식에서 소재를 구해 국화, 연꽃, 모란, 대나무, 파초, 오리, 원앙, 사슴, 기린 등을 자주 볼 수 있다. 특징은 태체가 두껍고, 장식 도안이 복잡하며, 무늬 장식의 단계가 많다는 점이다. 청화 안료는 잘 착색되어서 색감이 비교적 안정적이며 색채가 선명하고 화려하다. 가마에 넣고 구울 때 온도에 크게 민감하지 않아서 사용 가능한 온도 범위도 비교적 넓다. 또 유약을 칠하기 전에 밑그림을 넣는 방식이므로 무늬 장식이 영구히 퇴색되지 않는다. 흰 바탕에 남색 무늬는 깨끗하고 소박하면서 우아해 세계적으로 사랑을 받았다. 청화는 등장과 함께 금세 외국으로 수출되어 세계적인 명성을 얻으며 국제 무역 시장에서 인기 상품이 되었다. 심지어는 청화의 원산지인 서아시아 아랍 지역에도 판매될 정도였다. 원나라의 청화는 거의 중국 도자의 대명사가 되어 널리 이름을 떨쳤다.

운용(雲龍)과 모란 무늬의 청화 자기 항아리

10년 사이에 황제가 다섯 번 바뀌다

1323년~1332년

영종이 새로운 정치를 펼치자 몽골, 색목 귀족의 보수파가 강하게 불만을 드러냈다. 지치 3년(1323년) 8월에 영종은 상도에서 남쪽의 대도로 돌아오는 길에 남파南坡에 주둔했다. 그런데 어사대부 테시, 추밀원사 에센티무르 등이 영종이 깊은 잠에 빠진 틈을 타 아스阿速 위병과 함께 정변을 일으켜 영종과 바이주를 죽였다. 이를 '남파 정변'이라고 부른다. 9월에 테시 무리가 옹립하려던 예순테무르가 용거하龍居河에서 즉위하고 이듬해(1324년)에 연호를 태정泰定 원년(역사에서는 그를 진종眞宗 태정제泰定帝라고 부른다.)으로 바꾼 후, 남파 정변의 원흉을 죽였다. 태정제는 5년(1323년~1328년)의 재위 기간에 태정(1324년~1328년)과 치화致和(1328년) 두 개의 연호를 사용했는데, 이때 원 왕조는 내리막길에서 사분오열로 나아가고 있었다.

1328년에 태정제가 병으로 죽자 그의 아들 라기바흐가 상도에서 즉위하고 연호를 천순天順이라고 바꾸었다. 역사에서는 그를 천순제天順帝라고 부른다. 이어서 대도를 지키던 엘티무르가 정변을 일으켜 무종의 아들 투크티무르를 황제로 세웠다. 그가 바로 문종文宗으로 연호를 천력天歷이라고 했다. 이로부터 두 도시 간의 싸움이 시작되었다. 10월에 상도가 함락되어 천순제가 사로잡혔다. 문종은 승리를 거두기는 했지만 줄곧 큰형 코실라(서북 지역에서 중병을 보유하고 있었음.)를 두려워하고 있었기에 그에게 황위를 넘겨주었다.

천력 2년(1329년) 정월에 코실라가 카라코룸에서 즉위했다. 그해 8월에 명종 코실라는 옹구차투에 이르렀을 때 갑자기 죽었다(문종과 엘티무르에게 독살됨.). 그리하여 9월에 문종이 다시 황제의 자리에 올랐다. 그 후 4년 동안 황제의 자리를 지키다가 1332년 상도에서 병에 걸렸다. 그러자 그는 명종을 독살한 것을 후회하며 명종의 아들에게 황위를 넘겨주겠다는 유서를 남겼다. 이로써 10월에 겨우 일곱 살인 명종의 둘째 아들 이린진발이 즉위했다. 그가 바로 영종寧宗인데, 재위 43일 만에 세상을 떠나 원 왕조의 여러 황제 가운데 가장 단명한 황제로 기록되었다. 이렇게 10년 동안(1323년 ~1332년) 원 왕조는 앞뒤로 황제 다섯 명을 갈아치웠다. 그리고 영종이 죽은 후 원 왕조는 통치 말기로 접어들었다.

와불사 청동와불상

베이징의 와불사 불전 안에 있다. 길이는 5.3m, 높이는 1.6m, 무게는 약 54t이다. 원나라 지치 원년(1321년)에 만들어진 중국에 현존하는 가장 큰 청동 와불이다.

영락궁(永樂宮) 벽화

현재 보존되고 있는 영락궁의 도교 벽화는 원나라 시대 벽화 중 걸작으로, 대략 14세기 초·중엽에 그려졌다. 영락궁은 순양궁純陽宮이라고도 불리며, 원래는 산시 성 융지 현 융러 진에 세워졌는데 지금은 산시 성 루이청 현으로 이전했다. 벽화는 주로 궁 안의 용호전龍虎殿(무극문武極門이라고도 불림.), 삼청전三淸殿(무극전武極殿이라고도 불림.), 순양전純陽殿(속칭 여조전呂祖殿이라고 불림.), 중양전重陽殿(칠진전七眞殿이라고도 불림.)에 그려져 있다. 그림의 내용은 대부분이 신도神荼, 울루鬱壘, 신리神吏, 신장神將 등의 초상으로, 이 인물들은 눈을 부라리고 있고 갑옷과 투구를 입고 손에는 검과 미늘창 등의 무기를 쥐고 있어서 위풍당당하고 늠름한 기백이 느껴진다.

삼청전 안의 벽화 높이는 4.26m, 전체 길이는 94.68m, 벽화의 총 면적은 403.33㎡이다. 벽화의 주된 부분은 〈조원도朝元圖〉인데 낙양의 명장 마군상馬君祥과 그 아들 마칠등馬七等이 그려 태정 2년(1325년)에 완성되었다. 여덟 명의 황제와 황후가 차려입은 입상을 중심으로 신 290여 명이 원시천존元始天尊(도교에서 제일 높은 신. 천지가 생겨나기 이전에 자연의 기운을 받고 태어났으며 영원불멸의 존재로 여겨진다.)을 알현하는 성대한 장면이 그려져 있다. 전체 장면은 인물의 다양한 표정과 동작이 서로 긴밀하게 조화를 이루어 전혀 어색함이 없다. 영락궁 벽화에 사용된 기법은 당·송나라 시대 이래 종교 인물화의 전통을 계승하고 발전시킨 것으로, 그림 속 인물의 모습이 단정하면서도 생동감이 넘치며 선은 강하면서도 시원하고 색채는 화려하여 원나라 시대 미술의 진귀한 유산이다.

〈조원도〉 중 〈보물을 봉양하는 옥녀(玉女, 미녀)〉

옥녀의 모습은 매우 온화하고 아름다우며 기품이 흐른다. 옷차림은 고귀하고 화려하며, 얼굴과 옷 주름의 선은 정교하고 매력적으로 묘사되어 있다.

순제의 즉위

1333년

지순至順 3년(1332년), 이린진발이 채 2개월도 안 되는 짧은 재위 기간을 기록하고 죽고 말았다. 그러자 한때 막강한 권력을 누린 엘티무르가 문종의 황후 보타시리에게 문종의 아들 엔테크시를 옹립하도록 권했다. 하지만 보타시리는 이 제의를 받아들이지 않고 중서우승 기르와기스를 정강靜江으로 보내 영종의 형인 토곤 테무르를 황제로 세우라고 명했다.

토곤 테무르가 낭향良鄉(지금의 베이징 시 서남쪽 랑샹 진良鄉鎭)에 도착하자 엘티무르가 구체적으로 옹립의 뜻을 밝혔다. 하지만 토곤 테무르는 아직 나이가 어려 두려운 마음에 아무런 대답도 하지 못했다. 그러자 엘티무르는 토곤 테무르가 자신이 과거에 명종을 죽이는 일에 가담한 사실을 아는 것이 아닌지 의심이 들었다. 그래서 일단 그가 즉위하면 자신에게 불리한 일이 일어날까 봐 일부러 시간을 끌며 토곤 테무르의 즉위를 막으려 했다.

얼마 후 엘티무르가 죽고 보타시리가 대신들과 상의해 토곤 테무르를 황제로 세웠다. 그리고 무종과 문종의 이야기를 본보기로 삼아서 토곤 테무르 사후의 일까지 미리 결정해 옌테크시에게 황위를 계승하기로 했다. 지순 4년(1333년) 6월에 토곤 테무르가 상도에서 즉위했다. 그가 순제順帝이며, 연호를 원통元統으로 바꾸었다.

거용관 과가탑의 건설
1346년

지정 6년(1346년)에 거용관居庸關 과가탑過街塔이 세워졌다. 탑의 기초는 모두 대리석을 쌓아 만들어졌고, 위에는 탑이, 아래에는 행인이 통행할 수 있는 문을 만들어 놓았다. 명나라 시대에 탑이 훼손되어 정통正統 연간에 재건했지만 다시 훼손되었다. 이 탑의 역사를 알지 못하는 사람들이 이 탑을 '운대석각雲臺石閣'이라고 부르면서 훗날 '운대雲臺'라고 불리게 되었다. 그러나 민간에서는 여전히 '과가탑'이라고 부른다. 현존하는 탑기단은 현관 안에 있으며, 범문과 티베트 문자, 파스파 몽골 문자, 회골 문자, 한문, 서하 문자로 된《다라니경》경문이 새겨져 있어 중국 고문자를 연구하는 데 귀중한 문물이다.

불경의 양측과 윗부분에는 4대 천왕과 크고 작은 불상이 새겨져 있다. 불상 주위에는 만다라 등 여러 화초花草 도안이 새겨져 있다. 4대 천왕은 중국 고대 도안에서는 흔히 볼 수 없는데, 돌조각 여러 개를 맞붙여 전체

〈조원도〉 중 〈홀을 든 태을
(太乙)〉

여러 인물의 초상 가운데 이 태을이 형상과 정신이 가장 조화롭게 묘사되었다. 몸을 살짝 옆으로 기울인 채 고개를 숙이고 두 손으로 홀을 눈썹까지 받쳐 올린 모습이 마치 분부를 기다리는 듯하다.

부조를 만들었다. 탑기단 꼭대기의 사방에는 단이 2층 있는데 위에는 난간이, 난간 좌축座柱 아래에는 밖으로 튀어나온 용머리가 있다. 이러한 탑기단은 당시 건축물의 중요한 실물이다.

거용관 운대

베이징 시 창핑 구(昌平區) 거용관 관성 안에 있다. 운대 위에는 원래 라마탑 3개가 있었고 탑 아래에 왕래할 수 있는 문이 있어서 '과가삼탑(過街三塔)'이라고 불린다. 원나라 말, 명나라 초에 훼손된 후 명나라 시대에 운대 위에 사원을 새로 짓고 태안사(泰安寺)라고 이름 지어졌다. 그러나 청나라 강희(康熙) 41년(1702년)에 불타 없어졌다.

톡토가 거짓으로 꾸며진 황제의 명령에 죽다
1355년

'입소대통入紹大統'연간(1333년~1340년)인 8년이 지난 후 순제는 드디어 바얀을 몰아내고 문종계 세력을 청산했다. 그리고 이를 기점으로 직접 정치를 하며 자립할 기회를 맞이했다. 이 시기에 그는 두 차례에 걸쳐 톡토를 재상으로 삼고 일련의 조치를 시행하여 사회의 모순을 완화하고 널리 문치를 시행했다. 역사에서는 이 시기를 '갱화更化'라고 부른다. 이러한 조치는

왕정이 목활자를 발명하다

북송 시대에 필승이 진흙을 이용한 활자 인쇄술을 발명했다. 하지만 그 기술을 이용하면 인쇄 제작비가 너무 높아서 원나라 시대에 이르러서도 보급되지 않았다. 당시에는 여전히 조판 인쇄술을 주로 사용했다. 조판 인쇄술을 이용하면 시간이 오래 걸릴 뿐만 아니라 조각된 판본은 일단 인쇄가 끝나면 대부분 폐기되어 무용지물이 되어 버렸다. 왕정은 필승의 진흙을 이용한 활자 인쇄술을 바탕으로 목활자 인쇄를 연구하여 13세기 말에 드디어 결실을 보았다. 그는 자신이 편찬한 《대덕정덕현지大德旌德縣志》를 시험 삼아 인쇄해 성공을 거두었고, 이것이 중국 최초의 목활자 지방지地方誌가 되었다.

왕정은 목활자를 선택하는 과정에서 목활자 수만 개를 나열하자면 이동이 불편한 점을 해결하기 위해 활자를 배열한 후 회전시킬 수 있는 판을 설계했다. 배자판은 원판의 표면을 몇 개의 칸으로 나누고, 목활자를 운모韻母(중국어 음절에서 초성 자음인 성모聲母를 제외한 나머지 부분)에 따라 각각 칸 안에 배열하는 것이다. 원판은 수직축으로 지탱하며 돌릴 수 있다. 이것을 사용할 때 한 사람은 원고를 읽고 다른 한 사람은 판을 돌리면서 순서에 따라 필요한 목활자를 판 안에 넣는다. 인쇄가 끝나면 다시 목활자를 운모에 따라 정리해 판으로 돌려놓는다. 이 개혁은 필요한 목활자를 선택하는 효율을 크게 높이고 노동 강도를 낮추는 역할을 했다.

왕정이 발명한 회전시킬 수 있는 글자판

바얀이 권력을 주무르던 시기에 행해진 정치를 바로잡고, 첨예한 사회적 위기를 해결하는 데 어느 정도 역할을 했다. 이와 함께 톡토는 당시 '안팎으로 모두 현명한 재상으로 불렸다.' 톡토는 1344년부터 1349년까지 재상직을 사양하다가 1349년에 다시 재상이 된 후, 풍전등화와 같은 정국을 마주했다. 이에 그는 화폐 개혁, 물길 정리, 수도 지역에서의 둔전 시행, 홍건군 기의 진압 등 네 가지 정책을 펼쳤다.

하지만 그가 고우高郵에서 장사성張士誠을 크게 물리치고 서주徐州를 되찾았을 때, 그의 정치 생명을 끝낼 불행이 다가왔다. 황태자가 '책보冊寶(왕이나 왕비의 존호를 올릴 때에 함께 올리던 옥책玉冊과 금보金寶를 아울러 이르는 말)의 예를 받지 못한 것'에 불만을 품고 강리康里(몽골 킵차크 칸국의 주류를 이

룬 터키계 유목민 캉글리를 일컫는 한자어) 사람 하마哈麻가 톡토를 탄핵하려는 움직임에 뜻을 같이한 것이다. 하마는 또 1355년 12월에 거짓 명령을 꾸며 톡토에게 독이 든 술을 주어 그를 독살했다. 톡토의 죽음은 원나라 왕조를 다시 부흥시키려던 그의 노력을 모두 물거품으로 만들었고 원나라가 무너지는 전환점이 되었다.

원나라 말기의 농민 기의와 원 왕조의 멸망
1351년~1368년

1340년에 원나라 순제가 직접 정사를 돌보기 시작하면서 몰락해 가는 상황에서 벗어나고자 여러 조치를 시행했다. 그러나 근본적인 문제를 해결하지는 못하고 겉으로 드러난 현상만 임기응변식으로 해결한 데다 순제를 포함한 전체 통치 집단의 부패가 나날이 심해져 원 왕조가 쇠락하는 속도를 앞당기는 결과를 초래했다. 원 왕조의 통치자들이 오랜 세월 시행해 온 민족 압박 정책이 결국에는 사회적 모순이 심해지는 결과를 초래해 홍건군紅巾軍의 반란이 일어났고 이것이 원 왕조가 멸망하는 계기가 되었다.

지정 11년(1351년)에 대규모의 농민 기의가 일어났는데, 그 이전에도 많은 농민 기의가 있었다. 대부분이 실패로 끝을 고하기는 했지만, 이는 모두 원나라 말 홍건군의 반란을 예고하는 전주곡이었다. 지정 11년(1351년)에 한산동韓山童, 유복통劉福通이 백련교白蓮敎를 앞세워 기의를 일으켰다. 얼마 후 한산동이 체포되어 희생되자 유복통이 병사들을 이끌고 싸움을 계속했고, 그들의 대오는 금세 10만 명으로 늘어났다. 기의에 참여한 사람들이 모두 붉은 두건을 써서 이들을 홍건군이라고 불렀다.

홍건 기의군이 세력을 확장함에 따라 각지에서 원나라에 대항하는 무장 세력들이 들고 일어났다. 그 무리를 이끄는 자들 가운데는 스스로 왕이라 칭하고 연호를 사용하기도 했다. 이렇게 해서 원 왕조와 그에 항쟁하는 무리들이 맞서는 국면이 형성되었다. 그중에서 가장 중요한 무장 세력은 다음과 같다.

첫째는 유복통, 한림아韓林兒 부대이다. 지정 15년(1355년) 2월에 유복통은 한산동의 아들 한림아를 황제로 세우고 소명왕小明王이라 했다. 그리고 박주에 수도를 세워 국호를 송이라 하고 연호를 용봉龍鳳이라고 정했다. 유복통 자신은 태보, 승상으로서 군사를 이끌며 사방으로 세력을 넓혔다.

둘째는 지마리芝麻李, 조균용趙均用, 곽자흥郭子興의 부대이다. 지정 11년(1351년) 8월에 지마리, 조균용 등이 군대를 일으켜 서주徐州를 점령했다. 이듬해(1352년)에 지마리가 전투에서 패하고 전사하자 조균용과 노팽老彭은 호주濠洲의 곽자흥에게 투항했다. 지정 13년(1353년) 겨울, 노팽과 조용균이 각자 황제를 칭하더니 곧이어 서로 공격하기 시작했다. 그 결과 노팽이 죽고 조균용이 병권을 독차지했다. 이때는 곽자흥의 부장 주원장朱元璋이 이미 저주滁州를 장악하여 곽자흥이 차츰 저주로 이동해서 주둔하기 시작하던 차였다. 지정 15년(1355년)에 곽자흥 부자가 차례로 죽고, 그가 이끌던 부대는 모두 주원장이 손에 넣었다. 이듬해(1356년) 2월에 주원장은 집경集慶을 공격하여 점령한 후

주벽산(朱碧山)의 은차(銀槎, 은으로 만든 술그릇)

높이는 11.4cm, 너비는 7.5cm, 사선 길이는 22cm이다. 주벽산은 원나라의 은기 제작 명장이며, 이 작품은 그가 제작한 은차 가운데 유일하게 출토된 것이다.

'지정지보(至正之寶)'권초전
(權鈔錢)

'지정지보'권초전은 원나라 순제 지정 10년에 주조되어 지정 교초의 액면 가격으로 발행된 동전으로, 크기가 각각 다르다. 구멍 위로 모두 '길(吉)'자가 있고, 오른쪽에는 '권초'자가 있으며, 왼쪽에는 '오전(伍錢)', '이전오분(貳錢伍分)', '오분', '일전오분(壹錢伍分)', '일전' 등 가격을 나타내는 다섯 종류의 글자가 있다.

응천부로 이름을 바꾸었고, 이곳이 그가 대업을 이루는 데 근거지가 되었다.

셋째는 서수휘徐首輝, 진우량陳友諒, 명옥진明玉珍 등의 부대이다. 지정 11년(1360년) 8월에 서수휘가 병사를 일으켜 10월에 기수蘄水를 점령했다. 그리고 그곳을 수도로 삼고 국호를 천완天完으로 정한 후 스스로 황제를 칭하고 연호를 치평治平이라 했다. 지정 20년(1360년)에 진우량이 서수휘를 죽이고 스스로 황제가 되어 국호를 대한大漢으로, 연호를 대의大義로 바꾸었다. 서수휘의 또 다른 부장인 명옥진은 이때 중경, 성도 등지를 점령했는데, 서수휘가 죽임을 당했다는 소식을 듣고 스스로 농촉隴蜀왕이 되어 진우량의 아래로 들어갔다. 그리고 지정 21년(1361년)에 중경에서 왕위에 올랐는데, 국호와 연호는 바꾸지 않았다. 지정 23년(1363년)에 이르러서야 명옥진은 "황제의 옥새와 인끈을 받아 국호를 대하大夏라 하고 연호를 천통天統이라 한다."라고 선포했다.

넷째는 장사성張士誠의 부대이다. 지정 13년(1353년) 5월에 장사성과 그의 아우가 원나라에 저항하며 군사를 모아서 태주를 공격해 점령하고, 이어서 고우高郵를 점령했다. 이듬해(1354년) 정월, 장사성이 나라를 세워 국호를 대주大周라 하고 스스로 성왕誠王이라 칭하며 연호를 천우天祐라고 정했다.

다섯째는 방국진方國珍의 부대이다. 지정 10년(1350년)에 대대로 소금을 파는 일을 가업으로 하던 대주臺州 사람 방국진 형제가 오늘날의 경찰과 같은 직책인 순검巡檢을 죽이고 반란을 일으켰다. 그들은 열흘 동안 수천 명의 무리를 모아 연해 지역의 주와 군을 공격했다. 그 후 방국진 형제는 물과 기름처럼 서로 대립하며 배신과 투항을 반복했다. 방국진의 부대는 일찍이 경원慶元, 온溫, 대臺의 땅을 점령했다. 홍건군이 입힌 심각한 타격과 원 왕조 통치 집단 내부의 심각한 분란은 결국 원 왕조를 막다른 골목으로 몰고 갔다.

지정 28년(1368년)에 주원장이 자신이 이끄는 명군明軍에 북쪽 정벌을 명령하여 대도를 공격해 점령한 후, 원 왕조의 멸망을 선포했다. 원나라 순제는 북쪽의 상도로 도망가서 정권을 보전하며 다시 일어설 날을 기다렸지만, 패망을 되돌릴 수는 없었다. 1369년에 주원장의 명군이 상도를 공격하니 원나라 순제는 다시 북쪽에 있는 응창으로 도망갔다가 이듬해에 세상을 떠났다. 이렇게 해서 원 왕조의 통치는 완전히 끝나고 말았다.

항주 수문

원나라 말에 농민 기의군을 이끄는 장사성이 항주를 점령한 후 항주성을 개축하고 수문 다섯 개를 건축했다. 사진은 봉산(鳳山) 수문이다.

History of China

맥을 잡아주는 세계사

The flow of The World History

제4장 | 한족을 다시
일으켜 세운 명

1. 명 왕조 1368년~1644년

1 명 왕조

시기 : 1368년~1644년

인물 : 주원장, 유기, 서달, 주체, 정화, 성조, 인종, 주고후, 영종, 우겸, 조석, 헌종, 효종, 무종, 주신호, 세종, 왕수인, 엄숭, 해서, 목종, 알탄 칸, 신종, 장거정, 반계순, 누르하치, 마테오 리치, 이지, 광종, 주유교, 위충현, 원숭환, 홍타이지, 주유검, 이자성

만리장성이 지키는 사회

1368년에 응천應天(지금의 장쑤 성 난징 시)에서 주원장이 명 왕조를 세웠다. 건국 후, 태조太祖 주원장은 정치와 군사 등의 방면에 제도 개혁을 단행하고 군사와 관련한 핵심 권력을 중앙으로 집중시켜 중앙 집권 체제를 강화했다. 태조 홍무洪武 연간에 명나라는 사회 경제가 역사상 최고 수준에 이르렀고, 성조成祖 주체朱棣 연간에 전성기를 맞이했다. 그리고 15세기 초에 정화鄭和가 일곱 차례에 걸쳐 서양 원정에 나서 중국, 나아가 세계 항해사상 위대한 쾌거를 이룩했다.

명나라 시대에는 봉건 사회를 유지하며 경제, 문화가 지속적으로 발전했지만, 당시 중국의 과학 기술은 서양에 뒤처진 상태였다. 같은 시기에 서양은 이미 자본주의 사회로 진입했고, 중국은 동남 연해 지역에서 드물게 등장한 자본주의의 씨앗이 봉건 제도의 속박으로 그 싹을 틔우지 못하면서 서양 강국에 비해 한참 낙후되고야 말았다.

한눈에 보는 세계사

주원장이 황제가 되어 명나라를 건설하다
1368년

원나라 지정 12년(1352년), 주원장은 호주의 곽자흥이 이끄는 홍건군에 참가했다. 원나라 말에 시작된 농민 봉기의 포화 속에서 그는 차츰 자신의 세력을 형성하고 건강을 근거지로 삼아 끊임없이 세력을 확대해 나갔다. 지정 28년(1368년) 정월 초

벽옥에 투조한 용무늬 상감 장식

나흘, 주원장이 응천에서 황제로 즉위하여 국호를 '대명大明'이라 하고 연호는 홍무라 했다. 명나라 태조는 그의 시호이다. 건국 후 주원장은 마馬씨를 황후로, 맏아들 주표朱標를 태자로 책봉했다. 그리고 이선장李善長과 서달徐達을 각각 좌승상과 우승상으로 임명하고 이어서 문무백관을 임명한 다음, 백성을 위로했다.

주원장은 31년에 이르는 재위 기간에 관리의 품행과 업적을 정리하고, 탐관오리를 엄격하게 벌하고, 군대의 편제를 확립하고, 변방을 굳건히 하고, 농업을 중시하며, 생산을 발전시켰다. 이런 조치들은 모두 명나라의 안정과 발전에 중요한 역할을 했다. 한편으로 그는 공신들을 무참하게 죽이고, 형벌과 감옥을 늘리며 전제 군주제를 크게 강화해 부정적인 영향을 가져오기도 했다.

전국에 학교를 짓도록 명령하다
1369년

홍무 2년(1369년) 10월, 주원장이 지방의 군현郡縣에 학교를 세우도록 명령하고 부학府學, 주학州學, 현학縣學의 규모와 학생들이 배우는 내용을 명확하게 규정했다. 그리고 정기적으로 지방의 각급 학교에서 공부한 학생 중 일정 나이가 된 학생은 추천을 통해 수도의 국자감에서 더 공부할 수 있

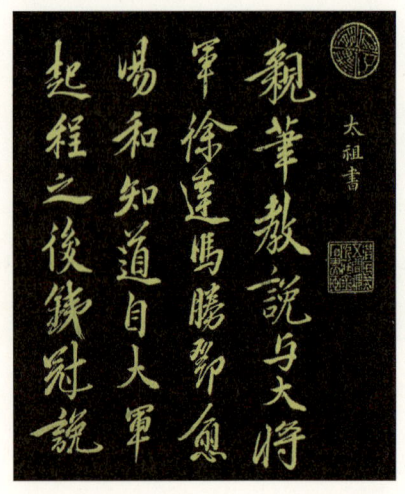

게 하고, 과거 시험에 참가하여 명예를 높일 기회를 주었다. 1375년에는 사학社學을 세워 민간의 자제들을 가르치게 했다. 수도에 세워진 학교는 국자학國子學(1382년에 국자감으로 변경)으로 전국 최고의 학부였다. 그곳에서 공부하는 학생들은 감생監生이라고 불렸는데, 대부분이 관료와 지주의 자제였다. 그들은 사서오경四書五經, 법령, 규정 등을 배워 공부를 마치면 직접 관리가 될 수 있었다.

주원장이 대장군 서달 등에게 보낸 친필 서한인 〈교설 대장군(敎說大將軍)〉(일부)

과거 제도를 시행해 선비를 선발하다
1370년

홍무 3년(1370년) 5월, 나라에 급박하게 인재가 필요하자 주원장은 과거 제도를 시행하겠다는 명을 내렸다. 그리고 그해 8월에 과거 시험을 치러 인재를 선발, 즉 취사取士했다. 명나라 시대에는 과거 제도 아래 문과文科와 무과武科의 두 과로 나뉘었고, 시험은 향시鄕試, 회시會試와 전시殿試로 나뉘었다. 향시에 합격한 사람은 거인擧人이라 불리게 되고, 경사회시京師會試에 합격한 사람은 전시에 응시할 자격을 얻었다. 3년에 한 번씩 대고大考를 시행했고, 전시는 황제가 직접 심사했다. 전시에 합격해서 관리가 되면 모두 진사進士로 통일해서 불렸으며, 과거에 합격해서 진사가 되면 모두 관리가 될 수 있었다.

　문과 시험의 내용은 주로 사서오경에 국한되었고, 시험의 문체는 팔고문八股文으로 통일해 내용보다는 형식을 중시했다. 그래서 명나라 시대의 과거 제도는 팔고취사八股取士라고도 불렸다. 무과 시험은 당시 기용技勇이라고 불린 무예를 중시했고, 그 내용은 시국의 요구에 따라 변화했다. 6년에 한 번 대고를 시행했고, 시험에 일등으로 합격한 사람은 무장원武狀元이라고 불렸다.

개국공신 유기의 병사
1375년

명나라 홍무 8년(1375년) 4월, 유명한 문학가이자 정치가인 유기劉基가 향년 예순여섯 살을 일기로 세상을 떠났다. 유기(1311년~1375년)는 자가 백온伯溫으로 청전青田(지금의 저장 성) 사람이다. 원나라 지순 2년(1311년)에 진사가 되어 관리로 일하다가, 후에 관직을 사임하고 고향으로 돌아가 저술 활동에 전념했다. 주원장이 절동浙東 지역을 점령한 후 유기를 남경으로 불러들였다. 이때 유기가 주원장에게 천하를 얻을 수 있는 시무십팔책時務十八策과 원나라를 멸망시킬 수 있는 전략을 제시했다. 그와 더불어 소명왕 한림아에게서 벗어나 자립할 것을 권하자 주원장은 그를 깊이 신임했다.

이후 유기는 주원장을 보좌해 진우량, 장사성을 무찌르고 북쪽으로는

구름처럼 노니는 운유승(雲遊僧)에서 개국 황제까지

맥을 잡아 주는 **중국사 중요 키워드**

중국 역사의 모든 개국 황제와 비교해도 주원장은 결코 뒤처지지 않는다. 그는 원나라 세조의 용병술, 남송 태조의 용맹함, 수나라 문제의 담력과 식견, 한나라 고조의 교활함까지 모든 것을 갖추었다. 또한 진秦나라 시황의 포악함이 없고, 진晉나라 무제의 거만함이 없고, 당나라 고조처럼 술과 여색에 정신을 팔리지도 않았다. 그런데 정권의 잘잘못을 논하고 마침내 자신이 중원을 장악한 긴 얼굴의 이 사나이는 몇십 년 전까지만 해도 살아갈 방도가 없어 여기저기를 떠돌던 행각승이었다.

명나라 태조 주원장(1328년~1398년)은 농민 출신으로 어릴 적 가난 때문에 황각사皇覺寺에서 출가해 승려가 되었다. 그러나 절의 식량이 금세 바닥나는 바람에 손에 사발을 들고 목탁을 두드리며 곳곳을 돌아다녀야 했다. 훗날 주원장은 곽자흥이 이끄는 홍건군에 들어가 곽자흥의 친병이 되었다. 그리고 그곳에서 눈부신 전공을 세워 곽자흥의 양녀 마씨와 결혼하고, 끊임없이 벼슬이 높아졌다. 그러면서 차츰 병사를 모집하고 말을 사 모아서 정원定遠과 남경을 공격했다. 그리고 자신과 세력이 비슷한 진우량과 장사성을 물리치기 위해 공격적인 진우량을 먼저 치고, 우유부단한 장사성을 나중에 쳤다. 그는 그렇게 15년 동안 거침없이 활약하며 79년 동안 이어진 원나라의 잔혹한 통치를 무너뜨렸다. 그리고 역사가 거의 300년에 이르는 대大명 왕조를 건국하는 커다란 업적을 이룩했다.

중원을 점령하고, 남쪽으로는 여러 군郡을 평정하는 등 눈부신 공을 세워 명나라 개국의 원동력이 되었다. 명 왕조가 시작된 후 유기는 태사령에 임명되고 나중에 어사중승을 겸했으며, 나라의 여러 중대한 정책을 결정하는 데 참여했다. 홍무 3년, 유기는 성의백誠意伯이라는 작위를 받았다. 그러나 훗날 좌승상 호유용胡惟庸의 모함을 받아 직위가 강등되고 귀향하게 되어, 홍무 8년에 울분으로 죽고 말았다(일설에는 호유용이 독살했다고 한다.). 유기는 경서와 역사서를 두루 읽고 병법과 천문, 지리에 정통한 데다 문장도 뛰어나 《울리자鬱離子》,《사정집寫情集》,《춘추명경春秋明經》 등의 저작을 남겼고, 후대 사람들이 이들을 《성의백문집誠意伯文集》으로 한데 엮었다.

봉래수성의 건설
1376년

홍무 9년(1376년)에 왜구에 대비하는 성, 즉 비왜성備倭城인 봉래수성蓬莱水城

봉래수성

봉래수성은 비왜성이라고도 불리며 북쪽으로는 바다를, 남쪽으로는 부성[府城, 부(府)의 소재지]에 접해 있다. 지세가 험준하며 산을 등지고 바다를 통제하는 명나라의 전형적인 해안 방비 요새이다. 명나라 홍무 9년(1376년), 등주를 부로 승격시키면서 이곳에 수성(水城)을 건축하고 수군 수부(帥府, 총사령관인 원수가 있는 곳)를 세웠다. 수성은 여러 차례의 건축으로 전함을 정박시키고 수군이 주둔하며 바다로 나아가 순찰하는 군사 요새가 되었다.

이 건축되었다. 명나라 연해 지역에 있는 여러 성堡은 자주 해상으로 침입한 왜구의 약탈에 시달려 왔다. 이에 따라 명나라 초부터 연해의 요충 지역에 방어 거점을 마련했다. 그리고 이 방어 거점의 해안 방비 건축물에는 위衛, 소所, 보堡, 채寨 등의 체계를 두었다.

산동 봉래수성이 바로 그 전형적인 건축물로 명나라 해상 방비 거점의 구조와 특징을 볼 수 있다. 봉래수성은 두 부분으로 구성된다. 첫째는 봉래수성을 축성하면서 바닷물을 끌어들여 형성된 성 안의 수역인 소해小海를 중심으로 수문, 방파제, 평랑대平浪臺(풍랑을 막는 시설) 및 등대 등을 포함하는 항만 건축물이고, 둘째는 수성을 주체로 포대砲臺, 적대敵臺(성문 양옆에 외부로 돌출시켜 옹성과 성문을 적으로부터 지키는 네모꼴의 대) 및 수갑水閘(물의 흐름을 막거나 유량을 조절하기 위해 설치한 문. 수문) 등을 포함하는 군사 방어 시설이다. 항만의 위치 선택과 배치, 그리고 군사 방어 시설의 배치 등에서 명나라 시대 장인의 뛰어난 솜씨와 설계 기획의 과학성을 엿볼 수 있다. 봉래수성은 군사 전략적 요지로서나 일반적인 항만으로서나 중국 항만 건설사에서 중요한 위치를 차지한다.

홍무 '사옥'
1376년~1393년

명나라 태조의 독단적인 관리 제도 개혁은 황권의 강화를 바탕으로 이루어졌다. 이런 군주 독재 통치를 유지하기 위해 사용된 여러 극단적이고 야만적인 진압 수단은 태조의 통치 말년이 되자 더욱 심각해졌다. 태조 주원장은 '멋대로 권력을 휘두르며' 근거도 없이 수많은 대옥大獄(중대한 사건으로 여러 사람이 감옥에 갇히는 일) 사건을 일으켰다.

가장 유명한 네 번의 큰 사건을 가리켜 홍무 '사옥四獄'이라고 일컫는다. 첫 번째는 홍무 9년(1376년)의 '공인 사건空印案', 두 번째는 홍무 18년(1385년)

호부시랑 곽환郭桓의 횡령 사건이다. 이 두 사건은 탐관오리를 징벌하고 다시는 그러한 폐단이 다시는 생기지 않도록 하기 위한 것이었지만, 연루된 사람이 무척이나 많았다. 그리고 가장 영향이 컸던 사건은 홍무 13년(1380년)에 시작된 승상 호유용 사건과 홍무 26년(1393년)에 일어난 대장군 남옥藍玉 사건(역사에서는 이 두 사건을 함께 가리켜 '호람胡藍의 옥사'라고 한다.)으로, 총 5만여 명이 죽었는데 그중에는 공公과 후侯도 약 40명 포함되었다. 이 대학살을 통해 황권을 직접적으로 위협하는 요소는 잠시 사라졌지만 개국공신들이 모두 죽임을 당하는 결과를 초래했다.

금의위의 설립
1382년

명나라 홍무 15년(1382년) 4월, 주원장은 의란사儀鸞司를 없애고 이를 금의위錦衣衛(중국 명나라 때에 황제 직속으로 있던 정보 보안 기관. 1382년에 설치되어 황제의 시위와 궁정의 수호뿐만 아니라 정보의 수집, 죄인의 체포 및 신문 따위의 일도 맡아 보았다.)로 바꾸어 황제 직속 군사 기관으로 삼았다. 금의위 이전의 의란사는 황제를 대신해 의장儀仗을 관장하는 일반 시위 기관에 불과했지만, 금의위로 바뀐 이후 권력이 대폭 강화되었다. 시위로서의 직무를 관장할 뿐만 아니라 수색 및 체포권과 심리, 하옥권까지 부여되어 사실상 명 왕조의 특무 조직이었다.

금의위에 속한 진무사鎭撫司는 황제가 진상을 철저히 조

사하도록 명령한 안건을 맡아 처리했다. 그들이 사용한 형벌은 매우 잔혹해서 그 고통이 관아에서 내리는 형벌의 10배는 되었다. 특히 위충현魏忠賢이 금의위를 관장할 때 척추를 끊고, 손가락을 자르고, 심장을 찌르고, '비파琵琶'라는 독약을 핥게 하는 등의 잔혹한 형벌을 만들어 냈다.

이처럼 혹독한 형벌로 범인에게 자백을 강요하는 불법적인 학대는 민심을 들끓게 하여 거리에 백성의 원성이 드높았다. 이에 주원장은 어쩔 수 없이 홍무 20년(1387년)에 금의위에서 사용하던 고문 도구를 불태우고, 금의위에 가둔 범인들을 모두 형부刑部로 넘겨서 심리하도록 명령했다. 아울러 황궁 안팎의 감옥에 명령을 내려 전부 삼법사三法司에 따라 심리하고, 금의옥錦衣獄을 없애도록 했다. 그러나 명

금의위의 나무도장

도장 표면에는 전각으로 '금의위인'이라고 새겨져 있고, 뒷면에는 '성화 14년 삼법사 치(三法司置)'라 새겨져 있다.

맥을 잡아 주는 중국사 중요 키워드

호유용 사건

명나라 홍무 13년(1380년) 정월에 주원장이 모반죄가 드러난 좌승상 호유용을 죽이고, 중서성과 승상 직위를 폐지해 여섯 부로 재정비했다. 호유용은 안휘安徽 정원定遠 사람으로 일찍이 주원장과 함께 병사를 일으켜 깊은 신임을 받았다. 그는 명나라가 세워진 이후 여러 직위를 맡으며 홍무 10년에 좌승상까지 올라 문무백관의 우두머리가 되었다. 권세가 끊임없이 커지자 호유용은 나날이 거만하게 행동하고 제멋대로 횡포를 부렸다. 관리의 생사를 결정하는 권한과 관직의 강등, 승급을 결정하는 권한을 모두 자신의 손아귀에 넣고, 자신의 무리를 키워 사리사욕을 꾀했다.

그러던 홍무 13년 정월, 주원장은 모반죄로 호유용, 서녕徐寧, 도절塗節 등을 죽였다. 그리고 '역적 무리'를 소탕하기 위해 주원장은 끝까지 그 일당을 캐내어 이후 3만여 명을 더 죽였다. 이때 연루되어 죽임을 당한 사람 중에는 개국공신 이선장李善長 등 공 2명과 후 20명도 있었다. 이 일은 무려 10년에 걸쳐 이루어졌다. 호유용을 죽인 후 주원장은 승상 직위와 중서성을 없애고, 다시는 조정에 승상 직위를 두지 못하도록 규정했다. 이후로 승상이 관리하던 사무는 여섯 부에서 나누어 관리하고, 황제가 직접 여섯 부를 통솔하여 중앙 집권이 한층 강화되었다.

막수호(莫愁湖) 공원은 난징
시 시먼(西門) 밖에 있다. 명
나라 태조 주원장이 이 지역
을 도읍으로 정한 후 궁궐
뜰 안의 누각에서 개국 공
신, 중산왕(中山王) 서달과 자
주 바둑을 두었다고 한다.
서달이 바둑에 이기자 주원
장이 누각과 막수호를 상으
로 내려 이 누각에 승기루(勝
棋樓)라는 이름이 붙었다.

나라 성조의 재위 기간에 금의위가 부활했고, 아울러 북진사北鎭司에서 전
문적으로 직접 하옥을 결정하고 그에 따라 잡아들여 하옥시키는 임무를
처리했다. 금의위는 또한 여러 특권을 누렸을 뿐만 아니라 수많은 전답을
소유했다. 성화成化 연간(1465~1487년)에 이르러 이들의 권세와 지위는 다
소 약화되었다.

개국공신 서달의 죽음
1385년

명나라 홍무 18년(1385년) 2월에 주원장의 대장이자 명나라의 개국공신인
서달이 세상을 떠났다. 서달(1332년~1385년)은 자가 천덕天德이고 호주濠州
(지금의 안후이 성 펑양 현鳳陽縣) 사람이다. 원나라 지정 13년(1353년)에 주원장

의 부대에 들어와 강남의 군웅을 소탕할 때 찬란한 전공을 세웠다. 1367년 10월, 주원장은 서달을 징로^{徵虜}대장군에 임명해 25만 명의 대군을 이끌고 중원을 점령하게 했다. 주원장이 황제가 된 후 서달은 우승상 겸 태자태부가 되었다. 그리고 이후 군대를 이끌고 원나라의 대도, 태원, 대동 등지를 점령하고, 섬서를 평정하고, 북원北元의 코케 테무르 군대를 크게 물리쳤다. 홍무 5년(1372년) 서달은 또다시 군대를 이끌고 북쪽 사막으로 원정을 떠났고, 홍무 14년에는 다시 탕화湯和 등을 이끌고 북원北元의 내아불화乃兒不花를 토벌해 불후의 공훈을 세웠다.

서달은 지략과 용기를 겸비했고, 군대를 엄격하고 공정하게 다스렸으며, 평생 겸손하고 신중했다. 또 부하들과 즐거움과 괴로움을 함께하여 병사들이 그에게 고마워하고 충성을 다해 실로 무적이었다. 그는 탁월한 공훈을 세워 개국공신 가운데에서도 으뜸이라 해도 과언이 아니었다. 주원장은 그를 높이 사서 "명을 받들어 나가고 공을 올려 돌아오는데, 자랑하지 않고 과시하지 않으며 여자를 탐한 적도 없고 재물을 취하는 바도 없으니,

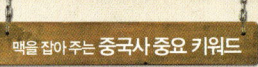

나관중의 《삼국연의》

원나라 말 명나라 초의 소설가 나관중羅貫中은 역사적 사실과 전설을 결합시켜 《삼국지통속연의三國志通俗演義》를 지었다. 이는 중국 역사연의류歷史演義類 장회소설章回小說의 첫 작품으로 간단히 《삼국연의三國演義》라고 부른다.

이 책은 총 120회, 약 75만 자로 쓰였으며, 동한 영제 건녕 2년(169년)부터 서진 무제 태강 원년(280년)까지 110여 년의 역사 이야기를 묘사한다. 특히 위, 촉, 오 삼국의 투쟁을 집중적으로 담아냈다. 《삼국연의》는 다채로운 역사 인물의 군상을 만들어 내는 탁월한 예술적 성취를 이룩했다. 그중에 제갈량의 이미지가 가장 두드러져 이후 제갈량은 중국인들에게 지혜의 대명사로 자리 잡았다. 다른 이미지, 예컨대 조조의 간사함, 유비의 인자함, 관우의 의로움, 장비의 거칢 등등이 모두 사람들에게 깊은 인상을 남겼다.

시내암의 《수호전》

시내암施耐庵이 쓴 장회소설 《수호전水滸傳》은 중국 영웅 전기의 가장 걸출한 작품이자 민중의 반항과 투쟁을 제재로 삼은 첫 번째 장편소설이다. 이는 예술 형식을 통해 봉건 사회의 부패, 어두움을 진실하게 반영하고, 관리가 백성을 착취해 궁지에 몰린 백성이 어쩔 수 없이 반란을 일으키게 되는 사회 현실을 드러냈다. 북송 말년에 송강宋江 등이 이끈 농민 봉기의 발생 원인과 발전 과정, 그리고 실패로 끝나게 되는 전 과정을 그렸다.

소설의 결말에 비극적인 분위기가 가득하지만, 작품이 노래하는 영웅주의는 지금까지 수많은 사람의 마음을 뒤흔들었다. 《수호전》의 언어는 구어를 바탕으로 한 문학적인 언어를 사용하여 생동감이 넘치며 명쾌하다. 서술체와 대화체가 모두 실제 생활 언어와 마찬가지로 생동감이 넘쳐 인물 언어, 즉 대화체의 성격화가 매우 높은 수준에 도달했다.

관리의 평상복

명나라 관리의 평상복으로, 대부분 사모(紗帽)나 두건(頭巾)을 쓰고 둥근 옷깃에 소매가 좁은 두루마기를 입었다. 홍무 26년(1393년)에 명나라 조정에서는 문무백관이 계급에 상관없이 반드시 모두 예복의 가슴과 등 부분에 보자(補子, 명나라와 청나라 때에 흉배를 부르던 이름)를 수놓아 장식하도록 했다. 단, 문관은 날짐승, 무관은 짐승으로 차별을 두었다. 이는 명나라 관복에서 가장 특색 있는 점이다.

정직하고 공정함에 허물이 없어 해와 달보다 밝고 분명한 것은 대장군 한 사람뿐이다."라고 말했다. 서달이 죽자 주원장은 조회를 중지하며 애도를 표했고, 직접 영당靈堂으로 가서 서달을 추도하고 그를 중산왕에 봉했다.

명 왕조의 관복이 기본적으로 확정되다

1393년

명 왕조는 몽골 귀족의 손아귀에서 정권을 빼앗은 이후로 한족의 예절과 의식을 정리하고 회복하는 데 공을 들였다. 그들은 원 왕조의 복장 제도를 폐지하고, 멀게는 주·한 시대, 가깝게는 당나라 말의 한족 풍습에 따라 복식 제도를 다시 규정했다. 복식 제도를 확정하는 데만 무려 약 30년이라는 긴 시간이 걸려 홍무 26년(1393년)에야 기본적으로 확정되었다.

명나라 문무백관의 관복에는 조복朝服, 제복祭服, 공복公服, 상복常服 등이 있었다. 각종 복식의 양식과 치수, 옷감, 모자, 자수 양식, 색채, 심지어는 신발까지도 제도적으로 규정되었다. 다시 말해, 명나라 문무백관의 복식은 완전히 제도와 규정의 엄격한 구속을 받았다. 명 왕조의 통치자는 관리들의 서로 다른 복식을 통해 관리 서열의 높고 낮음을 드러내게 해 은연중에 통치를 받는 사람들의 머릿속에 신비감과 위협을 심어 주어 봉건 제도를 한층 군건히 해 주는 효과를 얻었다.

건문 원년에 만들어진 응천부의 동권(銅權, 동으로 만든 저울추)

무게를 다는 기구의 부품으로 높이는 5.5cm, 바닥 지름은 2.5cm이다. 저울추는 과거의 상업 활동에서 꼭 필요한 도구였다. 추의 무게는 무게를 잴 수 있는 범위를 결정짓는데 추가 무거울수록 저울이 더 크다. 저울추는 일반적으로 쇠, 동, 돌로 만들어졌다. 이 동권은 건문 원년(1399년)에 응천부(지금의 난징 시)에서 만들어졌다.

주원장의 죽음
1398년

홍무 31년(1398년) 윤 5월 10일, 명나라 태조 주원장이 세상을 떠났다. 주원장은 1368년에 황제로 즉위해 명나라를 세우고, 1388년에 중국을 통일했다. 그는 자신의 통치를 군건히 하기 위해 여러 정치 제도를 마련하고, 사회와 경제를 회복, 발전시켰을 뿐만 아니라 잔혹한 형벌을 사용해 탐관오리를 엄격하게 징벌했다. 그리고 개국공신인 승상 호유용의 모반 사건이 일어나자 중서성과 승상 직위를 폐지하고 직접 대권을 장악해 권력을 중앙으로 집중시킴으로써 봉건적인 중앙 집권 체제를 더욱 강화했다. 주원장은 힘으로 나라를 다스렸다. 특히 금의위를 만들고 정장廷杖(관리가 죄를 범하면 황제가 조정에서 몽둥이로 문책하는 것으로 당나라 현종 때 시작되었다. 명나라 시대에는 명나라 태조가 개국공신인 주량조朱亮祖를 채찍으로 때려 죽이면서 다시 시작되었다.)을 실시해 나라에 큰 공훈을 세운 수많은 문무대신을 잔혹하게 죽게 만들었다.

그러나 그런 한편으로 주원장은 봉건 제도 강화에 매우 공헌한 제왕이자 정치가이다. 그는 재위 기간에 나라를 크게 발전시켜 그의 치세를 '홍무의 치'라고 부른다. 주원장은 31년 동안 재위에 있다가 일흔한 살에 세상을

난징 시 교외 지역에 있는 명나라 효릉의 신도(神道, 무덤 근처에서 그 무덤으로 가는 큰길)

떠나 효릉孝陵에 묻혔다. 시호는 고황제高皇帝, 묘호는 태조이다. 그의 뒤를 이어 황태손 주윤문朱允炆이 즉위하여 명 왕조의 두 번째 황제가 되었다.

건문의 삭번
1398년

주원장이 죽자 황태손 주윤문이 황제로 즉위하고 이듬해(1399년)를 건문建文 원년으로 정했다. 건문제建文帝 주윤문은 자신의 새로운 정책을 추진하기 위해 먼저 중추 권력 기구를 재조직했다. 그는 병부시랑 제태齊泰를 병부상서로 삼고, 한림수찬翰林修撰 황자징黃子澄을 태상경太常卿으로 삼고, 또 방효유를 한림시강翰林侍講으로 승급시켜 중용했다. 주윤문은 일찍이 황태손일 때 여러 황숙이 권력을 쥐고 있는 점을 매우 우려하여 자신의 스승 황자징과 함께 제후들의 권력을 약화시킬 계획을 꾸몄다. 그리고 자신이 황제가 된 후 즉시 제태, 황자징과 함께 이를 실천에 옮겨 삭번책을 시도했다. 그런데 제태는 연왕 주체부터 적용하기 시작해야 한다고 생각했고, 황자징은 그와 달리 주왕 주숙朱橚부터 시작해야 한다고 생각했다. 이에 주윤문은 결국 황자징의 의견을 따랐다.

홍무 31년(1398년) 8월, 주윤문은 조국공曹國公 이경륭에게 병사를 이끌고 개봉을 포위해 주왕을 수도의 황궁으로 잡아오게 했다. 그리고 주왕에게서 왕의 작위를 빼앗고 서민으로 강등해 운남으로 이주시켰다. 그런 다음 화폐를 위조하고 제멋대로 살인을 저질렀다는 죄명으로 상왕湘王 주백朱柏을 체포하도록 하자, 소식을 들은 주백이 스스로 몸에 불을 질러 목숨을 끊었다. 그 뒤를 이어 건문제는 제왕齊王 주부朱榑를 도읍으로 불러들여 서민으로 강등하고 도읍 밖으로 벗어나지 못하게 했다. 그리고 대왕代王 주계朱桂, 민왕岷王 주편朱楩도 앞서 언급한 이들과 마찬가지로 왕의 작위를 빼앗고 서민으로 강등했다. 이렇게 주왕, 상왕, 제왕, 대왕, 민왕을 없애는 데 불과 1년도 채 걸리지 않을 만큼 삭번책은 실로 단호하고 신속하게 처리되었다.

숙질대전(叔侄大戰)
1399년~1402년

건문 원년(1399년) 7월, 주윤문이 연왕의 권력을 빼앗으려 하자 연왕 주체가 공개적으로 반란을 일으켰다. 7월 5일, 은밀히 병사들을 모은 연왕이 마침내 '황제 측근의 간신을 모두 제거한다.'는 명분으로 군사를 일으키고 스스로 '봉천정난奉天靖難(하늘을 받들어 나라의 어지러움을 바로 세운다는 뜻)'라 일컬었다. 건문제는 연왕 주체가 북평에서 반란을 일으켰다는 소식을 듣고 급히 일흔을 넘긴 노장 경병문耿炳文을 대장군으로 임명해서 30만 대군을 이끌고 연왕을 공격하게 했다. 이로써 명나라 역사에서 4년에 걸쳐 이어진 정난의 변이 그 서막을 올렸다. 그리고 1402년에 정난靖難의 변은 연왕 주체의 승리로 끝났다.

주체가 황제로 즉위하다

1402년

명나라 건문 4년(1402년) 6월 17일에 연왕 주체가 황제로 즉위했다. 바로 명나라 성조 문황제文皇帝이다. 1402년 6월에 연왕의 군대가 도읍으로 들어가자, 이튿날 건문제 주윤문에 의해 폐해진 여러 왕이 문무백관을 이끌고 찾아와 주체에게 정식 황제로 즉위하라고 청했다. 주체가 이를 거절했으나 여러 왕과 신하들이 며칠을 계속해서 권했다. 6월 17일에 결국 주체는 편수編修 양영楊榮의 건의에 따라 먼저 명나라 태조 주원장의 무덤을 참배했다. 그러자 여러 왕과 문무백관이 황제의 수레를 준비하고, 길에서 주체를 맞이하여 그에게 옥새를 바치며 목소리 높여 만세를 외쳤다. 그제야 주체는 수레에 올라 황궁으로 들어가서 봉천전奉天殿에서 병부상서 여상茹瑺을 우두머리로 하는 신하들의 배알과 축하를 받고 정식으로 황제로 등극하여 연호를 영락永樂으로 바꾸었다.

건문제 행방의 수수께끼

정난의 변 이후, 건문제는 도대체 어디로 사라진 것일까? 역사서마다 이에 관한 기록이 모두 다르다. 어떤 역사서에서는 건문제와 그의 황후, 후궁들이 모두 황궁에서 스스로 불타 죽었다고 기록한다. 또 어떤 역사서에서는 건문제가 죽지 않고 승려로 변장해 황궁에서 도망쳤다고 한다. 그러다 예순네 살 때 사람들에게 발각되는 바람에 다시 도읍으로 가게 되었다고 한다.

이때 명나라 제6대 황제 영종이 그의 진위 여부를 판별하기 위해 건문제의 시중을 들던 태감太監 오량吳亮에게 그를 살펴보게 했다. 건문제의 왼쪽 뒤꿈치에는 검은 점이 있었는데, 오량이 살펴보니 그에게도 검은 점이 있었다. 이에 오량은 건문제의 다리를 움켜잡고 통곡했고, 그로부터 건문제는 황궁으로 들어와 살다가 늙어 죽었다고 한다. 사실 이 두 가지 설 모두 증거가 부족해 건문제의 행방은 지금까지도 확실하게 고증할 방법이 없으므로 명나라 역사의 큰 수수께끼로 남아 있다. 후에 성조 주체가 서양으로 정화를 보낸 데는 건문제의 행방을 찾으려는 목적도 있었다고 한다.

7월 1일에 주체는 남쪽 교외 지역에서 하늘과 땅에 제사를 지내고 돌아와서 이듬해(1403년)를 영락 원년이라 했다. 그는 건문제가 바꾸고 없앴던 태조가 만든 법을 모두 복원시켰다. 7월 3일에는 또 건문제 때 바꾼 관리 제도를 홍무 때의 옛 제도대로 바꾸라 명했다. 9월 4일과 이듬해(1403년) 5월에는 두 차례에 걸쳐 정난의 공신에게 작위를 내렸다. 그리고 건문 4년(1402년) 11월 13일에 주체는 서徐씨를 황후로 책봉했다.

명나라 성조 주체는 여러 왕의 작위와 봉록을 회복시킨 후, 암암리에 제후들의 세력을 억제하는 '삭번'을 시작했다. 그는 변경 지역에 터를 잡고 있는 여러 왕을 내륙 지역으로 옮기게 해 제후의 사병인 철호위撤護衛를 감소시키는 동시에 제후에게 부여되었던 장수와 명나라의 중앙군인 위수군衛所軍에 대한 지휘권을 되가져왔다. 이뿐만 아니라 제후가 마음대로 군사와 관리를 부릴 수 없다고 거듭 천명하고, 또한 그들이 지방 사무에 관여할 수 없도록 했다. 제후가 잘못을 저지를 경우 처음에는 훈계령을 내리고, 그다음에는 처벌하고, 마지막에는 평민으로 폐하거나 또 다른 처벌을 내렸다. 이 같은 '삭번' 책은 건문제 때보다 한결 간단한 절차로 안정적으로 시행되고 뛰어난 삭번 효과를 거두어 더는 재난과 변란이 일어나지 않았다. 영락 원년(1403년)에 성조 주체는 북평을 북경으로 개명하고, 북경행부北京行部에 여러 관아를 설치하고, 대녕도사大寧都司를 보정保定으로 옮겼다.

중국 최대의 동종 주조
1403년~1424년

지금까지 중국에서 발굴된 가장 큰 동종銅鐘은 영락대종永樂大鐘이다. 명나라 영락 연간(1403년~1424년)에 만들어진 영락대종은 세계적으로도 유명한 대종으로 동 80.54%, 주석 16.40%, 납 1.12%로 구성되었다. 진흙으로 만든 틀인 이범泥範으로 원형의 몸체를 잡았다. 겉틀인 외범外範은 7층으로 나뉜다. 종의 꼭대기 부분까지 층층이 차례로 틀의 중심과 짜 맞춘 다음, 미리 만들어진 종 꼭지를 끼워 넣고 불로 녹여서 하나로 만들었다.

영락대종의 총 높이는 6.75m, 어깨 부분의 바깥지름은 2.4m, 입구의 바

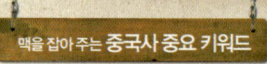

소름 끼치는 '과만초'

주체는 자신의 통치를 굳건히 하기 위해 피비린내 나는 정적 숙청을 단행했다. 그는 건문제의 측근이었던 대신 50여 명을 간신으로 몰고, 현상금을 내걸어 잡아오게 했다. 그들을 잡아오면 그 한 사람을 죽이는 것으로 모자라 연좌제連坐制(범죄자와 일정한 친족 관계가 있는 자에게 연대적으로 그 범죄의 형사 책임을 지우는 제도)를 적용해서 구족(자기를 기준으로 직계친은 위로 4대 고조, 아래로 4대 현손에 이르기까지이며, 방계친은 고조의 4대손이 되는 형제·종형제·재종형제·삼종형제를 포함한다.)을 잡아들였다. 그중에 죄가 가벼운 자는 남자는 변방으로 유배 보내 군졸로 충당하거나 노역을 시키고 여자는 교방教坊(악곡을 관장하던 관청)이나 완의국浣衣局(황궁의 빨래를 담당하는 곳) 및 공신의 집에 노비로 보내졌으며, 죄가 무거운 자는 일률적으로 죽였다.

이 명단의 가장 위에 적힌 이는 바로 제일 먼저 죽여야 할 제태, 황자징이었다. 연왕 주체의 군대가 도읍을 공격해 점령했을 때 제태와 황자징 두 사람은 모두 도읍에 없었다. 그러나 제태 일가는 그의 여섯 살 난 아들을 제외하고는 아무도 이 불행을 피하지 못했다. 황자징은 누군가의 밀고로 가흥嘉興에서 잡혀 도읍 남경으로 압송되었고, 주체가 그를 친히 심문한 후 책형磔刑(기둥에 묶어 세우고 창으로 찔러 죽이던 형벌)에 처했다. 그의 가족은 남녀노소를 불문하고 모두 목이 베였고 친인척도 모두 변방으로 유배 보내졌다. 그 가운데 아들 한 명이 탈출해 이름을 전경田經으로 바꾸고 호북으로 도망가서 살았다.

연좌제가 가장 광범위하게 적용된 경우는 방효유方孝孺 사건이었다. 주체는 방효유와 그의 구족 및 친구들, 문하생 873명을 죽이고, 천여 명에 달하는 사람을 유배 보냈다. 역사에서는 이 피비린내 나는 숙청을 '과만초瓜蔓抄'라고 부른다. 넝쿨을 잡아당겨 뽑는 것처럼 죄를 만들어 내어 잡아들인다는 뜻이다. '간신'으로 분류된 사람과 친척이거나 친구 관계가 조금이라도 있다고 하면 무조건 숙청 대상이 되었고, 이에 연루된 사람이 수만 명에 달했다.

깔지름은 3.3m이다. 종벽의 두께는 균일하지 않다. 가장 얇은 곳은 종의 허리 부분으로 두께가 94mm이고, 가장 두꺼운 곳은 종의 입술 부분으로 두께가 185mm이다. 무게는 약 46톤에 달한다. 종의 몸통 안팎에는 총 22만 7,000자의 경문이 단정하고 또렷하게 새겨져 있다. 전하는 바에 따르면 명나라 시대의 서예가인 심도沈度의 글씨라고 한다. 종소리는 조화롭고 우렁차다. 영락대종은 북경 덕승문德勝門에 있는 주조 공장에서 주조된 후 훗날 성 안의 한경석漢經石으로 옮겨졌다. 명나라 만력萬曆 연간(1573년~1620년)에 서쪽 교외에 있는 만수사萬壽寺로 옮겨졌다가, 청나라 옹정雍正 11년(1733년)에 각생사覺生寺(지금은 일반적으로 대종사大鐘寺라고 부름.)로 옮겨져 안치되었다.

베이징 대종사에 보존되어 있는 명나라 영락대종

서양으로 간 정화
1405년~1433년

베이징 대종사(大鐘寺)

명나라 전기에 명나라 성조는 바다 너머 여러 나라와 관계를 강화하기 위해 환관 정화를 사신으로 임명해서 서양(당시의 '서양'은 지금의 유럽이 아니라 중국 남해 서쪽의 바다와 연해 각지를 일컫는다.)으로 보냈다.

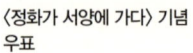

《영락대전》

《영락대전》은 명나라 말에
원본의 행방이 불명확해졌
고, 부본(副本)은 청나라 강희
연간에 발견되었다고 하나
지금은 이미 소실되었다. 이
후 점점 많은 책이 소실되어
여러 방법으로 수집한 결과
지금은 약 8000여 권만이 세
계 각지에 흩어진 채로 소장
되고 있다.

1405년에 처음으로 서양에 갈 당시 정화는 인원 2만 7,000여 명, 해선 200
여 척에 달하는 대규모 사절단을 이끌고 유가항劉家港에서 당당하게 출발
했다.

1433년에 이르러 정화는 총 일곱 차례나 서양에 다녀오고, 아시아와 아
프리카 30여 개 나라와 지역을 경험했다. 그의 발길이 미친 곳 가운데 가
장 먼 곳은 아프리카 동해안과 홍해 연안이었다. 이는 세계 항해사의 쾌거
이다. 서양으로 향한 정화의 선박에는 금은보화와 명나라의 특산품이 가
득 실렸는데 서양의 나라들에서 가장 인기가 좋았던 물품은 비단, 청자 그
릇과 쟁반이었다. 그들은 이를 각국의 보물, 향료와 약재 등 특산품과 바
꾸었다. 정화의 원양 항해는 중국과 아시아·아프리카 각국의 경제 교류를
촉진했다.

《영락대전》의 편찬
1407년

영락 5년(1407년) 11월에 《영락대전永樂大典》이
편찬되자 명나라 성조 주체가 직접 이 책의 서
문을 썼다. 영락 원년(1403년) 7월에 성조가 한림시

독학사翰林侍讀學士 해진解縉 등에게 《운부군옥韻府群玉》과 《회계사운回溪史韻》 두 권을 참조하여 책에 기록된 모든 내용을 수집하고 종류별로 편성한 다음 운韻에 따라 배열하라고 명했다. 이에 해진 등이 명을 받들어 이듬해 11월에 이를 편찬해 올리니, 주체가 《문헌대성文獻大成》이라고 이름을 붙였다.

얼마 후 주체는 이 책에 빠진 내용이 있다고 생각해 요광효姚廣孝, 유계호劉季箎에게 명해 해진과 함께 다시 편찬해서 올리도록 했다. 또 특별히 왕경王景, 왕달王達 등 5명을 총재總裁로, 추집鄒輯 등 20명을 부총재副總裁로, 진제陳濟 등을 도총재都總裁로, 조정 안팎의 관원 및 각지의 유명 문인학사들을 선발해서 찬수纂修로, 글씨를 잘 쓰는 국자감 및 군현의 생원을 뽑아 선사繕寫로 임명했다. 광록사光祿寺에서 음식을 제공하게 했고, 선발된 총 2,169명이 문연각文淵閣으로 들어가 편찬 작업에 참여했다. 이와 함께 성조는 전국 각지에 관리를 파견하여 누락된 서적을 찾게 하며 수록에 만전을 기했다. 이렇게 해서 5년 만에 총 2만 2,937권 1만 1,095책册(옛 서적이나 여러 장의 종이를 하나로 묶은 것을 세는 단위)에 달하는 책이 완성되자 성조는 책의 이름을 《영락대전》으로 바꾸었다. 이는 중국 역사에서 규모가 가장 방대한 책이자 세계적으로 공인된 첫 번째 대형 백과사전이다.

정화

정화(1371년~1435년)는 본래 성이 마馬이고, 아명은 삼보三寶이며, 운남 출신의 회족이다. 조부와 부친이 모두 바닷길로 이슬람교의 성지인 천방天方(지금의 메카)에 다녀온 적이 있어 정화는 어려서부터 가문의 탐험 정신에 영향을 받은 셈이다. 훗날 그는 황궁에 들어가 태감이 되어 연왕부燕王府로 파견되었다. 그는 총명하고 일처리가 뛰어나며 공손하고 신중한 데다 책임감이 강해서 주체의 심복이 되었다. 주체는 황제로 즉위한 후 그에게 정씨 성과 화라는 이름을 내려 주었고, 사람들은 그를 삼보 태감이라고 불렀다. 1405년부터 1433년까지 정화는 일곱 차례에 걸쳐 서양으로 갔는데, 가장 멀게는 아프리카 동해안과 홍해 연안까지 이르러 세계 항해사에서 쾌거를 이록했다.

소록 국왕의 방문

1417년

가욕관

지금의 간쑤 성 자위관 시(嘉峪關市) 서남쪽에 있다. 명나라 초기에 건축된 가욕관은 그 웅장한 규모로 '천하웅관(天下雄關)'이라고 불렸다.

소록蘇祿은 본래 군도로 이루어진 나라로 동왕東王, 서왕西王, 동왕峒王이 나라를 다스렸다. 영락 15년(1417년) 8월에 소록 국왕이 각각 자신의 친족 및 우두머리들과 사절단 340명을 이끌고 바다를 건너 먼 길에 올랐다. 이때 그들은 진주, 보석, 대모玳瑁(바닷거북과에 속하는 거북의 하나. 혹은 그 등딱지) 등의 물품을 가져왔는데, 이는 정화 사절단이 소록을 방문한 데 대한 소록국의 답방이었다. 또한 이는 보르네오渤泥, 말라카滿剌加 국왕의 뒤를 이어 또 한 번 해외 나라의 우두머리가 직접 사절단을 이끌고 중국을 방문한 것이었다. 수도에

웅장한 명나라의 장성

명 왕조는 중국에서 장성을 건설한 마지막 봉건 왕조이다. 원 왕조의 통치자는 대도에서 쫓겨난 후에도 계속해서 명나라의 북부 지역에서 군사적으로 위협을 가해 명나라 초부터 영락 연간 중반까지 여러 차례 격렬한 전쟁이 일어난 바 있다. 이에 명 왕조는 북부 지역의 방어와 변경 요새 지역의 안전을 위해 인력과 물자를 대거 동원해서 장성을 건축했다.

홍무 원년(1368년)에 대장 서달을 파견해서 건축한 거용관 장성을 시작으로 장성은 16세기 말까지 총 200여 년에 이르는 시간이 걸려서야 겨우 기본적으로 완성되었다. 중간 중간의 성, 보, 관성關城은 명 왕조 말기에도 계속해서 건축이 진행되어 동쪽으로는 압록강, 서쪽으로는 가욕관嘉峪關에 이르는 총 길이 1만 2,700리에 이르는 장성이 건설되었다. 이 대규모 공사는 방어 시설과 공정 기술을 한층 높고 완벽한 수준으로 끌어올려 주었다.

지금까지 완벽하게 보존되고 있는 장성은 명나라 시대에 건축된 것이다. 명나라 시대에 건축된 장성의 길이는 과거의 그 어떤 왕조와도 비교할 수 없을 정도로 어마어마하다. 명나라 시대에 장성을 건축하는 데 사용한 벽돌, 돌, 흙 등으로 두께 1m, 높이 5m의 성벽을 지으면 지구를 한 바퀴 돌고도 남을 정도라고 하니, 그 공정이 얼마나 웅장한지를 상상할 수 있다.

북경궁성도(北京宮城圖)

이는 명나라 초기에 그려진 북경 자금성의 그림이다. 궁성은 대내(大內)라 불렸고, 자금성이라고도 불렸다. 자금성은 영락 4년(1406년)부터 짓기 시작해서 영락 18년(1420년)에 이르러서야 기본적으로 완공되었으며 원나라 대도 궁전 유적보다 조금 남쪽에 지어졌다. 규모, 구조, 명칭은 모두 남경 궁전을 기본으로 했다. 북경 자금성은 명나라와 청나라 두 왕조에 걸쳐 재건하고 증축했지만 기본적인 구조는 변하지 않았다.

그림에서 승천문(承天門, 지금의 천안문) 아래에 서 있는 사람은 연구에 따르면 이 승천문을 설계한 괴상(蒯祥)이라고 한다. 괴상은 소주 오현(吳縣, 지금의 장쑤 성 쑤저우 시) 사람으로 원래는 목공이었으나 영락 시기에 북경 궁성의 건축과 설계에 참여하면서 나중에 공부좌시랑의 관직까지 올랐고, 여든네 살을 일기로 세상을 떠났다.

머무는 동안 소록국의 세 왕은 최고의 대접을 받았다. 훗날 동왕東王이 남쪽에서 수도로 돌아오는 길에 불행히도 덕주德州에서 병에 걸려 죽고 말았다. 그러자 성조는 왕의 예를 갖추어 장례를 치르도록 명령하고, 예부낭중 진사계陳士啓를 보내 제례를 진행하게 했다. 또한 '공정恭定'이라는 시호를 내리고 덕주에 동왕을 위한 웅장한 능묘를 세워 주었다. 그리고 영락 16년(1418년) 9월 1일에 자신이 직접 소록 동왕 묘비에 비문을 써 깊은 애도의 마음을 표현했다.

북경으로의 천도
1421년

명 왕조는 처음에 남경을 도읍으로 삼았는데, 연왕 주체가 군사 반란을 일으켜 황제의 자리에 오른 후 천도를 계획했다. 그는 자신의 봉지였던 북경이 중원으로 들어가는 문에 해당하는 요충지로 지세가 험준하고, 요새가 견고하며, 인재가 모여 있고, 경제적으로 풍요롭다는 사실을 잘 알고 있었다. 특히 남북 대운하가 뚫리면서 북경으로 천도하는 데 물질적인 조건이 무르익은 상태였다.

영락 14년(1416년) 11월, 성조 주체는 군신들에게 북경의 도읍 건설을 상의하도록 명령했다. 평강백平江伯 진선陳瑄에게 저장된 식량과 목재를 북경으로 옮기는 일을 감독하도록 명령하면서 새로운 도읍의 건설 공정이 정식으로 시작되어 전국의 장인과 노동자들이 구름처럼 북경으로 몰려들었다. 북경의 공정은 내성內城, 황성皇城, 자금성紫禁城의 세 부분으로 나뉘었다. 내성은 기본적으

황제의 평상복

명나라 황제의 평상복으로, 황색 비단으로 만들었고 위에는 용무늬, 꿩 깃털 무늬 및 십이장[十二章, 고대 중국의 황제 의복에 붙였던 열두 가지 장식 무늬. 일월, 성신(星辰), 산, 용 따위를 수놓았다] 무늬가 수놓아져 있다.

로 원나라 대도의 남부 지역에 자리했으며 그저 성벽을 남쪽으로 조금 확장한 정도였다. 황성은 원나라 옛 성터에 자리했고, 궁전은 남경의 규모와 형태를 모방했지만 더 웅장하고 아름다웠다. 원나라 황궁은 명나라 초에 이미 허물어져 사실상 재건이나 마찬가지였다. 영락 18년(1420년)에 마침내 북경 궁전이 완성되었다. 이윽고 영락 19년(1421년) 정월 초하루에 정식으로 북경으로 천도하여 이때부터 북경이 명 왕조의 도읍이 되었다.

명나라 성조가 유목천에서 급사하다
1424년

원나라의 남은 세력은 중원에서 쫓겨난 후에도 자주 남쪽의 명나라를 침입했다. 이에 변방의 변란을 제거하기 위해서 명나라 성조는 다섯 차례에 걸쳐 직접 그들을 정벌하러 나섰다. 영락 22년(1424년) 7월에 주체가 대군을 이끌고 다섯 번째 북쪽 정벌에 나섰다가 북경으로 돌아왔다. 그로부터 얼마 후, 주체는 몸이 불편함을 느꼈다. 14일에 군대가 취미강翠微岡을 지날 때 임시로 세운 장막 안에서 탁자에 기대어 앉아 있던 주체는 극심한 피로를 느꼈다. 그가 내시 해수海壽에게 물었다. "북경까지 얼마나 더 걸리느냐?" 해수가 대답했다. "약 8월 중순이면 도착할 듯합니다." 잠시 후 주체는 자신의 곁에 있던 대학사大學士 양영에게 말했다. "태자가 요 몇 년 사이 정무에 익숙해졌으니 북경에 돌아가면 군사와 국정의 대사를 그에게 넘겨 처리하도록 하고, 나는 말년

장릉(長陵) 능은전(棱恩殿)의 바깥 풍경

명나라 성조 주체는 죽은 후 장릉에 묻혔다. 선덕(宣德) 2년(1427년)에 지어진 장릉 능은전은 겉에는 아홉 칸, 안쪽 깊숙한 곳에 다섯 칸이 있고, 총 면적은 4,000여 ㎡에 달한다. 지금까지도 완전하게 보존되고 있다.

명나라 선덕 연간에 경덕진 요에서 생산한 청화오채 연지원앙도(蓮池鴛鴦圖) 사발

그릇 전체적으로 백색 유약을 발랐는데, 유색이 약간 푸른색을 띤다. 안팎 모두 청화오채(靑花五彩, 코발트가 주원료인 푸른 안료를 이용하여 자기의 바탕에 무늬를 그린 다음, 투명한 유약을 한층 입혀서 한 번 구운 청화 자기 위에 다시 적·녹·황 등의 오채 안료로 무늬를 그리고 저온에서 구운 자기) 기법으로 그림을 그렸는데, 주요 무늬는 배 부분에 그려진 연못에서 노니는 원앙이다. 붉은색으로 연꽃을, 녹색으로 연꽃잎을 그렸으며, 물에서 노니는 원앙 두 쌍은 붉은색, 녹색, 홍갈색 및 청화 안료로 선을 그리고 색을 칠했다. 색채가 선명하고 선이 시원시원하다.

의 한가롭고 편안한 생활을 즐겨야겠다." 주체는 이때까지도 죽음의 신이 자신을 향해 다가오고 있다는 사실을 아직 깨닫지 못했다.

7월 15일에 병세가 갑자기 악화되어 그는 침대에서 일어나지 못했다. 그리고 이튿날인 16일에 유목천楡木川(지금의 네이멍구 자치구 둬룬 현多倫縣 서북쪽)에서 정신을 잃고 깨어나지 못하더니, 결국 17일에 세상을 떠나고 말았다. 대군이 북경으로 돌아가던 중이었기에 대학사 양영과 태감 마운馬雲 등은 이 소식이 밖으로 전해지지 않도록 했다. 그리고 상을 치르지 않고 슬픔을 감춘 채 은밀히 군대 물자 중에서 납으로 만든 기구를 모아 관을 만들게 했다. 그러고는 비밀리에 주체의 시신을 관에 넣고 염한 다음, 비밀을 지키기 위해서 관을 만든 장인을 모두 죽여 버렸다. 북경으로 돌아가는 동안 황제의 식사, 황제에 대한 인사와 보고 등은 평소와 똑같이 진행하게 했다. 그와 함께 내시 해수를 비밀리에 북경으로 돌려보내 태자에게 이 일을 보고하도록 했다. 소식을 들은 태자 주고치朱高熾는 즉시 황태손을 군영으로 파견했다. 그리하여 8월 11일에 황태손이 군영에 도착하고 나서야 대군에게 황제가 이미 서거했다는 소식을 알렸다.

인종의 즉위
1424년

주체가 죽은 후 태자 주고치가 즉위하여 연호를 홍희洪熙로 바꾸었다. 그가 바로 인종仁宗이다. 주고치는 대통을 잇기까지 험난한 길을 걸었다. 홍무 11년(1378년)에 주체의 적장자로 태어난 그는 홍무 28년(1395년)에 명나라 태조 주원장에 의해 연세자燕世子로 책봉되었다. 그는 몸이 비만하고 발에 병이 있어 걸음이 불편했기 때문에 말타기와 활쏘기를 좋아하지 않았

황위 다툼에서 주첨기의 역할

전하는 바에 따르면, 주첨기가 태어나기 전날 밤에 당시 아직 연왕이던 주체는 기이한 꿈을 꾸었다. 꿈에서 그의 아버지인 명나라 태조 주원장이 대규大圭(황제 또는 제후가 예식을 거행할 때 손에 들던 옥으로 만든 홀. 위 끝은 뾰족하고 아래는 네모남.)를 건네며 "자손들에게 전하면 영원히 번창할 것이다."라고 말했다. 당시는 주원장이 서거한 이후로, 주체는 이미 마음속에 황위를 빼앗으려는 마음이 생기기 시작한 터라 매우 길한 꿈이라고 생각했다. 그리고 그다음 날에 주첨기가 태어났다. 그가 태어난 지 한 달이 되던 날, 주체는 손자를 품에 안고 한참을 쳐다보다가 기뻐하며 말했다. "아이의 얼굴에 영명한 기운이 넘치니 내가 꾼 꿈과 일치하는구나."

이윽고 그가 바라던 대로 황제가 되자 주체는 그 꿈을 꾼 후에 태어난 손자를 더욱 총애했다. 늘 그를 곁에 두고 순행할 때나 출정할 때 항상 데리고 다니며 시야를 넓히고 견문을 쌓게 했다. 아울러 학식이 풍부한 학사 호광胡廣을 주첨기의 스승으로 삼아 그를 각별하게 길렀다. 주첨기도 조부의 기대를 저버리지 않았다. 그는 다른 사람보다 총명하고, 책 읽기를 좋아했으며, 항상 신분에 걸맞게 행동하여 주체를 만족시켰다. 주체는 주첨기의 부친인 황태자 주고치에게 "그가 훗날 태평천자太平天子가 될 것이다."라고 말했다고 한다. 그리고 영락 9년(1411년)에 주체는 열네 살인 주첨기를 황태손으로 삼고 훗날 황위를 그에게 물려줄 뜻을 밝혔다. 이를 이루려면 먼저 황제의 자리를 주첨기의 부친인 주고치에게 넘겨주어야 했다. 이 같은 사실이 황위 쟁탈전에서 주고치의 지위를 높였다는 데에는 의심의 여지가 없다.

지만, 성격은 너그럽고 인자했다. 그러나 주체는 너그럽고 효심이 강한 맏아들을 좋아하지 않았고, 오히려 차남 주고후朱高煦가 자신과 닮았다고 생각하며 총애했다.

영락 2년(1404년) 4월에 주체가 어쨌든 주고치를 태자로 삼겠다고 정식으로 선포하기는 했지만, 황위 계승 문제를 둘러싼 다툼이 완전히 끝난 것은 아니었다. 주고치는 황위 쟁탈전에서 여러 차례 위험한 상황에 처하며 마치 살얼음판을 걷듯이 위태롭게 태자의 자리를 지키다가 황제로 즉위했다. 그런데 안타깝게도 이렇게 힘들게 오른 황제의 자리에서 겨우 아홉 달밖에 누리지 못하고 홍희 원년 5월에 갑자기 병으로 세상을 떠나고 말았다. 그의 뒤를 이어 아들 주첨기朱瞻基가 즉위했고 그가 바로 선종宣宗이다.

한왕 주고후의 반란
1426년

명나라 선덕 원년(1426년) 8월 1일에 한왕漢王 주고후가 반란을 일으켰다. 주고후(1380년~1426년)는 명나라 성조의 둘째 아들로, '정난의 변' 때 여러 차례 성조를 위험에서 구해 내는 공을 세웠다. 그래서 그는 자신의 공만 믿고 교만하고 방자해져서는 제멋대로 불법을 저지르며 태자의 자리를 빼앗을 궁리를 했다. 영락 2년(1404년)에 주고후는 한왕으로 봉해졌다. 그런데 그가 봉토로 갈 생각을 하지 않자 성조는 그에게 다른 영지를 내렸다. 그러나 주고후는 여전히 꿈쩍도 하지 않고, 종일 불쾌해하며 반란을 일으킬 생각만 했다. 홍희 원년(1425년) 6월에 그는 매복하여 선종을 기습하려고 했지만 거사에 실패했다.

그 이듬해인 선덕 원년(1426년) 8월 1일에 주고후는 북경에 지진이 일어난 틈을 타 낙안樂安(지금의 산둥 성 광라오 현廣饒縣 동북쪽)에서 반란을 일으켰다. 그리고 왕군부王軍府, 천초千哨를 세워 자신을 따르는 이들에게 관직을 나눠 주었으며, 영국공英國公 장보張輔와 한통속이 되어 내통했다. 선종은 대학사 양영의 건의에 따라 친히 주고후를 정벌하러 나섰다. 8일에 선종이 군대를 이끌고 출정해 20일에 낙안성 북쪽에 도달한 후 주고후에게 조서를 보냈다. 황제의 군대에 저항할 힘이 없던 주고후는 어쩔 수 없이 투항했고, 나머지 무리도 모두 사로잡혔다. 이렇게 선종의 군대는 칼에 피 한 방울 묻히지 않고 대승을 거두고 돌아왔다.

그 후 낙안을 무정武定으로 개명하고, 주고후를 서안문 안의 소요루逍

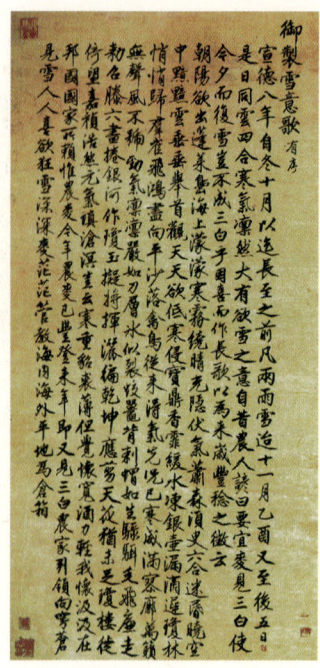

〈설의가(雪意歌)〉

명나라 선종 주첨기는 서화에 뛰어났다. 이 〈설의가〉는 금이 뿌려진 편지지에 쓴 해서 작품이다. 하지만 동시에 행서의 느낌도 나고, 시원하고 강건한 필체에서 뛰어난 솜씨와 힘이 느껴진다. 총 318자이고, 낙관은 없지만 왼쪽 위 모서리에 옥새가 찍혀 있다.

遼樓에 가두었다. 반란에 가담한 왕빈王斌, 주긍朱恒 및 천진, 산동 출신의 640여 명이 사형에 처해졌고, 1,500명이 변경 지역으로 유배되었다. 주고후는 감옥에 갇히고 나서도 반성의 기미를 보이지 않았다. 1일에 선종이 그를 살피러 갔을 때, 선종이 잠시 부주의한 틈을 타 다리를 뻗어서 다리를 걸어 넘어뜨렸다. 이에 크게 화가 난 선종이 즉시 역사力士(힘이 센 사람)를 시켜 300근이나 되는 동으로 만든 항아리로 주고후를 덮은 뒤 목탄을 쌓아올려 그를 타죽도록 하라고 명하고, 그의 아들들도 모두 죽었다.

명나라 영종의 즉위

1435년

선덕 10년(1435년) 정월 3일에 명나라 선종 주첨기가 서거하자 대학사 양사기楊士奇, 양영 등이 주기진朱祁鎭을 황제로 옹립했다. 그가 바로 영종이다. 주기진은 선종 주첨기의 맏아들로 어머니가 손孫 귀비이다. 선종이 서거했을 때 주기진은 겨우 아홉 살이어서 조정 대신 가운데에는 애왕哀王을 황제로 세우려는 이들이 있었다. 그래서 대학사 양사기, 양영 등이 설득하여 의견을 모았고, 결국 주기진이 정월 10일에 황제로 즉위하여 이듬해를 정통正統 원년이라 했다.

2월에 황태후를 태황태후로 삼으니 태황태후가 조정의 대권과 군대를 장악했다. 그녀는 급한 일을 제외한 모든 일을 멈추고 궁궐 안의 놀이거리를 없애 어린 황제가 공부에 집중하고 성장할 수 있도록 했다. 이로써 인종과 선종 때의 치세가 정통 초기까지 지속되어 "나라 안으로는 백성의 살림이 넉넉하고, 조정 안팎으로 깨끗하고 평안하여", "나라의 법과 풍습이 해이해지지 않았

연꽃잎 모양 호박 잔(琥珀杯)

명나라 시대에 만들어진 호박 잔으로 잔의 몸통 주위에는 연줄기와 수초가 이리저리 부조 또는 투조되어 있고, 투조된 어부를 손잡이로 한다. 어부는 웃통을 벗고 허리에 어람(魚籃, 물고기를 담는 바구니)을 걸고 있다. 오른손에는 잔 주둥이를 쥐고, 왼손에는 물고기를 쥔 채로 즐거워하는 모습을 보인다.

다." 양사기, 양영, 양부楊溥 등의 원로 중신들은 이때까지도 조정에서 중대한 역할을 수행했다. 그들은 선종의 유지를 받들어 태황태후가 어린 황제를 보좌하는 데 협력하고, 정국을 안정시켜 '깨끗하고 투명한' 정세를 만드는 데 적극적인 역할을 했다.

북경에 기상대가 세워지다
1436년~1449년

현재 베이징 둥청東城 젠궈먼建國門 서남쪽에 있는 옛 관상대觀像臺는 명나라 정통 연간(1436년~1449년)에 세워진 것이다. 명나라 영락 4년(1406년)에 명나라 성조 주체가 북경으로 수도를 옮기기로 했을 때, 천문 기구는 여전히 남경에 남겨 둔 상태였다. 그래서 흠천감欽天監[중국 명나라와 청나라 시대에 천문, 역수曆數(천체의 운행과 기후의 변화가 철을 따라서 돌아가는 순서), 점후 등을 맡아보던 관아]의 관리들은 북경 동쪽 성의 남쪽 성벽에서 육안으로 천문 현상을 관찰할 수밖에 없었다.

정통 2년(1437년)에 흠천감에서 남경으로 사람을 보내 송나라 시대의 혼의渾儀와 원나라 시대의 간의簡儀 등 천문 기구를 모방하여 목재로 제작하도록 했다. 그리고 이를 북경으로 운반해 교정과 검증을 거쳐서 다시 청동으로 기구를 주조하게 했다. 정통 7년(1443년)에 흠천감과 관성대가 완공되고 천문 기구가 설치되었다. 그 관성대의 터가 바로 지금의 베이징 옛 관상대 자리이다. 훗날 정통 11년(1447년)에 다시 귀영당晷影堂을 지어 이때부터 지금의 베이징 옛 관상대와 관상대 아래 서쪽에 자미전紫微殿을 중심으로 건축군이 세워지기 시작해 기본적으로 오늘날 볼 수 있는 규모와 구도가 갖추어졌다.

귀영당

베이징 옛 관상대 서남쪽에 자리하며, 명나라 정통 13년(1446년)에 지어졌다. 원래 귀영당 안에는 규표(圭表, 해시계), 누호(漏壺, 물시계), 일구(日晷, 해시계) 등의 천문 기구가 있었다. 사진은 귀영당에서 바라본 옛 관상대의 모습이다.

토목보의 변
1449년

원나라 말 명나라 초에 몽골이 우량하이兀良哈부, 타타르부, 오이라트부의 세 부로 나뉘었다. 그중 오이라트가 오랜 발전 과정을 거치면서 세력을 키워 오이라트의 우두머리 에센也先이 몽골의 세 부를 통일하고 중국의 심장 부위를 삼켰다. 정통 14년(1449년) 7월에 에센이 동, 서, 중앙의 세 갈래로 군대를 나누어 중원으로 공격했다. 이에 북쪽 변경 지역에서 급히 북경에 위급한 상황을 알리자 명나라 영종은 왕진王振의 설득으로 직접 군대를 이끌고 정벌에 나섰다. 하지만 급하게 출병한 터라 대오를 제대로 갖추지 못한 데다 식량도 모자라 군대의 사기가 크게 떨어졌다.

8월 1일에 명나라 군대가 대동에 도착하자 에센은 퇴각하는 척하면서 명나라 군대가 몽골군의 대형 깊숙이 공격해 들어오도록 유인했다. 그러나 왕진은 전방에서 패전 소식이 잇따르자 당황해서 어찌할 바를 모르다가 급히 군대를 후퇴시켰다. 퇴각하는 중에 왕진은 자신의 위세를 내보이기 위해서 영종에게 즉시 자형관紫荊關 안으로 이동하라고 건의하는 대동 총병總兵(관직명)의 의견을 무시하고 영종을 울주(지금의 허베이 성 위 현蔚縣)에 있는 자신의 집으로 이끌었다. 그렇게 40리를 가다가, 대군이 자기 집의 농작물을 망칠까 봐 걱정이 된 나머지 다시 군대를 돌려 선부宣府로 둘러가도록 명령했다.

결국 영종 일행은 14일에 토목보土木堡에 주둔했다가 에센의 부대에 겹겹이 포위당하고 말았다. 명나라 군대는 마실 물조차 없던 상태라 영종은 사신을 보내서 강화를 요청했다. 에센은 이를 받아들이는 척하며 명나라 군대가 성에서 나오기만을 기다렸다. 명나라 병사들이 성에서 나오자 몽골 군대는 그 기회를 놓치지 않고 사방에서 둘러싸고 공격을 퍼부었다. 순식간에 짓밟혀 버린 명나라 군대는 수많은 병사가 목숨을 잃었고, 명나라 영종도 결국 포위를 벗어나지 못하고 포로로 잡히고 말았다. 태감 왕진은 전투 중에 호위장군護衛將軍 번충樊忠에게 죽임을 당했다.

이 전투로 죽거나 부상당한 명나라 군사는 수십만 명에 달했고, 문무백관 가운데 죽거나 부상당한 자도 50여 명에 달했다. 영종이 포로로 잡힌 이야기가 전해지자 북경은 혼란에 빠졌다. 이 긴급 상황에 대처하기 위해 명나라 조정 대신들은 황태후에게 성왕郕王을 황제로 세울 것을 청했다. 황태후가 중신들의 의견에 동의했으나 성왕은 계속해서 사양했다. 이때 영종의 사신이 도착해서 성왕을 즉위시키라는 명을 전했다. 결국 9월 6일에 성왕이 황위에 올라 이듬해를 경태景泰 원년으로 정하고, 영종을 태상황으로 봉했다. 몽골은 명나라 영종을 포로로 잡은 이후 대대적으로 중원을 침범하기 시작했다. 태상황을 돌려보낸다는 구실로 명나라에 각 변경의 관문을 열게 하고, 이를 틈타 성을 점령했다. 그리고 10월에 백양구白羊口, 자형관, 거용관을 함락하고, 곧장 북경으로 진격했다.

우겸이 북경을 지키다
1449년

에센이 명나라 영종을 포로로 잡은 이후 대대적으로 중원을 침범하자 북경의 민심이 흉흉해졌다. 이에 민심을 안정시키기 위해서 9월 초엿새에 영종의 아우 성왕 주기옥朱祁鈺이 황태후의 명령을 받들어 황제로 즉위하고 영종을 태상황으로 봉했다. 그가 경제景帝(묘호는 대종代宗)이다. 누군가가 남쪽으로 천도해야 한다고 의견을 내놓자 병부시랑 우겸于謙이 강하게 반대하고 나섰다. 그는 북경을 반드시 지켜야 한다며 각지의 무장 세력에게 조정에 충성을 다해 곤경에 빠진 나라를 위해 힘쓸 것을 호소했다. 그리고 통주 창고에 보관된 식량을 북경으로 옮기고, 하남과 산동 등지의 군대를 북경으로 이동시켜 수도를 지키게 했다. 이렇게 해서 북경에 식량이 풍족

일와봉(一窩蜂) (모형)

이는 명나라의 원통형 화전(火箭, 예전에 불을 붙여 쏘던 화살, 또는 화약을 장치한 화살) 도구이다. 화전 몇십 자루를 큰 나무통 안에 넣고 도화선을 하나로 연결한 다음, 사용할 때 하나로 연결된 선에 불을 붙이면 화살 몇십 자루가 한꺼번에 발사되었다. 그 모습이 마치 벌떼가 사람을 쏘는 것과도 같다고 하여 '일와봉'이라 이름 지어졌다.

해지고 정예병이 모이자 민심이 차츰 안정되었다.

정통 14년(1449년) 10월 6일에 에센이 영종을 방패막이 삼아 북경을 침입해 들어오면서 북경을 지키기 위한 북경 보위전保衛戰이 시작되었다. 명나라 경제는 각지의 제후에게 군대를 이끌고 북경으로 들어오도록 명령하고, 우겸에게는 수비전과 관련된 모든 권력을 부여했다. 우겸은 여러 장수에게 22만 군사를 이끌고 북경의 아홉 군데 문 밖에 주둔하도록 했다. 그리고 자신은 직접 석형石亨과 함께 덕승문 밖에 주둔하며 적군을 막는 선봉에 섰다. 13일에 우겸이 기병을 보내 에센을 유인하니 에센이 군사 수만 명을 이끌고 덕승문으로 접근해 왔다. 그때를 틈타 명나라의 매복군이 공격하고 신기영神機營(서구의 소총이 중국으로 전해지기 전에 사용한 화기인 신쟁神鎗을 다루는 부대로, 명나라 성조가 조직했다.)에서 화기火器(화약의 힘으로 탄알을 쏘는 병기를 통틀어 이르는 말)을 모두 발사해 에센을 패배시켰다. 에센이 서직문으로 돌아가서 공격하자 성 위의 수비군이 화살과 화포를 쏘며 반격했다. 에센의 군대는 결국 패하여 퇴각할 수밖에 없었고, 이로써 에센 군대의 포위도 풀어졌다.

영종이 오이라트에서 북경으로 돌아오다
1450년

에센이 이끄는 몽골 군대는 북경에서 패배를 맛보고 말았지만, 여전히 야심을 버리지 않고 다시 침략할 날만을 기다렸다. 경태 원년(1450년), 에센이 다시 명나라에 공세를 퍼부었다가 명나라 군대에게 패하고 말았다. 이로써 명나라를 침략하려던 에센의 세력은 크게 약화되었고, 명나라는 이미 새로운 황제를 옹립한 터라 영종은 더 이상 에센에게 쓸모가 없어졌다. 이에 에센은 명나라에 대한 전략을 수정해서 영종을 돌려보내고 명나라와 강화를 맺기로 했다.

과거에 화살을 쏘는 망루로 이용되었던 전루(箭樓)

베이징 톈안먼 광장 남쪽에 자리하며, 명나라 정통 4년(1439년)에 지어졌다. 활을 쏘는 창이 82개 있고, 성대(城臺)로 통하는 문이 있다.

법랑 그릇은 가공한 금속 제
품 표면에 연마된 법랑 유약
을 덧씌워서 건조하고 굽는
과정을 거쳐 탄생하는 복합
적인 공예품이다. 중국의 가
는 줄 세공 법랑 공예는 명
나라 경태 연간의 제품이 가
장 대표적이다. 법랑의 채색
은 남색을 위주로 했기 때문
에 '경태람(景泰藍)'이라고도
부른다.

경태 원년(1450년) 8월 15일에 영종이 마침내 북경으로 돌아와 태상황이
되었다. 이때 경제는 영종이 자신의 지위에 위협이 되지 않도록 돌아온 형
을 남궁南宮으로 보내 그곳에서 머물게 했다. 아울러 군신들에게 그를 알현
하지 못하게 하고 영종에게는 조정 대신들과 왕래하지 못하게 함으로써 그
들이 영종을 다시 황제의 자리에 앉히려는 움직임의 가능성을 아예 차단
했다. 그리하여 영종은 남궁에서 7년 동안 은둔 생활을 하며 지냈다.

남궁의 복위
1457년

경태 8년(1457년) 정월에 영종 주기진이 황제의 자리를 되찾고 연호를 천순
天順으로 바꾸었다. 경제 주기옥은 즉위 초에 영종의 맏아들 주견심朱見深
을 태자로 세웠는데, 자신의 지위가 점점 탄탄해지자 경태 3년(1452년)에 자
신의 맏아들인 주견제朱見濟를 태자로 책봉했다. 그러나 주견제가 얼마 후
에 병으로 죽어 태자 자리가 비었다. 그리고 경태 8년(1457년) 정월에 경제
가 중병을 앓게 되었다. 이때 무청후武淸侯 석형이 경제의 병이 회복되기 어
렵다는 사실을 알고, 같은 무리인 태감 조길상曹吉祥, 태상경 허빈許彬, 부도
어사副都御史 서유정徐有貞 등과 함께 주기진의 복위를 꾸몄다.

정월 17일 새벽에 석형, 서유정 등이 사방에서 외적이 국경을 침범했다
는 핑계로 수하에게 군사를 거느리고 황궁으로 들어와서 방비를 강화하라
고 명령했다. 그리고 곧장 남궁으로 가서 주기진을 봉천전으로 이끌어 황
제의 자리에 오르도록 했다. 서유정은 조회를 기다리던 대신들에게 태상
황의 복위를 알렸다. 황위를 되찾은 주기진은 서유정에게 조정의 기본적
인 일들을 맡아서 관리하게 하고, 이튿날 그를 병부상서로 봉했다. 그리고
우겸, 왕문王文 등을 잡아들여 감옥에 가두었다가 나중에 죽여 버렸다. 21
일에 명나라 영종은 경태 8년을 천순 원년으로 바꾼다고 선포하고, 석형을

충국공忠國公으로 봉했다. 주기진의 복위는 이렇게 성공으로 끝을 맺었다. 역사에서는 이 일을 '탈문奪門의 변'이라고 일컫는다.

조석(曹石)의 변
1459년~1461년

영종은 황제로 복귀한 후 멋대로 사람을 죽이고 경제가 등용한 문무백관을 파면했다. 그리고 정변을 주도하여 자신이 자리를 되찾는 데 공을 세운 자들에게는 후하게 상을 내렸다. 석형은 충국공으로, 서유정은 무공백武功伯으로 봉해지고, 조길상은 사례태감司禮太監으로 진급해 명나라 중앙 상비군의 핵심인 삼대영三大營(오군五軍, 삼천三千, 신기神機를 지칭함.)을 총감독했다. 그 얼마 후, 석형과 조길상이 함께 서유정을 조정에서 밀어내고 운남으로 귀향 보냈다. 그러고는 이 둘이 대권을 손에 쥐고 횡포를 부렸는데, 그 막강한 권력이 조정 내는 물론이고 조정 밖에까지 뻗쳤다. 이윽고 그들의 방자함과 오만함은 영종의 심기마저 불편하게 했다.

천순 3년(1459년) 7월에 석형과 석표石彪가 안팎으로 병권을 장악하자 영종은 불안해져서 석표에게 북경으로 돌아오라고 명했다. 그러나 석표는 명령을 듣지 않고 천호千戶 양빈楊斌 등 50명을 움직여서 '석표가 대동을 지켜야 한다.'고 청하는 상소를 올리게 했다. 이는 영종의 의심을 더욱 부추겼다. 영종은 양빈을 체포하라는 명령을 내려 심문한 끝에, 석표가 그런 상소를 올리도록 사주했다는 사실을 알게 되었다. 이에 영종은 석표에게 '쏜살같이 북경으로 들어올 것'을 명령하여 8월에 그를 금의위錦衣衛 감옥에 가두고, 얼마 후 석형도 잡아 가두었다.

이듬해(1460년) 2월에 석형이 죽자 불안해진 조길상, 조흠曹欽 등은 정권을 빼앗을 음모를 꾸몄다. 그러나 영종

명나라 구름 용무늬의 고리 모양 옻칠 창금(戧金, 도자기 겉면에 가는 금박으로 무늬를 박아 넣음.) **소궤**(小几, 작은 탁자) **와 궤의 표면**

궤 표면에 홍색과 녹색의 용이 여의주를 가지고 노는 모습이 장식되어 있고, 바닷물과 절벽 그림도 있다. 보기 드문 진귀한 문물로, 솜씨가 무척 정교하다.

이 미리 이 사실을 알고는 즉시 조길상을 잡아들이고, 그의 무리를 없애기 위해 군사를 보냈다. 사흘 후 조길상이 능지처참(죄인을 죽인 후 시신의 머리, 몸, 팔, 다리를 토막 쳐서 각지에 돌려 보이는 형벌)을 당하면서 오랫동안 계획된 반란도 끝이 났다.

명나라 헌종이 번승에게 봉호를 내리다
1468년

명나라 성화 4년(1468년) 4월에 헌종憲宗이 자신이 총애하는 번승番僧(관아에 들어가 차례로 숙직하는 승병僧兵)인 답파견찬答巴堅贊, 봉찰실파封紮實巴, 쇄남견참鎖南堅參, 단죽야부端竹也夫에게 봉호를 내렸다. 또 그들이 사용하는 옷, 음식, 그릇을 제후와 견줄 수 있게 하고, 종여棕輿(가마)를 타고 황궁을 출입할 수 있게 하며, 금오위의 위졸衛卒들에게 그들을 따르도록 하고, 높은 관직의 관리나 귀인들도 모두 그들에게 길을 양보해야 한다는 조서를 내렸다. 헌종은 그들을 불러들여서 경문을 읽는 일이 끝나기만 하면 그와 함께 입궐한 번승에게 봉호를 내렸다. 이로 인해 답파견찬과 봉찰실파 등은 수많은 제자를 거느리며 그 세력이 나날이 커졌다. 그들의 제자 가운데에는 '진인眞人', '고사高士'의 봉호가 내려진 사람이 수천 명에 달했고, 온갖 악행을 저질러도 그들의 보호를 받았다.

명나라 효종의 즉위
1487년

성화 23년(1487년) 8월에 명나라 헌종 주견심이 죽고, 9월 6일에 헌종의 셋째 아들 주우탱朱祐樘이 황제로 즉위하여 대사면령을 내리고 이듬해를 홍치 원년으로 바꾸었다. 그의 묘호는 효종孝宗이다. 명나라 효종은 즉위한 후 어떻게 하면 나라를 잘 다스릴 수 있을지를 생각하고 먼저 조정을 깨끗

경덕진이 중국 자기업의 중심이 되다

중국의 자기 공예는 명나라 시대에 이르러 채색 자기를 위주로 하는 찬란한 황금기에 접어들었다. 그중에서도 특히 경덕진이 천하에 이름을 얻으며 중국 자기업의 중심이 되었다. 이른바 "명나라 시대에 정교하고 아름다운 자기는 모두 경덕진에서 나왔다."라고 한다. 경덕진의 "장인은 사방에서 왔고, 기물은 천하로 나갔다." 경덕진의 자기는 스타일이 다양하고, 품질이 뛰어나며, 생산량이 많고, 솜씨가 정교한 데다 그 영향력이 막대해서 전국 최고로 평가되었다. 하북 팽성(지금의 한단 현邯鄲縣), 절강 용천龍泉, 복건 덕화德化, 강소 의흥宜興에서도 각기 특징 있는 자기가 대량으로 생산되었지만 경덕진처럼 전면적으로 발전한 곳은 없다. 특히 채색 자기, 청화 자기 및 색 유약 자기가 눈부신 발전을 이룩했다.

경덕진의 자기 제조 기술이 빚어 낸 주요 성과로는 '탈태脫胎(도자기를 만드는 데 바탕이 되는 흙인 질흙이 종잇장처럼 얇아서 그릇들이 마치 유약만으로 이루어진 것처럼 보이는 자기)'자기가 있다. 영락 연간(1403년~1424년)에 매장된 얇은 질흙의 자기인 박태薄胎는 '반半탈태'의 수준이었고, 성화 시기 이후 질흙 기술이 한층 발전하여 기물의 벽이 거의 종잇장처럼 얇게 만들 수 있게 되었고 그 정도가 '탈태'와 비슷하다. 이와 함께 입으로 유약을 불어서 칠하는 취유법吹釉法을 발명하여 유약이 한층 균일하게 발리도록 함으로써 질그릇의 몸체가 훼손되지 않도록 했다. 주로 박태와 탈태 자기가 이 기법을 사용했다.

경덕진의 자기 품종으로는 청화자기, 점채點彩(이미 유약을 칠한 기물 위에 규칙적으로 점을 찍어 장식하는 것), 투채鬪彩(도자기 위에 그린 그림의, 어지럽게 흐트러진 채색), 오채 등이 있다. 명나라 시대의 도자 가마터를 연대에 따라 구분하면 홍무요, 영락요, 선덕요, 정통요, 경태요, 천순요, 성화요, 홍치弘治요, 정덕正德요, 가정嘉靖요, 융경隆慶요, 만력萬曆요, 천계天啓요, 숭정崇禎요 등이 있다.

영락요에서 생산된 백색 유약을 바른 삼호연통기(三壺連通器)

명나라 관요인 영락요에서 생산된 첨백유(甛白釉) 반탈태 자기는 경덕진에서 단색 유약을 사용한 자기를 발전시키는 와중에 일대 혁명이다. 이 작품은 유약의 색이 부드럽고 새하얄 뿐만 아니라 질흙이 극히 얇아서 마치 유약층만 보이고 질흙은 보이지 않는 듯하다. 손의 지문까지 비쳐 보일 정도이며, 위에 새긴 구름, 용, 꽃, 풀과 암관(暗款, 암화(暗花)라고도 한다. 잿물 밑에 잠겨 있는 꽃무늬를 말한다.)까지도 모두 비춰 볼 수 있다.

이 정리하는 일에 착수해서 헌종 때의 간신들을 내쫓았다. 또 선사, 진인 등 240여 명을 파면하고 서번법왕西番法王, 불자佛子, 국사 등 승려 700여 명을 모두 본토로 돌려보내고, 고칙誥敕(옛날에 관리를 봉한 문서)과 도장 및 의장 등의 물건을 빼앗았다. 이로써 헌종 때의 간신들이 기본적으로 모두 제거되었다. 효종의 통치 시기에 명 왕조에는 '홍치의 중흥'이라는 태평성세가 찾아왔다.

직조환관을 없애다
1504년

홍치 17년(1504년) 5월에 병부상서 유대하劉大夏가 천을 짜는 직조織造 업무를 감독하는 환관들을 파면하도록 상소를 올렸고, 효종은 그 의견을 받아들였다. 소부蘇府와 항부杭府 등에는 직염국織染局이 설치되어 해마다 정해진 수량만큼 채색 비단을 직조하게 되어 있었다. 영종 천순 4년(1460년)에 환관들을 소부, 송부松府, 항부, 가부嘉府, 호부湖府 등 다섯 부로 보내 직조를 감독하게 하고 그들을 직조환관織造宦官이라고 불렀다. 그들은 통상적인 한도를 기초로 채색 비단 생산량을 7,000필씩 늘리고, 이후 해마다 그 양을 증가시켰다. 효종이 즉위한 후에는 이러한 폐단을 없애고 진관鎭官과 순관巡官에게 직조 업무를 겸하게 하여 환관이 중간에서 착취하는 일을 없앨 수 있었다.

명나라 무종의 즉위
1505년

홍치 18년(1505년) 5월에 명나라 효종 주우탱이 죽고 그의 맏아들 주후조朱厚照가 황제의 자리에 올랐다. 그러면서 이듬해의 연호를 정덕正德 원년으로 바꾸고, 대사면령을 내렸다. 그가 바로 명나라 무종武宗이다. 이로부터 16년에 이르는 명나라 무종의 통치 시대가 시작되었다. 이 시기의 정치 상황은 홍치 시기와 완전히 상반되어 매우 부패했다. 주후조는 즉위 초기에 환관 유근劉瑾, 마영성馬永成, 곡대용谷大用, 위빈魏彬, 장영張永, 구취邱聚, 고풍高風, 나상羅祥 등 여덟 명을 중용했다. 그래서 사람들은 이들을 '팔호八虎'라고 불렀다. 팔호는 매일같이 매를 풀어 개를 사냥하는 놀이에 무종을 끌어들여 황제가 정사를 소홀히 하게 했다. 그리고 조정의 모든 일을 자신들이 좌지우지하여 명나라의 통치는 나날이 부패했다.

정덕 2년(1507년) 8월에 명나라 무종은 유근 등 환관들의 말에 따라 놀이를 즐기기 위한 건물인 표방豹房을 건설하라고 명했다. 즉위 초에 무종은 환관들에게 명하여 북경 저자의 점포들을 흉내 내어 궁 안에 여러 점포를 세우게 했다. 그리고 그곳에서 직접 상인 복장을 하고서 물건을 팔고, 다툼이 일어나면 환관에게 중재하게 했다. 또 술집에는 술을 파는 여자를 두어 음탕한 음악을 연주하게 했다. 이번에 새롭게 지으라고 한 표방

역시 향락을 위한 것으로, 서화문西華門 옆에 세워졌다. 이후 무종은 매일 같이 표방에 머무르면서 교방의 악공들을 좌우에 따르게 하며 실컷 향락을 즐겼다. 교방의 악공들은 황제가 즐거워하는 모습을 보며 점차 오만방자해졌다. 정덕 7년에 무종은 표방을 200여 칸 더 확장하는 데 은 수만 냥을 썼다. 이처럼 황제가 정사에 태만하고 돈을 물 쓰듯 하는 바람에 어느덧 국고는 텅 비게 되었다. 그러던 정덕 16년(1521년)에 명나라 무종은 표방에서 생을 마감했다.

영왕 주신호의 반란
1519년

정덕 14년(1519년) 6월 14일에 영왕寧王 주신호朱宸濠가 반란을 일으켰다. 홍치 10년(1497년)에 영왕의 지위를 이은 주신호는 왕위에 만족하지 않고 마음속에 다른 속셈을 품었다. 그는 황위를 빼앗고자 하는 꿈을 이루기 위해 우선 자신의 아들을 황위 계승자로 세우고자 했다. 이를 위해 전녕錢寧, 장현臧賢 등에게 자신의 아들을 '사향태묘司香太廟(역대 제왕의 위패를 모시는 사당인 태묘에서 제사에 쓰는 향을 관리하던 벼슬아치)'로 만들 방법을 계획해 보게 했다.

한편, 당시 무종 주후조의 측근인 강빈江彬, 장충張忠은 전녕, 장현과 사이가 매우 좋지 않았다. 그래서 장충이 무종 주후조에게 직언하면서 전녕과 장현이 여러 차례 주신호가 현명하고 부지런하다며 칭찬했는데, 이는 곧 황제가 현명하지 않고 부지런하지 않다는 뜻이라고 전했다. 이에 주후조가 영왕의 사병을 거두어들이고, 백성에게서 빼앗은 민전을 모두 돌려주라고 명령했다. 이 소식을 들은 주신호는 즉시 병사를 일으켜 10만 명을 이끌고 남창에서 파양호鄱陽湖로 향했다. 그리고 구강九江, 남강南康 등지를 거쳐서 남경을 공격해 마침내 자신이 황제의 자리에 올랐다. 그러나 남공순무南贛巡撫 왕수인王守仁, 길안지부吉安知府 오대정伍文定이 이에 맞서 널리 병사를 모집하며 주신호의 죄상을 알렸다. 그다음 달에 주신호는 안경安慶으로 공격해 들어갔다가 패하고 말았다. 그 후 주신호의 군대는 왕수인이 이끄는 군대와 다시 싸워 또다시 패했다. 7월 26일에 주신호가 포로가 되면서 43일 동안 계속된 반란은 실패로 끝났다.

명나라 세종의 즉위

1521년

정덕 16년 3월에 무종이 후사를 남기지 않은 채 죽자 황태후 장張씨가 태감 장영, 곡대용 등을 불러서 내각과 대학사들에게 황위를 계승할 사람을 선발하게 하라고 명했다. 이때 수보首輔 양정화楊廷和는 이미 모든 준비를 해 둔 터라 소매에서《황명조훈皇明祖訓》을 꺼내며 말했다. "형의 후대가 없으면 아우가 잇는 것에 누가 반대하겠습니까. 흥헌

심주의 《와유도책(臥游圖册)》

심주는 화조화에 산수화의 발묵 채색 기법을 적절하게 적용했다.

맥을 잡아 주는 **중국사 중요 키워드**

오문사가(吳門四家)

오문화파吳門畫派는 명나라 시대 중기에 소주에서 생겨난 회화 유파로, 명나라 시대 전기에 크게 발전한 궁정원체화宮廷院體畫와 절파에 이어 일약 화단의 으뜸이 되었다. 이 화파의 핵심 인물인 심주沈周와 문징명文徵明은 모두 장주長洲(지금의 장쑤 성 쑤저우 시이며, 명나라 시대에는 소주부蘇州府 오현吳縣) 사람이다. 오현은 춘추 시대에 오왕 합려가 도읍을 세운 곳으로 '오문吳門'이라고도 불렸기 때문에 이곳을 거점으로 생겨난 화파를 '오문'이라고 불렀다. 주로 송·원나라 시대 문인화의 전통을 계승한 오문화파의 그림은 중국 문인화의 발전 과정에서 하나의 최고봉을 이룬다. 오문화파는 명나라 시대에 명성이 가장 드높았고 이후로도 오랫동안 지속되면서 중국 회화 역사에 깊은 영향을 미쳐 중요한 위치를 차지한다.

왕興獻王의 맏아들, 헌종의 손자, 효종의 조카, 대행大行 황제의 사촌동생이 순서대로 황위를 이어야 합니다." 황태후 장씨는 이를 듣고 허락했다.

양정화의 건의로 황위를 잇게 된 이 인물은 주후총朱厚熜으로, 그의 아버지 주우원朱祐杬은 헌종의 넷째 아들이다. 주후총은 성화 시기에 흥왕興王으로 봉해졌고, 홍치 시기에는 안륙(지금의 후베이 성 중샹 시鍾祥市) 땅을 봉지로 받았다. 족보를 따지자면 주후총은 명나라 무종의 사촌동생으로 혈연관계가 가장 가까워서 황위에 오르게 된 것이다. 같은 해 4월에 안륙에서 출발한 주후총은 21일에 북경에 도착하고, 당일 점심에 봉천전에서 황제로 즉위했다. 그리고 대사면령을 내리고 이듬해의 연호를 가정嘉靖 원년이라 했다. 그가 바로 무려 45년 동안이나 재위한 명나라 세종世宗이다.

왕수인의 죽음
1528년

가정 7년(1528년) 11월에 명나라 이학자 왕수인이 향년 쉰일곱 살을 일기로 세상을 떠났다. 왕수인은 매우 똑똑하고 재능이 뛰어나 열여덟 살에 정주파程朱派 학자 누량婁諒과 만나 주희의 격물지학格物之學을 토론했다. 이후 그는 집에서 스스로 학문에 몰입했다. 왕수인은 중국 유심론唯心論(세계의 모든 것이 결국 정신적인 것으로 환원될 수 있다는 입장으로, 정신을 실체로 인정한다.)을 집대성한 인물로 주관유심철학론主觀唯心哲學論의 체계를 세우고, 육구원陸九淵의 '마음이 곧 진리心卽理也'라는 학설을 계승하고 발전시켰다. 그는 모든 사람이 치양지^{致良知}(모든 사람이 지닌 선천적, 보편적 마음의 본체인 양지를 실현하는 일)와 지행합일^{知行合一}(지식과 행동이 일치함.)을 따라야 한다며 이학의 한 갈래인 '왕학^{王學}'을 제창하고 수많은 제자를 가르쳤다.

왕수인이 자신의 사상을 발전시키고 전파한 것은 명나라 중엽 이후의 사상에 깊은 영향을 미쳤다. 그의 저작으로는 《왕문성공전서^{王文成公全書}》와 《전습록^{傳習錄}》이 세상에 전해진다. 왕수인은 평생 두 가지 일을 자랑스러워했다. 첫 번째는 나라의 도적을 물리친 것으로 농민 기의를 진압한 일이다. 두 번째는 마음속의 도적을 물리친 것으로 심학^{心學}을 널리 퍼뜨린 일이다. 이는 어쩌면 그를 표현하는 데 가장 좋은 설명일지도 모르겠다.

임인궁변
1542년

가정 21년(1542년) 10월에 궁녀 양금영^{楊金英} 등이 명나라 세종을 목 졸라 죽이려고 한 사건이 일어났다. 가정 연간에 명나라 세종 주후총은 방사를 맹신해 연단약^{煉丹藥}을 만들고자 했다. 그래서 예부^{禮部}에 명령하여 '어질고 재능이 뛰어난 여성을 구해 아들에게 후사를 잇게 한다.'는 명목으로 북경 안팎에서 여덟 살에서 열네

새로운 작물의 도입

맥을 잡아 주는 **중국사 중요 키워드**

명나라 시대 중·후기에 중국은 외국에서 여러 종류의 농작물을 도입했다. 주요 농작물로는 고구마, 옥수수, 감자 등 식량 작물 세 종류와 땅콩, 담배 등 경제 작품 두 종류, 그리고 오늘날 중요한 채소로 여겨지는 토마토가 있다. 이 농작물들은 모두 아메리카를 원산지로 하는 작물로, 동남아를 거쳐 중국으로 전해졌다. 새로운 작물이 도입되면서 중국인의 음식이 더욱 다양해졌고, 그중에서도 고구마, 옥수수, 감자 등 작물은 척박한 환경에서도 잘 자라고 생산량도 많아서 흉년에 백성을 구제하는 '구제 식량'으로도 쓰였다.

살까지의 소녀들을 궁으로 모아들이고 음탕한 음악을 연주하게 했다. 그런 한편 황제에게 학대를 받은 일부 궁녀들이 더는 참지 못하고 세종을 죽이려는 생각을 품게 되었다.

가정 21년(1542년) 10월 21일 새벽, 양금영을 우두머리로 한 궁녀 16명이 세종이 깊은 잠에 빠진 틈을 타 건청궁乾淸宮에서 그를 목 졸라 죽이려 했다. 그러나 매듭을 잘못 묶는 바람에 목이 졸라지지가 않았다. 일이 틀어지자 궁녀 장금련張金蓮이 황후에게 달려가 보고했다. 이에 황급히 건청궁으로 달려온 황후가 얼른 세종의 목에서 줄을 풀고, 태의원太醫院의 허신許紳에게 약을 써서 세종을 치료하게 했다. 궁녀 16명은 모두 잡혔고, 심문을 통해 영빈寧嬪 왕王씨가 주모자이며 단비端妃 조曹씨도 이 일에 가담한 것으로 결론 내려졌다. 가정 22년 2월에 명나라 세종은 관련된 사람들을 모두 사형에 처했다. 가정 21년이 임인壬寅년이었기에 역사에서는 이를 '임인궁변壬寅宮變'이라고 부른다.

가까스로 목숨을 건진 세종은 조천궁朝天宮에서 7일 동안이나 제사를 지냈다. 사건이 일어난 다음날, 명나라 세종은 서원西苑의 만수궁萬壽宮으로 거처를 옮기고 그 후로 다시는 대전으로 돌아오지 않았다. 그리고 이후 무려 20여 년 동안 조정에 나아가 정무를 처리하려고 하지 않았을 뿐만 아니라 밤낮으로 제사만 지내며 불로장생을 빌었다.

엄숭이 수보로 진급하다
1544년

엄숭嚴嵩(1480년~1567년)은 명나라 시대 강서 분의分宜 사람으로 자는 유중惟中, 호는 개계介溪이며, 홍치 연간에 진사가 되었다. 가정 21년(1542년)에 무영전武英殿 대학사로 임명되어 정무에 참여하기 시작했고, 예부상서를 겸했다. 이후 그는 세종에게 아첨하면서 환심을 사 차츰 권력을 장악하고, 자신과 의견이 다르면 모두 죽여 버렸다. 또 엄숭은 초제醮祭(길한 일의 제례 의식) 때 읽는 축원문인 '청사靑詞'를 쓰는 데 뛰어나 황제의 총애를 받았다. 그는 도사 도중문陶仲文과 손을 잡고 황제에게 중상모략하여 하언夏言을 밀어 냈다. 또 적란翟鸞이 자신보다 경력이 많은 것이 싫어 가정 23년(1544년) 8월에는 언관言官(황제에게 바른 말을 하여 그릇되는 일이 없도록 하는 일을 맡은 벼슬아치)에게 몰래 사주하여 적란 부자가 진사 시험을 치를 때 부정행위를 했다고 황제에게 고하게 해 그가 파면되게 했다.

9월에 엄숭은 수보 자리에 올라 대권을 독점했고, 청사를 잘 지어 재상 자리에 올랐음을 풍자하여 일컫는 '청사재상靑詞宰相'으로 불렸다. 그는 환갑이 지난 후에도 종일 서원 직려直廬(직소直所. 관료들이 당직하는 공간)를 지키며 한 번도 휴가를 청하지 않았다. 이에 명나라 세종은 그의 부지런함을 칭찬하며 더욱 신임했다. 엄숭은 아들 엄세번嚴世蕃과 양아들 조문화趙文華를 앞세워 금의위까지 모두 자신의 편으로 끌어들이고 십여 년 동안이나 조정을 자신의 손아귀에 넣고 주물렀다. 그의 막강한 권력은 조정뿐만 아니라 조정 밖까지 영향을 미쳤다. 그 결과 명나라의 정치는 암흑 속으로 빠지고, 변방 지역은 수비가 심각한 수준으로 느슨해졌다.

왜구의 침략이 나날이 심해지다
1549년

명나라 홍무 2년부터 왜구가 명나라를 침략하기 시작했다. 당시 일본은 남북으로 분열된 상태로, 내전에서 패한 무사와 일부 떠돌이, 상인들이 서남부의 일부 봉건 제후와 대사원大寺院 소유주들에게서 자금을 지원받아 걸핏하면 해적선을 타고 중국 연해 지역에 와서 무력으로 약탈과 소란을 일삼았다. 역사에서는 이들을 '왜구'라고 부른다. 명나라 초에는 국력

왜구가 사용한 칼

이 강성해서 해안 방어를 중요하게 생각했기 때문에 왜구가 큰 위협이 되지 못했다.

그러나 가경嘉慶 연간에는 정치가 부패하고 변방의 수비가 느슨해진 데다 동남 연해 지역에 공업과 상업이 발전하면서 일부 부유한 상인과 해적, 예컨대 왕직王直, 서해徐海 등이 해적과 손잡고 약탈을 일삼았다. 그로 말미암아 왜구로 인한 폐해가 나날이 심각해졌다. 그러던 중 가정 28년(1549년)에 절강순무 주환朱紈이 왜구에 대항하다가 오히려 모함을 당해 파면되자 왜구의 침략은 더욱 극심해졌다. 가정 31년(1552년)부터 왜구가 해마다 동남 연해 지역을 약탈해 백성이 도탄에 빠졌다. 하지만 부패하고 무능한 명나라 조정은 군사 시설을 보수할 생각도 하지 않고 왜구의 폐해에 속수무책이었다.

진예 지역의 대지진
1555년

가정 34년(1555년) 12월 12일에 섬서와 산서 대부분 지역에 8도 이상의 강진이 일어났다. 12일 한밤중에 섬진陝晉 지역의 땅이 갈라지며 성이 무너져 내리고, 도로가 내려앉았다. 자료에 따르면 깔려 죽은 관리, 군사와 백성이 무려 82만여 명에 달했다고 한다. 하지만 보고되지 않은 이름을 알 수 없는 조난자는 그 수를 헤아릴 수 없을 정도였다.

이번 대지진의 도수는 8도로, 진앙 진도 XI였다. 이 지진으로 파괴된 거리는 최대 약 450km, 지진이 감지된 거리는 최대 약 800km에 달해 섬서, 산서, 북경, 산동, 남직례南直隸(지금의 장쑤 성), 한남漢南, 호광湖廣의 일곱 개성省 130여 개 부, 주, 현에까지 지진파가 미쳤고 그중 95개 부, 주, 현이 지진 피해를 당했다. 예컨대 북경과 획록獲鹿은 사흘 동안 연속해서 진동이 있었고, 여러 성곽과 주택이 파괴되었다. 이번 지진의 범위가 넓고 파괴력이 강해서 명나라 조정은 몇 년 동안 여러 재해 구역에서 세금을 걷지 않았다.

엄숭이 타격을 입다
1562년

가정 41년(1562년) 5월에 수보 엄숭이 파면되고, 그의 아들 엄세번은 감옥에 갇혔다. 엄씨 부자는 정권을 장악한 후 줄곧 세종에게 아첨하고 권력을 휘두르면서 자신과 의견이 다른 이는 배척하고 충신을 죽였다. 하언, 증선

〈성세자생도(盛世滋生圖)〉(일부)

명나라 시대의 작품으로 명나라 소주 회서교(懷胥橋) 시장의 번잡한 모습을 그렸다.

銑, 장경張經, 심련沈鍊, 양계성楊繼盛 등이 그에게 죽임을 당했다. 또 관리들을 매수해 자기편으로 만들었기에 수많은 관리가 너나 할 것 없이 뇌물을 주고받는 풍조가 퍼졌다. 엄숭 부자는 욕심이 끝이 없어서 남경과 양주 등지에까지 땅과 집을 사둘 정도였다. 특히 집권 후기에 이르러서는 나라의 군량까지 손대기에 이르렀다. 그 결과 전쟁 대비 태세가 느슨해져 왜구가 침략하는 동남 지역과 북부 변경의 지역에 피해가 나날이 심각해졌고, 부역은 나날이 늘어가고 재해가 자주 일어나 백성의 불만이 가득했다.

가정 37년(1558년) 이후부터는 세종도 엄숭에 대해 점점 불만을 느끼고 대학사 서계徐階를 더욱 신임하게 되었다. 방사 남도藍道는 엄숭과 갈등이 생기자, 세종에게 선인이 엄숭 부자를 간신이라고 한 점궤가 나왔다고 고했다. 그러자 명나라 세종은 기회를 놓칠세라 엄숭을 파면하고자 했다. 어사 추응룡鄒應龍이 그러한 세종의 마음을 꿰뚫어 보고, 서계의 귀띔을 받아 가정 41년(1562년) 5월 19일에 엄숭 부자를 탄

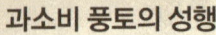

자단(紫檀, 콩과의 상록 활엽 교목으로 나무껍질이 자줏빛이다. 건축, 가구 따위의 재료로 쓴다.)으로 만든 사방이 뚫린 좌돈(坐墩, 일반적으로 자기로 만들어 걸터앉을 수 있는 물건)

과소비 풍토의 성행

명나라 중엽에 경제가 매우 번영하면서 물질적으로 풍족해져 사람들이 손에 쥘 수 있는 돈이 점점 많아졌다. 그러자 전통적인 검소함의 가치를 경시하고 대신 사치하고 호화로운 생활을 추구하는 관념이 퍼지기 시작했다. 그 결과 당시 사회에는 차츰 과소비 풍조가 나타났다. 먼저 과소비는 음식에서 드러났다. 예를 들면 연회와 술자리에 점점 많은 돈을 썼다. 다음으로는 의복에 돈을 많이 썼고, 또 그다음으로는 거주 환경을 개선하는 데 수십 냥, 수백 냥도 모자라 심지어는 수천 냥씩 집에 쏟아 부었다. 명나라 중엽에 강남 지역에서는 개인 정원을 꾸미는 것이 유행처럼 번졌다. 음식, 복식과 거주 환경 외에도 결혼과 장례를 치를 때의 씀씀이도 커졌다.

사치하고 호화로운 과소비 풍토는 당시 축적된 거대한 사회적 재산에서 비롯되었지만, 재산이 지나치게 소비에 사용되는 바람에 생산에 대한 투자, 특히 일부 국가 경제와 국민 생계에 관련된 기초 수공업에 대한 투자가 줄어들어 오히려 사회의 발전을 막는 결과를 초래하고 말았다.

핵하는 상소를 올렸다. 그는 상소에서 그들이 매관매직을 일삼고 널리 전답과 집을 사 놓았으니 엄세번의 목을 베고 엄승을 파면해야 한다고 청했다. 이에 세종은 엄승을 파면하고, 엄세번을 귀양 보내며, 엄세번과 그의 노비 엄년嚴年을 감옥에 가두도록 했다.

가정 44년(1565년) 3월에 결국 엄세번은 죽임을 당하고, 엄승은 평민으로 강등되어 남에게 빌붙어 살다가 융경隆慶 원년(1567년)에 죽었다. 강서 순무가 명령을 받들어 강서 지역에 축적한 엄승의 재산을 몰수하니 황금 3만여 냥, 은 202만여 냥에 달했고, 그의 관사는 방이 무려 6,600여 칸에 이르렀으며, 전답과 산이 2만 7,000여 무에 달했다. 그 밖에 진주와 보석 등은 수를 헤아릴 수가 없을 정도였다.

왜구를 소탕하다
1564년

가정 41년(1562년) 11월에 왜구가 침략해 흥화부興化府를 깡그리 약탈하고 이듬해 2월에는 복건 평해위平海衛(지금의 푸젠 현莆田縣 핑하이平海)를 공격해 함락하는 등 곳곳에서 소란을 피워 복건 지역의 피해가 매우 심각했다. 조정에서는 유대유俞大猷, 척계광戚繼光을 왜구를 소탕할 총병관總兵官과 부총병관副總兵官으로 파견해 광동 총병 유현劉顯과 함께 왜구를 소탕하도록 했다. 가정 42년(1563년) 4월에 유대유와 유현이 함께 복청福淸에 머물던 왜구를 섬멸했다. 동시에 척계광이 이끄는 척가군戚家軍은 절강에서 복건으로 들어가 유대유, 유현과 세 갈래로 나뉘어 평해위를 공격했다. 척가군은 가운데에서 먼저 공격해 들어갔고, 유현과 유대유는 그 좌우에서 협력해 왜구 2,200여 명을 죽이고 흥화를 되찾았다. 척계광은 이 공을 인정받아 도독동지都督同知로 승진해서 유대유를 대신해 총병관을 맡았고, 유대유는 양광총독兩廣總督 겸 순무천위巡撫薦位 광동총병관으로서 왜구 소탕을 책임졌다.

'백양청등'의 화조사의화

명나라 사의화寫意畫(묘사 대상의 생긴 모습을 창작가의 의도에 따라 느낌을 강조하여 그린 그림)는 명나라 초 왕불王紱과 하애夏昹의 수묵 난과 대나무에서 시작하여 임양林良과 손융孫隆의 궁정 화조화 개혁을 바탕으로 발전했다. 오문화파인 심주와 당인이 제재와 필묵 기교를 개발하고 발전시키는 데 중요한 한 걸음을 내딛었다. 그러나 사의화조화寫意花鳥畫를 새롭고 더욱 완벽한 수준으로 끌어올린 사람은 명나라 중엽 전후의 진도복陳道復과 서위徐渭이다. 그들은 회화사에서 '백양청등白陽靑藤'으로 불린다.

　진도복(1483년~1544년)은 이름이 순淳이고, 자는 처음에 행行이었는데 나중에 복보復甫로 바꾸었고, 호는 백양산인白陽山人이다. 오吳(지금의 장쑤 성 쑤저우 시) 사람이며 문징명에게 그림을 사사했다. 중년 이후 필묵이 자유로워지고, 시문과 서화에 뚜렷한 개성을 드러내기 시작했다. 그는 화조화를 즐겨 그렸는데 대부분 심주의 구도를 사용했다. 그리고 송나라의 선의禪意(선의 마음)와 사생 형식 및 원나라의 서법과 용필을 사용하며 담채와 수묵을 어우러지게 했다.

　서위(1521년~1593년)는 산음山陰(지금의 저장 성 사오싱 시) 사람으로 자가 문장文長이고, 호는 천지天池이며, 말년에 호를 청등도사靑藤道士로 바꾸었다. 어려서부터 총명하고 시문과 서화에 골고루 조예가 깊었다. 평탄하지 못한 삶을 산 그는 화조화를 그릴 때 규범에 얽매이지 않고 그려 자유로운 기운을 나타내는 데 집중했다. 서위의 창작은 진도복의 뒤를 이어 중국의 사의화조화를 주관성이 강한 새로운 경지로 끌어올렸다. 또한 생선지生宣紙(담檀나무 껍질과 볏짚 줄기를 원료로 하는 종이로, 종이의 질이 세밀하고 균일하며 유연하고 하얗다. 오래도록 변색되지 않고 벌레가 잘 먹지 않아 중국 서화에 많이 쓰였다.) 위에 자유자재로 필법, 수분과 먹을 제어하며 필묵 언어의 표현력을 유례없는 수준으로 끌어올렸다. 이 두 사람 '백양청등'은 중국 사의화조화 발전에 기념비적인 인물들이다.

서위(徐渭)의 〈묵포도도(墨葡萄圖)〉

가정 43년(1564년) 2월에 척계광이 다시 선유仙遊, 동안同安, 장포漳浦 등지에서 왜구를 크게 무찔러 수많은 왜구를 죽였고, 왜구의 남은 무리는 바다로 도망쳤다. 왜구의 복건 침략은 이로써 평정되었다. 그해 6월에 유대유가 혜주惠州 해풍海豊에서 또 한 번 왜구 1,200여 명의 목을 베어 '해풍대첩海豊大捷'에서 승리를 거두고, 왜구와 손잡은 조주潮州 대도大盗 오군吳軍 및 그의 나머지 무리를 남송산藍松山, 엽주루葉舟樓 등에서 압박했다. 그리고 12월에 광동 지역에서 왜구와 손잡은 도적의 우두머리 구만리邱萬里가 잡히자 왜구는 큰 타격을 받고 명나라에서 떠났다. 이로써 절강, 복건, 광동 등 연해 일대에서 20여 년 동안이나 침략을 일삼아 온 왜구가 평정되었다.

대복선(大福船) (모형)

복건에서 만들어져 복선이라 이름 붙여졌으며, 백조(白槽)라고도 불렸다. 명나라 남해 수군의 주요 전함이다.

해서의 상소
1566년

명나라 세종은 20여 년 동안 대신을 만나지도 않고 정사를 돌보지 않은 채, 서원 깊이 은거하며 장생불사의 방술만을 추구해 나라를 나날이 쇠퇴하게 했다. 이에 가정 45년(1566년) 2월에 호부운남사주사戶部雲南司主事 해서海瑞가 특별히 관을 사고, 아내와 이별하고 종들을 해산시킨 후, 죽음을 무릅쓰고 '치안소治安疏'를 올렸다. '치안소'는 격한 어조로 사회의 문제점을 정확히 꼬집으며 황제를 질책했다. 이 상소문의 내용이 퍼지자 사람들은 이를 '천하제일의 상소', '만세치안소萬世治安疏'라고 불렀다. 그러나 세종은 이 상소문을 읽고 크게 노해서 바닥에 내던지고, 해서를 잡아들이게 했다. 그 후 대신들의 강력한 만류로 상소는 남겨졌으나, 해서는 감옥에 갇혀 죽임을 당할 처지에 놓였다. 그해 12월에 세종이 죽자 해서는 27일에 풀려나 원래의 직책으로 복직되었고, 얼마 후 대리시승大理寺丞으로 진급했다.

만력 15년(1587년)에 해서가 재임 중 병으로 죽었다. 워낙 청렴결백한 탓

척가군

가정 35년(1556년)에 척계광이 황제의 명을 받들어 영파寧波, 소흥, 대주, 금화金華 등지의 최전선에 주둔했다. 그가 군대를 검열해 보니 병사들은 게으르고 장수들은 오만하며 군기가 해이해지고 전투력이 약해져 있었다. 이에 척계광은 '왜구를 몰아내고 백성을 보호한다.'는 목적을 호소했다. 그리고 가정 38년(1559년) 9월에 직접 의오義烏, 금화 등으로 가서 어느 정도 조건을 갖춘 광부와 농민들을 징병하고, 몇 개월에 걸쳐 편제를 정비하고 엄격하게 훈련하여 3,000여 명으로 구성된 새로운 군대를 조직했다. 그 후 척계광은 또 대주 등지에서 어민을 모아 수군을 조성했다. 새로운 군대는 척계광의 지도 아래 군대의 군율을 엄격하고 분명하게 따랐다. 그들은 용감하게 왜구에 맞서 싸우며 백성에게는 아무런 피해도 주지 않았다.

수차례 전공을 세우면서 전투력이 크게 향상되자 사람들은 이 군대를 가리켜 '척가군'이라고 불렀다. 명나라의 동남 지역에서 왜구에 대항하던 당시 척가군은 총 병력이 약 3,000~6,000명으로, 보병과 포병이 한데 섞여 조를 이루고, 냉병기와 열병기가 섞여 편제되었다. 계문薊門을 지킬 때의 병력은 어느덧 만여 명에 달해 독립적인 기병, 보병, 거병車兵 등 병사의 종류에 따라 조직되었고, 각종 관형管形 화기가 약 3,040~4,220개(문)에 달했다. 가정 39년(1660년) 2월 초여드레 날, 조정 대신들은 왕직을 사로잡은 공에 대해 이야기하면서 척계광이 '병사를 관리하는 데 기율을 엄격히 한다.'며 칭찬했다. 그 후로 '척가군'은 동남 연해 지역에서 이루어진 항왜抗倭 전쟁에서 용감하게 싸워 늘 승리를 거두며 일대에 위세를 떨치고, 중국 전역에서 명성을 얻었다.

에 남긴 돈이 없어서 사람들이 저마다 돈을 모아 염을 해 주었다. 장례를 치를 때에는 농민들은 경작을 멈추고 상인들은 장사를 중단한 채 그의 장례 행렬을 뒤따르며 통곡했는데 그 행렬이 수백 리에 이르도록 끊이지 않았다. 훗날 조정에서 그에게 '충개忠介'라는 시호를 내렸고, 민간에서는 그를 '해청천海靑天'이라고 불렀다. 해서는 평생 사리사욕을 채우지 않고 강직했으며, "죽음을 두려워하지 않고, 돈을 사랑하지 않으며, 당파를 만들지 않는다."라고 말했다. 이러한 해서는 보기 드문 청렴결백한 관리로 후대 사람들에게 본보기가 되었다. 그의 저작을 모은 《해서집海瑞集》이 남아 있다.

명나라 세종의 죽음

1566년

세종은 말년이 될수록 점점 도가 법술에 깊이 빠져 장생과 양기를 강하게 하는 약을 구하고자 하는 마음이 한층 절박해졌다. 그러자 일부 간사한 무리가 큰 상을 바라고 세종에게 여러 부참符讖(점술에서 뒷날에 일어날 일을 미리 알아서 해석하기 어렵게 적어 놓은 글)이니 비서秘書니 금석金石의 약 따위를 바쳐 댔다.

한편에서 일부 충직한 신하들이 이에 대해 충언했지만, 세종은 그들의 충언을 전혀 듣지 않았다. 그리고 방사가 만들어 바치는 금석단약金石丹藥을 계속해서 복용해 결국에는 스스로 죽음을 앞당겼다. 이 단약들은 약의 성질이 조열燥烈(마르고 세참.)하여 단기적으로 보면 몸을 건강하게 하고 양기를 발산하도록 도와줄 수 있다. 하지만 오랜 기간 다량으로 복용하여 이것이 몸 안에 쌓이면 가슴이 답답해지고 복부가 팽창한다. 그리고 머지않아 뱃속에 덩어리 모양의 딱딱한 물질이 생기는데, 그 물질이 하루하루 커져서 결국에는 사람이 죽음에 이르게 된다고 한다. 세종은 말년에 병세가 나날이 악화되었는데, 그 증상이 이와 완벽하게 일치한다.

가정 45년(1566년) 12월에 세종은 마지막 숨을 내쉬며 태감에게 자신을 20여 년이나 떠나 있던 건청궁으로 옮겨 달라고 했다. 그날, 그는 복부가 팽창해서 향년 예순 살을 일기로 세상을 떠났다. 이듬해에 시호는 효숙孝肅 황제, 묘호는 세종으로 정해졌으며, 그가 묻힌 무덤은 영릉永陵이라 이름 붙여졌다. 세종이 죽은 후, 그의 맏아들과 둘째아들이 먼저 죽은 탓에 셋째아들 주재후朱載垕가 순서에 따라 황제로 즉위했다. 그가 바로 목종穆宗으로, 연호를 융경으로 바꿨다.

하조종(何朝宗)의 상아빛 백색 유약을 바른 달마 자기 입상

자기 조각의 대가인 하조종 등은 특히 자기의 질감미와 조소미를 추구하여 불후의 걸작을 많이 만들어 냈다. 이 작품이 바로 그의 대표작이다. 삭발한 머리에 귀가 길게 늘어진 달마는 양미간을 찌푸린 채 입가에는 미소를 머금었다. 두 손은 모아서 소매 속에 감추고, 눈꺼풀과 시선을 내려 아래쪽의 용솟음치는 바닷물을 내려다보고 있다. 옷의 주름은 마치 바람에 나부끼는 듯한 느낌을 주어 달마의 인자함과 엄숙함을 잘 표현한다.

순의왕에 봉해진 알탄 칸

1571년

흑화조(黑花鳥) 파도 무늬 척화 옻칠병

이 병은 나무 소재 위에 칠을 한 목태(木胎)로 명나라 초기에 반들반들한 것이 특징이던 스타일에서 말기에 섬세하고 정교한 스타일로 넘어가는 특징을 뚜렷하게 보여 준다. 이 기물은 원나라 말에서 명나라 초의 퇴주 스타일과는 완전히 달라서 명나라 중기 퇴주의 표준 기물로 일컬어진다.

융경 4년(1570년) 9월 13일, 타타르부 알탄 칸의 손자 바간나기가 알탄 칸이 자신의 약혼녀를 빼앗은 데 분노해 명나라에 투항했다. 이 일로 명나라와 알탄 칸은 수십 년 동안 지속해 온 전쟁을 끝내게 되었다. 바간나기가 명나라에 투항한 소식을 들은 알탄 칸이 기병 2만 명을 이끌고 와 평로성平虜城에서 북쪽으로 60리 지점에 주둔했다. 그러고는 명나라 조정에 바간나기를 내 놓을 것을 요구하며 위세를 부렸다.

10월에 명나라 조정에서는 알탄 칸이 명 왕조에서 내리는 봉호를 받아들이게 하기 위해 내각 수보 고공高拱, 차보次輔 장거정張居正 등이 바간나기의 투항을 받아들이기로 했다. 그리고 그를 지휘사에 임명하고 붉은 모시옷을 내렸다. 이어서 총독 왕숭고王崇古, 순무 방봉시方逢時에게 알탄 칸과 강화를 맺도록 명령했다. 11월에 알탄 칸이 사신을 보내 왕숭고를 만나 봉호를 청하고 변경에 호시를 개방해 달라고 요청했다. 왕숭고는 이를 승낙하며 알탄 칸에게 명나라 조정을 배반한 백련교白蓮敎 교주 조전趙全 등을 내놓을 것을 요구했다. 이에 응하여 12월에 알탄 칸이 조전을 포박하고 북경으로 압송하니, 명나라도 사신을 보내 바간나기 등을 돌려보냈다.

융경 5년(1571년) 3월에 정식으로 목종이 알탄 칸에게 '순의왕順義王'이라는 봉호와 인을 내리고 알탄 칸이 거주하는 성을 '귀화歸化'라 명했으며, 그의 아우, 조카와 자손에게도 차등을 두어 직위를 내렸다. 이와 함께 병부에서는 왕숭고의 건의에 따라 조공과 호시에 관한 조례를 제정했다.

그해 가을에 첫 번째 호시가 열렸다. 명나라 조정에서는 여기에서 총 말 500여 필을 얻었고, 알탄 칸은 시장에서 대량의 생필품을 교환했을 뿐만 아니라 명나라 조정에서 풍성한 상도 받았다. 알탄 칸을 시작으로 얼마 후 오르도스 지역의 길능吉能 등 부족들도 명나라 조정에 조공을 바칠 것을

삼낭자

만력 15년(1587년)에 몽골 타타르 부족의 여성 우두머리였던 삼낭자三娘子가 충순부인忠順夫人에 봉해졌다. 삼낭자는 정권을 장악한 20여 년 동안 적극적으로 명나라 조정과 우호 관계를 유지했고, 몽골과 한족 두 민족의 경제와 문화 교류를 활성화하고자 많은 노력을 기울였다. 삼낭자는 원래 타타르 부족의 우두머리인 알탄 칸의 외손녀였는데, 알탄 칸이 그녀의 총명함과 미모에 반해 아내로 삼았다. 알탄 칸이 죽자 그의 아들 센게가 몽골의 풍속에 따라 삼낭자를 아내로 맞았다. 얼마 후 센게가 죽어 삼낭자는 다시 그 아들 추르게의 아내가 되었다.

삼낭자는 평생 3대 우두머리의 아내로 살면서 20여 년 동안 부족의 군사, 정치 권력을 장악했고 주변의 모든 부족이 그녀를 두려워하고 복종했다. 삼낭자는 알탄 칸의 정책을 계승해서 적극적으로 명나라 조정과 우호 관계를 유지하고자 했고, 명나라 조정에서도 그녀를 신임했다. 만력 15년에는 그녀의 남편인 추르게의 아들을 순의왕에 봉하고, 특별히 삼낭자를 충순부인에 봉했다. 삼낭자는 평생 나라를 위해 변경의 방비를 굳건히 하며 늘 경계를 늦추지 않았다. 몽골과 한족 두 민족은 이로써 전쟁을 멈추고 서로 시장을 개방해 물품을 거래하고, 경제와 문화 교류를 촉진하는 데에도 힘썼다.

청해 허락을 받았다. 이로부터 알탄 칸 등의 부족들이 해마다 공물을 바치며 호시를 열었다. 그리고 명나라 변경 지역의 백성을 약탈하는 부하가 있으면 반드시 엄벌을 하고, 부속 부족들에도 명나라 변경 지역에서 소란을 피우지 않도록 엄격하게 단속했다. 이로부터 명나라의 북쪽 변경 지역은 안정을 찾게 되었다.

미대소(美岱召)

미대소는 네이멍구 자치구 투모터우기(土默特右旗)에 있으며, 알탄 칸이 거주하던 '귀화성'을 전신으로 한다. 사당 안에는 삼낭자의 납골당인 '태후묘'가 있다.

명나라 신종의 즉위

1572년

융경 6년(1572년) 5월에 6년 동안 재위한 명나라 목종은 자신의 병이 위급

해지자 대학사 고공, 장거정, 고의高儀를 고명대신顧命大臣으로 임명해 그들에게 어린 황제를 보좌하도록 했다. 26일에 목종은 건청궁에서 서른여섯 살을 일기로 병으로 세상을 떠났고, 소릉에 묻혔다.

6월 초열흘에 황태자 주익균朱翊鈞이 선황의 유명을 받들어 황위를 계승하고 이듬해의 연호를 만력 원년으로 바꾸었다. 그가 바로 명나라 역사에서 재위 기간이 가장 긴 황제인 명나라 신종神宗이다. 즉위할 때 그의 나이는 겨우 열 살이었다. 황제의 나이가 어려 조정 업무를 처리하지 못하므로 조정 내부의 일은 사례감司禮監(황제 측근에서 일하는 요직)을 맡고 있으며, 동창東廠(관리들과 백성의 동정을 몰래 살피기 위해 설치된 황제 직속의 정보 기관)을 감독하고 이끌던 태감 풍보馮保에게, 그리고 조정 밖의 일은 내각 수보 장거정에게 의지하여 만력 초년에 비교적 안정된 정치적 국면을 이끌었다.

장거정의 개혁
1572년

대학사 장거정(1525년~1582년)은 자가 숙대叔大, 호는 태악太岳이고 호광湖廣 강릉현江陵縣(지금의 후베이 성 장링 현江陵縣) 사람이다. 가정 26년(1547년)에 진사가 되어 편수, 예부시랑 겸 한림학사, 이부좌시랑 겸 동각東閣 대학사, 예부상서 겸 무영전 대학사 등을 역임하고, 소보少保 겸 태자 태보太保였던 명나라의 유명한 정치가이다. 융경 6년(1572년) 7월에 그는 환관 풍보와 함께 어린 명나라 신종이 조정을 장악하도록 도왔다. 신종이 즉위한 지 한 달 남짓 되었을 때 대학사 장거정은 환관 풍보를 이용해 고공을 밀어내고 그를 대신해 수보직을 맡고, 예부상서 여조양呂調陽에게 문연각文淵閣 대학사를 겸하도록 추대해 조정 일에 참여하게 했다. 이로부터 조정의 대사를 장거정과 풍보 두 사람이 장악했다.

풍보와 장거정은 권력을 잡은 후 풍보가 내정을, 장거정이 외정을 주관하여 실질적인 조정의 대권은 장거정의 손아귀로 떨어졌다. 장거정은 황제를 보좌할 여러 조치를 실행했다. 한 예로 12월 17일에 강관講官(임금에게 경서를 강의하는 일을 맡아 하던 벼슬)을 데리고 가 신종에게 《제감도설帝鑑圖說》을 올리고 그림을 이용해서 어린 황제를 가르쳤다. 동시에 가정, 융경 연간

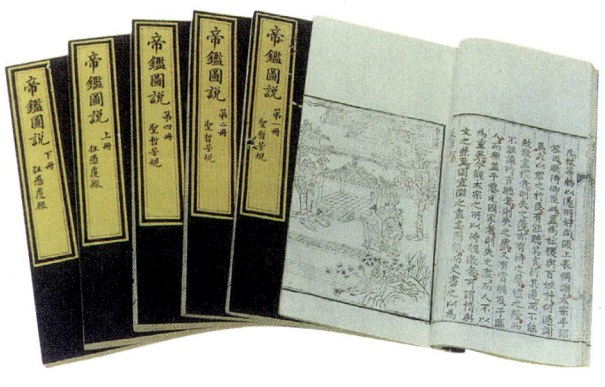

이래 지속되어 온 군사와 정치의 부패, 백성의 생활고, 심각한 위기 상황 등의 국면을 해결하기 위해 옛것을 없애고 새로운 것을 세우고, 폐단을 없애고, 부국강병을 이루는 것을 목표로 삼았다. 이를 위해 관리 제도, 변방 지역, 경제, 수리 등을 대대적으로 재정비하는 등 일련의 개혁을 펼쳤다.

10년에 걸친 노력 끝에 장거정의 개혁 조치는 대부분 뚜렷한 효과를 거두어 '바다 안으로 도적떼를 제거하고, 사방의 오랑캐를 복종시키고, 큰 창고에 몇 년을 먹고 살 만큼의 식량을 비축해' '천하를 안정되게 했다.' 그러나 그의 개혁은 관료와 대지주들의 강한 불만을 산 탓에 만력 10년(1582년)에 장거정의 죽음과 함께 개혁도 끝나고 말았다.

반계순이 황하를 다스리다

1578년

만력 6년(1578년) 여름에 수리 전문가 반계순潘季馴이 공부시랑工部侍郎 겸 우도어사右都御史로 임명되어 물길을 관리하고 황하의 치수를 담당했다. 만력 3년(1575년)에 황하(황허)와 회하(화이허 강)가 총 네 번 범람했는데, 오랜 세월 관리하지 않은 탓에 제방 여러 군데가 터졌다. 이에 만력 6년(1578년) 2월에 명나라 신종이 장거정의 의견을 받아들여 형부우시랑 반계순을 공

비룡 무늬 옥그릇

부시랑 겸 우도어사로 삼아 수로를 관리하게 했다. 같은 해 6월 25일에 반계순이 '양하경략소兩河經略疏'를 올려 황하와 회하 하류 및 운하를 다스리기 위한 전면적인 계획을 제안했다. 명나라 신종이 이 건의를 받아들이자 이듬해 겨울에 반계순이 황하와 회하 공정을 시작했다.

그 결과, 원래 계획보다 24만 냥을 절약한 은 56만여 냥을 사용하여 흙 제방 10만 2,000여 장, 돌 제방 3,000여 장을 쌓고, 제방이 터진 139곳을 막았다. 그리고 홍수가 일어날 때 물이 댐을 넘쳐흘러 내리도록 만들어진 월류越流 댐 4개를 건설하고, 황하와 회하 두 줄기의 수로를 파내 상류에서 흘러오는 토사로 해마다 높아지는 운하의 바닥을 1만 1,000여 장 거리만큼 파내어 수심을 깊게 하고, 제방을 보호하기 위해 버드나무 83만 2,000여 그루를 심었다. 이로써 "1년 사이에 두 강이 정상으로 돌아갔다. 모래를 걷어 내어 수심이 깊어졌고, 바다로 들어가는 입구를 크게 개간해서 전답이 늘어나 유랑민이 농업에 복귀하게 되었다." 이후 몇 년 동안 황하는 아무런 재해도 일으키지 않았고, 수로를 통한 운송도 원활하게 이루어졌다.

누르하치의 궐기
1583년

만력 11년(1583년)에 스물다섯 살인 누르하치努爾哈赤가 병사를 일으켜 니칸-와일란尼堪外蘭을 토벌한 후 여진 각 부족을 통일하는 여정을 시작했다. 이때 누르하치가 가진 것이라고는 선조가 남긴 갑옷과 투구 13벌이 전부였다. 누르하치(1559년~1626년)는 성이 아이신교로愛新覺羅이며 그의 선조 몽케 테무르가 명나라 영락 10년(1412년)에 건주 좌위지휘左衛指揮로 봉해진 이래 가문이 대대로 명나라 지방관으로 봉해졌다.

여진 각 부족은 줄곧 서로 대치하던 상태였는데, 도륜圖倫부의 니칸-와일란은 명나라 군대와 손잡고 누르하치의 조부 기오창가覺昌安와 부친 탁시塔克世를 죽였다. 이에 누르하치는 남은 부족 수백 명을 모아 니칸-와일란을 공격해서 단번에 도륜성圖倫城을 점령하고, 100여 명에 달하는 병사와 갑옷, 투구 30벌을 얻었다. 니칸-와일란이 악륵혼성鄂勒琿城으로 도망치자 명나라 조정은 누르하치를 지휘사로 임명했다. 누르하치는 계속해서 동쪽과 서쪽 정벌에 나서 이듬해(1584년) 9월에 돈고董鄂의 옹악락성翁鄂洛城을 점령했다. 만력 13년(1585년)에는 후네헤渾河부 자이피얀界凡 등의 성을 점령했다. 만력 14년(1586년)에는 소커소허

蘇克蘇護河부의 과지가瓜之佳성, 후네헤부의 패혼貝琿성, 젠첸哲陳부의 탁마화托摩和성을 점령하고, 계속해서 니칸-와일란이 있는 악륵혼성을 공격했다. 그러자 니칸-와일란은 무순撫順으로 도망쳐 명나라 군대에 보호를 요청했다. 이에 명나라 군대는 그를 잡아서 누르하치에게 넘겼다. 누르하치는 명나라와 강화를 맺고 봉호를 받았으며, 이후 조공을 바치기로 했다.

만력 16년(1588년)에 누르하치가 완안完顏부를 점령하여 정식으로 건주 5부를 통일했다. 이로부터 그의 세력은 빠르게 강해졌다. 여진인은 활쏘기와 말타기에 뛰어나고

《본초강목》과 이시진

의약학醫藥學(의약을 전문으로 연구하는 과학) 저서가 대거 편찬되었다는 사실은 명나라 시대에 의약학이 전에 없는 발전을 이룩했다는 뚜렷한 증거이다. 만력 6년(1578년)에 걸출한 의약학자인 이시진李時珍이 본초학本草學(한방에서 약재나 약학을 연구하는 학문. 중국에서 발달했으며, 주로 식물을 대상으로 했다.)을 집대성해 편찬한 《본초강목本草綱目》은 이 시기 중국 약학의 가장 위대한 성취이다. 또한 나아가서는 세계 의약학의 범위를 지극히 폭넓게 한 의약학의 보고寶庫이기도 하다.

이시진(1518년~1593년)은 자가 동벽東璧이고, 호는 빈호瀕湖, 만호晩號는 빈호산인瀕湖山人이다. 호북 기주蘄州(지금의 후베이 성 치춘 현蘄春縣)의 의학자 가문에서 태어난 이시진은 어려서부터 의학을 좋아했고 특히 의학 서적을 즐겨 읽었다. 서른네 살 되던 해부터 편찬을 시작하여 장장 27년 동안 고된 노력을 쏟은 끝에 이시진은 《본초강목》을 완성했다. 그는 문헌 자료 800여 종을 참고하고, 세 차례의 대폭 수정을 통해 만력 6년(1578년), 그의 나이 예순 살에 시대에 한 획을 긋는 약물학의 거작을 완성했다. 이는 중국의 약학 역사에서 이정표가 되는 중요한 사건으로 평가된다.

이 책은 총 190여만 자, 16부, 62류類, 50권으로 구성되고, 수록된 약재의 종류가 1,892종, 약방문이 1만 1,096개에 이른다. 또 삽화 1,110개가 포함되어 각종 약물의 복잡한 형태와 효능을 구체적이고 생동감 있게 표현해 낸다. 책에서는 또 수록된 약물을 과학적으로 분류했다. 예컨대 풀은 산에서 자라는 풀인 산초와 향기 나는 풀인 방초 등으로 나누고, 동물은 다시 충蟲(곤충류), 린鱗(어류), 개介(연체동물류), 금禽(조류) 등으로 나누었다.

이시진이 약초를 채집하는
모습을 나타낸 조각상

용맹하며 싸움에 능해서 당시에는 "여진은 만만하지 않고, 만 명을 채우면 적수가 없다.女眞不滿萬(滿萬不可敵)"라는 말도 있었다. 누르하치는 칭기즈칸 이래 다시 나오기 힘든 군사 천재였다. 이로부터 그가 이끄는 철기병은 북쪽 변경의 사막과 남쪽 변경의 고원을 누비며 영토를 확장해 청 왕조가 중국 역사상 영토가 가장 넓은 대제국을 이루는 데 기초를 다졌다.

마테오 리치가 북경에 거주하다

1601년

만력 28년(1600년) 12월 21일에 이탈리아 선교사 마테오 리치가 두 번째로 북경에 와서 명나라 신종 주익균에게 자명종, 대서양금大西洋琴(클라비코드, 피아노의 전신), 진주를 박은 십자가, 천주상, 성모상, 《만국도지萬國圖志》 등의 공물을 바쳤다. 신종은 그를 접견한 후 북경에서 오래 머무르며 선교하는 것을 허락했고, 명나라의 관직을 내리고 봉록도 주었다. 마테오 리치는 매우 기뻐하며 그 후 북경에 거주했다. 10년 후에 그가 죽자 신종은 신하에 대한 예를 갖추어 북경의 부성문 밖에서 장례를 지내게 했다.

태자를 세워 국본의 다툼을 끝내다

1601년

국본의 다툼, 즉 황제의 적장자인 상락常洛을 세우느냐, 아니면 정鄭 귀비의 아들 상순常洵을 세우느냐 하는 문제는 신종 재위 기간 내내 황제와 조정 대신들의 고민거리였다. 만력 29년(1601년) 10월 15일이 되어서야 신종은 스무 살의 상락을 황태자로, 그리고 상순을 복왕福王, 상호常浩를 서왕瑞王, 상윤常潤을 혜왕惠王, 상영常瀛을 계왕桂王으로 봉했다. 같은 달 28일에 황태자와 복왕, 서왕 등 여러 제후가 모두 정식으로 각각 황태자와 제후로 등극했다. 이로써 태자 자리를 두고 펼쳐진 무려 16년에 이르는 국본의 다툼이 끝이 났다. 신종은 득과 실을 따져서 적장자를 태자로 옹립하고 천하에 그 소식을 알렸다. 역대의 그 어느 태자 책봉도 상락의 경우처럼 힘들지 않았다.

오승은과 《서유기》

오승은吳承恩(약 1500년~약 1582년)은 명나라 소설가로 자는 여충汝忠이고 호는 사양산인射陽山人이다. 본적은 강소 연수漣水이며 나중에 회안 산양山陽(지금의 장쑤 성 화이안淮安)으로 이주했다. 그의 작품 가운데 가장 영향력 있는 작품은 장편소설 《서유기》이다. 《서유기》는 명나라 소설 '4대 기서四大奇書'의 하나로, 오승은이 역대 민간 전설에서 설화說話를 공연하는 예인藝人과 무명작가가 창작한 것을 바탕으로 가공하고 수정한 후 현실에 녹여 내어 창작한 현실성이 강한 고전 장편 신화 소설이다.

이 작품은 당나라 정관 연간의 승려인 현장(602년~664년)이 홀로 천축(지금의 인도)로 불경을 구하러 떠난 일을 바탕으로 꾸며 낸 이야기이다. 《서유기》는 예술적 성취가 매우 높고, 신성神性과 인성人性과 물성物性(자연성自然性)의 세 가지를 하나로 합치는 방식으로 인물을 만들어 냈다. 손오공은 중국 문학사에서 독특한 캐릭터로 평가된다. 손오공은 신의 위력을 갖춘 동시에 현실 사회에서 볼 수 있는 사람과 동물의 습성을 모두 갖추어 고대의 동종 소설 가운데에서 보기 드문 캐릭터이다.

《서유기》는 풍부한 예술적 상상력을 통해 신비한 신화 세계를 창조해 냈다. 이야기의 줄거리는 곡절이 많고 환상적인 요소가 풍부해 예술적 매력이 넘친다. 소설의 언어는 구어를 바탕으로 다듬어져 생동감이 넘치고 자연스러우며 표현력이 풍부하다. 각 인물의 언어적 개성이 뚜렷해 현실성이 강하고 해학적이다. 구조는 불경을 구하는 인물의 활동을 중심으로 시간의 흐름에 따라 줄거리가 전개되며, 가지와 줄기가 분명하고 창의력이 풍부하다.

이지가 박해를 받아 죽다

1602년

만력 30년(1602년) 윤2월에 예과급사중禮科給事中 장문달張問達이 이지李贄를 탄핵하라는 상소를 올리며 "그의 책은 독이 바다로 흘러가는 것처럼 민심을 현혹한다."라고 했다. 이 일로 이지는 감옥에 갇혔다가 얼마 후 핍박을 못 견디고 스스로 목숨을 끊었고, 그의 저작은 모두 불태워져 금서가 되었다. 이지는 중국 역사상 가장 위대한 사상가의 한 명이다. 그의 학설은 왕수인 등의 학설과 선종禪宗의 영향을 받았는데, 그는 공개적으로 자신을 '이단'이라고 칭했다. 그는 공자의 시비관是非觀을 옳고 그름을 판단하는 표준으로 삼는 것에 반대하고, 주희의 이학은 더욱 경시했다. 또 비천한 유학자들은 무식하고, 속된 유학자들은 실제가 없으며, 부패한 유학자들은 죽지 않은 채 냄새만 풍기고, 유명 유학자들은 절개만 지켜 이름을 남기려 한다며 봉건 지주 계급의 학자들을 통렬히 비판했다. 그리고 봉건 윤리 도덕에 반대하고 자아의 해방과 남녀평등을 부르짖으며 여성의 교육과 과부의 재혼을 주장했다.

이지는 학문의 폭이 넓고 깊어 《분서焚書》, 《장서藏書》, 《속분서續焚書》, 《속장서續藏書》 등의 저작을 남겼다. 당시 사람들은 앞 다투어 그의 책을 읽었고, 조정에서는 이를 홍수나 맹수처럼 간주했다. 이지는 감옥에 갇혀서도 두려움 없이 평소처럼 시를 짓고 책을 읽었다. 자신을 고향 복건으로 압송하려고 한다는 이야기를 듣고 그는 "내 나이 예순일곱에 죽으면 죽는 거지 어찌 고향으로 돌려보내는가?"라고 말하고는 머리를 깎을 때 칼을 빼앗아 스스로 목을 베었다. 한 시대를 풍미한 사상가가 이렇게 감옥에서 비참한 최후를 맞이했다.

누르하치가 칸이 되다
1616년

명나라 만력 44년(1616년) 정월 초하루에 여진족 (만족)의 우두머리 누르하치가 허투아라赫圖阿拉 (지금의 랴오닝 성 신빈 현新賓縣 서쪽 옛 성)에서 칸의 자리에 올라 연호를 천명天命, 국호를 금金이라 했다. 역사에서는 이를 후금後金이라고 칭하며, 그는 바로 훗날의 청나라 태조太祖 고황제高皇帝이다. 누르하치가 칸의 자리에 올랐다는 것은 곧 후금이 빠르게 강대해졌다는 것을 의미한다. 즉위할 때 그는 조선 국왕에게 서신을 보내어 조선

누르하치의 어책(御册, 황제, 황후 등의 덕을 칭송하여 올리는 존호를 올리는 문서)과 옥새

이 이후에 명나라를 원조한다면 반드시 전장에서 만나게 될 것이라며 자신의 강한 야심과 세력을 드러냈다. 이로부터 후금은 명나라 동북쪽을 위협하는 세력이 되었다. 그는 즉위한 후 계속해서 세력을 확장하며 명나라에 대한 대항을 나날이 강화해 청 왕조를 세우기 위한 튼튼한 기초를 다졌다.

사르후 전투
1619년

만력 46년, 후금 천명 3년(1618년) 4월에 아이신교로 누르하치는 '칠대한七大恨(명나라가 누르하치의 조부 각창안과 아버지 탁시를 이유 없이 죽인 것, 명나라가 누르하치와의 영토 협상을 부인하고 쳐들어 와 살인을 자행한 것 등의 일곱 가지 한)'을 이야기하며 정식으로 명나라를 정복할 뜻을 밝혔다.

만력 47년(1619년) 3월에 명나라와 후금이 사르후에서 전투를 벌여 명나라 군대가 전멸했다. 그 이전인 그해 정월, 후금이 예허葉赫부를 점령했다. 이때 명나라 군대는 지원만을 기다리던 상태였는데, 마침 예허의 군대가 급히 달려와 지원해 주었다. 명나라의 병부좌시랑 겸 우첨도어사右僉都御史로서 요동 지역을 다스리던 양호楊鎬가 2월에 요양에 있을 때, 출정하기 전 군사들의 전투 의지를 북돋우고 네 갈래 길로 나누어 공격해서 후금의 세력을 소멸시키고 이로써 동북 변방 지역의 위협을 해소하고자 했다.

사르후 전투의 유물인 명나라 철포

3월에 양호가 군대를 나누어 출격했을 때 서쪽을 맡은 통수 두송杜松이 공을 세우려는 욕심에 먼저 혼하渾河를 건너 연속으로 두 개 요새를 함락하고, 그 기회를 틈타 사르후 산골짜기까지 공격해 들어갔다. 누르하치는 이미 명나라 군대를 정탐한 이후라 팔기병 6만을 모아서 매복해 있다가 명나라 군대가 아직 배치를 마치지 않았을 때 습격했다. 먼저 계번산界藩山 길림암吉林崖에서 두송군 3만 명을 격파해 두송이 전사했다. 이에 승기를 탄 팔기병이 비로산飛勞山에서 명나라의 다른 장수인 마림馬林을 공격하자 명나라 군대는 혼비백산해서 흩어지고 말았다. 예허도 두려움에 도망쳐 버렸다.

두 곳에서 패전 보고가 들려오자 양호는 급한 마음에 이여백李如柏, 유정劉綎이 이끄는 두 군대를 멈추게 했다. 하지만 이때 유정은 이미 300리나 앞서간 상태였다. 누르하치가 유정을 유인해서 양쪽에서 협공하자 그의 군대가 전멸하고 유정도 전사했으며, 조선의 지원군도 투항했다. 이번 사르후 대전에서 명나라 군대는 실로 처참한 손실을 입었다. 후금 또한 큰 손실을 입었고, 6월과 8월에 잇달아 개원, 철령鐵嶺이 함락되고 마림도 전사했다. 이로부터 후금과 명나라 사이에 전세가 뒤바뀌었고, 후금의 군대는 곧장 명나라 깊숙이 공격해 들어가 약탈전을 벌였다.

자수를 놓은 십이장 [十二章, 해, 달, 별, 용, 산, 꿩(華虫), 불, 종이(宗彝, 彝器, 나라의 제사에 쓰이는 제구), 조(藻, 수초), 분미(粉米), 도끼, 쌍궁(黻링)] 에 황제를 표시하는 일, 월, 성신을 더한 곤복

명나라 신종이 정릉에 묻히다
1620년

만력 48년(1620년) 7월에 신종 주익균이 서거했다. 10월에 묘호를 신종으로 정하고, 정릉에 묻었다. 신종은 겨우 스물한 살에 이미 수궁壽宮(임금이 살아 있을 때 나라에서 미리 만들어 두는 임금의 무덤)을 선택했고, 그의 수궁은 이듬해에 공사를 시작해 6년이 걸려서야 완성되었다. 신종은 자신의 수궁을 매우 중요하게 생각해 직접 계획하면서 그의 조부인 세종의 영릉에서 많은 부분을 모방했다. 영릉은 명십삼릉明十三陵 가운데 가장 오랜 시간과 가장 많은 인력, 가장 많은 돈을 들여 완성한 무덤으로 이를 모방한 정릉은 어

정릉에서 출토된 청화 대룡항(大龍缸)

정릉에서 출토된 금사(金絲) 익선관(翼善冠, 임금이 평상복을 입고 정무를 볼 때 쓰던 관)

떤 면에서는 그보다 크고 정교했다.

신종은 48년 동안이나 재위한 후 1620년에 세상을 떠나 정릉에 묻혔다. 같은 해에 세상을 떠난 효단孝端 황후와 광종光宗의 생모인 황皇 귀비(효정孝靖 황후로 호를 바꿈.)도 그와 함께 이곳에 묻혔다. 정릉은 북경 명십삼릉 가운데 유일하게 발굴되어 고고학 연구가 진행된 능묘로, 진귀한 역사적 문물이 대거 출토되어 명나라 역사 연구에 풍부한 자료를 제공했다.

명나라 시대의 단약을 만드는 단로(丹爐)

명나라 시대에는 연단이 위진남북조 시대에서 수·당나라 시대에 이르는 시기만큼 성행한 것은 아니지만, 일부 사람들은 여전히 연단을 통해 장생불사의 선약을 구하려 했다. 명나라 광종은 연단약을 복용했다가 목숨을 잃었다.

'홍환안'이 일어나 광종이 병사하다

1620년

만력 48년(1620년) 7월에 명나라 신종 주익균이 세상을 떠나 정릉에 묻혔다. 그 뒤를 이어 8월에 주상락이 즉위해 연호를 태창泰昌으로 바꾸었고, 그가 바로 명나라 광종이다. 그러나 겨우 한 달 후 주상락은 병 때문에 홍려시승鴻臚寺丞 이가작李可灼이 바친 홍환을 먹었다가 죽고 말았다. 역사에서는 이를 '홍환안紅丸案'이라고 부른다.

태창 원년(1620년) 8월에 광종의 병이 깊어지자 태감 최문승崔文升이 설사약을 올렸다. 그런데 이를 복용한 후 광종은 오히려 병이 더욱 깊어져 하룻밤 사이에 34번이나 깼었다. 조정 대신들은 모두 최문승이 의술도 모르면서 멋대로 약을 올려 그렇게 되었다고 질책하고, 어떤 이는 신종의 정 귀비가 사주한 일이라고 의심했다.

8월 29일에 광종의 병세가 한층 더 깊어지자 홍려시승 이가작이 '홍환'을 올렸다. 광종은 이를 복용한 후 9월 1일에 병으로 죽고 말았다. 이를 두고 조정 안팎에서는 의견이 분분했다. 어사 왕안순王安舜이 먼저 상소를 올려 이가작을 무거운 죄로 다스릴 것을 청했다. 남경 태상사소경太常寺少卿 조진曹珍은 최문승과 그의 무리를 추궁하도록 상소를 올리기까지 했다. 결국 조정에서는 최문승을 남경으로 유배 보내고, 이가작을 유배 보내 노역을 하게 했다. 그 후 위충현이 '홍환안'을 일으킨 이가작을 해임하도록 하고 최문승에게는 총독을 위해 수로 운송을 하게 했다. 위충현이 권세를 잃은 후, 최문승은 체포되어 감옥에 갇혔다.

주유교의 즉위
1620년

태창 원년(1620년) 9월 1일에 광종이 병으로 죽자 적장자인 주유교朱由校가 열여섯 살에 새로운 황제로 즉위했다. 그러나 이때 광종의 총애를 받았던 선시選侍(품계가 낮은 후궁) 이李씨가 아직 건청궁에 있어서 주유교는 자경궁慈慶宮에 머물렀다. 환관 위충현과 손을 잡은 이씨는 주유교가 나이가 어린 점을 이용해 대권을 장악할 계획을 꾸미며 건청궁에서 나갈 생각을 하지 않았다.

9월 2일에 도급사국都給事國 양연楊漣이 먼저 이씨가 계속해서 건청궁에 머무는 것을 반대하는 상소를 올렸다. 이는 적장자에 대한 무례이며 이대로 이씨가 대권을 장악하게 해서는 안 된다는 내용이었다. 어사 좌광두左光斗도 상소를 올려 내정의 건청궁은 외정의 황극전皇極殿(이전의 봉천전)과 같아 황제와 황후만이 거주할 수 있다고 상소를 올렸다. 그러고는 선시 이씨가 후궁이 여생을 보내는 곳인 인수궁仁壽宮 안의 홰란궁噦鸞宮에서 지내도록 해야 한다고 했다.

좌광두가 올린 상소의 내용을 전해 듣고 크게 노한 이선시가 여러 차례 사람을 보내 그를 불러들였지만 좌광두는 끝까지 거부했다. 이에 이선시는 더더욱 노해서 주유교에게 좌광두를 처벌하라고 요구했다. 그러나 주유교는 좌광두의 말이 옳다고 여겨

붉은색 동으로 아랍 문자를 상감한 향로

동 향로는 향로 몸체와 추상적인 무늬를 부조한 자단목 뚜껑으로 구성된다. 향로의 복부 양면에는 붉은색 동으로 상감한 아랍 문자가 새겨져 있는데 한쪽은 '사자가 말하길'이라는 뜻이고, 다른 한쪽은 '가장 아름답게 알라신께 기도드립니다.'라는 뜻이다.

이선시에게 얼른 건청궁에서 나올 것을 재촉했다. 양연과 좌광두 두 사람이 힘쓴 덕에 결국 9월 5일에 이선시가 홰란궁으로 옮기고 황태자 주유교가 건청궁으로 들어갈 수 있었다. 9월 6일에 주유교가 정식으로 황제로 즉위하여 연호를 천계天啓로 바꾸었다. 그가 바로 명나라 희종熹宗이다.

위충현 제독동창
1623년

위충현魏忠賢은 본명이 이진충李進忠이고, 훗날 위씨 성을 되찾고 충현이라는 이름을 받았다. 본래 하간 숙녕肅寧의 무뢰한이었는데, 도박으로 돈을 잃은 후 스스로 거세하고 입궁했다. 그리고 태감 위조魏朝에게 아첨하며 왕안王安에게 추천되어 이선시의 심복이 되었다. 희종이 즉위하자 위충현이 권력을 잡기 시작했다.

　천계 3년(1623년) 12월에 위충현은 제독동창提督東廠으로 임명되어 환관이 권력을 장악한 중국 역사상 가장 어두운 시기의 서막을 열었다. 이와 함께 순식간에 창위廠衛(동창, 서창, 내항창內行廠 및 금의위를 일컬음.)의 독이 천하에 돌기 시작했다. 위충현에게 불만을 표시한 관리들은 모두 감옥에서 참혹하게 죽어갔고, 부끄러움을 모르는 무리는 그에게 아부하며 빌붙었으며, 그들은 '오호五虎', '오표五彪', '십해아十孩兒', '사십손四十孫' 등으로 불렸다. 위충현에게 아첨하는 무리는 그를 위해 사당을 짓는 등 백성의 재물을 수도 없이 낭비했다. 그는 스스로 구천세九千歲라고 부르며 자신과 다른 견해를 보이는 사람들을 제거하고 국정을 독단적으로 처리해서 백성 사이에 "충현만 알면 황상은 몰라도 된다."라는 말이 있을 정도였다.

원숭환의 영원대첩
1626년

천계 6년(1626년) 정월에 누르하치가 13만의 군대를 이끌고 명나라를 공격해 금주錦州, 송산松山, 대소릉하大小凌河, 행산杏山, 연산連山과 탑산塔山의 일곱 성을 잇달아 함락했다. 그 후 영원寧遠을 포위하고 원숭환袁崇煥에게 투항하라는 서신을 보냈다. 당시 원숭환은 영전참정寧前參政직에 있었는데, 원숭환이 투항하지 않으려는 모습을 보이자 누르하치는 군대에 맹공을 퍼부으라고 명령했다. 그러나 명나라 군대는 폭약과 돌덩이가 쉴 새 없이 날아오는데도 물러나지 않고 오히려 원숭환의 명령에 따라 홍이대포紅夷大砲를 퍼부으며 후금 군대를 공격했다.

후금 군대는 이틀 연속으로 맹공격을 퍼부었지만, 영원성을 함락하지 못했다. 설상가상으로 누르하치가 포화에 부상당하는 바람에 결국에는 포위를 풀고 퇴각해야 했다. 영원의 전투는 명나라와 후금이 전쟁을 시작한 이래 명나라가 거둔 첫 번째 대승이었다. 이는 후금의 공격을 멈추게 하고, 그들의 날카로운 공격을 무디게 해 명나라의 영원과 금주를 중심으로 군사를 배치해 산해관과 연결되게 한 영금寧錦 방어선을 굳건히 지켜 냈다.

선양 시(沈陽市)에 있는 고궁 대정전

홍타이지의 즉위
1626년

천계 6년(1626년) 9월 1일에 홍타이지皇太極가 후금의 칸으로 즉위하고, 이듬해에 연호를 천총天聰 원년으로 바꾸었다. 1626년 정월의 영원 전투에서 누르하치가 부상을 당하고 패해 심양瀋陽으로 돌

홍타이지가 병력을 이동시
킬 때 사용한 나무 신패(信牌)

아왔다. 8월에 종기가 곪아서 치료했지만 누르하치
는 아무런 효과도 보지 못하고 결국 죽고 말았
다. 누르하치는 생전에 각 기를 지배하는 호
쇼이 버일러 和碩貝勒 여덟 명이 함께 후금의
국정을 다스리도록 하여 힘이 강한 자가
황제가 되지 못하도록 규정했다. 아울러
후계자에 대한 아무런 유언도 남기지 않
았다. 그래서 그가 죽은 후에 누가 칸의 자
리를 이을지가 만주 귀족 내부에서 뜨거운 논
쟁거리가 되었다.

누르하치의 여덟째 아들인 홍타이지는 용감하고 싸움에 능하며 계책에
도 뛰어나 당시 세력이 막강하던 다이샨代善(누르하치의 둘째 아들)의 지지를
받았다. 이를 바탕으로 결국 홍타이지가 칸으로 옹립되었다. 홍타이지는
즉위하고 나서 누르하치가 영원에서 패배한 이후 형성된 명나라와의 대치
국면을 바꾸기 위해 일련의 중대한 조치를 명령했다. 그는 먼저 버일러 여
덟 명을 다시 임명하여 칸의 권력을 확대했다. 또 만주족과 한족의 관계를
개선하기 위해 자신이 다스리는 한족들이 안심하고 농업에 전념하도록 했
다. 황제의 자리에 오른 지 얼마 지나지 않았을 때인 숭덕崇德 원년(1636년)
에 홍타이지는 동쪽의 조선으로 원정하여 명나라와 전쟁할 때 뒤에서 공
격당할 걱정을 없애고, 군사 세력도 늘렸다. 홍타이지가 택한 이런 조치들
은 그의 통치를 금세 탄탄하게 해 주었다.

주유검의 즉위
1627년

천계 7년(1627년) 8월에 명나라 희종이 건청궁에서 병으로 생을 마감했을

314

때 그의 나이는 겨우 스물셋이었다. 임종 전에 그는 유서를 통해 "다섯째 신왕信王 유검由檢이 황위를 잇도록 하라."라고 밝혔다. 주유검은 명나라 광종의 다섯째 아들로 만력 38년(1610년)에 태어났다. 그는 유서가 공개된 그 날 저녁에 입궁해서 셋째 날에 황제로 즉위하고, 이듬해를 숭정崇禎 원년으로 정했다. 그가 바로 장렬제莊烈帝로 역사에서는 그를 사종思宗, 의종毅宗, 회종懷宗 등으로 부른다.

주유검이 즉위하고 나서 가장 먼저 할 일은 위충현의 손아귀에서 권력을 빼앗아 오는 일이었다. 그래야만 진정으로 권력을 가진 황제가 될 수 있었다. 이때의 위충현은 희종이 어린 나이에 죽으면서 기댈 언덕을 잃어 이미 상당한 권력을 쥐고 있었음에도 예전처럼 그 권력을 제멋대로 휘두를 엄두를 내지 못하던 상황이었다. 9월에 위충현이 동창직을 사직하겠다고 청하자 주유검이 허락하지 않았다. 또 그는 '생사당(감사나 수령 따위의 선정을 찬양하는 표시로 그가 살아 있을 때부터 백성이 제사 지내는 사당)을 없앨 것'을 요구했지만 일부만 허락을 받았다. 10월 이후 위충현의 무리는 내부에서 분열하여 일부가 위충현의 죄를 탄핵했다. 주유검은 이 기회를 놓칠세라 바로 칼을 뽑아들고 먼저 위충현을 봉양鳳陽으로 보낸 후 곧이어 그를 잡아들이라고 명령을 내렸다. 그 소식을 들은 위충현은 스스로 목을 매어 죽었다. 이로써 주유검은 진정으로 국가 대권을 장악하게 되었다.

이자성이 틈왕으로 추대되다
1636년

이자성李自成은 본명이 이홍기李鴻基이고, 만력 34년(1606년)에 섬북 연안부延安府 미지현米脂縣에서 태어났다. 그는 말타기와 활쏘기 기술을 훈련하여 은천銀川의 역졸驛卒이 되

산하이관에 있는 명나라 철포

노향원의 고수

명나라 중엽 이후 자수 제품이 유행하면서 실용적인 북수北繡 계통의 유의선수有衣線繡, 노수魯繡, 집선수絹線繡 등이 생겨났고, 그림을 수놓는 남수南繡 계통의 '고수顧繡'가 가장 명성을 떨쳤다. 명나라 가정 연간에 진사 고명세顧名世의 안사람인 무료씨가 자수에 뛰어났다. 그녀는 특히 인물과 불상을 수놓는 데 뛰어났는데, 수를 놓은 모습이 마치 진짜처럼 생동감이 넘쳤다. 고명세는 상해에 '노향원露香園'을 지어 자기 가문에서 만든 자수가 '노향원고수露香園顧繡' 또는 '고씨노향원수顧氏露香園繡'라 불리도록 했다. 이를 줄여서 '노향원고수露香園顧繡' 또는 '고수顧繡'라고 부른다. 고수는 송나라 시대 자수의 전통적인 수법을 바탕으로 창의적인 새로운 수법을 더해 4색이 조화를 이루게 함으로써 자연스럽게 자수와 회화를 결합했다. 그래서 그녀의 자수에서는 회화의 수묵이 느껴진다.

한희맹韓希孟은 고명세의 둘째 손자의 아내로, 송나라와 원나라 시대 명인의 서화를 조사하고 수집하고 정리해 자수의 본보기로 삼는 동시에 현실적인 경물을 표현해 냈다. 한희맹은 일찍이 숭정 7년(1634년) 봄에 송나라와 원나라의 명승고적을 방문해서 〈세마도洗馬圖〉, 〈백록도百鹿圖〉, 〈여후도女後圖〉, 〈순조도鶉鳥圖〉, 〈포도송서도葡萄松鼠圖〉, 〈편두청정도扁豆蜻蜓圖〉, 〈화계어은도花溪漁隱圖〉, 〈방황학산초필仿黃鶴山樵筆〉 등 고화 8폭을 책으로 엮어 《송원명적방책宋元名跡方冊》이라 이름 붙였다. 자수 명인들의 글자와 그림을 모방해서 '화수畫繡' 또는 '수화繡畫'라고도 불린 고수는 문인 사대부들에게 많은 사랑을 받았다. 이는 문인들의 예술이 공예와 미술에 미친 영향을 드러내는 예이다.

한희맹의 《자수화조책(刺繡花鳥冊)》

었다. 그런데 숭정 2년(1629년)에 조정에서 역참을 없애 졸지에 실업자가 되고 말았다. 그러자 그는 감주로 가서 변경 지역의 병사가 되었다.

숭정 3년(1630년)에 이자성은 '틈왕闖王' 고영상高迎祥 을 따라 기의를 일으켜 '틈장闖將'이라고 불리게 되었고, 숭정 9년 (1636년) 8월에 고영상이 전투에서 포로로 잡혀 죽임을 당하자 틈 왕으로 추대되었다. 9년여 동안 남쪽과 북쪽 정벌에 나서면서 이자성은 어느덧 담력과 지모를 두루 갖춘 명망 높은 농민군 우두머리가 되어 있었다. 그가 이끄는 부대는 견고한 갑옷과 철기를 둘렀고, 병사들은 제대로 훈련해 전투력이 매우 강해서 점차 여러 기의군 가운데서도 핵심이 되었다.

황색 유약을 바른 쌍룡 모란 무늬 도자 그릇

그릇 안팎으로 모두 무늬가 있는데 안에는 모란 사이를 지나는 봉황이, 밖에는 용 두 마리가 여의주를 가지고 노는 모습이 장식되어 있다.

송금에서의 대패
1642년

숭정 14년(1641년) 3월에 명나라에서 금주를 굳건히 지키던 총병 조대수가 청나라 군대와 결전을 치르다가 전세가 불리해지자 계속해서 긴급함을 알려 왔다. 이에 명나라 조정에서는 요계遼薊를 다스리던 홍승주洪承疇에게 총병 여덟 명과 군사 13만 명을 이끌고 가 금주를 지원하게 했다. 7월에 홍승주가 군대를 이끌고 영원에 도착해 일부 군사들에게 군량을 지키게 하고, 자신은 나머지를 이끌고 가산杞山을 통해 송산松山으로 들어가서 금주로 진격하고자 했다. 하지만 그들은 송산과 행산杏山 사이에서 습격당해 병사 5만여 명을 잃고 말았다. 홍승주 등은 송산보松山堡에 포위되었다.

숭정 15년(1642년) 2월에 송산이 포위된 지 벌써 반년이 되어 성 안에 식량이 바닥나자 부장 하성덕夏成德이 성문을 열었다. 이에 청나라 군대가 성 안으로 들어와 총병 조교교曹交蛟, 왕정신王廷臣 및 순무 구민앙邱民仰 등이 포로로 잡혀 죽임을 당했다. 홍승주도 청나라 군대에 사로잡혀 성경盛京(지금의 선양 시瀋陽市)으로 압송되었고, 결국 청나라에 투항했다. 금주 총병 조대수는 송산이 이미 함락된 것을 보고 더 이상 싸울 힘도 없고 식량도 남아 있지 않자 3월에 청나라 군대에 투항해 버리고 말았다. 이어서 4월에 청나라 군대가 연이어 행산, 탑산塔山을 함락하자 명나라의 산해관 동쪽 일대의 방어선은 고성孤城 영원만이 남았다.

송산과 금주, 즉 송금松錦의 전투는 명나라와 청나라 사이에 벌어진 전투 가운데 가장 큰 전투였다. 청나라 군대는 전력을 다해 싸워서 홍승주의 13만 지원군을 무찌르고 산해관 동쪽 일대의 군사 요지인 금주를 함락하여 명나라의 유명한 장수인 홍승주와 조대수를 항복시켰다. 이후로 명 왕조는 더 이상 청나라 군대에 대항할 군대를 갖추기가 어려워졌다.

맥을 잡아 주는 중국사 중요 키워드

명십삼릉

명십삼릉은 베이징에서 북쪽으로 45km 떨어진 창핑 현昌平縣 톈서우 산天壽山 아래에 있다. 영락 7년(1409년)에 짓기 시작하여 청나라 초에 완공되었다. 명나라 말에 이자성의 기의군이 북경을 공격해 들어왔을 때 숭정 황제는 징산 신景山에서 목을 매어 자살했다. 청나라 군대는 산해관을 넘어 와 이자성을 공격해 물리친 후, 자신들이 명 왕조의 정통성을 이은 황조임을 표방하며 숭정을 예를 갖추어 십삼릉에 장사 지냈다. 십삼릉은 규칙에 따라 주된 것과 종속적인 것의 배치를 분명히 한 대형 능묘군이다.

십삼릉은 즉 명 왕조의 황제 13명의 능묘를 통틀어 부르는 이름이다. 명 왕조는 성조 주체가 북경으로 천도한 후 마지막 황제인 주유검까지 총 14명의 황제 가운데 경제 주기옥이 홀로 금산金山에 묻힌 것을 제외하고 나머지 황제가 모두 이곳에 묻혔다. 순서대로 명나라 성조 주체의 장릉長陵, 인종의 헌릉獻陵, 선종의 경릉景陵, 영종의 유릉裕陵, 헌종의 무릉茂陵, 효종의 태릉泰陵, 무종의 강릉康陵, 세종의 영릉永陵, 목종의 소릉昭陵, 신종의 정릉定陵, 광종의 경릉慶陵, 희종의 덕릉德陵, 사종의 사릉思陵 등 황제 13명의 능묘가 있다.

이자성이 대순 정권을 세우다

1644년

숭정 17년(1644년) 음력 설에 이자성이 정식으로 건국을 선포했다. 그는 서안을 서경으로 개명하고 국호를 '대순大順', 연호를 '영창永昌'으로 정했다. 이자성은 서안에서 농민 혁명 정권의 중앙 기구를 한층 완벽하게 정비하고 여러 혁명적인 조치를 추진했다.

중앙 기구는 천우전天佑殿을 최고 행정기관으로 하고, 육정부六政府에 각각 상서 한 명씩을 두고, 또 홍문관弘文館, 문유원文諭院, 직지사直指使, 건의총정諫議從政, 통회統會, 상계사尙契司, 험마사驗馬司, 지정사知政使, 서사방書寫房 등의 조정 기구를 만들었다. 아울러 지속적으로 토지를 골고루 나누어 주고 세금을 면제해 준다는 '균전면부均田免賦'와 부자의 재산을 나누어 빈민을 구제한다는 '할부제빈割富濟貧' 등의 정책을 지속하고, 유랑민을 안정시키며, 물가를 안정시켰다. 또 팔고문을 없애고 신력新曆을 반포했다. 아울러 각 진영에서 병사를 더욱 많이 훈련해 적극적으로 전쟁에 대비하도록 명령했다.

이러한 일련의 군사적, 정치적 조치를 시행하자 농민 혁명 정권은 차츰 안정을 찾아갔고, 각 진영의 부대도 정비되고 식량도 충분히 비축했다. 이로써 이자성은 기의군을 거느리고 기세등등하게 동쪽으로의 원정에 나서 명나라의 수도 북경을 공격했다.

History of China

맥을 잡아주는 세계사

The flow of The World History

제5장 | 청의 건국과
제국주의의 물결

1. 청 왕조 1644년~1911년

[테마가 있는 중국사 전시실] 문학의 거장 조설근

[테마가 있는 중국사 전시실] 건륭 대제

1 청 왕조

시기 : 1644년~1911년

인물 : 이자성, 도르곤, 순치제, 강희제, 정성공, 탕약망, 강희제, 오보이, 옹정제, 건륭제, 악종기, 아무르사나, 화신, 도광제, 임칙서, 홍수전, 함풍제, 동치제, 광서제, 자희 태후

천조상국의 번성과 몰락

청나라는 만주족이 핵심이 되어 건립한 중국 최후의 봉건 왕조이다. 청 왕조는 4대 황제인 강희제康熙帝부터 옹정제雍正帝, 건륭제乾隆帝 세 황제의 통치 시기에 전성기를 누렸다. 그 결과 국가가 통일되고 정권은 공고해졌으며, 사회가 안정되고 생산이 회복되면서 경제 및 문화가 모두 번영해 이른바 '강건성세康乾盛世'를 이루었다. 이 기간에 청나라는 러시아와의 변경 문제를 해결하고, 대만과 외몽골, 서장, 신강 등지를 통일해 근대 중국의 지도를 기본적으로 완성했다.

건륭제가 다스린 시대는 청나라 역사에서 가장 강성했던 시기이자 쇠퇴의 기점으로, 수면 아래 숨겨져 있던 위기가 잇달아 수면으로 떠올랐다. 아편 전쟁이 청나라의 빗장을 연 후, 외국의 열강이 잇달아 청나라를 침략했다. 그 격렬한 소용돌이 속에서도 민족의 새로운 생명이 잉태되었다. 1911년, 청 왕조의 마지막 황제 푸이溥儀가 퇴위하면서 청 왕조와 2000년을 지속해 온 봉건 제도도 끝이 났다.

한눈에 보는 세계사

1642년 영국, 청교도 혁명
1688년 영국, 명예 혁명
1701년 에스파냐 왕위 계승 전쟁
1760년 영국, 산업 혁명 시작
1776년 미국, 독립 선언
1789년 프랑스 혁명, 인권 선언
1804년 나폴레옹, 프랑스 황제 즉위
1807년 신성 로마 제국 멸망
1823년 미국, 먼로주의 선언
1837년 영국, 차티스트 운동

1854년 일본, 미국의 압력으로 개항
1858년 영국, 인도 식민지배 시작
1860년 최제우 동학 창시
1861년 러시아, 농노 해방
　　　　이탈리아 통일
1863년 고종 즉위
　　　　링컨, 노예 해방 선언
1866년 병인양요
1868년 일본, 메이지 유신 시작
1871년 신미양요, 독일 통일

1876년 강화도조약 체결
1882년 삼국 동맹 결성
1894년 청·일 전쟁, 동학 농민 운동
1895년 을미사변
1897년 대한 제국 성립
1904년 러·일전쟁
1905년 을사조약 강제 체결
1907년 고종, 헤이그 특사 파견
1909년 안중근 의거

청나라 군대가 산해관을 통해 중원으로 들어오다

1644년

청나라 숭덕 8년(1643년)에 복림福臨(순치제順治帝의 휘)이 즉위하자 그의 숙부 도르곤多爾袞이 점차 조정의 권력을 장악했다. 도르곤은 자신의 위신을 세우기 위해 군대를 이끌고 산해관을 공격해 새로운 전쟁을 시작하기로 했다. 순치 원년(1644년) 4월 7일, 청나라 조정은 조상에게 제사를 올리고 명나라를 토벌할 것을 맹세했다. 그리고 8일에 순치제가 직접 도르곤을 만나 특별히 대장군으로 임명하고 군대의 모든 상벌과 큰일들을 관리하도록 했다. 이튿날인 9일, 도르곤이 만주, 몽골, 한족으로 구성된 약 14만 명의 군사를 이끌고 명 왕조를 토벌하기 위한 여정에 올랐다.

청나라 대군은 11일에 요하遼河, 14일에 옹후翁後(지금의 광둥 성 광닝 현廣寧縣 부근)에 도착했다. 15일에, 산해관에 주둔하고 있던 명나라 총사령관 평서백平西伯 오삼계吳三桂가 갑자기 사람을 보내 투항의 뜻을 밝혔다. 이는 청나라 군대가 산해관을 차지하는 데 뜻밖의 도움을 주었다. 21일에 오삼계와 이자성이 격전을 벌일 때, 청나라 군대가 기습하여 이자성의 군대를 격파했다. 그 후 오삼계와 청나라 연합군은 관서關西(함곡관函谷關의 서쪽 지방 즉 섬서, 감숙 일대) 지역을 지나 중원으로 들어가 계속해서 명나라를 지키고자 하는 농민군을 격파했다. 5월 2일에 섭정왕 도르곤이 호위병 수만 명이 둘러싼 가운데 북경으로 입성해 무영전武英殿에서 명 왕조 문무백관의 하례를 받고, 북경을 통치하기 시작했다. 청나라 군대의 북경 점령은 명 왕조와 청 왕조의 교체를 알리는 중대한 역사적 사건이다. 청나라 군대가 조상에게 명나라를 토벌할 것을 맹세한 날부터 북경을 점령하기까지 한 달도 채 걸리지 않았다.

청나라 군대의 철포

청나라 군대는 산해관을 지나 중원에 들어가기 전에 점진적으로 화포를 갖추었다. 그리고 산해관을 점령한 후 중원으로 들어가 청나라의 성을 공격하는 데 항상 화포의 위력에 의존했다.

청나라가 북경을 도읍으로 삼다

1644년

청나라 군대가 북경에 도착한 후, 수도를 성경盛京(지금의 선양瀋陽)에서 북경으로 옮기느냐의 문제를 두고 통치 집단 내부에서 논쟁이 벌어졌다. 아지거阿濟格를 중심으로 하는 반대파는 청나라 군대의 북경 입성이 지나치게 빨랐고 보급이 부족하다는 이유로 천도에 반대했다. 그러나 도르곤은 중국 전체를 통일하고 다스린다는 더 큰 밑그림을 토대로 천도에 힘을 실어 주었다. 순치 원년(1644년) 6월, 도르곤이 결국 여러 제후와 버일러, 대신들의 의견을 모아 연경(북경의 다른 이름)으로 천도하기로 결정을 내렸고 보국공輔國公 탄제객呑齊喀 등이 황제를 모셔오는 것에 대해 상소를 올렸다.

자금성

청 왕조는 명 왕조의 궁성을 계속해서 사용했는데 개축을 거쳐 더욱 웅장하고 화려해졌다.

7월 8일, 순치제가 도르곤의 주청을 받아들여 연경을 수도로 삼는다고 선포했다. 8월 20일에 순치제가 성경에서 출발해 9월 19일에 연경에 도착하고 정양문正陽門으로 입궁했다. 그리고 10월 1일에 연경에서 황제로 즉위하면서 '연경을 수도로 삼아 나라를 안정시킨다.'라고 공포하고, '대청大淸'이라는 국호를 계속 사용하기로 하고 연호는 순치라 했다. 중원 지역에 청나라 정권이 확립되면서 만주족 귀족은 남명南明 정권을 멸망시키고 통일 대업을 완성하는 데 정치적으로 큰 힘을 얻었다.

남명 홍광 정권의 수립
1644년

순치 원년(1644년) 4월, 명나라 숭정제가 스스로 목숨을 끊어 명 왕조가 멸망하고 청나라 군대가 연경을 점령한 소식이 남경으로 전해지자 명나라 제2의 수도인 남경은 혼란에 휩싸였다. 남경에 거주하던 명 왕조의 관료와 군벌, 지주들은 명 왕조가 완전히 멸망해 버릴 운명을 피하고자 즉시 새로운 황제를 옹립하기로 했다. 그러나 누구를 황제로 옹립하느냐를 두고 그들은 두 파로 나뉘었다.

봉양鳳陽 총독 마사영馬士英은 신종의 손자인 복왕福王 주유숭朱由崧을 옹립하고자 했고, 다른 파는 목종의 후손인 노왕潞王 주상방朱常淓을 옹립하고자 했다. 당시 마사영이 병권을 장악하고 있었기에, 결국 순치 원년 5월 15일에 복왕이 남경에서 황제로 즉위하고 연호를 홍광弘光이라고 했다. 홍광 정권은 '도적을 토벌하고 복수한다.'는 기치를 내걸었다. 하지만 정작 정권과 군사를 장악하고 있던 마사영 등은 정치적으로나 군사적으로나 아무런 행동도 취하지 않고 그저 조정 내부에서의 소소한 권력과 이익 다툼에 몰두하며 눈앞의 안일만을 추구했다. 홍광제는 더욱 무능하여 종일 주색에 빠져 지내며 청나라에 대항해 복수하겠다는 큰일은 생각도 하지 않았다. 이는 남명 조정을 빠르게 멸망으로 이끌었다.

순치 2년 5월, 청나라 예친왕豫親王 도도多鐸가 남경을 점령하면서 홍광 정권은 채 1년도 지속하지 못하고 끝나고 말았다. 그 후 일부 반청反淸 세력 이 계속해서 노왕魯王, 당왕唐王, 계왕桂王 등 명나라 종실의 후예를 옹립했 으나, 각자 독자적으로 행동하고 서로 정권 쟁탈에만 신경 쓴 결과 모두 결 국에는 청나라 군대에 의해 멸망하고 말았다.

이자성의 죽음
1645년

이자성이 이끈 농민군은 북경에서 물러난 후 서안까지 퇴각했다. 이 시기 에 농민군은 심각한 좌절을 겪었으나 섬서와 황하 일대에 여전히 적지 않 은 지지 세력이 남아 있었다. 그런데 이자성 등은 군대를 주도면밀하게 배 치하지 못하고, 모사 우금성牛金星의 이간질을 믿고 이암李岩 등 대장군들을 죽이며 대순大順 정권의 지도층에 분열을 초래하여 스스로 자신의 세력을 약화시켰다. 이때 청나라 군대가 두 갈래로 길을 나누어 농민군을 추격해 왔다. 한 갈래는 영왕英王 아지거를 정원대장군靖遠大將軍으로 삼고 다른 한 갈래는 예친왕 도도를 정국대장군定國大將軍으로 삼아서 두 갈래 길로 곧바 로 서안으로 돌격해 왔다.

순치 2년(1645년) 5월, 이자성이 군대를 이끌고 섬서 노산洛山 지역에서 호북으로 퇴각해 무창에 주둔했다. 이때 대순군大順軍에는 여전히 48개 부 대의 군사 50여 만 명이 있었다. 청나라 군대가 다시 수륙 양군으로 나뉘 어 습격해 오자 이자성은 무창에서 다시 호북 통산通山으로 물러났다. 5월 4일, 이자성이 기병 열여덟 명을 이끌고 통산현通山縣의 구궁산九宮山 일대에 서 산세와 도로를 살펴보던 중에 그 지역 지주 단련團練(지주들이 조직한 지방 자체 무장 조직)의 습격을 받았다. 이때 이자성과 기병 열여덟 명이 모두 마

팔기와 녹영

1644년에 청나라 군대는 북경을 수도로 정하고 만주족의 팔기군八旗軍 제도를 발전시킨 팔기상비병八旗常備兵 제도를 시행했다. 편성은 여전히 민족별로 엄격히 구분하여 만주족 팔기를 핵심으로 삼고 여기에 몽골 팔기, 한족 팔기를 더해 전체 병력은 20만 명 정도였다. 팔기상비병의 구축으로 청 왕조는 중앙의 군사적 역량을 크게 강화할 수 있었다. 또한 팔기상비병은 청 왕조의 봉건 전제 정권을 굳건히 하여 분열 국면을 진정시키고, 외래 민족의 침략을 막아 내어 영토를 수호하는 데 매우 중요한 역할을 했다.

이와 함께 청나라는 팔기병에 상대되는 것으로 녹영병綠營兵 제도를 마련하여 시행했다. 청나라 군대가 북경에 입성한 후, 청 왕조의 통치자는 투항한 명나라 군사와 새로 모집한 한족 병사를 각지의 지방군으로 편성했다. 이들은 녹색 깃발을 상징으로 하고 영營을 기본 편제 단위로 삼았기에 '녹영綠營' 또는 '녹기綠旗'라고 불렸다. 녹영병 또한 청 왕조가 통치를 굳건히 하는 데 강력한 밑받침이 되어 주었다. 강희제 때부터 녹영은 차츰 청나라 군대의 주력군이 되었다.

청나라 정황기 깃발

청나라 양황기 깃발

청나라 정백기 깃발

청나라 양백기 깃발

청나라 정홍기 깃발

청나라 양홍기 깃발

청나라 정남기 깃발

청나라 양남기 깃발

구잡이로 휘두르는 칼날 아래 목숨을 잃고 말았다.(청 세조실록에는 자살하였다고 기록되어 있다.) 그때 이자성의 나이 서른아홉이었다. 이자성이 죽은 후 남은 농민군은 두 갈래로 나뉘었다. 한 갈래는 유체인劉體仁, 학요기郝搖旗 등이 이끌고 나머지 한 갈래는 이과李過와 고일공高一功이 이끌었다. 그들은 형주와 양주 일대에서 반청 투쟁을 계속했다.

청나라 섭정왕 도르곤의 병사
1650년

순치 7년(1650년) 12월, 섭정왕 도르곤이 향년 서른아홉 살을 일기로 객라성喀喇城에서 병으로 세상을 떠났다. 도르곤(1612년~1650년)은 아이신교로씨로 누르하치의 열네 번째 아들이다. 천총天聰 2년(1628년)에 홍타이지가 그에게 머르곤 다이칭墨爾根戴靑, 즉 총명왕聰明王이라

는 호칭을 내렸다. 도르곤은 명 왕조와의 전쟁에서 여러 차례 전공을 세워 널리 이름을 떨쳤고 숭덕 원년(1636년)에는 화석친왕和碩親王에 봉해졌다. 청나라 세조世祖, 즉 순치제 복림이 즉위한 후에는 지르갈랑濟爾哈朗과 함께 섭정왕으로서 순치제를 보좌해 이 시기 청 왕조의 실질적인 통치자가 되었다. 순치 원년(1644년)에는 그는 팔기군을 이끌고 중원으로 향해 산해관에서 이자성을 무찔렀다. 그리고 5월에 북경에 들어가 사흘 동안 숭덕 황제의 장례를 치렀다. 그런 다음 세금을 가볍게 해 한족 지주들을 구슬리고, 동시에 전국을 빠르게 통일하고자 병력을 배치했다. 아울러 북경을 도읍으로 삼고, 황제를 도읍으로 입성시켰다.

이후 도르곤은 연이어 숙부 섭정왕, 황부 섭정왕으로 봉해졌다. 그는 원래 풍질을 앓았는데, 중원에 들어온 후로 병세가 심해졌다. 그러던 중 사냥을 나갔다가 잘못해서 말에서 떨어지는 사고가 났다. 이 때문에 병세가 악화하여 죽고 말았다. 죽은 후 상덕수도광업정공안민립정경의황제想德修道廣業定功安民立政敬義皇帝로 추존되었고, 묘호는 성종成宗이다. 도르곤은 청 왕조가 중원에 자리를 잡는 데 결정적인 역할을 했다. 하지만 그의 독단적인 섭정에 불만을 품은 순치제가 그가 죽은 지 2년 후에 묘호와 시호를 빼앗고 시신에 채찍질을 하는 편시鞭屍를 했으며, 아울러 그를 따르던 무리를 일망타진했다. 도르곤은 이후 건륭제 때에 이르러서야 청 왕조의 역사에서 누려야 할 지위를 되찾을 수 있었다.

순치제의 친정
1651년

순치 8년(1651년) 정월 12일, 순치제 복림이 직접 정사를 돌보게 되었다. 그는 태화전太和殿에 나아가 여러 제후와 버일러, 대신들의 축하를 받으며 널리 대사면령을 내렸다. 그 후 순치제는 10년 동안 직접 정사를 다스리며 일

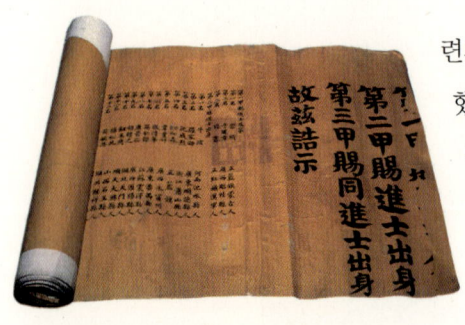

대금방

련의 개혁을 진행해 효율적으로 자신의 통치를 군건히 했다. 순치제는 먼저 대신들의 권력을 약화시켜 황권을 강화했다. 그리고 관리의 임명에 관해서는 도르곤이 섭정하던 시기에 한족 관리들을 의심하여 등용을 삼가던 관점을 버리고, 그들을 구슬려 등용하고 많이 의지했다. 아울러 관리 제도를 대대적이고 과감하게 개혁한 것 역시 순치제가 직접 정사를 돌본 이후 행한 중대한 조치이다.

이 밖에도 순치제는 병부에 역정驛政(역참을 통해 서신을 전달하는 업무) 체계를 정비할 것을 명령해 길이 순조롭게 뚫리도록 하고, 형을 공정하게 시행하는 휼형恤刑 조례를 널리 시행해 백성을 돌보고, 무거전시武擧殿試를 시행해 학문과 무예에 모두 뛰어난 인재를 선발하고, 행군율렬行軍律例을 제정해 군기를 바로잡는 등등의 개혁을 했다. 이러한 개혁안을 생각해 내고 추진한 것은 순치제의 정치적 역량을 보여 주기에 충분하며, 그가 개국 초기에 정치를 많이 고민하고 많이 행동한 젊은 황제로 기록되게 해 주었다.

청 왕조가 과거 조례를 정하다
1651년

청나라 초기의 통치자들은 통치 지위를 군건히 하고 '관직 수여를 통해 백성을 다스리기 위해' 순치 2년(1645년)에 과거 제도를 시행하여 인재를 선발했다. 청나라 초의 과거 제도는 명나라 시대와 마찬가지로 향시, 회시會試, 전시(정시廷式)의 세 가지 형식이 있었다. 향시에 합격한 사람은 거인으로 불렸고, 거인은 연경에서 회시를 보았다. 회시에 합격한 사람은 황제가 직접 심사하는 전시를 치르고, 통과하면 진사로 불리며, 관직에 나아갈 수 있었다.

시험은 여전히 팔고문을 짓는 형식으로 치러졌고, '사서'와 '오경'의 구절을 문제로 내고 주희의 주석만을 답안으로 허용했다. 순치 8년(1651년), 청나라는 여러 직성直省(성을 둔 지역)의 향시 감독관 조례 및 팔기 과거제를 제정해 명나라의 제도를 토대로 과거 제도를 발전시켰다. 이러한 조례를 공포하고 실시하면서 청나라 초기의 과거 제도는 한층 완벽해졌고, 과거 제도의 시행은 선비들의 사상을 억압하는 동시에 지속적으로 관료를 확충하는 역할을 했다. 이는 만주족과 한족 지주 계급으로 이루어진 조정의 체계를 강화하는 데 큰 역할을 했다.

순치제의 죽음, 강희제의 즉위
1661년

순치 18년(1661년) 정월 7일 밤, 순치제 복림이 병으로 서거했다. 순치제 복림은 여섯 살에 황제로 즉위해 도르곤과 지르갈랑 두 보정대신의 보필을 받았다. 순치 8년(1651년), 직접 정사를 처리하기 시작한 복림은 대권을 되찾고 일련의 개혁을 진행해 청 왕조의 통치 권력을 효율적으로 굳건히 하고, 행동하는 젊은 황제로서 정치적 역량을 드러냈다. 순치 17년(1660년) 8월에 총애하던 동악董鄂 귀비가 병으로 죽자 순치제는 차츰 정사를 소홀히 하며 불교에 심취해 여러 번 출가하려고 했다. 그런데 그해 말, 순치제는 천연두에 걸리고 말았다.

순치 18년(1661년) 정월 6일, 순치제는 자신의 목숨이 얼마 남지 않았다는 사실을 알고 급히 측근인 예부시랑 겸 한림원 장원학사 왕희王熙를 양심전養心殿으로 불러들여 조서를 쓰게 했다. 그의 유서에는 셋째 아들 현

소년 강희제의 변복 초상화

엽玄燁에게 제위를 물려주고 소니索尼, 수크사하蘇克薩哈, 에빌룬遏必隆, 오보이鰲拜에게 보필할 것을 명령하는 내용 외에도 열네 가지 일로 자신을 책망하는 내용이 있다. 7일 밤, 순치제는 양심전에서 향년 스물네 살을 일기로 생을 마감했다. 그의 유체는 화장되어 효릉孝陵(지금의 허베이 성 준화 시遵化市 청나라 동릉東陵 안)에 유골이 안장되었고, 묘호는 세조로 정해졌다. 같은 달 9일, 현엽이 여덟 살의 어린 나이에 황제로 즉위했다. 그는 천하에 대사면령을 내리고 이듬해(1662년)를 강희 원년으로 정했다.

대만을 되찾은 정성공

1662년

대만臺灣은 예로부터 중국 땅이었다. 17세기에 유럽의 식민 침략자들이 아시아에서 침략 활동을 시작했는데, 1642년에 네덜란드가 대만을 점령하고서 미친 듯이 약탈을 자행하며 대만 백성을 마음대로 부렸다. 북벌에 실패한 명나라의 정성공鄭成功은 장기적으로 반청反淸 활동을 지속하기 위해 대만을 되찾아서 근거지로 삼기로 했다. 정성공이 이 중요한 군사 행동을 계획하고 있을 때, 네덜란드의 통사通事(역관)였던 애국지사 하빈何斌이 대만에서 하문廈門으로 건너와 그에게 대만 지도를 바치며 대만을 되찾을 것을 간청했다.

순치 18년(1661년) 2월, 정성공은 하문에서 군사 회의를 열고 바로 대만을 되찾기로 결정을 내렸다. 3월에 모든 준비를 마친 정성공이 대군을 하문에서 금문金門으로 이동시켰다. 그리고 4월 30일에 명나라 대군이 하빈의 지휘에 따라 네덜란드군의 포화를 피해서 대만 해상으로 접근했다. 그

해상 격전을 그린 유화

정성공이 이끄는 명나라 군대와 네덜란드 함대의 전투 장면이다.

들은 해수의 만조 시기를 이용해서 네덜란드군의 수비가 소홀한 북항도北航道의 물길이 얕은 지대에서 녹이문鹿耳門으로 순조롭게 상륙했다. 강희 원년(1662년) 1월, 정성공이 지휘하는 군대가 해상과 육상 양쪽에서 네덜란드 침략자에게 맹공을 퍼부었다. 명나라 군대의 강력한 공세에 네덜란드군 총사령관은 결국 투항했다. 이로써 네덜란드 침략자에게 20년 동안 불법으로 점거되었던 대만이 다시금 중국 영토에 속하게 되었다.

탕약망의 죽음

1666년

탕약망湯若望은 호가 도미道未로 독일 사람이며, 천문 역법에 통달했다. 순치, 강희 연간에 흠천감欽天監으로 20년 동안 재직했고, 《시헌력時憲歷》을 집필했다. 순치 17년(1660년)에 서양인이 청나라의 책력 수정을 주재하는 데 불만을 품은 안휘 흡현歙縣 출신의 양광선楊光先이 상소를 올렸다. 그는 탕약망이 '요서妖書로 천하의 사람을 미혹한다.'며 탄핵을 요청했다. 강희 3년(1664년) 7월, 양광선이 다시 상소를 올려 탕약망 등이 모반을 꾸미고 군중을 미혹한다는 등 터무니없는 대죄 열 가지를 꾸며 내어 탄핵을 요청했다. 이에 따라 그다음 달인 8월에 예부禮部에서 탕약망 등 선교사와 흠천감 관련 인사를 잡아들여 넉 달 동안이나 심문했다. 강희 4년(1665년)에 이르러서야 심문 결과 흠천감 관리 다섯 명은 목을 베는 참수형에 처하고 탕약망과 나머지는 감옥에 가두고 처벌을 기다리게 했다.

얼마 후 강희제의 조모(효장문孝莊文 황후)가 탕약망에 대한 대우에 불만을 나타내며 당장 석방하라고 명령했다. 강희 5년(1666년) 7월 15일, 탕약망은 일흔네 살을 일기로 북경에서 병으로 죽고 말았다. 강희 8년(1669년) 8월에 강희제는 탕약망 등의 억울한 누명을 벗겨 주었다. 그리고 탕약망에게 '통미교사通微教師'의 칭호를 회복시켜 준 후, 덧붙여 원래의 관직을 내리고 그의 교회 건설 부지를 돌려주었으며 원래의 벼슬 품계에 따라 제사 지낼 비용을 지급했다.

청나라 시대에 벽옥으로 만든 코끼리 모양의 태평유상(太平有象) 장식물

소년 강희제와 오보이
1669년

강희 6년(1667년) 봄, 보정대신 네 명 가운데 우두머리인 소니가 앞장서서 이제 강희제 현엽이 직접 정사를 돌볼 것을 건의했다. 이에 7월 3일에 태황태후 효장문 황후의 윤허를 받고 길일을 택했다. 그리고 나흘 후인 7일에 태화전에서 강희

제가 직접 정사를 돌봄을 알리는 의식인 친정례親政禮을 행했다. 이렇게 해서 이미 강희제가 친정을 시작했지만, 당시 조정의 권력을 장악하고 있던 오보이는 권력을 내놓을 생각을 조금도 하지 않고 오히려 한술 더 떴다. 그러자 강희제는 친정을 시작한 이후 계속해서 보정대신들에게 관직을 더하고 작위를 올려 주어 그들을 안정시키며 한편으로는 직접 군신들에게 자신의 위신을 세우고, 또 한편으로는 은밀히 오보이를 굴복시킬 준비를 했다.

남회인(南懷仁, Ferdinand Verbiest, 1623년~1688년. 벨기에의 예수회 선교사 페르비스트의 중국 이름. 청나라 강희제를 섬기면서 천문 관측 기계를 제작하고, 대포 제작을 지도했으며, 당시 청나라의 역법을 개혁했다.)이 만든 '위원장군(威遠將軍)' 동포(銅砲)

강희 8년(1669년) 5월 16일에 강희제는 오보이를 불러들인 후 주변에 명하여 그를 가두게 했다. 그리고 그와 동시에 의정왕대신議政王大臣(청나라 초·중기에 있었던 황제의 최고 정치 자문 기관) 등에게 명하여 오보이의 무리 13명과 다른 보정대신 에빌룬 등 관련 있는 관리들을 잡아들이게 했다. 강희제는 오보이를 파면하여 감옥에 가두고 그의 가산을 몰수했으며, 함께 잡혀들어 온 무리도 모두 각각 죄에 따라 처벌했다. 그리고 오보이에게 모함을 당해 억울한 처지가 된 관리들의 누명을 벗겨 주었다. 오보이가 감옥에 갇힘으로써 강희제는 진정으로 직접 정사를 돌볼 수 있었고, 이때부터 '강건성세康乾盛世'의 서막이 열렸다.

삼번의 반란
1673년

강희 12년(1673년), 강희제가 오삼계, 경정충耿精忠, 상가희尙可喜 세 명의 번왕藩王, 즉 삼번三藩의 제거를 명령했다. 그들은 막강한 군대를 거느렸고 지방의 정권을 완전히 장악하여 감히 조정에서도 건드릴 수 없는 수준이 되었다. 이에 강희제는 조서를 내려 그들의 군권, 재정권 및 관리 임명권을

조정에 귀속시키도록 명령했다. 청나라 조정에서 이러한 명령이 내려오자,
오삼계가 즉각 비밀리에 반란을 일으킬 준비를 했다. 11월 21일, 그는 운남
순무 주국치朱國治를 죽이고 군대를 일으켜 청나라에 대항하는 '반청복명反
淸復明(청나라에 반대하고 명나라를 부흥시킨다.)'의 깃발을 내걸었다.

오삼계는 스스로 천하초토병마대원수天下都招討兵馬大元帥라 칭하고 주周
나라를 세워 이듬해를 주왕周王 소무昭武 원년으로 정했다. 아울러 새로운
화폐인 '이용통보利用通寶'를 주조하고, 부하들에게 변발을 자르도록 명령
하고, 한족의 복장으로 바꿔 입고 자신이 죽인 남명南明의 마지막 황제 영
력제永曆帝에게 제사를 올렸다. 그래서 군대의 깃발 색은 모두 흰색으로 하
고, 보병과 기병 모두 흰색 모직물로 만든 모자를 썼다.

반란이 일어난 초기에는 오삼계의 군대가 막강한 병력으로 성 몇 군데
를 잇달아 함락하며 승승장구했고, 청나라 군대는 준비가 부족했던 탓에
계속해서 패했다. 이런 상황에서 강희 13년(1674년) 3월에는 정남왕靖南王 경
정충이 복주福州에서 반란을 일으켰고, 강희 15년(1676년) 2월에는 평남왕平
南王 상가희의 아들 상지신尙之信이 광주에서 반란을 일으켰다. 이로써 삼번
의 난이 시작되어 이 전쟁의 불길이 중국 대륙의 절반을 삼켰다.

강희제가 삼번을 평정하다
1681년

오삼계의 반란군은 반란을 일으킨 초기에는 우세했지만 그 승세를 더욱 북돋지 못하고 오히려 시기를 놓쳐 청나라 조정에 반격을 준비할 기회를 주었다. 강희제의 지휘 아래 도해圖海, 뇌탑賴塔, 걸서傑書, 악락岳樂, 조량동 趙良棟, 채육영蔡毓榮 등 만주족 장수들이 관병 40여만 명을 이끌고 나서서 잇달아 승리를 거두며 잃어버린 땅들을 되찾았다.

강희 15년(1676년) 10월에 경정충이 부대를 이끌고 투항했고, 16년 4월에

맥을 잡아주는 **중국사 중요 키워드**

포송령의 《요재지이》

포송령蒲松齡(1640년~1715년)은 자가 유선留仙, 별호別號가 유천거사柳泉居士이고 산동 치전淄川(지금의 쯔보 시) 출신의 유명한 문학가이다. 포송령은 재주가 많아 저작도 매우 많다. 그중에서도 으뜸으로 손꼽히는 작품은 문언文言 단편소설집인 《요재지이聊齋誌異》이다. 이 책은 그가 마흔 살 즈음에 처음으로 규모를 갖추었고 이후 끊임없는 수정과 보충을 거쳐 그의 말년에야 비로소 책으로 완성되었다.

《요재지이》의 통행본通行本(일반에 널리 퍼진 책. 유포본)은 16권으로, 거의 500편에 가까운 작품이 포함된다. 이 작품들에는 한결같이 포송령의 허구적인 상상, 생활에서의 경험과 심미적 취향이 담겨 있어 현실생활을 두루 반영하며, 사상과 내용이 풍부하고 깊이가 있다. 《요재지이》는 독특한 예술적 스타일로 이름이 높다. 이 책에 담긴 대다수 작품이 현실주의와 낭만주의를 결합한 창작 수법을 사용하고, 역사 전기傳記와 전기傳奇 소설(중국 당나라 때 발생한 문어체 소설. 대체로 귀신과 인연을 맺거나 용궁에 가 보는 것과 같은 기괴하고 신기한 일을 내용으로 한다.)의 양식을 결합했다. 《요재지이》의 예술적 성취는 우선 여러 가지 수법을 통해 기억에 남는 인물의 이미지를 만들어 냈다는 데 있다. 《요재지이》는 포송령의 대표작으로, 기괴한 일을 통해 현실생활에서의 불만을 토로해 예술적으로 문언소설의 절정에 이르렀다.

《요재지이》

'신위무적대장군'포

1676년에 동(銅)으로 만든
포로, 야크사 전투에서 막대
한 위력을 발휘했다.

는 상지신이 투항했으며, 17년 8월에 반
년 동안 황제를 자칭한 오삼계가 울화
병으로 죽었다. 이로써 19년 정월에 운남과
귀주를 제외한 사천, 섬서, 호남, 강서, 광동,
광서, 복건, 절강이 모두 평정되었다.

강희제는 패자貝子(청나라 시대의 작위. 청나
라 조정은 왕족과 몽골에 봉지를 받은 제후들에게 친왕
親王, 군왕郡王, 패륵[貝勒(버일러), 패자, 진국공鎭國公, 보국
공輔國公 등 여섯 가지 작위를 나누어 봉했다. 이 가운데 패륵은 만주어로 부
장部長이라는 뜻이며, 패자는 패륵 다음가는 지위임.] 창태彰泰를 정원평구대장
군定遠平寇大將軍으로 삼아 군대를 이끌고 귀주를 되찾은 후 운남으로 들어
가도록 명령하고, 뇌탑을 정남대장군征南大將軍으로 삼아 광서에서 운남으
로 들어가도록 명령하고, 조량동을 용략장군勇略將軍 겸 운귀총독으로 삼
아 사천군을 이끌고 촉 땅에서 운남으로 들어가도록 명령했다. 만주족 대
군 40여만 명은 이렇게 세 갈래로 나뉘어 곧장 운남의 곤명성으로 쳐들어
갔다. 강희 20년(1681년) 11월에 청나라 군대가 맹공을 퍼부은 끝에 성을 함
락하고 오삼계가 일으킨 '삼번의 난'을 완전히 평정하면서 운남, 귀주, 광동
이 심각하게 분열되었던 국면이 끝났다.

청나라 군대가 야크사를 되찾다
1685년

강희 24년(1685년) 정월, 강희제는 러시아가 오랜 세월 점령하고 있던 야크
사 성雅克薩城을 되찾기로 했다. 야크사는 네르친스크(중국명 니포초尼布楚)
방향과 야쿠츠크 방향에서 흑룡강入黑龍江 지역으로 들어가는 수륙 요충지
로, 그동안 러시아 군대의 중요 거점이 되었다. 6월 21일, 야크사 성 아래

에 도착한 청나라 군대가 러시아 군대에 야크사 성에서 철수하고, 도주범을 내놓고, 야쿠츠크(야쿠雅庫)를 청나라와 러시아의 변경으로 하라는 강희제의 요구를 전달했으나 거절당했다. 24일에 러시아 지원군이 도착하자 청나라 군대는 '신위무적대장군神威無敵大將軍'포를 진영 앞에 포진시켜 성을 공격할 준비를 마쳤다. 25일 새벽 청나라 군대가 야크사 성을 향해 공격을 시작했고, 상대적으로 병력이 적은 러시아 군대는 패하고 말았다. 그리고 그날 밤 청나라 군대는 다시 수륙 양쪽에서 협공을 퍼부었다. 이렇게 하루 밤낮에 걸친 격렬한 전투 끝에 참패한 러시아 군대는 결국 성에서 도망쳐 나왔고 일부는 투항했다.

러시아군이 다시는 야크사 성에 돌아오지 않겠다는 맹세를 하자, 도통都統 펑춘彭春과 흑룡강장군黑龍江將軍 사부스薩布素가 강희제의 뜻을 받들어 톨부친Tolbuzin과 그의 부하, 여성, 아이들의 죽을죄를 면해 주고 모두 러시아로 돌아가도록 했다. 약탈당하고 붙잡혀 갔던 청나라 변경 지역의 백성도 풀어 주었다. 이렇게 만주족, 한족, 몽골족, 다우르족達斡爾族 등의 민족으로 구성된 청나라 군대는 변경 지역에 거주하는 여러 소수민족의 지원을 받아 러시아 군대가 빼앗아 20여 년 동안 점거해 온 야크사 성을 되찾았다.

청나라와 러시아의 '네르친스크 조약' 체결
1689년

강희 28년(1689년) 7월 24일, 청나라와 러시아 양측은 14일에 걸친 담판 끝에 정식으로 '네르친스크 조약'을 체결했다. 이 조약은 청나라와 러시아 양국이 스타노보이 산맥(Stanovoy Mts. 중국 이름 외흥안령外興安嶺), 케르비치 강(중국 이름 격이필제하格爾必齊河), 아르군 강(Argun River, 중국 이름 액이고납하額爾古納河)을 국경으로 한다는 점을 명확히 규정했다. 이는 법률을 통해 흑룡강과 오소리강烏蘇里江 유역의 광대한 땅이 청나라 영토라는 사실을 명확히

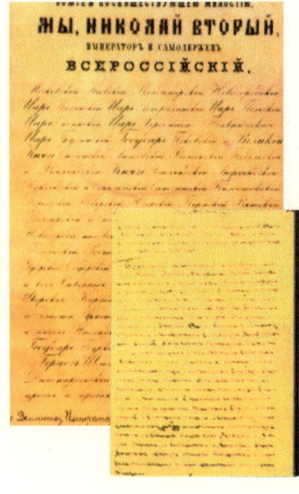

하는 것이었다. 그리고 조약 체결일부터 양국의 변경 지역에서 모든 다툼을 멈추고 영원히 우호적으로 함께한다고 서명했다. 조약의 본문은 라틴어로 작성하고, 양국 사신이 각각 양측이 서명한 한문본, 러시아어본과 라틴어본을 교환했다. 또한 바위에 중국어와 러시아어, 라틴어로 조약문을 새기고 변경에 세워 영구적인 경계비로 삼았다. 청나라 측의 양보로 체결된 '네르친스크 조약'은 청나라와 러시아 양국 관계 정상화의 기초를 다졌다.

울란프통 전투
1690년

강희 29년(1690년), 몽골 중가르부部의 우두머리 갈단噶爾丹은 야심으로 가득 찬 사람으로 할하Khalkha 몽골을 침략한 후 그 창날을 청나라 조정을 향해 겨누었다. 이에 강희제는 직접 군대를 이끌고 전쟁에 나가기로 했다. 7월 29일에 갈단이 강력한 기병 2만 명을 이끌고 쳐들어와 울란프통(지금의 네이멍구 자치구 커스커텅기克什克騰旗 안에 위치)에 주둔했다. 울란프통은 연경에서 겨우 700리 떨어진 곳이었다. 무원대장군撫遠大將軍, 유친왕裕親王 복전福全도 같은 날 청나라 군대를 이끌고 이곳에 도착해서 60리에 걸쳐 40좌의 군영을 세웠다. 그리고 선두에 화기를 설치하고 멀리 갈단군의 주력 부대를 공격했다.

8월 2일 아침에 청나라 군대가 좌·우 둘로 나뉘어서 총과 대포를 앞세우고 서서히 전진했다. 오른쪽 날개는 대신 동국강佟國綱이 지휘하여 적군을 향해 진군해 파고들었다. 갈단의 군대는 강을 사이에 두고 청나라 군대의 공격을 막아 냈다. 그 와중에 동국강이 선봉에 서서 적진을 향해 돌격하다가 불행히도 총에 맞아 죽고 말았다. 이 때 청나라 군대도 이미 갈단 군대가 구축한 타성駝城을 무너뜨리고, 대신 동국유佟國維가 왼쪽 날개를 이끌고 갈단 군대의 진영과 보루를 공격했다. 대세가 불리해졌다고 느낀 갈단은 남은 부대를 이끌고 도망쳤다. 그리고 15일에 제릉濟隆 등이 갈단의 맹약서를 가지고 청나라 군영을 찾아와서 다시는 할하를 침범하지 않겠다고 약속했다. 이로써 갈단의 첫 번째 침략은 청나라 군대에 의해 평정되었다.

울란프통의 옛 전장 유적지

공자의 묘를 재건하다
1693년

강희 32년(1693년) 10월 6일, 공자 묘의 재건 공사가 끝나자 강희제가 황자 윤지允祉, 윤진胤禛을 보내 제사를 올리게 했다. 일찍이 강희 23년(1684년)에 강희제는 동쪽 지역을 순시하다가 곡부에 가서 공자에게 제사를 지낸 적이 있다. 그런데 이때 공자의 묘가 낡고 제대로 수리하지 않아 서까래가 이미 무너진 것을 보고, 국고를 이용해서 전문가를 보내 보수 공사를 하게 했다.

　보수 공사는 강희 30년(1691년) 여름부터 시작해 강희 31년(1692년) 가을에 기본적으로 일단락되었다. 보수가 끝난 공자의 묘는 평면이 장방형으로 총면적은 약 327무畝이고, 주위는 높은 담벼락으로 둘러싸였고, 각루角樓가 설치되었으며, 앞뒤로 아홉 개의 대문과 정원을 지었다. 그리고 전당殿堂 누각이 약 460여 칸, 문방門坊(공로가 있는 사람을 기념하거나 미관을 위해 세운 문짝 없는 문)이 54좌, 비석이 2,000여 개 있었다.

핵심 건축물인 대성전大成殿은 '옛 성현을 집대성한다.'는 의미가 있다. 전의 높이는 24.8m, 너비는 45.78m, 깊이는 24.89m이고, 4개의 추녀마루가 동마루에 몰려 있는 겹처마 무전식廡殿式 지붕 구조로, 두공이 복잡하게 얽혀 있다. 전체적으로 건물이 아름답고 격조 있다. 전 내부에는 공자와 그의 제자, 그리고 유가 역대 선현들의 상이 모셔져 있다. 이 보수 공사를 기념하기 위해 묘 안에 '어제중수궐리공자 묘비御製重修闕里孔子廟碑'가 세워졌다.

갈단의 패망

1697년

강희 29년(1690년)과 강희 35년(1696년)에 강희제가 두 차례에 걸쳐 직접 갈단을 정벌하여 갈단은 세력이 크게 약화되었다. 하지만 궁지에 몰린 상황에서도 최후의 몸부림을 치며 결사적으로 대항했다. 이에 강희 36년(1697년) 2월에 강희제가 다시 갈단 정벌에 나서 군대를 이끌고 황하를 건너 영하寧夏 땅에 이르렀다. 강희제는 직접 군사를 이끌고 마사합馬思哈, 비양고費揚古에게 각각 하란산賀蘭山과 살포소薩布素에서 커루룬 강克魯倫河으로 이동해 양쪽 길로 진격하게 했다. 이 무렵 갈단은 시대의 흐름에 역행하는 행위와 잔혹한 약탈로 이미 각 민족의 분노를 사고 있었다. 갈단의 부하들도 이미 흩어져 잇달아 청나라에 투항했고, 이후 적극적으로 앞잡이 노릇을 하며 청나라 군대가 반란을 평정하도록 도왔다. 갈단의 조카 책망아나포탄策妄阿拉布坦이 청나라의 공격에 보조를 맞추어 알타이 산에 매복을 두고 갈단을 잡

곡부 공자의 묘 대성전

아서 청나라 조정에 바쳐 공을 세울 준비를 했다.

윤 3월 9일, 강희제는 손사극孫思克과 이림륭李林隆에게 각각 정예병 2,000명을 이끌고 두 갈래로 나뉘어 갈단군을 수색해 토벌하도록 했다. 그러자 13일에 갈단이 절망 속에서 독약을 먹고 스스로 목숨을 끊었다. 4월 7일에 강희제가 청나라 군대를 이끌고 개선하면서 〈개선언회凱旋言懷〉라는 시를 지었다. 이때 "6년을 쉬지 않고, 세 차례나 직접 수레를 몰았네. 변방의 북소리가 여기서부터 잦아드니, 망루에 먼지마저 사라지네.(六載不止息三度勤徵輪. 邊垜自此靜, 亭堠無於塵)"라고 그가 읊은 시는 세 차례에 걸친 자신의 갈단 출정을 총정리하는 시였다. 갈단의 반란을 평정한 후, 청나라는 할하 각 부락을 원래의 목장으로 돌려보내고 안정을 취하게 해 몽골 고원은 고요함을 되찾게 되었다.

피서산장의 건설
1708년

강희제가 손으로 쓴 '피서산장' 편액

강희 42년(1703년)에 승덕承德에서 피서산장避暑山莊이 건설되기 시작해 강희 47년(1708년)에 기본적으로 완공되었다. 처음에는 열하행궁熱河行宮이라고 불리다가 강희 50년(1711년)에 강희제가 친필로 피서산장이라는 이름을 붙였고, 승덕이궁承德離宮이라고도 불린다. 강희제는 피서산장에서 조정의 일을 처리하고, 성대한 의식을 거행하고, 신하들과 여러 민족의 우두머리를 접견하기도 했다. 이렇게 피서산장은 청나라 조정의 또 다른 정치 중심이 되었다.

이곳은 궁전 구역과 원경苑景 구역의 양대 구역으로 구성되고 총면적은 564만㎡에 달한다. 전체 산장에서 남쪽에 자리하는 궁전 구역은 황제가 정무를 처리하고 거주하는 장소로 정궁正宮, 송학재松鶴齋, 우학송풍尤壑松風, 동궁東宮의 네 개 건축물로 구성된다. 그리고 원경 구역은 호수 구역,

평원 구역, 산 구역의 세 부분으로 나뉜다. 강희제는 그의 통치 중·말기에 피서산장을 건설했는데 이는 북부 지방 민족 고유의 풍습을 드러낸 것이다. 가을과 겨울에는 추위를 피하고 봄과 여름에는 더위를 피해 두 지역을 이주하며 사는 것은 중국 북부 지방 유목민, 수렵 민족의 오랜 생활 풍습이다. 만주족은 중국의 북부 지방 민족으로 피서산장 건설 이후 강희제는 거의 해마다 반년의 시간을 이곳에서 보냈으며, 이것이 바로 만주족의 풍습을 드러낸 것이다.

북경 사합원

청나라 시대에는 민가 건축이 발전하여 거주 방식이 다양해졌다. 당시의 민가는 구조에 따라 정원식, 동굴식, 간란식 등 일곱 종류로 나뉜다. 정원식 민가는 단칸으로 구성된 막대 모양의 주택을 기본 단위로 하며, 건물을 에워싸는 형식으로 여러 양식의 정원을 둔다. 합원合院은 정원식 민가의 일종으로, 북경 사합원四合院이 가장 전형적이다.

북경 사합원에는 삼중 문이 있고 정원이 있다. 그리고 남북을 축으로 보면 도좌방倒座房[남쪽을 향하지 않고 정방廂房(상방, 즉 본채를 쓰는 사람보다 연배가 낮은 사람이 거주하는 곁채)을 보고 돌아앉은, 또는 정방이 앉은 방향과 반대 방향으로 거꾸로 앉은 방을 뜻함.], 수화문垂花門(중국 주택 건축에서 문의 한 형식. 처마 밑 하단에 꽃을 조각한 수화주垂花柱를 매어 단다.), 정청正廳(건물 정중앙의 대청을 가리킨다.), 본채正房, 후조방後罩房(주택의 가장 깊은 곳에 자리한 방. 부엌이나 가사용 작업실, 여자 하인들의 거처로 쓰이거나, 미혼인 딸이나 첩들이 기거했다.) 등이 있다. 각 대문에 들어서면 동·서 상방이 있고, 본청의 양측에는 이방耳房(정방 양 옆에 있는 작은 방)이 있다. 정원 주위에 회랑이 둘러져 있고, 동남쪽 구석에 대문이 있다.

사합원 안의 각 방은 모두 일정한 용도가 있다. 나이, 성별, 신분의 등급에 따라 방을 사용한다. 예컨대 본채에는 가장과 집안 어른이, 상방에는 아들이나 조카뻘이 거주하는 식이다. 이러한 점에서 북경 사합원은 혈연관계를 기본으로 하는 종법성宗法性이 매우 강한 폐쇄적인 민가 형태라는 것을 알 수 있다. 북경 사합원은 청나라 시대에 전성기를 맞이했고, 당시와 후대의 민가 건축 양식에 영향을 미쳐 한족의 특색 있는 민가 형태로 여겨진다.

강희제의 죽음
1722년

강희 61년(1722년) 11월 13일에 강희제가 향년 예순아홉 살을 일기로 병으로 사망했다. 강희제는 61년에 이르는 재위 기간에 정사에 혼신의 힘을 쏟고, 삼번을 평정하고, 대만을 통일하고, 갈단을 정벌하기 위해 직접 출정하고, 서장을 점령하는 등 눈부신 업적을 세웠다. 그리고 평소 오만함과 경박함을 경계하고, 절약하고 백성을 사랑하며, 유명무실한 규정을 없애고 실질적인 정치를 행하는 데 힘썼다.

말년의 강희제 초상화

강희제의 재위 기간에 청나라는 사회와 경제가 상대적으로 발전했다. 아울러 문화 분야에서는 회유 정책을 사용하고, 정주이학程朱理學을 제창하고, 서양의 과학 기술을 병용했으며, 문화유산을 정리하여 청나라 시대의 문화에 뚜렷한 영향을 미쳤다. 강희제는 강희 47년(1708년)부터 병을 앓아 해가 갈수록 쇠약해졌다. 강희 56년(1717년) 11월에는 70여 일 동안 큰 병을 앓았고, 61년 11월 13일에 병이 위독해지자 넷째아들 윤진胤禛에게 직접 황위를 계승할 것을 명령했다. 그런 후 술시戌時(오후 7시에서 9시 사이)에 숨을 거두었다. 이튿날 합천홍운문무예철공검관유효경성신공덕대성인황제合天弘運文武睿哲恭儉寬裕孝敬誠信功德大成仁皇帝로 추존되었고, 묘호는 성조聖祖이다. 그리고 이듬해(1723년) 9월 1일에 경릉景陵에 묻혔다.

옹정이 황위를 잇다
1722년

강희 61년(1722년) 11월 20일, 강희제의 넷째아들 윤진이 태화전에서 황제로 즉위했다. 역사에서는 그를 옹정제라고 부른다. 이후 그는 하늘과 땅, 종묘, 사직에 제사를 지내고 천하에 이듬해를 옹정 원년으로 정한다고 선포했다. 강희 말년의 황위 다툼에서 윤진은 사실 몰래 붕당을 조직해 세력을 형성했다. 그중에는 열세 번째 황자 윤상允祥, 강희제의 처남, 근신 융과다隆科多, 대학사 마제馬齊, 천섬川陝총독 연갱요年羹堯 등이 있다. 이들은 세력이 강했지만 은밀히 행동해서 강희제의 의심이나 질책을 받은 적이 없었다. 이 밖에 윤진은 다른 황자들처럼 강희제와 멀리 떨어진 곳에서 다른 사

맥을 잡아 주는 중국사 중요 키워드

청나라 삼채와 오채의 등장

이른바 삼채, 오채는 모두 구운 도자의 흰 몸에 채색 그림을 그린 후 저온에서 다시 구운 유상釉上 채색 자기, 즉 유약 위에 채색한 자기이다. 채색 그림에 황색, 녹색, 자색 등을 주로 사용하고 홍색은 사용하지 않거나 적게 사용하는 것을 '삼채'라 부르며, 황, 녹, 자 3색의 색조가 수수하면서 고상해 '소삼채素三彩'라고도 부른다. 그리고 채색 그림에 홍색, 황색, 녹색, 자색 등 다섯 가지 색을 주로 사용하는 것을 '오채'라 부른다.

청나라 삼채는 강희삼채를 대표로 하는데, 대부분이 단선평도單線平塗(단선으로 무늬를 균일하게 칠하는 기법)를 사용했다. 삼채와 오채에 그리는 그림에는 꽃, 열매, 새, 곤충이 있고, 바탕의 종류로는 흰 바탕, 검은 바탕, 자색 바탕, 황색 바탕 등의 종류가 있다. 소박하고 고풍스러우면서도 힘이 있고, 전아하면서 고요한 것이 특징이다. 단선평도 외에 무늬를 그리지 않고 색칠한 것도 있다. 색채가 알록달록하고 자연스러워 당삼채와 비슷하다.

청나라 시대의 오채 중에서 강희제 재위 시기의 오채가 가장 뛰어나다. 이 시기에는 명나라 시대의 오채보다 색채의 수가 좀 더 늘어나 유상 남채藍彩, 흑채黑彩, 금채金彩가 등장했다. 그래서 청나라 오채는 색채가 한층 화사하고 웅장하다. 채색 그림은 대부분이 단선평도로 선에 힘이 있고, 역사 이야기(고전 소설의 줄거리) 또는 도마인물刀馬人物(말을 타고 무기를 휘두르는 인물)을 주로 그렸다. 이 밖에도 농사짓는 일과 누에 치고 비단 짜는 일을 그린 경직도耕織圖, 어부들의 삶을 묘사한 어가락漁家樂 등의 제재도 있어 당시의 연화年畵(중국 민화의 하나. 설날에 민가의 벽 따위에 장식되며, 서민의 이상이나 생활 감정 따위를 표현한 것이 많다.), 판화와 스타일이 비슷하다.

람의 손에 자란 것이 아니라 어려서부터 강희제에게 길러져 강희제의 곁에서 성인으로 성장했다는 점도 유리하게 작용했다. 즉, 윤진은 늘 강희제의 의중을 살피고 문안을 올리면서 정성을 다해 강희제의 호감을 얻었다. 또 여러 황자와 대립하면서도 강희제의 앞에서는 전혀 내색하지 않고, 오히려 강희제에게 여러 황자에 대해 좋은 말을 했다.

이처럼 윤진은 뛰어난 수완을 발휘하면서 공을 들여 강희제의 신임을 얻고, 성격이 좋고 도량이 뛰어나며 대의를 알고 속마음과 행동에 위인의 기백이 있다고 칭찬을 받았다. 그래서 여러 차례 중요한 일을 위임받기도 했다. 윤진과 강희제는 어떠한 갈등도 빚지 않았을 뿐더러 윤진은 중임을 위임받아 처리할 때마다 뛰어난 일처리 능력과 함께 충성심과 효심을 보였다. 이렇게 해서 강희제는 일찍부터 윤진을 깊이 신임했다. 그리고 자신의 병이 위급해지자 여러 황자를 침대 맡으로 불러 놓고 넷째 황자 윤진이 황위를 계승하도록 명령했다.

옹정 연간의 양식인 투채(鬪彩彩, 도자기 위에 그린 그림에 어지럽게 표현한 채색) 용봉 무늬 자기 쟁반

황태자 비밀결정제도
1723년

옹정 원년(1723년) 8월 17일에 옹정제 윤진이 총리사무대신總理事務大臣, 한족과 만주족의 문무대신, 구경九卿을 건청궁 서난각西暖閣에 불러모아 황태자 비밀결정제도를 선포했다. 그가 선정한 계승자의 이름을 직접 적어서 밀봉하고 작은 상자 안에 숨겨 건청궁의 한가운데인 순치제가 친필로 '정대광명正大光明'라고 쓴 편액 뒤에 놓고 만일의 상황에 대비하는 것이다. 군신 중에 누구도 이 방법에 이의를 제기하지 않았기에 황태자 비밀결정제도는 정식으로 확립되었다.

옹정제는 건청궁 외에 원명원圓明園 안에도 누구에게 황위를 물려준다

강희제와 서양 문화

강희제가 재위한 61년은 청나라 역사에서 서양과의 문화 교류가 가장 활발했던 시기이다. 1669년에 직접 정사를 돌보기 시작한 이후 강희제는 남회인을 흠천감부欽天監副로 임명하여 신력을 만들고 천문 기구를 개조하는 일을 주관하게 했다. 남회인은 1674년부터 1680년까지 강희제가 삼번의 난을 평정할 때 서양식 철포 120문, 신무포神武炮 320문 및 거대한 위력의 신위포神威炮 250문으로 청나라 군대를 무장시켜 전력을 실질적으로 크게 증강시켰다.

역법 개혁과 서양 대포의 위력을 본 강희제는 서양 과학의 발전에 관심을 느껴 그 자신도 서양 과학 지식을 습득하고자 했다. 이에 천문 역산曆算에 정통한 독일 선교사 은리격恩理格(Christian Herdtricht), 이탈리아 선교사 민명아閔明我(Philippus Maria Grimardi), 포르투갈 선교사 서일승徐日昇(Thomas Pereira) 등은 강희제의 첫 번째 서양인 교사가 되어 과학 기술과 문화를 가르치고, 돌아가면서 천문, 수학과 음악 이론인 악리樂理 지식을 가르쳤다. 또 강희제가 수학을 좋아해서 프랑스 선교사 백진白晉(Joach Bouver)과 장성張誠(Jean-Francois Gerbillon)이 그에게 유클리드 기하학을 가르쳤고, 강희제의 명으로 《실용기하학實用幾何學》과 《기하학강요幾何學綱要》를 집필했다. 안다칙安多則은 명을 받들어 유럽과 중국의 저작 가운데 수학과 기하 연산에 대한 흥미로운 내용들을 골라 책으로 만들었다. 그리고 이러한 저작을 출판하여 유럽의 발달한 과학이 청나라 여러 지식 계층에 널리 퍼졌다.

또 강희제는 서양 의학을 신뢰하여 청나라의 의학에 도입하고자 했다. 그래서 프랑스 선교사인 백진, 파다명巴多明(Dominique Parrenin)에게 《인체 혈액순환 분석과 데니스의 새로운 발견人體血洲循環剖析和但尼斯的新發現》을 만주 문자로 번역하게 하고 18세기 초에 북경의 궁정에 유포하도록 했다. 이를 통해 청나라는 근대 실험 생리학 학설을 받아들이게 되었다. 이뿐만 아니라 북경에 온 프랑스 선교사가 강희제를 위해 서양 철학의 교본을 써 주기도 했다.

〈숭헌영지도(嵩獻英芝圖)〉

낭세녕이 청나라에 온 후 초기의 대표작으로 옹정 2년(1724년) 10월에 그린 그림이다. 이 작품에서 낭세녕은 소모의 기본과 명암을 이용하여 요철(凹凸)의 입체 효과를 나타내는 수준 높은 솜씨를 보여 준다.

건청궁

건청궁은 옹정제 이전 시기 명·청나라 황제의 침궁이자 일상생활을 하던 장소이다. 건청궁 한가운데에 있는 '정대광명'이라는 편액은 옹정제의 황태자 비밀결정제도로 세계적으로도 유명해졌다.

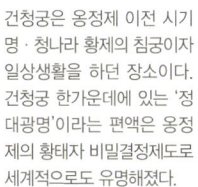

는 똑같은 내용을 적은 조서를 숨겨 두었다. 이렇게 해서 옹정제는 비밀리에 태자를 세워 나라의 근본을 세우는 정치적 효과를 얻었다. 더불어 과거처럼 황태자 자리를 차지하기 위해 여럿이 권력을 다투어 골육상잔의 비극이 일어나는 폐단을 막을 수 있었다. 이 제도는 정치적 혼란을 줄이고 정국을 안정시키는 데 도움을 주었다. 이후 황위를 계승한 건륭제도 이 방법이 매우 유용하다고 생각해 그대로 따랐고, 후대 황제들도 모두 이 방법을 사용했다. 황태자 비밀결정제도를 처음 시작한 옹정제부터 그 뒤를 이은 건륭제, 가경제, 도광제道光帝, 함풍제咸豊帝 등의 황제들이 이 제도를 계승한 것을 보면 이 방법이 매우 성공적이었다는 것을 알 수 있다.

양렴은의 시행
1724년

옹정 2년(1724년) 7월에 옹정제가 '모선귀공耗羨歸公'의 시행을 선포하고 그와 함께 '양렴은養廉銀' 제도를 시행했다. '모선耗羨'은 세금으로 징수한 돈과 곡

군기처의 내부 모습

군기처는 자금성 내부의 우
문 서쪽에 있으며 군기대신
이 사무를 보던 장소이다.
군기대신은 이곳에서 황제
를 도와 군사와 정사의 중요
업무를 처리했다.

식이 납부 과정에서 감소하는 것을 예상하여 규정보다 많이 징수하는 것이다. 그러나 결과적으로 '모선'은 조정으로 귀속되기 전에 모두 지방 관리들에 의해 사사로이 유용되었다. 모선귀공을 시행한 이후 모선을 징수하는 것이 법으로 규정되었다. 그런데 그 수입이 지방 관리에게 귀속되지 않고 포정사布政司(명나라와 청나라 시대에 한 성의 민정과 재정을 맡아 보던 기관)로 귀속되어 지방 관리는 재산을 늘릴 방법을 잃게 되었다. 그러자 관리들이 백성에게서 정해진 것보다 세금을 많이 걷고 새로운 방식으로 뇌물을 받으며 법을 어겼다.

이를 막기 위해서 옹정제는 '양렴은' 제도를 시행하기로 했다. 이 제도는 봉록 외에 모선귀공의 일부를 주와 현의 관리에게 생활 보조금 및 사무비용으로 지급하는 것이다. 양렴은 제도를 시행하자 관리들은 봉록의 몇 배에서 많게는 몇십 배에 달하는 수입을 얻게 되었고, 이로써 확실히 탐관오리를 줄이는 데 효과를 발휘했다.

군기처의 설립
1732년

옹정 10년(1732년)에 군기방軍機房이 군기처軍機處로 바뀌어 의정왕대신회의議政王大臣會議를 완벽하게 대체하는 청나라 조정의 최고 정책 결정 기구가 되었다. 이로써 황권 통치가 한층 강화되었다. 청나라 초 조정에서는 의정왕

대신회의를 설치하여 내각의 위에 두고 이를 최고 중추 정책 결정 기구로 삼아서 내각과 서로 견제하도록 했다. 의정왕대신회의는 만주족 귀족의 특권을 수호하기 위한 기구로 국의國議라고도 불렸다. 그 구성원은 만주족 귀족, 제후 및 총리기무대신總理旗務大臣이다. 그 후 역임 황제들이 황권을 강화하기 위해 끊임없이 왕공과 기주旗主(각 기의 우두머리) 세력을 약화시킨 데다 훗날 의정왕대신의 '절반이 모두 귀족의 자손으로 세상 물정을 몰라' 의정 제도는 서서히 유명무실해지기 시작했다.

옹정제도 즉위하고 나서 여러 제후의 권력을 한층 더 제한했다. 먼저 제후에게서 군권을 빼앗고, 뒤이어 옹정 7년(1729년)에 군기방을 설립하여 이친왕怡親王 윤상胤祥, 대학사 장정석蔣廷錫, 장정옥張廷玉 등에게 비밀리에 군수 업무를 담당하거나 돕게 했다. 옹정 10년(1732년)에는 이를 정식으로 군기처로 개명하고 황제의 유지를 받들어 각종 극비 사무를 처리하며 의정왕대신회의를 대신해서 국정과 군

청나라 황양 목조 송죽(松竹)함

맥을 잡아 주는 **중국사 중요 키워드**

민간의 목조 발전

청나라 중기 이후로 대나무 조각 공예인 죽조竹雕가 쇠퇴하고 죽조에서 사용하던 원추圓雕(입체 조각), 부조, 투조 등 여러 기법을 받아들인 목조木雕가 건축, 가구, 장식품, 식기 등에 광범위하고 종합적으로 사용되면서 성행했다. 그중 비교적 유명한 것으로는 절강의 동양東陽 목조, 절강의 황양黃楊 목조, 복건의 수근조樹根雕(나무뿌리에 조각하는 것), 조주潮州의 금칠金漆 목조 등이 있다.

동양 목조는 부조를 위주로 하는데, 조각이 정밀하고 세밀하며, 구도에 조감鳥瞰과 투시를 사용해서 층차가 뚜렷하고, 주된 것과 부차적인 것이 분명하며, 화면을 가득 채워 장식성이 강하다. 황양 목조는 절강 온주溫州 일대에서 생산되었는데, 재질이 견고하고 나뭇결이 세밀한 황양목을 사용해서 이런 이름을 얻었다. 입체적인 조각이 대부분이며 인물을 내용으로 하는 것이 많다. 청나라 시대에 민간에서 행해진 목조는 기술 수준과 예술성이 높고 다양한 기법이 사용되며 종류와 형상도 제각각이라 중국 목조의 황금시대라고 불릴 만하다.

상업 집단의 흥기

청나라 시대에 상업의 번영과 상인의 활약은 새로이 정점을 찍었다. 상품의 유통이 일부 특정 지역과 연계되어 진행되면서 지역 또는 유통 항목으로 구분되는 상업 집단이 형성되었다. 정확히 말하자면 명나라 말기에 이미 상업 집단이 등장했다. 비교적 유명한 집단으로는 휘주徽州, 복건과 광동 연해 및 강소 동정산洞庭山, 절강 용유龍游 등지의 상업 집단이 있었다. 청 왕조가 들어선 후에도 그들은 여전히 중국의 상업 무대를 점령했고, 그중에 안휘성의 상인 집단인 휘상徽商과 산서성의 상인 집단인 진상晉商이 여전히 가장 큰 상업 집단이었다.

시장과 유통 총액의 대다수를 차지하는 항목은 식량, 면화와 면직물, 생사와 견직물, 소금, 차 등의 주요 생산품이었다. 이 두 상업 집단에서 수십만 혹은 수만의 자본을 가진 상인은 모두 염업에 종사했으며, 그들은 관청과 관계가 상당히 밀접했다. 그 밖에도 청나라 시대에는 신흥 광주양행洋行 상인과 내무부에 예속된 상인이 있었는데 이들은 '권權', '전錢'이 통일된 상업 집단에 포함되었다. 이러한 다양한 상업 집단이 생겨나면서 청나라의 상품 유통 총액이 명나라 시대의 수준을 한참 뛰어넘고, 명나라보다 훨씬 번영하게 해 주었다.

사와 관련된 대사를 결정하는 상설 핵심 기구로 삼았다. 군기처의 설립은 청나라 시대에 황권이 한층 강화되고 봉건 전제 통치가 최고조에 올랐음을 보여 준다.

네이멍구 자치구 시리투자오(席力圖召)

시리투자오는 청나라가 중가르 정벌 원정길에 나섰을 때 주둔하던 곳이다.

청나라 군대가 갈단 첼렝을 크게 무찌르다

1732년

옹정 7년(1729년)에 청나라 군대와 중가르부 사이에 충돌이 일어나 대규모 무력 충돌로 이어졌다. 옹정 9년(1731년) 7월에 청나라 장군 부이단傳爾丹이 이끌던 부대가 진군하던 중에 매복에 당해 크게 패하고 말았다. 이에 청나라 조정에서 순청군順承郡 왕석보王錫保를 정변대장군靖邊大將軍에 임명하고 군대를 이끌고 나가 대응하게 했다. 9월에 악등초륵鄂登楚勒에서 청나라 군대가 중가르부를 물리치자 중가르부의 우두머리인 갈단 첼렝噶爾丹策凌이 도망쳤다. 그는 포기하지 않고 끊임없이 할하를 침략하며 세력을 확대할 기회만을 호시탐탐 엿보았다.

옹정 10년(1732년) 6월에 청나라 군대와 할하 몽골 기병이 광현사光顯寺('에르데니즈'라고도 함.)에서 갈단 첼렝을 크게 무찔렀다. 이 광현사 전투로 중가르부는 참혹한 손실을 입었다. 옹정 11년(1733년) 말에 이르러 갈단 첼렝은 결국 청나라 조정에 강화를 청할 수밖에 없었다. 이듬해에 청나라 조정에서는 중가르부로 사신을 보내 중가르부와 할하가 각자의 유목 영역을 지키며 앞으로 충돌하지 않길 바란다는 뜻을 밝혔다.

여러 차례 담판을 거친 끝에 청나라 조정과 갈단 첼렝은 건륭 4년(1739년)에 알타이 산을 경계로 하여 중가르부는 알타이 산 서쪽 지역에서 유목하고 할하부는 알타이 산 동쪽 지역에서 유목하기로 했다. 이로써 청나라 조정과 중가르부 할거 세력 사이의 갈등이 잠시 진정되어 그 후로 20년 동안 평화가 지속되었다.

옹정제의 죽음

1735년

옹정 13년(1735년) 8월 23일 자시子時, 원명원에서 옹정제가 갑자기 병으로

옹정제의 태릉 안에 세워진 대전(大殿, 중국에서 사원과 묘의 정전을 일컬음.)

숨을 거두었다. 8월 20일에만 해도 옹정제는 군기대신軍機大臣을 만나는 등 건강에 아무런 문제가 없었는데, 21일에 갑자기 병을 앓더니 그날 밤 병세가 급속도로 나빠졌다. 그래서 보친왕寶親王 홍력弘曆에게 황위를 넘기고 장친왕莊親王 윤록允祿, 과친왕果親王 윤례允禮, 대학사 악이태鄂爾泰, 장정옥 네 사람에게 새 황제를 보필하도록 했다. 그 후 23일에 향년 쉰다섯을 일기로 사망했고, 후에 시호는 헌황제憲皇帝, 묘호는 세종世宗으로 정해졌다. 갑작스러운 죽음의 원인은 알려지지 않았다.

옹정제는 병이 난 후 바로 이틀 만에 세상을 떠났는데, 심지어는 병이 나기 전날에도 평소와 다름없이 공무를 처리했다. 일설에는 중풍으로 죽었다고도 하고, 검객의 공격을 받아 목이 베였다고도 하며, 단약을 복용했다가 중독되었다고도 한다. 9월에 옹화궁雍和宮에 안치되었다가 건륭 2년(1737년) 3월에 역주易州에 있는 태릉泰陵의 지하궁地宮에 묻혔다.

옹정제 윤진이 죽은 후 환관이 옹정 원년(1723년)에 봉하여 보관되던 유서를 꺼내 윤록, 윤례, 악이태, 장정옥이 모인 자리에서 유서를 공개했다. 이 황태자 비밀결정제도와 황위 계승 유서에 따라 홍력이 순조롭게 황위에 올랐다. 홍력은 윤진의 네 번째 아들로, 강희 50년(1711년)에 옹친왕부雍親王府에서 태어나 옹정 11년에 화석보친왕和碩寶親王에 봉해졌다. 옹정 13년 9월 3일에 홍력이 태화전에서 황제 즉위식을 치르고 하늘과 땅, 종묘, 사직에 제사를 올린 후, 천하에 이듬해를 건륭 원년으로 정한다고 선포했다.

활쏘기 연습을 중시한 청 왕조

청나라 시대에는 '활과 화살로 천하를 안정시켜' 말타기와 활쏘기를 매우 중요하게 생각했다. 팔기군은 말타기와 활쏘기를 중점적으로 연습했다. 이처럼 군대에서 활쏘기 연습을 중시했을 뿐만 아니라 황실에서도 활쏘기를 중요하게 여겼다. 그래서 각 기의 영참營參, 좌령佐領에서 인재를 선발해 궁 안에 황자에게 활쏘기와 말타기를 가르치는 이를 두었다. 그리고 상서방上書房 아래에 활쏘기 훈련장을 만들어서 황제가 정무를 마치고 시간 여유가 있을 때 황자와 왕자를 불러 활쏘기 연습을 했다. 황자와 왕자뿐만 아니라 여러 사부, 활쏘기에 능한 이들과 함께하고, 성적에 따라 황제가 그 자리에서 비단이나 화령花翎(황족 또는 고관에게 하사하던 모자 뒤에 늘어뜨리는 공작의 꽁지)을 내렸다.

강희제와 건륭제는 모두 활쏘기에 뛰어났다. 또 청나라 시대에는 민간에서도 활쏘기를 배워 단오절에 버드나무를 맞추는 풍습이 있었다. 과거의 무과 시험에서는 활쏘기가 항상 주요 시험 과목이었다. 청나라 시대에 이처럼 중요하게 생각한 활쏘기의 또 다른 목적은 사냥으로, 특히 '목란木蘭의 가을 사냥'이 유명했다. 청 왕조의 황제들은 해마다 가을이면 목란위장木蘭圍場(지금의 허베이 성 웨이창 현圍場縣 안)에서 군사 훈련을 하며 사냥감을 몰아놓고 사냥을 해 그런 이름이 붙었다. 청나라 시대의 제왕들은 이런 식으로 활쏘기와 말타기를 연습했다.

〈마술도(馬術圖)〉

낭세녕 작. 이 그림은 청나라 전기 팔기병의 상무(尙武, 무예를 중히 여겨 높이 받듦.) 모습을 그리고 있다.

황하와 회하 재난 지역을 구제하다
1742년

〈초록도(哨鹿圖)〉(일부)

이 그림은 건륭 6년(1741년) 가을에 그려졌으며 건륭제가 즉위하고 나서 처음 위장으로 사냥을 떠나는 모습을 묘사했다. 앞에서 세 번째 백마를 탄 사람이 건륭제이고 나머지는 그를 수행하는 왕공과 관리이다.

건륭 7년(1742년) 여름에 강소성, 안휘성, 호남성, 호북성, 귀주성, 강서성, 절강성, 산동성 등지에 수재가 났다. 강소성과 안휘성의 피해가 특히 커서 두 성의 이재민만 무려 수백만 명에 달했다. 이 소식을 들은 청나라 조정에서는 즉시 강소성과 안휘성의 독무督撫에게 관례에 얽매이지 말고 온 힘을 다해서 이재민을 구제하고 물난리가 지나간 후에는 더더욱 신경 쓰도록 했다.

원명삼원(圓明三園)의 건설

원명원은 세계적으로 유명한 황실 정원이다. 베이징 서북쪽 교외 지역에 자리하며, 원명원과 그 부속 정원인 장춘원長春園과 기춘원綺春園을 합치면 총 면적이 350ha로 자금성 면적의 8.5배에 달한다. 이 세 정원 가운데 규모가 가장 큰 원명원은 원래 명나라 시대의 개인 정원으로, 청나라 강희 48년(1709년)에 넷째 황자 윤진에게 내려진 후 원명원으로 이름이 바뀌었다.

원명원은 건륭제 재위 기간에 개축하면서 북부 지방의 원림 예술 전통을 잇고 강남 원림 예술의 장점을 받아들여 높은 예술 수준의 대규모 황실 정원으로 거듭났다. 그 후 건륭 14년(1749년)에 원명원의 동쪽에 조성된 장춘원은 건륭제가 나들이를 즐긴 장소였다. 기춘원은 만수원萬壽園이라고도 불리며, 건륭 37년(1772년)에 장춘원 남쪽의 작은 정원 몇 개를 합쳐서 다시 꾸몄다.

원명원은 마치 걸작 모음집과도 같은 산수 정원으로 정원의 배치와 조성 수법이 무척이나 뛰어나서 '온갖 형태의 정원이 있는 정원'이라고 불렸다. 중국의 전통적인 황실 정원과 달리 원명원은 바로크 양식을 받아들여 꾸며졌다.

그와 함께 건륭제 홍력은 재해 지역에 해당 연도의 세금 징수를 면제하고, 또 여러 차례 조서를 내려 독령督令대학사, 강남 지역 독무, 조독漕督, 하독河督 등에게 자금을 지원하여 이재민을 구제하게 했다. 이어서 8월에 또 한 번 금고에서 은 250만 냥을 내어 이재 지역을 구호하고, 9월에는 다시 강남 지역, 서徐, 회淮 등지의 창고에 보관하던 곡식 총 54만 석을 평균 가격으로 방출해 이재민을 구제하도록 했다. 또 절강 창고의 곡식 10만 석과 산동에 유보되어 있던 조운미漕運米(남쪽에서 도읍으로 운송하는 쌀) 10만 석을 강남 지역에 보내 이재민 구제 예비용으로 사용하게 했다.

얼마 후 청나라 조정은 계속해서 강소성에 속지屬地와 식량 창고, 소금 창고에서 보유하고 있던 은 94만 냥과 미곡 110여만 석을, 안휘성에는 은 80여만 냥, 미곡 120만 석, 그해에 염과鹽課(제염업자와 소금 상인에게 부과하던 세금)로 걷은 은 130만 냥을 보내게 했다. 그리고 다시 인근 성에서 은

100만 냥을 지원받아 각각 강소성과 안휘성의 창고에 쌓아 두고 그것으로 이듬해에 보리를 추수하기 전까지 이재민을 구제하도록 했다. 황하와 회하의 물난리는 막대한 손해를 입혔지만 청나라 조정이 효율적으로 조치하여 사회의 혼란을 막을 수 있었다.

옹화궁을 라마교 사원으로 바꾸다
1744년

강희 33년(1694년)에 강희제의 넷째아들 윤진(훗날의 옹정제)이 북경성 안의 동북쪽 구석진 곳에 자리한 태감 관방, 즉 명나라 태감들이 일을 처리하고 숙직하던 곳을 옹친왕부로 삼았다. 이곳은 옹정 3년(1725년)에 옹화궁으로 개축된 후, 특별한 임무를 수행하는 관공서特務衙署인 '점간처粘桿處(전해지는 바에 따르면 제대로 훈련을 받은 정보 조직과 특무 기관이라고 한다.)'가 되었다.

　옹정제가 죽은(1735년) 후에는 장사 지낼 때까지 그의 영구를 이 궁 안에 두었기 때문에 주요 건축물의 지붕을 녹색 유리 기와에서 황색 유리 기와로 바꾸고, 옹정제의 초상화를 모신 영우전永佑殿을 신어전神御殿으로 바꾸었다. 아울러 옹화궁을 청나라 황실의 조상을 모시는 장소로 만들고 라마승이 매년 이곳에서 불경을 외게 해 망령을 제도濟度(미혹한 세계에서 생사만을 되풀이하는 중생을 건져 내어 생사 없는 열반의 언덕에 이르게 하다.)했다. 건륭 9년(1744년)에는 정식으로 라마교 사원으로 개축하고, 청나라 조정이 라마교 사무를 관리하는 중심이 되었다.

건륭제의 남순
1751년

건륭제는 즉위한 후 강희제를 본받아 황하의 치수와 해상 수비를 살피고, 군사와 정치를 시찰하며, 백성의 고통을 살펴 이해하고, 또 어머니를 모시

라마교 법기

날개를 끼운 법라(法螺, 불교 의식에 쓰이는 악기의 하나. 소라의 끝부분에 피리를 붙인 악기이다.)

고 유람한다는 이유로 남부 지방으로 여섯 차례 순행을 다녀왔다. 건륭 16년(1751년) 정월에 떠난 첫 번째 순행의 목적지는 강소성과 절강성이었다. 정월 13일에 건륭제는 황태후를 모시고 도읍을 떠나 육로로 직예直隸, 산동을 거쳐 강소성 청구淸口에 이르렀다. 그리고 2월 8일에 황하를 건너서 천비갑天妃閘, 고가언高家堰을 지나고 회안을 거쳐 운하에서 배를 타고 남쪽으로 내려갔다. 그렇게 양주, 진강, 단양丹陽, 상주常州를 지나 소주까지 가서 삼오三吳, 즉 태호太湖 주변의 소주, 상주, 호주 등지의 지식인과 백성에게 각자 본업에 충실하고 겉치레를 없애도록 했다. 3월에는 항주로 가서

〈건륭제 남순도〉

오경재와 《유림외사》

'건륭성세' 때 오경재吳敬梓가 걸출한 풍자소설 《유림외사儒林外史》를 지었다. 오경재(1701년~1754년)는 안휘 전초현全椒縣 사람이며, 자는 민헌敏軒이고 호는 말년에 문목노인文木老人이라 했다. 선조 중에 고위 관직을 지낸 이가 많은 벼슬아치 집안에서 태어났고 청나라 시대의 유명한 문학가였다. 서른세 살에 남경으로 이주했는데, 당시 집안 형편이 기울대로 기울어서 글을 팔아 생계를 이어야 했다. 서른여섯 살 때 박학홍사고시博學鴻詞考試를 보도록 천거되었지만 병으로 시험을 보지 못했다. 그리고 가난으로 어려움을 겪다가 1754년 쉰네 살에 양주에서 세상을 떠났다.

오경재는 전체 봉건 문화를 살펴보며 유림들의 심리와 생태를 해부하고, 《유림외사》를 통해 사회 비판의 칼날을 빼들어 봉건 과거 제도가 선비의 영혼을 썩게 한다는 문제의 핵심을 찔렀다. 이 밖에도 《유림외사》는 뛰어난 사상과 예술적 성취로 중국 고전 풍자소설의 기초를 마련했다. 이는 청나라 말기의 견책소설譴責小說(19세기 말에서 20세기 초에 중국에서 유행한 소설 장르. 중국 봉건 지배 계층의 부패상을 폭로하고 질책하여 사회 비판의 성격이 짙다.) 및 현대의 풍자 문학에도 깊은 영향을 미쳤다. 이는 훗날의 《홍루몽紅樓夢》과 함께 중국 장편소설이 내용에서 형식으로 성숙해졌음을 상징한다.

부문서원敷文書院을 참관하고, 관조루觀潮樓에 올라 열병閱兵(군대를 정렬한 다음 병사들의 사기와 훈련 상태 따위를 검열함.) 의식을 지켜본 후 서호의 명승고적을 유람했다. 그다음으로는 전당강錢塘江을 건너 소흥으로 가서 대우릉大禹陵에 제사를 올렸다.

도읍으로 돌아갈 때에는 강녕에 들러 명나라 태조의 황릉에 제사를 지내고, 열병 의식을 지켜본 다음, 황태후를 모시고 직접 직조기방織造機房에 가서 베를 짜는 모습을 참관했다. 그런 후 운하를 따라서 북쪽으로 올라와 4월에 육로로 태안으로 가서 동악묘東嶽廟에 분향했다. 그리고 5월 4일에 원명원에 도착했다. 건륭제는 5개월여에 이르는 시간 동안 왕복 총 5,800리를 이동했으며 그 후로 다섯 차례 더 강남 지역으로 떠났다.

악종기의 죽음

1754년

건륭 19년(1754년) 3월에 사천제독 악종기岳鍾琪가 향년 예순아홉 살을 일기로 군대에서 병사했다. 악종기는 자가 동미東美이고 사천 성도 사람이다. 처음에 연납捐納(돈이나 곡식을 상납하고 벼슬자리를 얻는 일)으로 동지同知 직위를 얻고 벼슬을 시작했는데, 나중에 무직武職으로 바꾸어 사천, 영녕永寧 등지에서 재직했다.

강희 58년(1719년)에 중가르부가 티베트를 침략했을 때, 악종기가 도통都統 법라法喇를 따라 군대를 이끌고 전로箭爐를 공격해 이당里塘, 파당巴塘 등지를 평정했다. 그 이듬해에는 티베트의 라싸를 공격해서 티베트를 평정했다. 그 공으로 악종기는 일약 사천제독으로 진급했다. 옹정 원년(1723년)에는 악종기가 군사 6,000명을 이끌고 청해로 출병해 여러 오랑캐 부를 평정하고, 초평剿平이 정고羅庫와 활이가活爾賈 두 부를 평정했다. 옹정 2년(1724년)에는 분위장군奮威將軍이 되어 군사를 이끌고 난이 일어난 지역에 출병하여 15일 만에 적군 8만 명의 머리를 베었다. 이 공으로 삼등공三等公에 봉해지고 또 감숙제독甘肅提督으로 임명되었다. 이듬해에는 천협川陝총독으로 임명되었다. 옹정 5년(1727년)에는 녹만종祿萬鍾, 농경후隴慶侯의 반란을 제압하고, 오몽烏蒙, 진웅鎭雄 등지의 족장을 폐하고 청나라 조정의 관리를 임명하게 했다. 옹정 7년(1729년)에는 영원대장군寧遠大將軍으로 임명되어 군대를 이끌고 중가르부 갈단 첼렝을 정벌했다. 옹정 10년(1792년)에 탄핵되어 면직되었으나, 건륭 13년(1748년)에 제독으로 복직되어 금천金川의 반란을 평정했다. 그 공으로 다시 삼등공에 봉해지고, 태자 태보로도 임명되어 위신威信이라는 호를 받았다.

악종기는 성정이 굳세고, 지략이 풍부하며, 군사를 빈틈없이 다스리는 한편 병사들의 고통에 관심을 기울였다. 청나라 시대에 한족 출신이 대장

낭세녕 〈혜현 황귀비상(慧賢皇貴妃像)〉

건륭제의 후궁인 혜현 황귀비는 고가(高佳)씨로 만주족이다. 건륭 2년(1737년)에 후궁이 되고 건륭 10년(1745년)에 황귀비에 봉해졌으며 그 해에 병으로 죽어 혜현이라는 시호를 받았다.

군이 되어 만주족 병사와 노예를 지휘하고 통솔한 사람은 악종기가 유일하다. 악종기가 죽자 건륭제는 시를 지어 그를 '3대 조정 무신의 거장三朝武臣巨擘'이라고 칭했다.

아무르사나의 귀순

1755년

건륭 10년(1745년)에 중가르부의 우두머리 갈단 첼렝이 죽자 귀족들 사이에 서로 죽고 죽이는 칸의 자리 쟁탈전이 일어났다. 결국에는 대大첼렝돈돕의 자손 다와치達瓦齊가 아무르사나阿睦爾撒納의 지지를 받으며 칸의 자리에 올랐다. 아무르사나는 오이라트 몽골 호쇼트和碩特 부족의 우두머리인 대길臺吉로 다와치를 지지한 데는 의도가 있었다. 다와치가 등극한 후 아무르사나는 이르티스 강額爾齊斯河 지역으로 이동해서 휘특輝特, 도르베트杜爾伯特, 호쇼트 세 부족을 통제하

낭세녕

맥을 잡아 주는 중국사 중요 키워드

낭세녕은 이탈리아 사람으로 예수회의 선교사이자 화가 겸 건축가이다. 강희 54년(1715년)에 북경으로 선교하러 왔다가 얼마 후 궁정으로 불려가 궁정 예술인으로 활동했다. 그는 인물, 화조, 길짐승 그림을 잘 그렸고, 특히 말 그림에 뛰어났다. 그의 화법은 서양의 화법을 바탕으로 중국의 화법을 받아들여 투시와 명암에 주의를 기울였지만 한편으로 지나치게 세부 묘사와 사실주의를 추구해서 형상과 정신을 고루 갖춘 중국화의 장점에는 미치지 못했다.

건륭 연간에는 청나라 고종 건륭제에게서 중가르와 회족을 평정한 일을 기념하는 그림을 그리라고 명령을 받았다. 완성된 밑그림은 그가 군기처軍機處에 제출한 후 프랑스 파리에 보내져 판화로 새겨졌다. 또 그는 건축가로서 원명원의 건설에도 참여했다. 건륭 31년(1766년) 6월, 낭세녕은 향년 일흔여덟 살을 일기로 북경에서 병으로 생을 마감했다. 그 달 초열흘에 건륭제는 강희 연간부터 궁정에 들어와 성실히 일한 공을 높이 사 그에게 시랑의 직함을 내리고, 은 300냥을 내려 장례를 지내게 했다.

362

며 세력을 확장했다. 다와치는 이러한 아무르사나의 위협을 제거하기 위해 자신이 정예병 3만 명을 이끌고 효장驍將 마무트瑪木特에게 오량해병烏梁海兵 8,000명을 이끌게 해 동서 양쪽에서 아무르사나를 공격했다. 이에 아무르사나는 청나라에서 병력을 빌려 다와치를 물리치고 자신의 근거지를 되찾을 계획을 세웠다.

건륭 19년(1755년) 가을에 아무르사나와 그의 형 반줄班珠爾, 그리고 도르베트의 대길 납묵고納默庫가 군사를 이끌고 청나라에 투항했다. 이에 그해 11월에 건륭제가 승덕 피서산장에서 아무르사나 등을 만나 위로연을 베풀어 주었다. 그 후 아무르사나를 친왕에 봉하고, 반줄과 납묵고를 군왕에 봉했다. 얼마 후 중가르 부족의 효장인 마무트도 여러 대길이 잇달아 청나라에 투항하는 모습을 보고 자신도 청 왕조에 귀순했다.

〈만수원사연도(萬樹園賜宴圖)〉

낭세녕의 작품. 이 그림은 건륭제가 승덕 피서산장 안에서 귀순하러 온 아무르사나 등 몽골족 귀족을 만나는 장면을 묘사한다.

문학의 거장 조설근

금의옥식에서 '거가식죽'까지

조설근曹雪芹(1715년~1763년)은 본
적이 요양이고, 이름은 점霑이고
자는 몽완夢阮이며, 호는 설근雪
芹, 또 다른 호는 근포芹圃, 근계芹
溪를 썼고 청나라 시대의 위대한
현실주의 작가이다. 조설근의 증조부부터 조부,
부친까지 3대는 모두 강녕의 직조 관리였으며, 조

〈석두기〉

부 조인曹寅 때 가세가 정점에 달했다. 강희제는 여섯 차례의 남부 지방 순
행에서 네 차례 조인의 영접을 받았고 또 그의 집에 머물렀다.

옹정 초년에 조설근의 아버지 조부曹頫가 봉건 통치 계급 내부의 정치 투
쟁에 연루되어 관직에서 파면되고 감옥에 갇혔다. 이와 함께 가산을 몰수
당해 조설근의 집안은 가세가 나날이 몰락했다. 훗날 집안이 북쪽으로 돌
아가 조설근은 북경에서 빈곤한 생활을 했다. 당시 그는 금의옥식錦衣玉食
(비단옷과 흰쌀밥이라는 뜻으로, 호화스럽고 사치스러운 생활을 이르는 말)하던 궁
정 귀족에서 '온가족이 죽으로 연명하는擧家食粥' 빈곤한 백성으로 신분이
뒤바뀌어 봉건 통치 계급의 몰락을 온몸으로 겪으면서 사회의 어두운 면

조설근의 가문은 한때 명성이 대단했지만 패망하는 것도 일순간이었다. 가세가 기울자 조설근은 외상으로 술을 마시고 죽으로 연명하며 살았다. 그래도 이를 통해 갈고 닦은 덕에 그는 결국 대작 《홍루몽》을 완성하여 불후의 문학 경전을 남겼다.

과 부조리를 전면적이고도 강렬하게 인식했다. 이를 바탕으로 '10년 동안이나 읽고 또 읽으며 다섯 번이나 고쳐 써서披閱十載(增刪五次)' 불후의 현실주의 거작인 《홍루몽》을 완성했다.

유일무이한 기서奇書 《홍루몽》

《홍루몽》은 《석두기石頭記》라고도 불린다. 주인공 가보옥賈寶玉과 임대옥林黛玉의 비극적인 사랑과 가보옥과 설보채薛寶釵의 비극적인 결혼을 날실로 삼아 비극을 만들어 내는 사회의 근원을 다방면으로

〈사미조어(四美釣魚)〉

이는 《홍루몽》의 한 장면이다. 대관원(大觀園)의 탐춘(探春), 형수연(邢岫煙), 이문(李紋)과 이기(李綺) 등 네 아가씨가 연못가에서 낚시를 하며 즐거워하는 장면을 그리고 있다.

〈소상관에서 거문고를 타는 임대옥(瀟相館林黛玉撫琴)〉

임대옥이 우울한 마음에 홀로 소상관에 앉아 거문고를 타며 스스로 마음을 달래고 있다. 자신의 신세를 생각하니 슬프고 처량해 자신도 모르게 거문고 소리에 깊이 빠졌는데, 현의 소리가 지나치게 높아지더니 결국 줄이 끊어졌다. 그때 보옥과 묘옥(妙玉)이 이곳을 지나다가 거문고 소리를 듣고 탄식한다. 얼마 후 줄이 끊어져 아무런 소리도 들려오지 않자 두 사람은 조용히 자리를 떠난다.

해부했다. 아울러 가부賈府의 흥망성쇠를 씨실로 삼아 여러 인물로 구성된 다양한 사회생활 환경을 보여 준다. 이로써 봉건 사회 후기에 나타난 여러 가지 죄악과 극복할 수 없는 내적 모순을 폭로하여 독자들이 머지않아 붕괴할 수밖에 없는 봉건 제도의 운명을 예감할 수 있게 했다.

《홍루몽》의 예술적 성취는 실로 찬란하다. 먼저 조설근은 가보옥, 임대옥, 설보채, 왕희봉王熙鳳 등 생동감 넘치는 전형적인 인물을 정밀하고 섬세하게 묘사했다. 그리고 이 소설은 가보옥, 임대옥과 설보채 간의 사랑과 혼인을 중심으로 여러 인물과 사건을 엮어 내어 줄거리가 얼기설기 얽혀 치밀하면서도 완벽한 그물형 구조를 형성한다. 조설근은 이 소설에서 그 광범위하고 마구 뒤얽혀 복잡한 내용을 명확하고 조리 있게 표현해 냈다.

《홍루몽》은 민족 문화 전통을 계승한 기초 위에서 창작하고 발전을 이루어 내 중국 현실주의 고전 소설의 최고봉이 되어 후대 작가들에게 풍부한 예술적 본보기가 되었다. 《홍루몽》에 대한 연구는 하나의 전문적인 학문 분야를 이루어 '홍학紅學'이라고 불린다.

조국으로 돌아온 토르구트
1771년

토르구트土爾扈特는 오이라트 몽골 네 부족의 하나로 본래 이르티스 강 유역에서 유목하며 살았다. 17세기 초에 강제로 서쪽 볼가 강伏爾加河 하류 지역으로 옮겨졌지만, 여전히 청나라 조정과 밀접한 관계를 유지했다. 그러던 중 1720년대 이래 러시아가 세력을 확장하면서 토르구트부를 통제하고 압박했다. 그리고 자신들의 대외 영토 확장 전쟁에 토르구트 부족 백성을 총알받이로 사용하며 토르구트 부족을 전멸시키려 했다.

멸족의 재난을 눈앞에 둔 토르구트는 러시아의 통제에서 벗어나기 위해 건륭 35년(1770년)에 우두머리 우바시渥巴錫의 지휘에 따라 조국으로 되돌아갔다. 그들은 러시아 군대의 포위와 추격을 뚫고 온갖 어려움을 극복하며 막대한 희생을 감수하며 만여 리를 이동했다. 그리하여 8개월 만인 이듬해 6월에 드디어 신강 이리伊犁에 도착했는데, 이미 절반이 희생된 상태였다.

〈토르구트부 유목도〉

양주팔괴

청나라 시대 중엽, 양주 일대 일부 화가들의 화풍이 독특하여 당시 '양주화파揚州畫派'라는 이름이 붙었다. 그중에 나빙羅聘, 이방응李方膺, 이선李鱓, 금농金農, 황신黃愼, 정섭鄭燮, 고상高翔과 왕사신汪士愼 등 여덟 명은 '양주팔괴揚州八怪'로 불렸다.

양주팔괴는 남에게 뒤처지기 싫어하는, 그리고 뜻을 이루지 못해 낙담한 지식인으로 대부분 붓과 먹으로 매화, 난초, 대나무, 소나무, 돌 등의 고결함과 도도함을 표현했다. 또한 상징, 비유, 은유 등의 수법을 응용하여 작품에 깊이 있는 사회적 내용과 독특한 사상을 표현했다. 아울러 양주팔괴는 백성의 고통과 관리들의 부패를 가장 깊이 느낀 사람들로, 작품을 통해 불평등한 기회에 대한 불만을 표현했다. 그래서 그들의 작품에는 사대부의 섬세함보다는 세속에 물들지 않은 자유분방함이 있다. 또 필법에서는 관습의 구애를 받지 않고 직접적으로 감정을 표현했다. 양주팔괴는 중국의 전통적인 수묵 사의화의 기교와 정서를 발전시켰고, 특히 사상 면에서 중대한 혁신을 가져와 화단에서 독자적인 한 파를 형성했다.

토르구트가 돌아오자 건륭제는 즉시 그들에게 돈 20만 냥을 주고, 아울러 곡식과 양피 옷, 솜, 융단과 오두막, 소금과 차, 신발과 모자, 그리고 말, 소, 양 26만 5,000여 두를 제공하고, 이리 하곡 및 코브도科布多 지역의 목축지를 내어 주었다. 그해 9월에 건륭제는 승덕에서 우바시를 접견하고 후하게 연회를 베풀어 대접했으며, 얼마 후 그를 탁리극도칸卓理克圖汗(몽골어로 '용감' 하다는 뜻)으로 봉해 그의 공적을 치하했다. 건륭제는 또 《황제가 창작한 토르구트 전 부족 귀순기御製土爾扈特全部歸順記》를 직접 쓰기도 했다. 그 후로 고비 사막 서쪽의 막서漠西 오이라트 몽골이 전부 청나라 조정의 관할하에 놓이게 되었다.

황신의 〈어옹어부도(漁翁漁婦圖)〉

《사고전서》의 편찬
1773년

건륭 38년(1773년) 2월에 건륭제는 군기대신 유통훈劉統勳을 총재總裁로 삼고 찬수삼십원纂修三十員 및 제조提調 등의 직책을 만들었다. 그리고 한림원 내부의 서쪽 건물을 내주고 《사고전서四庫全書》를 편찬하게 했다. 그 전 해인 1772년에 건륭제가 잇달아 조서를 내려 각지에서 책을 모아 황궁의 장서를 풍족하게 하도록 명했다. 이에 연말에 주균朱筠이 상소를 올려 전체 서집書輯을 수록하는 대형 총서叢書를 편찬할 것을 청했다. 이후 그의 상소에 대해 조정의 토의를 거쳐서 1773년에 찬서기구纂書機構를 만들고 《사고전서》를 편찬하기 시작했다.

건륭 46년(1782년)에 첫 번째 《사고전서》가 완성되었고, 그 후 계속해서 6부가 완성되어 각각 북경 문연각文淵閣, 문원각文源閣, 심양 문삭각文溯閣, 승덕 문진각文津閣, 양주 문안각文匯閣, 진강 문종각文宗閣, 항주 문란각文瀾閣에 나뉘어 보관되었다. 전서에 수록된 책 목록의 수량은 3,461종 약 7만 9,309권 3만 6,000책으로, 경經, 사史, 자子, 집集의 네 부로 나누어서 건륭제 이전 중국 고대의 중요 서적을 대부분 수록했다.

《사고전서》는 중국에 현존하는 최대의 정부 편찬 총서로, 이로써 한학漢學이 학술계에서 한층 주도적인 위치를 차지하게 되었다. 《사고전서》는 중국 고전 문헌의 보존과 전승에 적극적인 역할을 했을 뿐만 아니라 중국에서 대대로 개인적으로 책을 소장하며 유통하지 않던

《사고전서》

악습에 변화를 일으켰다. 아울러 유실된 책을 수집하여 이미 유실된 지 오래된 여러 진귀한 책이 다시 세상에 존재하게 했다. 《사고전서》의 편찬은 중국 학술사 및 문화사에 전례가 없는 규모의 중대한 사업이다.

외팔묘의 건설
1780년

건륭 45년(1780년)에 티베트에서 6대 판첸班禪 라마가 건륭제의 칠순을 축하하러 왔다. 판첸 라마를 접대하기 위해 청나라 조정은 승덕 피서산장에 수미복수須彌福壽의 사원을 지었다. 또 같은 해에 광원사廣緣寺를 지었다. 이로써 산장의 동서 양쪽 산기슭에 사원이 12곳 생겼고, 그중 8개 사원은 라마가 거주하며 관리해 예전에는 이를 '외팔묘外八廟'라고 불렀다. 외팔묘의 절대 다수는 청나라가 변경 문제를 해결하는 과정에서 열하행궁熱河行宮, 즉 승덕 피서산장으로 황제를 알현하러 오는 몽골과 티베트 왕공 및 귀족을 위해 세운 것으로, 정치적 성격이 강한 기념적인 건축물이다. 그래서 건축물 대부분은 티베트와 신강 지역의 유명한 사원을 모방해 지어졌다.

이 건축물들은 유리 기와, 사각형 정자方亭, 패루牌樓(아치), 채화彩畫 등 한족 건축물의 전통 수법을 응용했을 뿐만 아니라 홍·백의 고대高臺, 군루群樓, 사다리형 창梯形窗, 라마탑喇嘛塔, 도금 동기와鎦金銅瓦 등 티베트족과 몽골족의 건축 기법을 응용한 독특한 건축 형식이 특징이다. 승덕 외인묘는 청나라 시대의 라마교 중심으로, 웅장한 건축물과 막대한 규모로 청나라 시대 전기의 중국 건축 기술과 건축 예술의 탁월한 성취를 반영한다.

멀리서 바라본 외팔묘

황화리(黃花梨) 안락의자

전체적인 조형이 간단하고 소박해 여전히 명나라 시대의 가구 스타일이 남아 있음을 볼 수 있다.

권력을 독점한 화신

1782년

건륭 47년(1782년) 4월에 건륭제가 화신和珅 등에게 산동순무 유국태劉國泰가 연루된 탐관오리 사건을 조사하도록 했다. 그해 봄, 어사 전풍錢灃이 산동순무 유국태와 포정사布政使(중국의 명·청 시대 각 성省의 행정 사무를 감독하던 장관으로 총독 순무에 직속한 정3품직) 우이간于易簡이 부정부패하여 개인의 이익을 도모하고 제멋대로 뇌물을 받아 관청의 창고는 비고 관리의 기강이 문란하다고 고하며 탄핵을 청했다.

4월 4일에 건륭제가 즉시 상서 화신, 좌두어사左都御史 유용劉墉과 어사 전풍을 보내 진상을 철저히 조사하도록 했다. 당시 유국태와 가까운 사이였던 화신은 적극적으로 유국태를 감싸고 들었다. 그 와중에 화신의 하인에게

맥을 잡아 주는 중국사 중요 키워드

청나라 시대의 가구

청나라 시대의 내무부內務府 제작소에는 목공방이 설치되어 황제의 요구에 따라 전문으로 여러 가지 가구를 제작했다. 청나라 초에 궁정에서 사용한 가구는 대부분 명나라의 양식을 모방했지만, 새로운 제작법과 조형, 장식이 등장했다. 건륭 연간에 내무부 제작소가 각지에서 목공 장인을 소집했는데 대부분이 광동과 소주 지역에서 온 두 유파였다. 그들이 제작소에서 핵심적인 역할을 하면서 청나라 시대의 가구에 새로운 양식과 장식 스타일이 등장하기 시작했다.

건륭제 시기의 궁정 가구는 대부분이 재료를 엄선하고, 형상이 참신하며, 제작이 정교하고, 여러 종류의 공예 수법을 종합적으로 응용했다. 채화와 조각은 물론이고 칠공예의 장식 수법도 광범위하게 흡수하고, 심지어는 법랑상감, 도자기, 옥석, 나전螺鈿(광채가 나는 자개 조각을 여러 가지 모양으로 박아 넣거나 붙여서 장식하는 공예 기법) 등까지 응용해 장식이 매우 웅장하고 화려하다. 이는 청나라 시대 궁정의 예술적 취미를 반영한다.

서 유국태가 화신에게 보내는 개인적인 서신이 발견되었다. 그 서신에는 이미 조사에 대비해 은냥을 빌려서 창고를 채워 놓았다는 등의 내용이 언급되어 있었다. 전풍은 바로 건륭제에게 이 서신을 올렸다. 나중에 이 사실을 알게 된 화신은 그 후로 조사할 때 다시는 개인적인 인간 관계에 치우쳐 업무를 태만히 하지 못했다.

조사 결과, 건륭제는 7월 8일에 유국태, 우이간에게 창고의 은냥이 200여만 냥이나 부족한 죄를 물어 그들에게 감옥에서 스스로 목숨을 끊도록 명령했다. 화신은 이 일로 전풍을 뼛속 깊이 미워하게 되었고, 결국 건륭 60년에 그를 독살했다. 그 후로 화신은 대권을 장악하여 부정부패를 저질렀고, 이로써 청나라 조정은 쇠락의 길을 걷게 되었다.

건륭제의 죽음
1799년

1799년 정월 초하루에 건륭제는 양위 의식을 치러 황태자가 황제로 즉위하게 하고 자신은 태상황제가 되었다. 그러나 '군사와 국정에 관한 중요 업무와 임용과 관련된 중요 부분'은 여전히 자신이 주재하여 가경제는 이름뿐인 황제가 되었다. 가경 3년(1798년) 8월에 사천 백련교 의군의 우두머리인 왕삼괴王三槐를 잡아들이자 건륭제는 매우 기뻐하며 화신을 백작伯爵에서 공작公爵으로 올려 주었다. 그런데 가경제는 이를 매우 불만스럽게 생각했다. 그 후 건륭제는 임종 전에 사방에서 반란이 일어나 이를 처리하느라 심신이 극도로 피곤해졌고, 결국 병을 얻고 말았다. 그러나 정신만은 멀쩡해서 가경 4년(1799년) 정월 초이튿날 아침에는 〈망첩시望捷詩〉를 짓기도 했다.

"3년 동안이나 전쟁이 계속되었는데, 실제로 여러 번 의심이 들지 않았다. 사교의 가벼움에서 잘못이 생겨나니 관군의 괴로움이 다시 시작되었도다. 병사를 이끌고 여러 번 살펴보아도, 적들을 이겨 낼 수 없네. 잽싸게

황제가 상소를 읽을 때 사용하는 문방사구

적의 추악함을 잡으려 하나, 도리어 같이 머리를 돌려오네.三年師旅開(實數不應猜. 邪敎輕由誤, 官軍剿復該. 領兵數觀望, 殘赤不勝載. 執訊速獲醜, 都同逆首來"

그런데 그 이튿날(즉 1799년 정월 초사흘) 진시辰時(오전 7시부터 9시)에 건륭제가 병으로 세상을 떠나리라고 누가 상상이나 했겠는가. 그는 결국 향년 여든아홉 살을 일기로 생을 마감했다. 시호는 '법천륭운지성선각체원립극부문분무효자신성순황제法天隆運至誠先覺體元立極敷文奮武孝慈神聖純皇帝'이며, 묘호는 고종高宗으로 유릉裕陵에 묻혔다.

화신의 하옥
1799년

가경 4년(1799년) 정월 8일에 가경제가 대학사 화신을 파면하고 감옥에 가두어 죄를 다스렸다. 이어서 15일에는 화신의 대죄 20가지를 낱낱이 공개했다. 그리고 18일에 가경제는 화신에게 감옥에서 자살할 것을 명령했다. 화신이 정권을 장악한 20년 동안 모은 가산은 헤아릴 수도 없을 정도였다. 그중 전답은 무려 8,000경에 달했다. 그의 어마어마한 자산에 조정 안팎의 사람들이 모두 놀라 말문이 막힐 정도였다. 황제도 경악을 금치 못할 정도였는데, 대략 계산해 보면 백은 8억 냥에 맞먹는 수치였다. 그래서 당시 조정과 민간에서는 "화신이 망하니 가경이 배부르게 되었네."라는 말이 퍼졌다.

청 왕조가 '베트남'의 국명을 정해 주다

1803년

베트남은 중국 역사에서 처음에 안남安南이라고 불렸다. 순치 17년(1660년) 9월에 여유기黎維祺가 국왕을 자칭하며 청 왕조에 공물을 보내 왔다. 이후로 안남국은 정권이 빈번하게 바뀌어 가경 7년(1802년) 12월에 완복영阮福映이 베트남 전체를 점령했다. 그는 청나라에 사신을 보내 공물을 바치면서 자신을 국왕으로 책봉하고, 국호를 '남월南越'로 바꾸는 것을 허락해 달라고 청했다. 가경 8년(1803년) 4월에 가경제는 안남을 '월남'으로 바꿀 것을 명하고, 26일에 완복영을 월남 국왕으로 책봉했다.

도광제의 즉위

1820년

가경 25년(1820년) 7월에 아이신교로 옹염顒琰 가경제(인종仁宗)가 목란木蘭을 순행했다. 17일에 잠시 피서산장에 묵었는데, 다음날 갑자기 병이 난 가경제는 치료해도 소용이 없어 결국 숨을 거두고 말았다. 당시 그는 예순한 살이었고 25년 동안 재위했다. 8월에 황제의 관을 수도로 옮겨 왔고, 10월에 시호는 예황제睿皇帝, 묘호는 인종으로 정해진 후 이듬해 (1821년) 3월에 창릉昌陵에 묻혔다.

가경제가 세상을 떠난 해인 1820년 8월, 그의 둘째아들 민녕旻寧이 태화전에서 황제로 즉위했다. 그가 바로 선종宣宗으로 이듬해를 도광 원년으로 삼았다. 도광제 민녕은 건륭 47년 8월 10일에 황궁의 힐방전擷芳殿에서 태어났다. 그는 어려서부터 공부를 열심히 하고 말타기와 활쏘기를 연습했다. 아홉 살 때 조부 건륭제와 함께 사냥을 나가서 사슴을 명

청나라 가경제 때의 동호
(銅壺)

이는 청나라 가경 연간에 유구국(琉球國, 오키나와의 옛 이름) 실풍선(失風船)에서 선물한 동호로, 청나라가 인근 해상의 국가와 무역을 활발히 했음을 알 수 있다.

중시켜 건륭제에게서 황색 마고자와 화령을 상으로 받기도 했다.

가경 18년 9월에 천리교도天理教徒들이 황궁 안 우문右門으로 공격해 들어와 양심전養心殿 앞까지 다다랐다. 당시 민녕은 서방書房에서 책을 읽다가 시끄러운 소리를 듣고는 조총과 활, 화살을 가지고 나가 직접 천리교도 두 명을 쏘아 죽였다. 그 후 민녕은 지친왕智親王으로 봉해졌다. 또 가경 4년(1799년) 4월 10일에는 비밀리에 황태자로 봉해졌다. 1820년에 가경제가 죽자 민녕이 황제로 즉위하여 연호를 도광이라 했다.

유라과

유용劉墉(1719년~1804년)은 자가 숭여崇如이고 호가 석암石庵, 청원靑原이며 산동 제성諸誠 사람이다. 건륭 16년(1751년)에 진사가 되어 한림원 편수編修, 한림원 시강侍講, 이부상서, 예부상서, 병부상서, 체인각體仁閣 대학사를 역임했다. 죽은 후에 태자 태보로 봉해지고 문청文淸이라는 시호가 내려졌다. 그는 옹방강翁方綱, 양동서梁同書, 왕문치王文治와 함께 '청 4대가淸四大家'로 불린다. 유용은 당·송나라 시대 여러 서예가의 서법을 모두 익혀 여러 서법에 두루 정통해서 해서와 행서에 능했고, 방서榜書와 소해小楷도 쓸 줄 알았다. 단단하고 짧은 붓을 선호해서 그의 글씨는 풍만하고도 무던하며 또한 대범하고 화통했다.

그는 평생 많은 풍파를 겪어서 서법이 여러 번 변했다. 예컨대 젊은 시절 벼슬길이 순조로울 때에는 서법이 둥글둥글하고 매끄러웠다. 중년에는 아버지의 일에 연루되어 관직을 박탈당하고 감옥에 갇혔을 때에도 권세와 무력에 굴복하지 않아 서법에서도 강건한 힘이 느껴졌다. 말년에는 세상사를 꿰뚫어 보아 서법도 평담해졌는데, 그의 서법의 정수와 강건함이 함축되어 부드러움 속에 강함이 있었다. 유라과劉羅鍋라는 호칭은 가경제 때 붙여졌다. 유용이 이미 여든 살이 넘어 허리가 굽자 가경제가 그를 놀리며 '유낙타'라고 부른 데서 유라과라는 호칭이 생겼다.

건륭 대제

건륭제의 이름은 아이신교로 홍력으로 청나라 세종 옹정제 윤진의 넷째 아들이며 옹정 13년(1735년) 9월 초사흘에 황제로 즉위했다. 청나라는 강희, 옹정 양대 황제의 70여 년에 이르는 통치를 거치면서 사회 전체가 번영하기 시작했다. 건륭제는 즉위한 후 나라를 다스리는 데 힘썼다. 그리하여 청나라는 점점 강성해져 전성기에 이르렀다. 건륭제의 일생을 종합해 보면 그는 오랜 세월 나라를 다스리는 데 힘쓰며, 성실히 정무를 처리하고 백성을 사랑했다. 또한 마음에 큰 뜻을 품어 진취적으로 행동했고, 백성이 어려울 때에는 조세를 면제해 주고, 탐관오리를 엄격히 벌했다. 인재를 적재적소에 임명하고, 상벌을 분명히 했으며, 군사와 정치의 대사에 잘못된 부분이 발견되면 고칠 줄 알았다. 그 결과 조부와 부친이 다져 놓은 기초 위에 청나라를 '강건성세'라는 새로운 정점으로 끌어올리고 청나라의 전성시대를 이루었다.

나라의 정치와 군사상의 공적

건륭제는 문치文治와 무공武功 양 방면에서 모두 중대한 기여를 했으며 그가 거둔 성과는 조부와 부친, 즉 강희제와 옹정제를 능가했다. 중가르와 회족을 통일하고 변경 2만여 리를 개척해 서북 및 북부 지방을 안정시켰

건륭제는 중국 역사에서 가장 장수한 황제이다. 그가 60년 동안 안정적인 통치를 펼침으로써 청 왕조는 강성한 전성기에 다다를 수 있었다. 그 시기는 중국 봉건 시대의 정치, 경제, 문화 등 여러 방면에서 오랜 세월 쌓인 경험을 집대성한 시대이다. 지금의 중국 지도는 건륭제 때 기본적으로 완성되었다.

다. 또 막북의 할하 몽골 4개 부를 중가르부의 침략에서 벗어나게 해 주었다. 이 밖에 티베트를 귀속시켜 그 기반인 청해와 사천을 안정시키고, 귀주의 족장을 폐하고 조정에서 보낸 관리를 임명하여 운남 서부 소수 민족 지역을 확실히 청나라의 땅으로 못 박았다. 이로써 근대 중국의 국경을 기본적으로 완성하고, 이후 강대한 중국으로 우뚝 서게 했다.

건륭제는 줄곧 자신이 세운 '열 가지 무훈'을 '십전무공十全武功'이라며 자화자찬했다. 그리고 직접 《십전기十全記》를 써서 군기대신에게 이를 만주어, 한어, 몽골어, 티베트어의 네 언어로 번역하게 하고, 비각碑閣을 지어 자신의 무훈이 오래도록 뚜렷이 전해지게 했다. 이 '십전무공'은 중가르 부족의 반란 두 차례 평정, 회족의 반란 한 차례 평정, 대만 봉기 평정, 미얀마와 안남의 투항, 금천金川의 반란 두 차례 평정, 구르카의 두 차례 투항을 일컫는다. 건륭제는 다섯 차례에 걸쳐 천하의 조세를 전액 면제했다. 그의 재위 시기에 국고에는 은 6천만 냥 이상이 장기적으로 보관되었고, 가장 많을 때는 8천만 냥에 달했다. 이는 역사상 매우 드문 일이다.

오랜 세월의 공적과 과실

강희제와 옹정제 양대와 비교할 때 청나라는 건륭제의 재위 기간에 더욱

강대해지고 정국은 안정되었으며 국고
는 점점 풍족해졌다. 그리고 농업이 발
전하고 모든 일이 흥성했으며, 도시가
번영하고 문화가 발달해 확실히 '성세
盛世'였다. 하지만 건륭제에게도 실수
는 있었다. 특히 그가 말년에 총애하
고 신임한 화신이 권력을 남용하고 뇌
물을 받아 관리들의 부정부패를 초래
하고 탐관오리가 성행했다. 그리고 이
로써 국력이 크게 손실되고 성세는 쇠
퇴하고 말았다. 그러나 결점이 장점을
전부 가릴 수는 없으며, 공이 과실보
다 큰 것만은 확실하다.

그는 중국 역사상 가장 집정 기간
이 긴 최고령의 황제로 진취적이고, 위
대한 업적을 일구어 중국 역사에 막
대한 영향을 미쳤으며, 문치와 무훈을
겸비한 걸출한 봉건 시대의 제왕이다.

〈홍력설경행락도(弘曆雪景行樂圖)〉

낭세녕의 작품. 건륭제와 자녀들이 모여서 새해
를 맞은 것을 경축하는 풍경을 묘사했다.

청나라 조정에서 아편을 조사해 금지시키다

1831년

도광 11년(1831년) 5월에 도광제가 각지에 아편을 엄격히 조사하여 금지시킬 것을 명했다. 당시 서양의 선박들이 호문虎門 부근의 대어산大魚山 인근 해역을 불법으로 점거하고, 배에 싣고 온 생아편을 광동廣東 방면으로 밀수했다. 당시 청나라에서는 이러한 배들을 '아편 거룻배躉'라고 불렀다. 이 서양인들은 과거의 금융 기관이라고 할 수 있는 전점錢店을 운영한다는 명목을 내세우면서 실제로는 광동 지방의 토박이 건달 무리와 손을 잡고 몰래 생아편을 포장해서 팔았다. 그래서 이곳은 아편을 만들어 내는 가마와 같다는 의미로 '대요구大窯口'라고 불렀다. '대요구'에서 포장된 아편은 다시 내륙으로 판매되었다.

5월에 도광제의 명령이 떨어지자 청나라 조정에서는 하급 기관에 명령을 전달해 각 직성독무直省督撫에게 엄격하게 아편 판매를 조사하고 금지시키도록 했다. 이어서 1834년에는 도광제가 다시 명령을 내려 서양 범선인 '돈선躉船'을 내쫓았다.

돈선

1930년대와 1940년대에 중국의 동남해에서 활약한 배로 아편 밀매를 한 서양 범선을 말한다.

영국 함대가 황포로 침입하다

1834년

도광 14년(1834년) 9월에 영국 함대가 황포黃埔로 침입했다. 영국은 당시 윌리엄 네이피어William John Napier를 광주로 보내 영국인의 상업과 관련된 일을 조사하도록 했다. 6월에 마카오에 도착한 네이피어는 광주로 넘어갔다. 이에 청나라의 총독 노곤盧坤이 배를 멈출 것을 명령했으나, 네이피어는 이를 듣지 않고 노곤에게 서신을 보냈다. 그러자 노곤은 그의 공문이 양식에 맞지 않는다며 무역 창구를 봉쇄한 채 시장의 거래를 정지할 것을 명령하고 병사를 보내 삼엄하게 경비했다.

8월 5일에 네이피어가 그의 금지령을 무시하고 군함 두 척을 보내 밀물 때를 틈타서 갑자기 호문으로 침입했다. 7일에는 호문 포대를 넘었고, 9일에는 황포 강黃浦河까지 가서 정박했다. 이때 청나라 병사들이 수포대守砲臺에서 대포를 쏘며 공격했고, 영국 병사들도 대포를 쏘며 반격했다. 이에 맞서 노곤이 군대를 소집해서 영국 상관商館을 포위하자 영국 함대는 마카오로 물러갈 수밖에 없었다.

광동에서 아편을 소각한 임칙서
1838년

건륭 38년(1773년)부터 영국은 해마다 중국에 아편 수천 상자를 수출했다. 가경 5년(1800년)에 청나라 조정이 아편 수입을 엄격히 금지한다는 조서를 내리자 아편 무역은 밀매로 바뀌었는데, 그래도 해마다 수입되는 양은 여전히 어마어마했다. 아편의 범람은 중국에 심각한 결과를 가져왔다. 아편 대금으로 엄청난 양의 백은이 나라 밖으로 유출되고, 백성의 건강이 매우 위협을 받았다.

도광 18년(1838년)에 선종 도광제는 특별히 임칙서林則徐를 흠차대신으로 임명해 광주로 가서 아편을 금지하도록 명령했다. 임칙서는 광주에 도착하자마자 단호하고 신속하게 아편 금지 조치를 행했다. 이듬해 2월에 임칙서는 '13행十三行(조정이 광주에서 전문적으로 외국 상인들과 교역하기 위해 둔 열세 개 행의 시장)'의 상인들을 불러들여 눈앞의 이익에만 급급해 도리를 망각하고 외국의 아편 판매상을 도운 죄를 물었다. 아울러 외국 상인들에게는 사흘 안에 모든 아편을 내놓으라고 명령하고, 다시는 상선에 아편을 싣고 오

호문 포대 유적

지 않겠다는 서약을 하게 했다. 이와 동시에 임칙서는 《금연 장정 10조禁煙章程十條》를 제정해 광동성 안에서 대대적으로 아편을 금지하며 아편을 팔거나 피우는 사람을 엄격히 벌했다.

그는 두 달 동안 아편을 팔거나 피운 사람 1,600여 명을 잡아들였고, 생아편과 생아편을 달여서 만든 고약 46만여 냥어치, 연창煙槍(아편 연기를 빨 때 사용한 관) 4만여 자루를 압수했다. 임칙서가 몰수한 아편은 무려 2만 283상자 2,119포대로, 총 237만 6,254근에 달했다. 도광 19년(1839년) 4월에 임칙서는 호문 요새에서 직접 아편 소각 작업을 감독했다.

제1차 아편 전쟁의 발발
1840년

도광 19년(1839년) 7월 28일에 영국인 찰스 엘리엇Charles Elliot이 군함을 이끌고 구룡구九龍口에서 광동 수군을 향해 포탄을 발사했다. 그리고 9월 28일에 천비穿鼻 해전을 일으켰다. 천비 해전과 구룡 전투, 관용官湧 전투 등은 청나라가 외국 침략자에 대항하여 벌인 대항전의 전초전이었다.

이듬해(1840년) 5월 29일에 영국 군함이 광주의 주강珠江 입구를 봉쇄하면서 제1차 아편 전쟁이 정식으로 발발했다. 광주의 수비가 치밀한 것을 본 엘리엇은 군대를 이끌고 북쪽으로 올라갔다. 그리고 6월에 영국군은 먼저 하문을 포격하고, 병사를 보내 절강을 공격했다. 금세 정해定海를 함락하자 영국 병사들은 정해에서 제멋대로 약탈하기 시작했다. 영국군은 12일에는 영파寧波와 장강구長江口를 봉쇄했다. 7월 14일에 영국 군함이 천진

天津 해구海口에 도달해 중국 식량선을 약탈하는 데도 직예총독 기선琦善은 반격하지 않을 뿐만 아니라 오히려 사람을 보내 영국군에 음식을 제공했다. 8월 4일에 기선과 엘리엇이 대고구大沽口 해변에 세운 장막에서 만나 회담을 시작했다. 8월 하순에 영국군은 청나라 조정을 압박해서 굴복을 받아내려는 목적이 이미 기본적으로 완성되었다고 생각하고 군대를 광주로 물리는 것에 동의했다. 8월 22일에 도광제는 기선을 흠차대신으로 삼아서 광동으로 보내 병사들을 풀어 줄 것을 요구했다. 그러나 이때 영국은 이미 전쟁을 확대시킬 결정을 내린 상태였다.

아편 전쟁 시기 청나라 군대의 수군 군함 (모형)

삼원리 백성의 항영
1841년

삼원리三元里는 광주성에서 북쪽으로 약 5리 떨어져 있다. 청나라와 영국의 광주조약廣州和約이 체결된 첫날인 4월 6일, 광주성 북쪽의 여러 향에서 조직된 각 의용군의 우두머리들이 우란강牛欄岡에 모여서 모두 연합해 영국군에 항전하기로 했다. 9일에 사방 포대를 근거지로 삼은 일부 영국군이 삼원리 일대에서 약탈을 일삼고 아녀자를 겁탈해 마을 사람들을 격분하게 했다.

이에 채소 농사꾼인 위소광韋紹光 등이 반격에 나서 영국군 10여 명을 죽이자 나머지 영국군이 황급히 도망쳤다. 그 후 영국군의 보복을 피하기 위해 삼원리 마을 사람들은 마을 북쪽에 있는 삼원리 고묘古廟 안의 신위를 모신 신좌神座 앞에 모였다. 그리고 별 세 개가 그려진 검은 깃발三星黑旗을 영기令旗(명령을 발포할 때 사용하던 깃발)로 삼고, "깃발이 나아가면 사람도 나아가고, 깃발이 후퇴하면 사람도 후퇴하며, 아무런 원망 없이 때려죽인다. 旗進人進 旗退人退, 打死無怨"라고 맹세했다.

10일에 의용군 5,000명이 삼원리 백성의 '평영단平英團' 깃발 아래 모여 사방 포대로 진격했다. 이를 본 영국군 사령 휴 고프Hugh Gough가 군사 2,000명을 이끌고 청나라의 의용군에 맞서 싸웠다. 의용군은 영국군을 우란강 일대 구릉 지역까지 유인해서 포위했다. 그날 오후 1시에 큰 비가 퍼붓는 바람에 습기가 차서 총과 대포가 위력을 발휘하지 못하자 영국군은 황급히 퇴각했다. 이때 의용군은 영국군을 나누어 포위하고 육박전을 벌여 영국군 비처Beecher 소교 등 여러 명을 죽이고 전리품

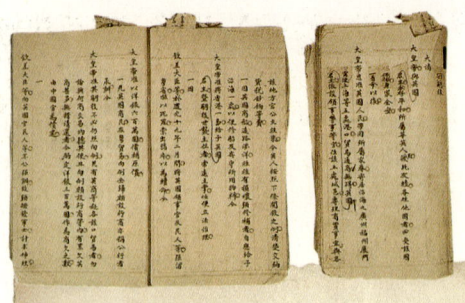

난징 조약 복사본 (일부)

난징 조약은 청나라의 영토와 주권의 완전성을 심각하게 훼손하여 청나라는 이로부터 반식민지로 전환되었다.

청나라와 영국의 난징 조약 체결

도광 22년(1842년) 7월에 영국 군함 콘월리스Cornwallis 호에서 청나라와 영국이 난징 조약을 체결했다. 7월 24일에 흠차대신 기영耆英, 이리포伊里布가 영국의 전권대사 포팅거Henry Pottinger와 난징 조약 총 13조항을 체결했는데, 주요 내용은 다음과 같다.

첫째, 중국은 광주, 복주, 하문, 영파, 상해 등 다섯 개 항구를 개항한다. 개항장에 영국인 가족의 거주를 허가하고, 영국은 영사領事 등의 관청을 설치할 수 있다. 둘째, 홍콩 섬을 영국에 할양한다. 셋째, 중국은 영국에 은 2,100만 냥에 해당하는 금액을 배상하는데 몰수당한 아편의 보상금이 600만 냥, 빚이 300만 냥, 군비가 1,200만 냥이다. 넷째, 수출입 상품에 대한 관세율은 양국의 '공평한 협의 조항'을 통해 결정한다.

8월 2일에 도광제가 난징 조약을 비준했다. 이듬해(1843년) 8월 15일에는 청나라 흠차대신 기영과 영국 대표 포팅거가 광동 호문에서 다시 청나라와 영국 간의 오구통상부착선후조약五口通商附粘善後條約(즉 호문 조약)을 체결했다. 난징 조약은 중국 근대사에서 중국이 제국주의에 굴복하는 굴욕을 당하며 체결한 첫 번째 불평등 조약이다.

을 대량 얻었다. 삼원리의 항영抗英 투쟁은 청나라 백성이 자발적으로 외국 침략자에 맞서 싸운 첫 번째의 비교적 규모가 큰 전투이다. 굴복하지 않고 용감하게 투쟁하는 청나라 백성의 기개를 엿볼 수 있는 부분이다.

홍수전이 배상제회를 만들다
1843년

도광 23년(1843년) 여름에 광동 화현花縣에서 홍수전洪秀全과 풍운산馮雲山이 '배상제회拜上帝會'를 만들었다. 이는 '배상제교拜上帝敎', '태평기독교太平基督敎'라고도 불렸다. 홍수전과 풍운산은 둘 다 어려서부터 경서와 사서에 통달하고 다양한 책을 읽었지만 여러 차례 과거 시험에서 급제하지 못해 글방 스승 노릇을 했다. 그들은 《권세량언勸世良言》에서 일부 기독교 교의를 받아들이고 홍수전이 배상제회를 만들어 스스로 세례를 행했다. 이로써 그는 유교의 굴레에서 벗어남을 선포했다.

홍수전 조각상

　도광 24년에 홍수전과 풍운산은 광서 지역으로 가서 선교했다. 그해 8월에 풍운산이 계평桂平 자형산紫荊山 지역에 도착해서 그곳의 가난한 농민과 석탄공燒炭工을 대상으로 신도를 늘려 나가면서 점차 배상제회의 세력을 확대했다. 10월에 홍수전은 고향으로 돌아와서 우선 《원도구세가原道救世歌》와 《원도성세훈原道醒世訓》 등을 창작해 배상제회의 이론적 근거를 완벽히 갖추었다. 도광 27년 봄에 홍수전은 광주에 가서 미국인 선교사를 따라다니며 《성경》을 공부했다. 그러면서 종교의식을 이해하고, 그 속에서 일부 사상을 받아들였다. 7월에 홍수전은 자형산으로 가서 풍운산과 만났다. 당시 풍운산은 이미 신도를 3,000여 명 확보하고 있었고, 홍수전과 풍운산은 함께 배상제회의 의식을 제정했다. 아울러 '천조天條 10항'을 만들었다. 도광 29년에 홍수전, 풍운산, 양수청楊秀淸, 소조귀蕭朝貴, 위창휘韋昌輝, 석달개石達開가 의형제를 맺고 배상제회의 핵심 우두머리가 되었다. 배상제회는 이로부터 명성을 떨치며 신도가 점점 늘어나 새로운 전기를 맞았다. 이들이 정권을 세운 태평천국太平天國 시기를 전체적으로 살펴보면, 배상제회는 태평군 및 태평천국 혁명을 유지하는 종교적 역량으로서 줄곧 중요한 역할을 했다.

쇠 손잡이에 금도피(金桃皮)를 상감한 요도(腰刀, 허리에 차는 칼)의 칼집

칼의 길이는 104cm, 너비는 5.8cm이다.

함풍제(咸豊帝)의 즉위
1850년

도광 30년(1850년) 정월 14일에 도광제가 넷째아들 혁저奕詝를 황태자로 삼고, 그날 숨을 거두었다. 도광제는 평생 근검절약하며 살았고, 말년에 외부의 치욕을 해결하지 못하고 내부의 걱정거리를 없애지 못해 깊은 한과 걱정을 안고 세상을 떠났다. 그가 재위하던 시기에 청나라가 힘을 잃고 영토를 빼앗겼기 때문에 도광제는 자신이 조상들과 같은 지위를 누리지 못할 것이라고 여겼다. 도광제 민녕의 시호는 '성成', 묘호는 선종宣宗으로 지금의 허베이 성 이 현易縣 베이닝 산北寧山 모릉慕陵에 묻혔다. 그의 뒤를 이어 3월 29일에 혁저가 즉위해 연호를 함풍咸豊으로 바꾸고 이듬해를 함풍 원년으로 정했다.

아이신교로 혁저는 청나라가 중원으로 들어온 이래 일곱 번째 황제이며, 묘호는 문종文宗, 연호는 함풍이다. 그는 즉위 초기에 광서 지역에서 들고 일어난 태평군과 맞닥뜨려 하마터면 청 왕조를 끝낼 뻔했다. 그 후에도 영국과 프랑스가 청나라를 대상으로 두 번째 아편 전쟁을 일으켜 이 젊은 황제는 온갖 굴욕을 당했고, 애써 발버둥 치며 청나라의 강산을 근근이 유지해 나갔다. 그의 재위 기간에 청나라의 내우외환은 거의 최악의 상황

으로 치달아 왕조가 금방이라도 무너질 듯 중국의 위기가 전면적으로 심화되었다.

금전의 기의
1850년

도광 30년(1850년) 12월 10일에 홍수전이 이끄는 배상제회가 광서 계평 금전金田 마을에서 봉기했다. 그해 6월에 홍수전은 무장 투쟁을 일으킬 시기가 무르익었다고 생각하고, 각지의 배상제회 신도들에게 총동원령을 내려 10월 1일 이전까지 금전 마을로 모이게 했다. 11월에 홍수전과 풍운산은 광서 평남현平南縣 화주산花洲山 사람 호이황胡以晃의 집에서 비밀리에 무장 봉기의 구체적인 사항을 계획했다.

　배상제회 신도들이 금전 단영團營에 모이자 대오의 명성과 위세는 점점 커졌다. 그러자 도광 30년(1850년) 11월 12일에 청나라 조정에서 이들을 진압하기 위해 군대를 보냈다. 11월 하순에 계평에 주둔한 청나라 원진총병遠鎭總兵 주봉기周鳳岐가 부하 이극탄포伊克坦布를 보내 귀주의 군대를 이끌고 금전 마을의 봉기군을 소탕하게 했다. 11월 29일에 배상제회의 태평군이 용촌蓉村 강목교江木橋에서 청나라 군대와 전투를 벌여 승리했다.

　태평군은 강목교江木橋를 무너뜨려 청나라 군대의 퇴로를 끊고 이극탄포를 붙잡았다. 이 소식을 듣고 주봉기가 지원하러 왔다가 오히려 패하고 말았다. 그해 12월 10일, 배상제회는 금전 마을에서 정식으로 기의를 선포했다. 그날은 마침

태평군 작전 지휘부 – 광시 좡족 자치구 진톈(金田) 삼계묘(三界廟)

홍수전의 서른여덟 살 생일이었다. 양수청楊秀淸, 소조귀蕭朝貴, 풍운산, 위창휘, 석달개石達開, 진일창秦日昌, 호이황 등이 이끄는 배상제회 신도들은 이를 기념하여 성대하게 축하 잔치를 벌였다. 그리고 금전 마을 안에 있는 위씨韋氏의 조상을 모신 사당 대종사大宗祠에서 배상제회의 모든 신도가 모여 의식을 거행하고, 국호를 태평천국으로 선포했다.

아울러 이듬해(1851년)를 태평천국 원년으로 삼고 정식으로 군대를 일으켜 청나라 조정을 토벌할 것을 선포했다. 이로써 기운찬 태평천국 운동이 그 서막을 열었다.

태평천국이 천경을 도읍으로 삼다
1853년

함풍 3년(1853년) 2월 10일에 태평군이 남경을 점령하여 그곳을 도읍으로 삼기로 하고 '천경天京'으로 이름을 바꾸었다. 금전에서 봉기한 후, 태평군은 영안성永安城에서 나라를 이끌어갈 제도를 마련하고 북쪽의 청나라 조정을 토벌하기로 했다. 이렇게 해서 벌어진 전주全州 전투에서 남왕南王 풍운산이 포탄을 맞고 죽었다. 태평군은 동쪽으로는 침주郴州로 진격하고, 북쪽으로는 장사를 공격했다. 그러나 불행히도 장사를 포위하고 벌인 전투에서 서왕西王 소조귀가 희생되고 말았다. 장사에서 물러나 북쪽 동정호洞庭湖 호숫가까지 나아간 태평군은 그곳에서 민간의 배 수천 척을 얻어 대오가 신속하게 커졌다. 그 기세를 몰아 태평군은 악주岳州를 점령하고, 곧장 한양漢陽과 무창武昌으로 나아갔다.

함풍 2년(1852년) 11월 13일, 태평군은 일거에 한양을 함락하고 19일에는 한구漢口를 점령했다. 그리고 한양과 무창 사이의 드넓은 장강에 이르자 태평군은 부교를 만들어서 강을 건넜다. 12월에 태평 대군이 부교를 건너 초나흘에 무창성武昌城을 함락했다. 이어서 함풍 3년(1853년) 정월 초이틀에 태평군은 무한에서 출발해 50만 명에 달하는 군사와 만 척에 이르는 전선을 이끌고 강을 따라 동쪽으로 내려갔다. 수륙 양군이 강을 따라 함께 공격하며 곧장 남경까지 치고 들어갔다. 그 후 태평군은 계속해서 구강, 안경安慶, 무호蕪湖로 내려가 정월 29일에는 남경성 근처에 도착했다. 2월 초열흘에 태평군은 지뢰를 이용해서 남경성의 북쪽 의봉문儀鳳門을 무너뜨린 후 외성을 공격해서 함락하고, 이튿날 내성을 공격하여 남경성 전체를 점령했다. 태평군은 남경을 도읍으로 삼았고, 이후 남경은 태평군이 의지할 근거지가 되어 태평천국 운동을 추진하는 데 매우 중요한 역할을 했다.

증국번이 상군을 만들다
1854년

함풍 4년(1854년) 정월에 증국번曾國藩이 상군湘軍을 훈련시키기 시작했다. 청나라 통치자의 핵심 무장 역량이었던 팔기군과 녹영은 청나라 말에 쇠락하여 수비를 제대로 하지 못했다. 아편 전쟁의 참패로 청나라는 더 이상 군대를 조직하는 데 큰 어려움을 겪게 되었다. 게다가 태평천국 혁명으로 강력한 타격을 입어 청나라 군대 체계는 붕괴할 지경까지 이르렀다. 기의군이 반란을 일으키면 청나라 조정은 줄곧 각 성의 녹영을 모아 맞서게 했고, 수차례 패배를 맛보았다. 이에 경각심을 느낀 통치 집단은 각 성에 단련團練(지주들이 조직한 지방 자체의 무장 조직)을 조직했다. 1853년에 부모상을 당해 집에 있던 예부시랑 증국번도 명을 받들어 호남 단련을 조직했다. 그는 녹영 옛 제도의 폐단을 거울삼아 상군을 조직하기 시작했다.

상군의 기본적인 조직 방침은 선비가 백성을 이끄는 것이었다. 증국번은 호남 지역에서 '충성과 절의의 혈기'가 있고 가족 관계, 사생師生 관계인 중·하층 지식인들을 모아들여 장수로 삼았다. 그리고 녹영병 제도의 결함을 극복하기 위해 모병제를 실행했다. 모병 단계는 매우 엄격했으며, 이

사교춤의 중국 상륙

청나라 후기에 근대 유럽과 미국의 춤이 여러 경로를 통해서 중국으로 들어왔다. 그중에서 비교적 초기에 중국인들에게 받아들여진 것은 사교춤이다. 당시 중국에서 일찍이 사교춤을 접한 이들은 미션 스쿨의 학생이었다. '할로윈 데이', '부활절', '크리스마스' 등 서양 명절 때마다 미션 스쿨에서는 성대한 경축 의식과 다과회, 무도회를 열었다. 이를 통해서 학생들에게 '유럽과 미국의 문명과 생활방식'을 전파해 중국인들이 무의식중에 사교춤을 받아들이고 배우게 했다. 그 밖에 사교춤은 서양인의 오락 사교 방식으로서 조계지에 전파되었는데 처음에는 외국인 거주자들의 생활권에만 국한되었다.

도광 30년(1850년)에 상해 조계지에서 첫 번째 무도회가 열렸다. 그런데 서양인들의 남녀 비율이 심각하게 불균형을 이루는 데다 중국의 전통 관념이 장애물이 되어 상해 등 대도시에서도 무도회는 자주 열리지 못했다. 그러다 연해의 일부 개방 도시에서 조계지에 중국인과 서양인이 함께 거주하기 시작하면서 서양인들의 생활권에 발을 디딘 중국인들이 차츰 서양인이 연 술집, 레스토랑 및 오락 장소에 부설된 무도장에 들어가 외국인 거주자들이 여는 무도회에 참석하게 되었다. 이어서 상해의 '장원張園', '일품향여사一品香旅社' 등처럼 중국인들이 인수했거나 직접 문을 연 오락 장소에서도 서양식 오락 방식을 받아들였다. 이로써 사교춤은 차츰 중국인의 사랑을 받으며 근대 중국에서 널리 유행했다.

것이 곧 모병 성공 여부의 중요 요소가 되었다. 1854년에 증국번은 이런 모병 방식을 이용해 모두 1만 7,000여 명을 모집하고 육군 10진영, 수군 10진영을 조직했다. 이들은 처음에 태평군 진압 작전에 파병되었다.

증국번이 만든 상군 용영제도勇營制度라는 군사 체계는 중국의 옛 군사 체계 및 각 방면을 발전시킨 것이다. 그러나 한편으로 상군의 통수가 병사와 군비 및 지방 행정권을 모두 장악해 지방 관리의 세력을 크게 키워 주었다. 그 결과 중앙 집권이 심각하게 약화되어 근대적인 국가의 건군 원칙을 크게 위배했고 향후 군벌이 제멋대로 날뛸 수 있게 하는 화근이 되었다. 또한 어느 정도 중국 군대의 근대적인 발전을 저해하기도 했다.

태평천국의 천경 사변

1856년

천경에 도읍을 정한 후로 태평천국 우두머리들의 생활은 나날이 사치하고 부패해 갔다. 함풍 6년(1856년)에 강북과 강남 진영에서 청나라 군대를 격파한 후, 양수청은 천왕에게 직접 동왕부東王府로 와서 자신을 만세萬歲에 봉해 달라고 했다. 홍수전은 한편으로는 그의 요구에 답하면서 한편으로는 몰래 북왕北王 위창휘와 익왕翼王 석달개를 천경으로 돌아오게 했다. 북왕 위창휘는 오랫동안 양수청에 대해 불만을 품고 있었기에 비밀리에 명령을 받자마자 금세 군사를 이끌고 천경으로 왔다. 그리고 8월 3일 밤에 동왕부를 포위하고, 이튿날 양수청과 그의 친족 및 휘하 2만여 명을 모두 죽였다. 8월 중순 호북에서 천경으로 돌아온 석달개가 위창휘에게 사람을 너무 많이 죽였다고 질책하자, 위창휘는 또 석달개의 온가족을 죽였다. 그러나 석달개는 다행히 목숨을 건져 도망쳤다. 위창휘는 이 기회를 틈타 천왕 홍수전까지 해치려고 했다. 위창휘가 이처럼 제멋대로 사람을 죽이자 천경의 태평군 장수와 병사들이 격분했고, 10월에 홍수전이 그들의 요청을 받아들여 위창휘를 죽였다.

증국번의 필적

10월 말에 석달개가 천경으로 돌아와서 홍수전의 명령을 받들어 정무를 맡았다. 그러나 양수청과 위창휘 사건 이후로 홍수전은 석달개에게도 마음을 놓지 못해 자신의 형인 홍인발洪仁發을 발왕發王으로 봉하고 둘째 형 홍인달洪仁達을 복왕福王으로 봉해서 석달개를 견제하게 했다. 함풍 7년(1857년) 5월 이에 격분한 석달개가 천경을 떠나면서 태평군 장수와 병사 수만 명을 이끌고 가 홍수전과는 별도로 전쟁을 치렀다. 이를 가리키는 천경 사변은 태평천국의 내부 단결을 깨뜨려 태평군의 전투력을 크게 약화시키면서 태평천국에 돌이킬 수 없는 손실을 안겨 주었다.

애로호 사건

1856년

함풍 6년(1856년) 유럽에서 크림 전쟁(1854년부터 1856년까지 러시아 제국과 오스만 제국, 영국, 프랑스 등의 연합군과의 전쟁)이 끝난 후 영국, 프랑스, 미국 세 나라가 두 번째로 청나라에 '약속 이행'을 요구하고 나섰다. 그러나 청나라 조정이 이를 거절하자 영국, 프랑스 등은 온갖 핑계를 찾아 전쟁을 일으켰다.

그해 9월 초열흘, 광동수사가 황포항에 정박 중이던 중국 상선 애로Arrow호에서 중국 해적 2명과 해적 혐의의 선원 10명을 체포했다. 그러자 영국 공사 바우링John Bowring이 영국의 주駐광주대리영사 파크스Harry Smith Parkes를 보내서 청나라의 광동, 광주 총독 섭명침葉名琛에게 광주 당국에 잡혀 간 이들을 풀어 주고 또 범인을 체포할 때 영국 국기가 끌어내려진 것에 대해 영국 측에 사과할 것을 요구하는 서신을 전달했다. 그런데 사실 당시 그 배에는 영국 국기가 걸려 있지 않았기 때문에 섭명침은 사실대로 상황을 설명했다. 그러나 바우링과 파크스는 고의적으로 사고를 만들고 9월 23일에 섭명침에게 최후통첩을 했다. 섭명침은 결국 영국 측의 압력에 눌려 영국과 타협하고 양보해 파크스에게 범인을 넘겨주었다. 영국 측은 본래 목적이 청나라에 시비를 거는 것이었으므로, 범인을 인도받기를 거부하고 25일에 제멋대로 영국 군함을 끌고 광주 내하內河로 들어가 제2차 아편 전쟁의 포화를 터뜨렸다.

영국과 프랑스가 제2차 아편 전쟁을 일으키다

1856년

함풍 6년(1856년) 영국이 애로호 사건을 핑계로 9월 25일에 광주를 공격해서 제2차 아편 전쟁을 일으켰다. 함풍 7년(1857년)에는 프랑스가 마 신부 사건(1856년 광서 서림에서 한 프랑스 선교사가 지방당국에 체포되어 처형된 사건. 역사에서는 서림 교안西林教案이라고 한다.)을 핑계로 연합군을 결성하고, 엘긴 James Bruce, 8th Earl of Elgin과 그로Jean-Baptiste Louis Gros를 연합군 대표로 삼아서 각 육·해군을 통솔해 홍콩으로 이동하게 했다. 연합군은 11월 14일에 광주를 함락하고, 포로로 잡은 섭명침을 인도로 이송해 캘커타 감옥에서 죽게 했다.

함풍 8년(1858년) 4월에 영국과 프랑스 연합군이 백하구白河口에 군함을 집중시켜 청나라 조정을 속이고, 러시아와 미국 공사公使가 조정자를 맡아 가운데에서 압박했다. 4월 8일에 영국과 프랑스 연합군이 대고大沽 포대를 함락하고 북경으로 공격해 들어가기로 했다. 이에 청나라 조정에서는 얼른 대학사 계량桂良, 이부상서 화사납花沙納을 보내 강화를 청하게 했다. 이에 따라 청나라는 그해 5월에 잇달아 네 나라와 톈진 조약을 맺고, 동시에 러시아와는 혁산奕山에서 아이훈 조약璦琿條約을 체결했다.

원명원이 불타다
1860년

함풍 10년(1860년) 7월 영국과 프랑스 연합군 1만여 명이 북당北塘으로 상륙해서 당고塘沽, 대고 포대를 차례로 함락했다. 천진은 지세가 험준한 요새가 없어서 금세 함락당하고 말았다. 이에 청나라 조정에서는 황급히 대학사 계량 등을 보내 적과 강화를 맺게 했다. 그러나 침략자가 제시한 조건이 지나치게 까다로워서 담판은 실패로 끝이 나고 말았다.

8월에 영국과 프랑스 연합군이 통주通州로 밀고 들어가 팔리교八里橋 일

청나라 시대의 마차

차체에 격자 무늬가 투조되어 있고, 안에 붉은 천이 드리워져 있다. 차 앞쪽에 작은 창이 두 개 뚫려 있는데 이 역시 커튼으로 장식할 수 있다. 수레 꼭대기는 권붕(捲棚, 용마루가 없는 지붕으로 용마루의 뼈대를 세우는 대신 부드러운 곡선의 기와를 얹었다. 이런 기와를 얹은 지붕을 중국에서는 '권붕'이라 부른다.)식이다. 조형이 안정적이고 아름답다.

원명원 대수법 유적지

대수법은 원명원에서 서양식 건물인 원영관의 남쪽에 있다. 이곳은 건륭제가 분수를 감상하던 곳이었으나, 1860년에 영국과 프랑스 연합군에 의해 불타 버렸다.

대에서 격전을 벌였다. 청나라 군대가 용맹하게 맞서 싸우며 서너 시간 동안 격렬하게 지구전을 벌였지만, 결국 패하고 말았다. 영국과 프랑스 연합군은 기세를 등에 업고 북경성 아래까지 진격했다. 북경성 밖에 도착한 영국과 프랑스 침략군은 먼저 길을 돌아 서북 교외에 있는 원명원으로 가서 금은보화를 약탈하고, 움직여 갈 수 있는 모든 진귀한 문물을 훔쳐 갔다. 게다가 영국에서는 엘긴에게 명령을 내려 원명원을 불태우게 했다. 8월 22일부터 25일까지 영국과 프랑스 연합군은 원명원을 불태웠다. 청나라 조정이 백성의 피와 땀을 쏟아 중국과 서양의 건축 예술을 종합하고 고금의 예술품을 한데 모아 완성하고 100여 년 동안 유지해 온 장엄하고 화려한 궁전과 황실 정원이 순식간에 잿더미로 변하고 말았다.

베이징 조약의 체결

1860년

함풍 9년(1859년) 5월 영국, 프랑스, 미국 공사가 연합 함대를 구성해 북쪽으로 올라가서 조약 내용을 고칠 것을 요구했다. 이때 청나라 조정은 대고에 수비 시설을 세웠기 때문에 세 나라에 북당으로 상륙해서 북경으로 이동해 조약을 고치자고 했다. 영국과 프랑스 공사는 일부러 청나라 조정을 도발할 목적으로 꿋꿋이 대고에 상륙해서 대고 포대를 향해 발포했다. 이에 청나라 군대는 셍게린친僧格林沁의 지휘 아래 용감하게 반격해서 영국과 프랑스 함대를 물리쳤다. 이어서 함풍 10년(1860년)에 영국과 프랑스 연합군이 더 많은 병력을 이끌고 다시 침입해 들어왔다. 결국 7월 5일에 대고 포대가 함락되었다. 7월 8일에 영국과 프랑스 연합군이 천진을 점령하고 북경을 향해 진격했다. 그 소식을 듣고 8월 8일에 함풍제가 황급히 열하로 도망쳤다. 침략군은 북경에 침입해서 8월 22일부터 25일까지 원명원을 불태웠다. 그리고 청나라의 공친왕恭親王 혁흔奕訢이 나서서 영국, 프랑스와 각각 베이징 조약을 체결했다.

그 후 러시아 사신이 '조정에 공이 있다.'며 혁흔에게 러시아와 청나라 간에 베이징 조약을 체결하도록 강요했다. 이렇게 제2차 아편 전쟁은 중국에 막대한 손실을 안기며 끝이 났다. 이 조약에 따라 영국이 구룡사九龍司 지방의 한 지역을 점령하고, 제정 러시아는 오소리강 동쪽의 약 40여만 km^2에 이르는 면적의 땅을 할양받았다. 아울러 공사를 북경에 주둔시켜 청나라 조정에 대한 자신들의 영향력과 통제권을 한층 강화시켰다. 또한

무늬 장식이 있는 산판선
(舢板船, 큰 배에 딸린 작은 배)
(모형)

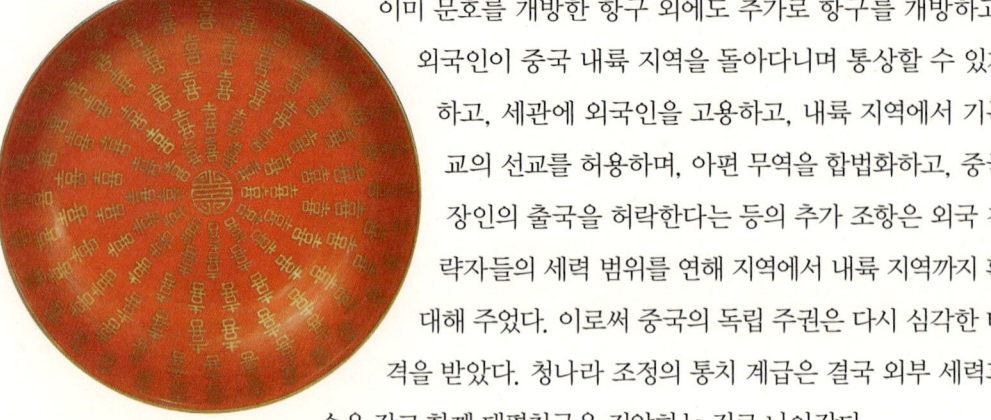

이미 문호를 개방한 항구 외에도 추가로 항구를 개방하고, 외국인이 중국 내륙 지역을 돌아다니며 통상할 수 있게 하고, 세관에 외국인을 고용하고, 내륙 지역에서 기독교의 선교를 허용하며, 아편 무역을 합법화하고, 중국 장인의 출국을 허락한다는 등의 추가 조항은 외국 침략자들의 세력 범위를 연해 지역에서 내륙 지역까지 확대해 주었다. 이로써 중국의 독립 주권은 다시 심각한 타격을 받았다. 청나라 조정의 통치 계급은 결국 외부 세력과 손을 잡고 함께 태평천국을 진압하는 길로 나아갔다.

청나라 동치 시대의 홍색 유약 금박 무늬 희자(喜字) 쟁반

이 쟁반은 저온에서 반홍(礬紅, 황산철을 태워서 만들어 도자기에 쓰는 붉은 채색) 유약을 바른 후 표면에 금박으로 '기쁠 희(喜)' 자를 6바퀴 132자를 장식했다. 이 쟁반은 동치 7년(1868년)에 치러진 황제의 대혼(大婚) 때 구워 만든 것이다.

동치제의 즉위
1861년

1861년 8월에 함풍제가 승덕 피서산장에서 병으로 죽고 그의 아들 아이신교로 재순載淳이 즉위했다. 함풍 10년(1860년) 8월에 영국과 프랑스 침략군이 통주까지 밀고 들어오자 대학사 겸 보군통령步軍統領 숙순肅順이 만주족 귀족 이친왕怡親王 재원載垣과 정친왕鄭親王 단화端華와 함께 함풍제를 열하로 도망가게 했다. 함풍제는 체력이 약하고 병치레가 잦아서 낙양灤陽에 도착했을 때부터 병으로 몸져 누웠지만, 근근이 버티며 승덕 피서산장으로 갔다. 함풍제가 특별히 공친왕 혁흔을 흠차대신으로 삼아서 영국과 프랑스 연합군과 강화를 맺게 해 불평등한 베이징 조약이 체결되자, 연합군은 북경에서 천진으로 퇴각해 자신들의 나라로 돌아갔다. 혁흔 등은 대신들에게 함풍제를 북경으로 모셔오도록 했다. 그러나 함풍제는 영국, 프랑스 연합군이 다시 올까 두려워서 그해에는 일단 북경으로 돌아가지 않기로 했다. 그러다 함풍 11년(1861년) 정월에 다시 병이 나서 북경으로 돌아가는 계획은 더욱 미뤄졌다.

함풍제는 7월 16일에 병이 위중해지자 이튿날 문무백관을 접견하여 맏아들 재순載淳을 황태자로 삼고, 재원, 단화, 경수景壽, 숙순, 목음穆蔭, 광원匡源, 두한杜翰, 초우영焦佑瀛에게 정무를 맡기며 '찬양정무대신贊襄政務王大臣'이라 불렀다. 그리고 향년 서른한 살을 일기로 행궁에서 숨을 거두었다. 재순이 그를 이어 즉위하여 이듬해를 기상祺祥 원년으로 삼고, 10월에 다시 이듬해를 동치同治 원년으로 바꾸었다.

자희 태후 초상화

신유정변
1861년

함풍 11년(1861년) 9월 30일에 예흐나라葉赫那拉 씨가 정변을 일으켜 조정의 대권을 장악했다. 함풍제는 유언을 남기면서 여섯 살인 재순을 황태자로 삼아 황제의 자리를 잇게 하고, 재원, 단화, 숙순 등 여덟 명을 '찬양정무대신'으로 삼아 조정 일을 보좌하게 했다. 재순은 즉위한 후 연호를 기상으로 정했다. 그의 생모인 예흐나라씨가 자희 태후이며, 권력욕이 특히 강해서 그 자신이 최고 통치권을 갖고자 했다. 이에 자연히 태후와 숙순 등 조정 보좌 대신 사이에 갈등이 일어났다. 자희 태후는 함풍제의 이복동생 공친왕 혁흔과 손을 잡고 정변을 일으키기로 계획했다.

9월 23일에 함풍제의 영구가 승덕에서 북경으로 운구되어 왔다. 그 후 30일에 예

자희 태후

자희는 성이 예흐나라씨로 함풍제의 후궁으로, 서태후로 잘 알려진 인물이다. 아들 재순을 낳아 의懿 귀비로 책봉되고 저수궁儲秀宮에서 거주했다. 훗날 재순이 황제로 즉위하자 예흐나라씨는 황태후가 되었고 성모聖母 황태후라고 불렸다. 예흐나라씨는 권력욕이 매우 강해서 1861년에 신유정변을 일으켜 수렴청정을 하며 조정의 실권을 장악했다. 그녀는 지방의 실력자인 한족 증국번, 이홍장李鴻章 등을 중용해 태평천국 운동을 소탕하게 했다. 자희 태후의 노력 덕분에 당시 청나라에 잠깐의 안정이 찾아와 이를 '동광의 치'라고 부른다. 통치 후기에는 적극적으로 대외 세력과 타협하여 "중화의 물력으로 다른 나라의 환심을 산다."라는 말을 했다. 1908년에 그녀가 죽은 후 4년 만에 청 왕조도 멸망하고 말았다.

흐나라씨가 정변을 일으켜 10월 초하루에 혁흔을 의정왕議政王으로 삼고 연호 기상을 동치로 바꾸었다. 이어서 재원, 단화 등 여섯 명의 무장에게는 스스로 목숨을 끊을 것을 명했고, 숙순은 목을 베어 여러 사람에게 내보였으며, 경수 등 다섯 명은 해임하거나 군대에 들어가게 했다. 11월 초하루에 자희 태후와 자안 황태후가 양심전에서 정식으로 수렴첨정을 시작했다. 이로부터 자희 태후가 정권을 장악하여 광서光緖 34년(1908년)에 죽을 때까지 무려 40여 년 동안이나 청나라 조정의 최고 권력을 좌지우지했다.

저수궁

저수궁 내부 모습으로, 자희 태후가 이 궁에서 거주했다.

태평천국 운동의 실패
1864년

동치 3년(1864년) 6월 16일에 상군이 천경을 함락했다. 그전인 동치 3년(1864년) 정월에 이수성李秀成이 이끄는 부대가 증국전曾國荃 진영(증국번의 동생)을 공격하려고 하다가 실패하고 오히려 상군에 공격당했다. 그 결과 천보성天保城이 함락되면서 상군이 천경 동북부 태평문太平門 및 신책문神策門 밖

에서 천경을 포위하고, 태평군의 식량
보급로를 끊어 버렸다. 그러던 중 4월
27일에 홍수전이 죽었다. 그 후 5월 초사
흘에 홍수전의 맏아들 홍천귀복洪天貴

福이 아버지의 자리를 이어 유천왕幼天王이 되었다. 5월 말에
이르러 지보성地保城까지 점령한 상군은 유리한 고지를 이
용해 밤낮으로 천경을 포격하고 동시에 지하도를 파서 군
뢰성軍壘城을 공격할 준비를 했다. 6월 16일에 천경성의 성
벽이 폭약으로 60여 m가 무너져 내렸고, 상군이 그곳으로 벌떼처럼 성 안
으로 밀려들어 와 결국 천경은 함락되고 말았다. 이에 이수성과 임소장林

이수성이 사용한 패검(佩劍, 차는 칼)

紹璋 등이 유천왕을 보호하며 성에서 도망쳤다. 한편, 증국전이 상군을 지
휘하여 성 안의 백성을 모두 죽여 버렸다. 6월 17일에 천경에서 도망친 유
천왕 홍천귀복은 9월 15일에 강서성 석성石城 황산荒山에서 청나라 군대에
사로잡혔다. 그리고 10월 20일에 남창에서 죽임을 당했다.

　태평천국은 광서에서 일어나 강남까지 세력을 넓혔다. 태평군은 서쪽으
로의 원정에서 승리하며 전성기를 맞이했고, 나중에 천경사변으로 세력이
약화되어 겨우 수비하는 상황에 몰렸다. 태평천국 운동은 14년 동안 이어
지면서 남북으로 10여 개 성을 차지하고 세력을 떨쳤으며 청나라 조정과 서
양 열강의 연합 작전에 패배에 패배를 거듭하면서 결국 패망하고 말았다.

양무 운동
1860년대~1890년대

1860년대부터 1890년대까지 청나라 조정 내부에서 개방적인 사상의 일부
관료들이 중심이 되어 '자강自强'과 '부강'을 모토로 하고 군사, 정치, 경제,
문화, 교육, 외교 등 방면에서 일련의 혁신 운동을 전개했다. 이를 위해 그

경극, 중화민족 예술의 보석

경극京劇은 청나라 동치, 광서 연간에 북경에서 생겨났다. 휘극徽劇에서 발전한 경극은 일반적으로 피황희皮簧戲라고 불렸다. 휘극은 북경에 전해진 후 다른 지방극들의 장점을 흡수하고 예술 형식을 혁신하여 참신한 극 형태인 경극으로 변화했다. 경극은 거의 100년에 걸쳐 전국에 보급되었으며, 오늘날 중국에서 가장 영향력 있고 대표적인 전통극이 되었다.

피황극이 경극으로 변화하는 과정에서 진강秦腔(산시 성陝西省 일대에 유행했던 곡조)과 휘조徽調(안휘성에서 유행되던 곡조), 그리고 진강과 휘한이 결합하는 두 차례 융합이 일어났다. 건륭 연간에 휘반徽班(휘극徽劇을 공연하는 극단)이 북경에 유입된 후, 이황조二簧調(경극의 가락으로, 중국의 호궁胡弓 류 악기인 호금胡琴으로 반주한다. 중국 전통극 곡조의 일종인 서피西皮와 함께 '피황皮簧'이라고 부른다.)를 위주로 곤강昆腔(허베이 성 베이징 일대에서 유행했던 곡조)과 취강吹腔(안후이 성 전통극의 주요 곡조로 피리로 반주함.) 등의 곡조를 두루 부르며 단시간에 진강을 압도했다. 진강반(진강을 공연하는 극단)의 배우 중 일부가 휘반에 들어가 휘조와 진강의 융합이 이루어졌고, 휘반은 휘조를 기초로 진강을 흡수해서 북경에서 주도적인 위치에 올라섰다. 이황조는 하나의 극으로서 곤곡을 대체하고 극단계에서 독보적인 위치에 올라서며 한 시대를 풍미했다. 이것이 바로 경극의 시초가 되었다.

도광 연간에 호북 출신 배우 왕홍귀王洪貴, 이육李六, 여삼승三勝 등이 북경에 온 후, 호북 지역의 서피조西皮調와 안휘 지역의 이황조가 합쳐져 2차 융합이 이루어졌다. 호북의 서피조와 북경의 이황조가 융합한 이후 발전을 거치며 북경의 전통극계에 새로운 현상이 나타났다. 극단을 이끄는 주요 배우들의 배역이 여자 주인공에서 남자 주인공으로 바뀌었다. 그리고 공연 프로그램은 남자 주인공 위주가 되었다. 또 노래 위주에서 노래와 연기가 모두 중시되었다. 한때 유명했던 '동광십삼절同光十三絶'은 동치 시기부터 광서 초기까지 무대에서 크게 활약해 사람들의 가슴 속에 명배우로 남은 이들이다. 광서, 선통 연간에 북경의 피황 극단이 상해에 가서 공연했는데, 심금을 울리는 곡조로 안휘의 피황 극단보다 뛰어나다는 평가를 받으며 '경희京戲'라고 불렸다. 이로부터 상해에서 '경희'라는 이름이 북경으로 전해졌다.

피황극을 개혁하고 또 경극으로 발전시키는 과정에서 배우 정강경程長庚, 장이규張二奎, 여삼승이 중요한 역할을 했다. 사람들은 그들을 '삼정갑三鼎甲', '노생삼걸老生三傑'이라고 불렀다. 세 사람은 노래할 때 각기 자신만의 고유한 지방색을 띠어서 휘파(정강경), 경파(장이규), 한파(여삼승)로 불리는 3대 유파를 형성했다. 이 밖에 담흠배譚鑫培와 왕요경王瑤卿이 피황극을 전면적으로 개혁한 인물로 꼽힌다. 담흠배는 피황극에 가장 큰 영향을 주었다고 평가되며, 당시 무대에서 연기하는 발음을 통일했다. 광서 연간 중엽에 그가 호북성과 호남성의 음에 북경 음을 섞어서 중주운中州韻을 만들어 냈고, 이후 발음이 차츰 정리되고 규범화되어 경극의 표준 발음이 정립되었다. 왕요경은 경극에서 여자 역의 연기에 새로운 방법을 제시하여 경극 발전에 기여했다. 그는 여자 역인 청의 青衣, 화단花旦, 군마단軍馬旦, 규문단閨門旦의 연기를 융합하여 풍부한 연기 스타일을 만들어 냈다. 그리고 초기에 황실에 전해진 경극은 이후 황실의 지원을 받으며 빠르게 발전했다. 경극은 명배우들의 노력으로 한 층 완벽해졌고, 지방극과는 다른 예술 특색을 형성했다.

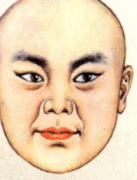

두이돈[竇爾敦, 청나라의 일종의 무협소설이라고 볼 수 있는 협의공안소설(俠義公案小說) 《시공안전전(施公案全傳)》과 《팽 공안(彭公案)》에 등장하는 호협(豪俠)] 얼굴의 분장 과정

들은 외국과 많은 교섭을 했고, 역사에서는 이를 '양무 운동洋務運動'이라고 부른다. 이 노력은 중화 문명과 서양 문명이 충돌한 이후 일어난 최초의 대규모 변화였다. 치욕적인 베이징 조약을 맺은 후 청나라는 다시금 문호를 열었다. 공친왕 혁흔, 대학사 계량, 호부좌시랑 문상文祥이 함께 황제에게 서구 열강과의 외교를 담당할 총리아문總理衙門을 설립하도록 건의했다. 이렇게 해서 함풍 10년(1860년) 12월에 청나라 조정에서는 혁흔, 계량, 문상을 총리아문 대신으로 임명했다. 혁흔과 문상은 모두 양무 운동의 대표적 인물이다.

그 후로 청나라 조정은 남양南洋, 북양北洋 통상대신을 임명하여 남북의 통상 항구에서 이루어지는 상업과 각종 대외 업무를 처리하도록 했다. 양무파의 지방 대신으로는 증국번, 좌종당左宗棠, 이홍장 및 장지동張之洞이 대표적

선당동포

강남 제조국에서 생산된 선당동포이다. 포 위에 '광서 34년 강남 제조국 제조'라는 명문이 있다.

이다. 양무 운동은 청나라의 군사, 경제, 과학 기술, 문화, 교육 등 방면에서 일정한 발전을 거두었고, 수천 년의 역사가 있지만 당시 오랫동안 폐쇄적이었던 중화 문명을 변화시켜 세계를 향하고 세계 문명의 흐름에 동참하게 했다. 그러나 양무 운동은 사회의 피상적인 부분만 건드렸을 뿐 사회의 근본까지 움직이지는 못했다. 청나라가 일본과 치른 청·일 전쟁에서 패하면서 양무 운동도 국정 등 각 방면에서 서양과 큰 차이를 드러내며 결국 실패하고 말았다.

광서제의 즉위
1874년

동치 13년(1874년) 12월에 동치제가 병으로 죽고 순친왕醇親王 혁현奕譞의 아들인 네 살 된 재첨載湉이 즉위했다. 그가 광서제이다. 동치제는 열여덟 살이 되던 해부터 친정을 시작했는데, 이는 다른 사람의 눈과 귀를 속이기 위한 것일 뿐, 사실 모든 군사와 정치 대권은 자희 태후의 손에 있었다. 처음에 두 명의 황태후가 모두 동치제에게 황후를 간택해 주려고 했다. 동궁의 자안 황태후는 호부상서 숭기崇綺의 딸인 아로특阿魯特 씨를 마음에 두었고, 서궁의 자희 황태후는 봉수鳳秀의 딸인 부찰富察 씨를 마음에 두었다. 이에 동치제가 동궁에서 간택해 준 황비를 고르자 자희 태

천진 교안

베이징 조약을 체결한 후 프랑스 천주교 선교사가 천진 망해루望海樓에 성당을 세우고, 불량배들을 신자로 받아들이고, 어린아이들을 유괴하고, 멋대로 땅을 강점해 청나라 백성의 분노를 샀다. 동치 9년(1870년) 5월 동안 성당의 육영당育嬰堂에서 영아 34명이 잔인하게 죽임을 당했다. 동시에 천진 일대에서 끊임없이 아이 유괴 사건이 일어났는데, 그 대부분이 성당과 관련이 있었다.

5월 23일에 천진 관리가 유괴범을 데리고 천주교 성당을 조사하자 성당 앞에 점점 군중이 모여들었다. 프랑스 영사 퐁타니에Henry Fontanier가 삼구통상대신三口通商大臣 숭후崇厚에게 군사를 보내 그들을 해산시킬 것을 요구했으나 숭후는 고작 관리 몇 명만을 보냈다. 이에 퐁타니에가 크게 화가 나서 군대를 이끌고 숭후의 관아로 가서 따지려 했고, 이때 비서 시몽Simon도 함께 갔다. 아울러 관리의 변발을 손에 틀어쥐고 그들을 끌고 가자 이를 본 청나라 백성은 더욱 격분했다. 퐁타니에가 숭후의 관아에 도착해서는 무례하게 행동하며 자신의 병사에게 숭후를 겨누게 했다가, 숭후의 수행원에게 밀쳐졌다. 그 후, 퐁타니에와 시몽은 돌아오는 중에 천진지현天津知縣 유걸劉傑을 만났다. 그러자 퐁타니에가 병사를 시켜 유걸을 수행하는 고승高升을 공격하게 하고, 시몽도 병사들에게 주변에 모여든 청나라 군중을 공격하게 했다. 이에 더 이상 분노를 참을 수 없는 지경에 이른 청나라 군중이 퐁타니에와 시몽을 때려죽이고 시체를 강에 던져 버렸다. 이어서 프랑스, 영국, 미국 성당과 영사관을 불태우고 서양 선교사, 상인, 외국 관리 20명을 죽였다.

이 사건이 일어난 후 영국, 프랑스 미국 등 7개국의 군함이 천진, 연태煙臺 앞바다에 모여 시위했다. 청나라 조정에서는 급히 직예총독 증국번을 보내 사안을 조사하도록 명령하면서 이홍장도 그와 함께 보냈다. 이후 증국번과 이홍장 두 사람이 안으로는 진압하고 밖으로는 타협할 것을 주장하여 청나라 조정은 천진지부, 지현을 면직하고, 애국 민중 20명을 죽이고, 은 49만 냥을 들여 성당을 다시 지었다. 또 숭후를 전사專使로 프랑스에 보내 사과했다.

후는 몹시 언짢아했다.

동치 11년(1872년) 9월에 아로특씨를 황후로 책립하고 보찰씨는 혜비慧妃가 되었다. 자희 태후는 동치제에게 황후를 조금만 만나고 혜비에게 사랑을 쏟으라고 하면서 한편으로 태감을 보내 감시하게 했다. 동치제는 이러한 자희 태후의 통제에 불만을 품고 건청궁에 혼자 살며 종일 소태감과 시

끌벅적하게 노는 데에만 신경을 쏟았다. 가끔은 내시의 인도로 술집과 기루를 들락거리기도 했다. 이런 생활이 오래 지속되자 황제는 학업을 내친 것은 물론이고 건강도 점점 나빠졌다. 동치 13년(1874년) 말에 동치제는 양심전에서 결국 열아홉 살을 일기로 죽고 말았다. 동치제의 죽음에 관해서는 여러 가지 의견이 있다. 일설에는 천연두로 죽었다고도 하고, 일설에는 매독으로 죽었다고도 한다. 동치제의 황후 아로특씨는 자희 태후에게 학대를 받다가 얼마 후 금을 삼키고 자살했다.

중국이 계획하고 건설한 첫 번째 철도
1881년

광서 7년(1881년) 5월에 당서唐胥 철도가 정식으로 개통되었다. 이는 중국에서 직접 계획하고 건설한 첫 번째 철도이다. 청나라 조정에서는 송호淞滬 철도를 없앤 후 스스로 철도를 건설하자는 논의가 나날이 뜨거워지고 있었다. 끊임없는 논쟁을 거쳐 청나라 조정은 결국 개평開平 탄광 당산唐山에서부터 서각장胥各莊(지금의 허베이 성 탕산 시唐山市 펑난 구豊南區)에 이르는 철도를 건설해 개평 탄광의 석탄을 운송하고자 했다.

당서 철도의 전체 길이는 약 15km로 단궤 부설이며, 철궤 간의 간격은

143.5cm이다. 이후 이 철궤 간의 간격이 중국 철도의 표준이 되었다. 광서 11년(1885년) 이후로 당서 철도는 끊임없이 연장되어 동쪽으로는 산해관, 서쪽으로는 천진과 북경까지 이어졌다. 중국은 이로부터 정식 철도를 갖추었고, 이후 여러 곳에서 철도가 생겨났다.

청·프 전쟁의 발발
1883년

광서 9년(1883년) 7월에 프랑스 군대가 순화順化를 점령하고 무력을 앞세워 베트남에 프·베 신강화조약法越新訂和約을 체결하게 해 베트남의 내정과 외교를 통제해서 베트남을 프랑스의 보호국으로 만들고자 했다. 이 조약이 체결된 후, 베트남의 변경에 주둔하던 청나라의 유영복劉永福이 이끄는 흑기부黑旗部는 카우자이Cầu Giấy 전투, 호아이득Hoài Đức 전투, 단푸엉Đan Phượng 전투 등을 치르며 여러 차례 프랑스군을 물리쳤다. 11월 13일에 프랑스군 장령 쿠르베Courbet가 군사 6,000명을 이끌고 베트남 산서 지역을 침범했다. 이에 흑기군과 청나라 운남 방어군 약 5,000명이 맞서 싸우며 사흘 동안 혈전을 벌인 끝에 유영복이 부대를 이끌고 흥화興化로 퇴각해서 산서는 함락당하고 말았다.

광서 10년(1884년) 7월에 프랑스 해군이 갑자기 마위馬尾를 지키던 복건수사를 습격했다. 이는 프랑스가 직접 중국 본토를 대상으로 일으킨 전쟁이었다. 복건수사 창졸倉猝이 맞서 싸웠으나 크게 패하면서 청나라 군대가 거의 전부 섬멸되고 말았다. 이에 청나라 조정에서는 프랑스에 선전포고를 했다. 8월 20일에 프랑스 함선이 다시 호미滬尾(지금의 타이완 단수이淡水)를 공격하자, 청나라 군대의 수비군 손개화孫開華가 대만 백성의 적극적인 지지를 받으며 프랑스군을 대파

'번귀탁량'(番鬼托梁. '번귀'는 당시 서양 사람들을 지칭한 말이고, '탁량'은 들보를 뜻한다.) 목조

광서 지역에 살던 청나라 백성은 집을 지을 때 과거에는 들보 아래에 중국의 전통 요괴를 넣었다. 그러나 청·프 전쟁 이후에는 그것이 프랑스 인으로 바뀌었다. 이를 통해 광서 지역 청나라 백성이 프랑스 침략자를 얼마나 싫어했는지 알 수 있다.

해 호미 대첩을 승리로 이끌었다.

광서 11년(1885년) 2월 9일에 청나라 군대가 진남관鎭南關 대첩을 승리로 이끌면서 프랑스 페리Jules François-Camille Ferry 내각이 무너졌다. 그러나 청나라 조정은 프랑스와 청·프 정전협정을 체결하게 되었다. 청·프 전쟁은 이렇게 해서 끝났고, 청나라는 승리를 거두고도 굴욕적인 강화를 맺게 되어 패배가 아님에도 패배를 맛보게 되었다. 한편, 프랑스는 전쟁터에서는 얻지 못한 것을 담판 테이블에서 얻게 되어 승리가 아님에도 승리를 맛보게 되었다. 이로부터 중국은 서남 문호를 열게 되었고 이를 통해 외국 세력이 침투해 들어왔다.

대만에 성을 세우다
1887년

대만은 홀로 바다 너머에 있어서 청나라 조정은 대만에 관할 지부를 설치하고 복건성에 편입시켰다. 아편 전쟁 이후, 대만은 수차례에 걸쳐 외국의 침략을 받았다. 일본이 대만을 침략했을 때에는 청나라 조정도 대만의 위기에 주의를 기울이고 있었다. 이때 청나라 조정은 심하정을 대만에 보내서 부 2개, 청 4개, 현 8개를 설치해 초보적으로 행성行省의 규모를 갖추도록 했다. 그러나 청·프 전쟁 때 프랑스 군대가 대만을 공격하자 다시 문제점이 드러났다.

광서 13년(1887년) 9월 16일에 민절총독閩浙總督 양창준楊昌浚과 유명전劉銘傳이 조정에 상소를 올려 대만에 성省을 설치할 필요성을 주장했다. 이에 청나라 조정은 그 의견을 받아들여 대만을 정식 성으로 삼고, 그 아래에 부 3개, 주 1개, 청 5개, 현 11개의 행정 단위를 두게 했다. 그리고 새롭게 성도省都가 소재한 부府를 만들어 대만부라 하고, 그 밑으로 대만, 창화彰化, 운림雲林, 묘률苗栗의 4개 현과 포리사청埔里社廳을 두었다. 그리고 기존의

타이베이 지남궁

청나라 광서 7년(1881년)에
건설되었다. 1891년부터 지
남궁이라 불렸으며 타이완
의 유명한 대신사이다.

대만부는 대남부로 바꾸고 그 밑으로 안평安平(원래의 대만현), 가의(嘉義(원래
의 제라현諸羅縣), 봉산鳳山, 긍춘恆春의 4개 현과 팽호청澎湖廳을 두었으며, 대
북부臺北府 밑으로는 담수淡水, 신죽新竹, 의란宜蘭의 3개 현과 기륭청基隆廳,
남아청南雅廳을 두었다. 또 대동臺東직예주를 추가로 설치하고, 원래의 비남
청卑南廳을 한 단계 올렸으며, 그 밑으로 화련항청花蓮港廳을 두었다. 이는 중
국 역사상 대만에 처음으로 성을 설치한 것으로, 첫 번째 순무로는 유명전
을 임명했다. 청나라 조정이 관할을 통일함으로써 이후 대만의 경제, 문화
가 모두 발전을 이룩할 수 있었다.

북양 해군의 건립
1888년

광서 원년(1875년)에 이홍장이 북양의 수비를 맡으라는 명령을 받들어 부
임했는데, 고작 배 4척밖에 없었다. 이후 그가 여러 강력한 조치를 펼쳐 비

용에 대해 적극적으로 청원한 덕분에 청나라 조정은 해군 발전 예산을 대부분 북양에 쏟아 부었다. 1885년 10월에는 해군 관청을 설치하고 이홍장 자신이 실질적인 권력을 독점했다. 해양 수비 예산이 각 성에 내려온 후, 북양 해군의 철갑 순양함 8척의 경비는 해군 아문에서 직접 지급되었다.

북양 해군 제독서(提督署) 유적

지금의 산둥 성 웨이하이 시(威海市) 류궁 도(劉公島)에 자리한다. 부지 면적은 1만 ㎡이며 남향으로 지어져 바다를 바라보고 산을 등지고 있다.

이홍장은 자신의 권력을 이용해 여러 해군의 장비를 북양으로 끌어와서 다른 해군과 격차를 더욱 벌렸다. 또 분산 발전을 막기 위해서 원래 직예, 봉천奉天, 산둥 세 성에 속한 군함을 모두 북양으로 끌어와 해군 역량을 집중시켰다. 1888년에 이르러 북양 해군은 각종 함선 25척을 갖추었다. 북양 수사라는 이름으로 정식으로 조직된 북양 해군은 독립적인 작전 임무를 수행하고 작전 지속 능력을 보장하는 체계적인 함대를 갖추게 되었다. 20여 년에 걸친 노력 끝에 북양수사는 1894년에 일어난 갑오 전쟁에서 군사력, 기지 시설, 훈련 및 근해 방어 체계와 후방 수비 체계 등의 방면에서 모두 높은 수준에 도달해 청나라 역사에서 유일하게 근대적 규모를 갖춘 정식 해군 함대가 되었다.

흥중회 총본부가 홍콩에 세워지다
1895년

광서 20년(1894년) 초에 쑨원孫文이 이홍장에게 상소를 올려 변법變法을 통한 자강自强을 주장했지만 받아들여지지 않았다. 그해 10월에 쑨원은 천향산檀香山에 가서 화교 인사 20여 명과 연합해 흥중회興中會를 조직하고, "중

쑨원

쑨원(1866년~1925년)은 이름은 문文, 자는 덕명德明, 호는 일선逸仙으로, 광동 향산香山 사람이다. 1894년 스물아홉일 때 천진에 가서 이홍장을 만나고 정치 개혁을 주장하는 글을 전했으나 거절당했다. 그러자 국외로 나가서 그해에 중국의 첫 번째 부르주아 계급 혁명 단체인 '흥중회'를 조직하고 부르주아 계급 혁명의 길을 걸었다.

1905년에는 화흥회華興會, 광복회光復會와 연합해 동맹회同盟會를 창설했다. 1911년의 신해혁명辛亥革命 이후에는 귀국하여 1912년에 중화민국 임시 대총통으로 선출되었고 중화민국 림시약법中華民國臨時約法을 제정했다. 1913년에는 '2차 혁명'을 제안하며 위안스카이袁世凱를 반대하고, 1914년에는 중화 혁명당中華革命黨을 조직했고, 1919년에는 국민당國民黨을 설립했다. 또 1924년에는 국민당을 개혁하여 '러시아, 공산당과 연합해 농업과 공업을 보조하자.'는 3대 정책을 발표했다. 그러던 중 1925년 3월 12일에 북경에서 병으로 세상을 떠났다. 그는 중국의 위대한 부르주아 혁명가이다.

쑨원 초상

화를 진흥시키고, 나라의 존엄을 유지한다."라는 규정을 정했다. 입회 비밀 맹세 중에는 "달로韃虜(만주 오랑캐)를 내쫓고 중국을 회복하여 합중合衆 정부를 창립한다."라는 목표도 있었다.

광서 21년(1895년) 정월에 홍콩에서 흥중회 총본부가 설립되고 황영상黃詠商을 첫 번째 회장으로 삼았다. 얼마 후 광주에서 기의할 것을 준비했으나, 그전에 일이 폭로되는 바람에 육호동陸皓東 등이 체포되어 희생되었고 쑨원은 국외로 망명했다. 광서 26년(1900년) 윤 8월에 흥중회에서는 또 정사량鄭士良을 보내 혜주惠州(지금의 광동 성 후이양惠陽) 삼주전三洲田에서 기의를 일으켰지만 외부 지원이 계획대로 이루어지지 않아 대오가 흩어져 버리고 말았다. 홍중회는 중국 최초의 부르주아 혁명 단체로, 이후 요코하마橫濱, 가와사키長崎, 샌프란시스코, 타이베이, 하내 및 남양, 남아프리카 등지에서 분회가 설립되었고, 주로 화교 가운데서 조직되어 발전했다.

이화원의 건설
1895년

건륭 15년(1750년)에 건륭제의 명령으로 건축하기 시작한 이화원頤和園이 광서 21년(1895년)에 완성되었다. 이화원은 베이징 서쪽 교외 지역에 있는 청나라 시대의 유명한 '삼산오원三山五園'(향산香山 정의원靜宜園, 옥천산玉泉山 정명원靜明園, 만수산萬壽山 청의원淸漪園, 원명원, 창춘원暢春園) 가운데 마지막으로 건설된 정원이다. 청나라 건륭 15년에, 건륭제는 자신의 어머니 효성헌 황태후의 장수를 기원하며 옹산甕山 남쪽 기슭의 한가운데에 있는 원정사圓靜寺 옛터에 대보은정수사大報恩延壽寺를 짓고, 서호를 확장하고, 정亭, 대臺, 전殿, 각閣 등을 치장해서 유명한 청의원을 만들게 했다. 동시에 옹산의 이름

베이징 이화원

을 만수산으로 바꾸고 서호를 곤명호昆明湖로 바꾸었다.

함풍 10년(1860년)에 이 정원의 원림이 영국, 프랑스 침략군에 의해 불에 타 훼손되었다. 광서 12년(1886년)에 이를 재건하기 시작해 광서 14년에 이화원으로 이름을 바꾸었고 광서 21년(1895년)에 공사를 마쳤다. 이는 자희태후가 해군 경비를 빼돌려 건설한 것이다. 광서 26년(1900년)에 8개국 연합군이 중국을 침략했을 때 이화원은 다시 파괴되었다. 그래서 그 이듬해에 다시 개축해 지금의 규모를 갖추게 되었다. 이화원은 대규모의 황실 원림으로, 현재 중국에 보존된 원림 가운데 가장 완벽한 행궁 황실 정원이며 중국 원림 건축 예술의 탁월한 성취를 드러낸다.

독일의 교주만 점령
1897년

광서 23년(1897년) 9월 8일, 독일 군함이 무한에 정박했다. 이후 뭍으로 올라온 독일 수병들이 온갖 횡포를 부린 탓에 분노한 청나라 백성이 대항했고, 그 과정에서 독일군 몇 명이 상처를 입었다. 그러자 이를 핑곗거리로 삼아 독일 황제가 자국 함대를 교주만膠州灣에 주둔하게 하고, 일주일 후에는 독일 정부가 주둔 본부에 통지를 보내 독일 함대가 교주만에서 겨울을 보내도록 했다. 광서 23년(1897년) 10월 20일에 독일이 청나라 산동 거야鉅野에서 자국 선교사 두 명이 죽임을 당했다는 핑계로 군함을 파견해 교주만을 강제로 점거하고, 청도靑島 포대를

독일이 칭다오 시에 세운 성당의 내부

빼앗았다. 이와 동시에 청나라 조정에 무리한 요구를 해 댔다.

반복된 교섭 끝에 이듬해 2월에 이홍장이 청나라 대표로 독일 공사 하이킹Heyking과 교오조계조약膠澳租界條約을 체결했다. 청나라 조정은 강압에 의해 교주만을 독일에 조계지로 내 주고 말았다. 조계 기간은 99년으로, 그동안 교주만은 독일의 관할이었다. 아울러 청나라 조정은 독일이 산동 지역에 철도 두 개를 건축하도록 허락했다. 독일이 교주만을 점령하면서 이후 중국에 제국주의 국가들이 너도 나도 중국 영토를 나눠 가지려는 광풍이 불어 닥쳤다.

맥을 잡아 주는 중국사 중요 키워드

캉유웨이康有爲의 공거상서

광서 21년(1895년) 4월에 캉유웨이가 회시를 보러 상경한 거인들과 연합해서 광서제에게 상서를 올렸다. 그것이 역사적으로 유명한 '공거상서公車上書'이다. 갑오 전쟁에서 패한 후 청나라 조정은 일본의 강압에 못 이겨 일본과 치욕적인 시모노세키 조약을 체결하여 수많은 백성의 강력한 반대에 부딪혔다. 이처럼 전례 없는 민족의 심각한 위기는 애국 지식인들을 자극해 결국 그들이 유신변법으로 나라를 구하자고 요구하기에 이르렀다.

4월 8일에 캉유웨이는 경성으로 와서 회시에 참여한 거인 1,300여 명을 모아 송균암松筠庵에서 집회를 열고 광서제에게 올릴 상주문에 서명했다. 이 글에서 그는 땅을 내주고 백성을 버리는 일의 심각한 결과를 신랄하게 진술하며, 대만을 내어 주면 전국의 민심을 잃을 것이니 반드시 조약의 서명을 거부해야 하고 확실한 대책을 마련해야 한다고 지적했다.

상서에서는 첫째로 일본과의 강화 조약을 거부하고, 둘째로 서안으로 천도하며, 셋째로 군대를 양성하고, 넷째로 변법으로 천하를 다스린다는 네 가지 방법을 제시했다. 과거에는 거인들이 경성으로 시험을 보러 갈 때 보통 공거公車라는 수레를 타고 갔기 때문에 이때 거인들이 서명해서 올린 상서는 '공거상서'라 불렸다. '공거상서'는 수년 동안 성숙되어 온 부르주아 계급의 유신변법 사조가 이미 애국과 구국의 정치 활동으로 발전하여 사회에 막대한 영향을 미치게 되었음을 상징한다. 캉유웨이는 이로부터 유신 운동의 우두머리가 되었다.

무술변법

1898년

광서 24년(1898년) 4월에 광서제가, 쉬즈징徐致靖, 캉유웨이康有爲 등의 주청과 진술에 따라 자신의 측근인 군기처의 여러 무리를 모아 놓고 변법의 시작을 알리는 '명정국시조明定國是詔'를 반포했다. 4월 28일에 광서제가 캉유웨이를 접견하고 변법의 구체적인 절차와 조치를 상의하고 확정했다. 얼마 후에 또 캉유웨이가 상서를 올리자 그를 총리아문장경상행주總理衙門章京上行走로 임명했다. 캉유웨이는 직접 상서를 올릴 수 있는 특별대우를 이용해 끊임없이 상서를 올리며 새로운 정치적 의견을 제시했다.

백일유신百日維新 기간에 광서제는 앞뒤로 옛것인 100여 항목을 없애고 새로운 것을 사용하는 개혁 조령을 반포했다. 내용을 살펴보면 6월 상순 이전에 광서제가 반포한 신정新政의 핵심은 경제, 군사, 문화와 교육 방면의 개혁이었다. 그리고 6월 상순 이후의 신정은 경제, 문화와 교육, 군사 방면

자희 태후가 이화원 낙수당에서 외국 공사 부인들과 함께 찍은 사진

에서 정치 방면까지 확대되었다. 주요 개혁으로는 규정과 조례를 삭제하고 수정해서 필요 없는 인원을 줄이고, 한가하고 중복되는 기구를 없애며, 관리와 백성이 상서를 올릴 수 있도록 허락하고 관리는 이를 막지 않는다는 것 등이었다.

그러나 신정은 봉건 수구守舊 세력의 저지와 반대에 부딪히고 말았다. 광서제가 반포한 신정 조령은 호남순무 진보잠陳寶箴만이 성실히 시행했을 뿐, 다른 지방의 독무는 대다수가 들은 체 만 체하며 전혀 따르지 않았다. 즉, 조정에서는 일부 신정 기관이 형식적으로는 구축된 것 같았지만, 실제로는 기본적으로 보수주의파에 좌우되고 있었다. 이 때문에 변법의 조서는 대부분이 아무런 효력도 없는 한낱 종잇조각이 되고 말았다. 자희 태후가 일으킨 정변 이후로 신정은 기본적으로 철저히 뒤엎어졌다.

의화단 운동의 흥기
1899년

광서 25년(1899년)에 산둥 청평현清平縣의 의화권義和拳이 의화단義和團으로 이름을 바꾸었다. 그해 여름에 청나라 조정은 의화권을 줄곧 억압하던 정책에서 강압과 회유를 함께하는 전략으로 궤도를 바꾸었다. 육현毓賢이 산둥 순무를 맡으면서 조정에 의화권을 합법적인 민간 단련으로 인정해 달라고 주청했고, 이로써 정식으로 의화권이 의화단으로 바뀌었다. 그 후로 의화단은 합법적인 지위를 얻었고 각지의 의화권도 모두 의화단으로 이름을 바꿨다. 육현이 의화단에 대해 투항 정책을 펴면서 산둥 의화단은 빠른 속도로 확장되었다. 그리고 의화단 단원들은 사방에서 성당을 공격하고, 선교사를 몰아내고, 선교사를 도와 가혹 행위를 한 지방 관리들에게 대항했다.

광서 25년 9월에 주홍등朱紅燈이 평원현平原縣 공자리장槓子李莊에서 먼저 '청나라를 흥하게 하고 서양을 멸한다.'는 기치를 내걸었다. 그 후로 '청나

라에 순종하고 서양을 멸한다.', '청나라를
보호하고 서양을 멸한다.', '청나라를 일으키
고 서양을 멸한다.' 등의 구호가 연이어 등장
했고, 나중에는 '청나라를 일으키고 서양을
멸한다.'로 통일되었다. 아울러 나날이 거세
져만 가는 의화단 운동은 직예, 천진으로까
지 퍼져 나갔다. 위안스카이가 산동순무로
임명된 후 적극적으로 의화단을 진압했으
나, 산동의 의화단은 화북, 북경, 천진으로
세력을 넓히며 한층 강력해졌다.

의화단 단원

8국 연합군의 북경 침략
1900년

의화단 운동이 중국을 침략하는 열강 세력
에 심각한 타격을 입히자 각국 정부는 공
황 상태에 빠졌다. 광서 26년 3월(1900년 4월)에 영국, 미국, 프랑스, 독일 4
개국 공사가 연합해서 청나라 조정에 각서를 보내 2개월 안에 의화단을 소
탕할 것을 요구하고, 그렇지 않을 경우 자신들이 대신해 군대를 보내서 소
탕하겠다고 했다. 5월 초에 영국, 미국, 프랑스, 러시아, 일본, 독일, 이탈리
아, 오스트리아 8개국의 '사관 호위대'가 각각 북경에 도착했다. 8국 연합
군은 영국 해군 사령 시모어의 지휘 아래 천진에서 북경으로 공격해 들어
갔는데, 그 과정에서 중국 군대와 백성의 공격을 받아 낭방廊坊에서 천진으
로 돌아갈 수밖에 없었다. 이와 거의 동시에 대고구 밖에 모인 제국주의 연
합 함대가 대고 포대를 공격하기 시작했다. 이리하여 5월 21일에 대고 포대
가 함락되고 말았다. 연합군은 대고로 상륙해서 대거 천진에 침입해 자죽

림紫竹林 조계지를 기지로 삼았다. 그러자 5월 25일에 청나라 조정에서 각 국에 선전포고를 했다.

의화단은 천진 백성의 지지 아래 격렬한 방위전을 펼쳤다. 그러나 14일에 천진이 함락되었고, 침략자들은 도통아문을 세워 식민 통치를 시작했다. 7월 초열흘에 연합군이 발더제Waldersee의 지휘 아래 두 갈래로 나뉘어서 북경으로 침범해 들어갔다. 7월 21일 아침, 황성 동화문東華門이 공격당하자 자희 태후는 광서제 등을 데리고 황급히 경성에서 도망쳐 나갔고, 북경은 즉시 함락되었다. 8국 연합군은 북경에서 미친 듯이 사람을 죽이고 약탈을 자행해 장왕부莊王府 한 곳에서만 의화단 단원 1,700여 명을 태워 죽였다. 각 관아의 창고는 모두 약탈당해 텅 비었고, 그 손실액은 약 6,000만 냥에 달했다. 진귀한 보물이 가득한 황궁과 이화원 등도 어김없이 약탈당해 수많은 진귀한 문물이 모두 강탈당하고 훼손되었다. 10만 명에 이르

8국 연합군이 영국군 시모어의 인솔 아래 천진 대고구에 상륙해서 북경을 향해 진격하고 있다.

는 8국 연합군은 북경을 기지로 삼아 다시 군대를 네 갈래로 나누어서 남쪽으로는 보정, 북쪽으로는 장가구張家口, 동쪽으로는 산해관, 서쪽으로는 낭자관娘子關을 점령했고, 가는 곳마다 겁탈과 살육을 일삼아 북경과 천진 일대의 처참한 꼴은 차마 눈을 뜨고 볼 수가 없을 정도였다.

중국동맹회의 성립
1905년

쑨원의 조각상

광서 31년(1905년) 8월, 쑨원이 동맹회의 성립을 이끌었다. 1905년 7월 30일에 쑨원 등이 일본 도쿄에서 새로운 단체를 설립하기 위한 예비 회의를 열었다. 회의에서 쑨원이 혁명동맹회革命同盟會의 설립을 제안해 단체의 이름을 중국동맹회中國同盟會라고 부르게 되었다. 8월 20일에 동맹회에서 정식으로 창립회의를 개최해 황흥黃興 등이 작성한 회칙을 통과시키고, 쑨원을 총리總理로 선출했으며, 황흥이 일상적인 사무를 담당하게 했다.

동맹회는 성립 이후 각각 집행부執行部, 평의부評議部와 사법부司法部를 나누어 삼권 분립 제도를 시작했다. 동맹회는 "만주족을 내쫓고 한족 정권을 회복하고 민국을 세워 토지 소유를 균등하게 한다."는 혁명 강령을 내세우고 '민족, 민권, 민생'이라는 삼민주의三民主義 학설을 제기했다. 또 군정부선언軍政府宣言, 중국동맹회 총장中國同盟會總章을 제정하고, 대외 선언과 대내 공고 등의 문서를 싣는 기관지 〈민보民報〉를 발간해 혁명을 선전했다. 또한 국내외 각지에 지부를 세웠다. 동맹회는 원래 각지에 흩어져 있던 혁명 조직을 통일해 전국적인 호소력을 띠게 되었고, 혁명주의자들에게 중심 역할을 하는 조직이 되어 부르주아 민주 혁명 운동의 발전을 크게 추진했다.

18성기 (복제)

길이는 280cm, 너비는 165cm이다. 무창기의가 성공한 후 호북군 정부에서 이러한 깃발을 걸은 바 있다.

자희 태후와 광서제의 죽음
1908년

광서 34년(1908년) 3월에 광서제의 병이 위중해졌다. 10월에 청나라 조정에서 조서를 내려 짜이펑載灃을 섭정으로 삼는다고 알렸다. 10월 21일에 광서제가 죽자 자희 태후는 즉시 짜이펑의 아들에게 황위를 잇도록 했다. 그리고 이튿날인 10월 22일에 자희 태후도 병으로 중해의란전中海儀鸞殿에서 숨을 거두었다. 25일에 짜이펑이 연호를 선통宣統으로 정했다. 11월 9일에 푸이溥儀의 황제 즉위식이 치러져 짜이펑이 푸이를 안고 중화전에서 시위 대신들의 목례를 받은 후, 태화전의 용의龍椅에서 문무백관의 알현을 받고 이듬해(1909년)를 선통 원년이라 했다.

무창기의
1911년

선통 3년(1911년) 8월 19일에 호북 혁명당원들이 무창에서 기의를 일으키자 여러 성에서 이에 호응하며 분분히 독립을 선포했다. 선통 3년(1911년) 8월 3일에 호북 혁명단체인 공진회共進會와 현지 신군新軍의 비밀 혁명 조직인 문학사文學社가 함께 기의를 일으킬 기구를 조직했다. 문학사의 우두머리 장이우蔣翊武를 총지휘관으로, 그리고 공진회의 우두머리 중 한 명인 쑨우孫武를 참모장參謀長으로 삼았다. 8월 19일(양력 10월 10일)에 무창 신군이 먼저 기의하여 20일 새벽에 총독아문을 공격해 무창성城이 기의군에 점령되었다. 21일에는 한양과 한구漢口가 모두 기의군의 손아귀로 들어왔다. 이후 신군의 협통協統 리위안훙黎元洪이 도독으로 추대되어 호북군정부湖北軍政府를 조직하고 독립을 선포했다.

무창기의 이후 호남, 섬서, 산서, 운남, 강서, 귀주, 강소, 광서, 안휘, 복건, 광동, 사천 등이 연달아 독립을 선포하면서 결국에는 청 왕조의 멸망을 이끌었다. 이 해가 신해辛亥년이어서 역사에서는 이를 '신해혁명'이라고 부른다. 1912년 1월 1일에 남경 임시정부가 성립되었고, 쑨원이 임시 대총통으로 취임하여 국호를 '중화민국中華民國'이라 했다. 중화민국의 성립은 곧 2000여 년을 이어 온 봉건 군주 제도의 종말을 알리는 것이다.

푸이

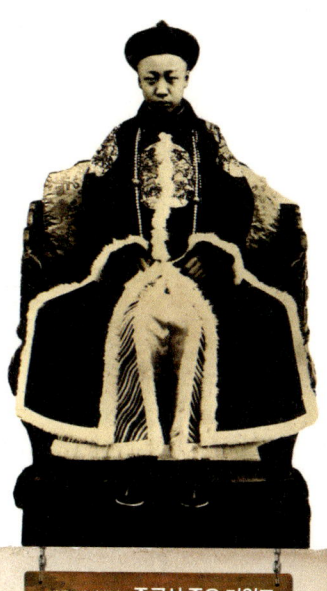

맥을 잡아 주는 **중국사 중요 키워드**

마지막 황제 푸이

푸이(1906년~1967년)는 이름이 아이신교로 푸이로, 청 왕조의 마지막 황제이자 중국 봉건 왕조의 마지막 황제이다. 1908년에 즉위하여 연호를 선통이라 했고, 아버지인 섭정 짜이펑이 감국으로서 정무를 보았다. 1911년에 신해혁명이 일어나자 위안스카이를 기용했고, 1912년에 퇴위했다. 1917년에 장쉰張勳이 푸이를 복위시켰지만 단 12일 만에 끝났다.

그 후 푸이는 1924년에 펑위샹馮玉祥에 의해 북경에서 쫓겨났다. 그러던 1934년에 일본인이 푸이를 위만주국僞滿洲國 황제로 세웠다. 1945년에 일본이 투항한 후 푸이는 소련에 포로로 잡혀갔다가 1950년에 귀국했고, 1958년에 중화인민공화국中華人民共和國의 특별 사면으로 석방되어 일반 국민이 되었다. 1967년에 향년 예순한 살을 일기로 베이징에서 병으로 세상을 떠났다.

중국 역사 연대표

선사 시대	구석기 시대	기원전 약 800만년~기원전 약 6000년
	신석기 시대	기원전 약 6000년~기원전 약 2000년
하		기원전 2070년~기원전 1600년
상		기원전 1600년~기원전 1046년
서주		기원전 1046년~기원전 771년
동주	춘추	기원전 770년~기원전 476년
	전국	기원전 475년~기원전 221년
진(秦)		기원전 221년~기원전 206년
서한		기원전 206년~기원전 25년
동한		기원전 25년~기원전 220년
삼국	위	220년~265년
	촉	221년~263년
	오	222년~280년
서진(西晉)		265년~317년
동진(東晉)		317년~420년
남북조 (420년~589년)	남조 (420년~589년)	송 420년~479년 / 제 479년~502년 양 502년~557년 / 진(陳) 557년~589년
	북조 (386년~581년)	북위 386년~534년 / 동위 534년~550년 서위 535년~556년 / 북제 550년~577년 북주 557년~581년
수		581년~618년
당		618년~907년
오대 십국		907년~960년
요		916년~1125년
북송		960년~1127년
서하		1038년~1227년
금		1115년~1234년
남송		1127년~1279년
원		1271년~1368년 (1206년~1271년에는 몽골국이라 불렸다.)
명		1368년~1644년
청		1644년~1911년

중국사에 대한 전체적인 그림

우리나라와 중국은 지리적으로 인접해 있는 탓에 예로부터 역사적으로나 문화적으로나 떼려야 뗄 수 없는 관계에 있다. 때문에 어려서부터 우리나라 역사를 배우면서 중국 역사도 함께 접하게 된다. 그리고 여전히 많은 이에게 즐겨 읽히는 고전이자 게임으로도 친숙한 《삼국지》, 《초한지》 등을 통해서도 우리는 중국 역사와 친숙해지게 된다. 게다가 요즘에는 중국의 '동북공정' 이슈 때문에 아마 당시의 중국과 한국의 역사에 관심을 갖게 될 것이다.

하지만 실제로 중국 역사를 전체적으로 훑어보는 기회는 적은 것 같다. 아마 반만 년에 이르는 기나긴 역사가 있는 특수성 때문이리라. 중국 역사에 관심을 느끼고 중국 역사를 알고 싶은 이들에게 이 책을 권하고 싶다. '통사'라는 이름에서 알 수 있듯 반만 년에 이르는 중국의 역사를 개괄적으로 쭉 훑고 지나갈 뿐만 아니라 단순한 역사와 더불어 문화, 예술, 문학 영역의 이야기도 빼놓지 않는다. 아마 전체적인 그림을 그리는 데 많은 도움이 될 것이다.

처음 이 책을 번역하기로 한 것은 순전히 흥미에서였다. 머릿속에 단편적으로 흩어져 있는 중국 역사의 조각을 끼워 맞춰 전체적인 그림을 그릴 기회가 될 수 있을 것 같았다. 중국 문학 전공자로서 문학과 역사도 떼려야 뗄 수 없는 관계가 있기 때문에 많은 도움이 될 것 같았다. 그리고 '동북

공정'이 시작된 후로 중국인이 서술하는 역사가 '동북공정' 시작 전에 내가 중국에서 배운 '중국 역사'와 어떻게 달라져 있을까도 관심의 대상이었다. 하지만 방대한 양의 중국 역사를 번역하는 일은 결코 녹록치 않았다. 안타깝게도 원문에 오타와 오류가 꽤 있어 사실 확인을 위해 계속 수많은 자료를 뒤적여야 했고, 여러 전문 용어 때문에 중국 백과사전을 끼고 살아야 했다. 전문 용어는 이 책이 전공자가 아닌 일반 독자를 대상으로 출판되는 책이므로 최대한 풀어쓰려고 했지만 도저히 풀어쓸 수 없어서 용어를 그대로 쓰고 주석을 단 부분이 많다.

　그 어느 때보다도 어려운 작업이었기 때문인지 번역을 마치고 나니 무엇보다 홀가분한 느낌이 든다. 이번 번역에는 우여곡절이 많았다. 인내심을 갖고 기다려주신 출판사 관계자 분들께 지면을 빌어 진심 어린 감사의 인사를 전하고 싶다.

찾아보기

맥을 잡아주는 세계사 05

중국사

초판 1쇄 인쇄일 | 2014년 11월 3일 **초판 1쇄 발행일** | 2014년 11월 10일

지은이 | 맥세계사편찬위원회
펴낸이 | 강창용
펴낸곳 | 느낌이있는책

주소 | 경기도 파주시 교하읍 파주출판문화산업단지 문발로 115 세종 107호
전화 | (代)031-943-5931 **팩스** | 031-943-5962
홈페이지 | http://www.feelbooks.co.kr
이메일 | mail@feelbooks.co.kr
등록번호 | 제10-1588 **등록년월일** | 1998. 5. 16
책임편집 | 신선숙 **디자인** | design Bbook
책임영업 | 최강규 **책임관리** | 김나원

ISBN | 978-89-97336-74-6 03920
값 17,800원

이 도서의 국립중앙도서관 출판시도서목록(CIP)은 서지정보유통지원시스템 홈페이지(http://seoji.nl.go.kr)와 국가자료공동목록시스템(http://www.nl.go.kr/kolisnet)에서 이용하실 수 있습니다.(CIP제어번호: CIP2014030451)